权威·前沿·原创

皮书系列为
"十二五""十三五"国家重点图书出版规划项目

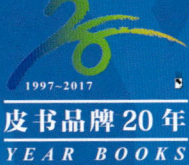

皮书系列

2017年

智库成果出版与传播平台

社会科学文献出版社
SOCIAL SCIENCES ACADEMIC PRESS (CHINA)

中国皮书网
www.pishu.cn

发布皮书研创资讯，传播皮书精彩内容
引领皮书出版潮流，打造皮书服务平台

栏目设置

关于皮书：何谓皮书、皮书分类、皮书大事记、皮书荣誉、
皮书出版第一人、皮书编辑部

最新资讯：通知公告、新闻动态、媒体聚焦、网站专题、视频直播、下载专区

皮书研创：皮书规范、皮书选题、皮书出版、皮书研究、研创团队

皮书评奖评价：指标体系、皮书评价、皮书评奖

互动专区：皮书说、皮书智库、皮书微博、数据库微博

所获荣誉

2008年、2011年，中国皮书网均在全国新闻出版业网站荣誉评选中获得"最具商业价值网站"称号；

2012年，获得"出版业网站百强"称号。

网库合一

2014年，中国皮书网与皮书数据库端口合一，实现资源共享。更多详情请登录www.pishu.cn。

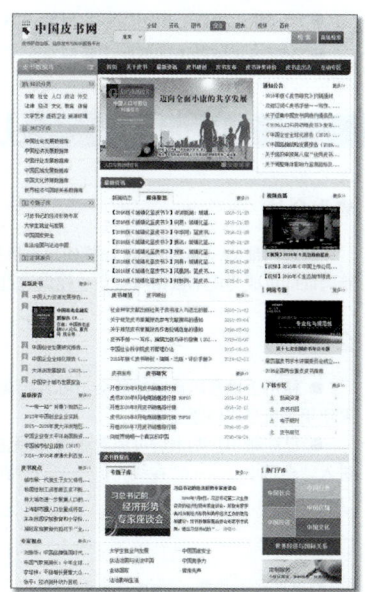

权威报告·热点资讯·特色资源

皮书数据库
ANNUAL REPORT(YEARBOOK) DATABASE

当代中国与世界发展高端智库平台

所获荣誉

- 2016年,入选"国家'十三五'电子出版物出版规划骨干工程"
- 2015年,荣获"搜索中国正能量 点赞2015""创新中国科技创新奖"
- 2013年,荣获"中国出版政府奖·网络出版物奖"提名奖
- 连续多年荣获中国数字出版博览会"数字出版·优秀品牌"奖

WWW.PISHU.COM.CN

成为会员

通过网址www.pishu.com.cn或使用手机扫描二维码进入皮书数据库网站,进行手机号码验证或邮箱验证即可成为皮书数据库会员(建议通过手机号码快速验证注册)。

会员福利

- 使用手机号码首次注册会员可直接获得100元体验金,不需充值即可购买和查看数据库内容(仅限使用手机号码快速注册)。
- 已注册用户购书后可免费获赠100元皮书数据库充值卡。刮开充值卡涂层获取充值密码,登录并进入"会员中心"—"在线充值"—"充值卡充值",充值成功后即可购买和查看数据库内容。

数据库服务热线: 400-008-6695　　　图书销售热线: 010-59367070/7028
数据库服务QQ: 2475522410　　　　　图书服务QQ: 1265056568
数据库服务邮箱: database@ssap.cn　　图书服务邮箱: duzhe@ssap.cn

社长致辞

2017年正值皮书品牌专业化二十周年之际，世界每天都在发生着让人眼花缭乱的变化，而唯一不变的，是面向未来无数的可能性。作为个体，如何获取专业信息以备不时之需？作为行政主体或企事业主体，如何提高决策的科学性让这个世界变得更好而不是更糟？原创、实证、专业、前沿、及时、持续，这是1997年"皮书系列"品牌创立的初衷。

1997～2017，从最初一个出版社的学术产品名称到媒体和公众使用频率极高的热点词语，从专业术语到大众话语，从官方文件到独特的出版型态，作为重要的智库成果，"皮书"始终致力于成为海量信息时代的信息过滤器，成为经济社会发展的记录仪，成为政策制定、评估、调整的智力源，社会科学研究的资料集成库。"皮书"的概念不断延展，"皮书"的种类更加丰富，"皮书"的功能日渐完善。

1997～2017，皮书及皮书数据库已成为中国新型智库建设不可或缺的抓手与平台，成为政府、企业和各类社会组织决策的利器，成为人文社科研究最基本的资料库，成为世界系统完整及时认知当代中国的窗口和通道！"皮书"所具有的凝聚力正在形成一种无形的力量，吸引着社会各界关注中国的发展，参与中国的发展。

二十年的"皮书"正值青春，愿每一位皮书人付出的年华与智慧不辜负这个时代！

社会科学文献出版社社长
中国社会学会秘书长

2016年11月

社会科学文献出版社简介

社会科学文献出版社成立于1985年,是直属于中国社会科学院的人文社会科学学术出版机构。成立以来,社科文献出版社依托于中国社会科学院和国内外人文社会科学界丰厚的学术出版和专家学者资源,始终坚持"创社科经典,出传世文献"的出版理念、"权威、前沿、原创"的产品定位以及学术成果和智库成果出版的专业化、数字化、国际化、市场化的经营道路。

社科文献出版社是中国新闻出版业转型与文化体制改革的先行者。积极探索文化体制改革的先进方向和现代企业经营决策机制,社科文献出版社先后荣获"全国文化体制改革工作先进单位"、中国出版政府奖·先进出版单位奖,中国社会科学院先进集体、全国科普工作先进集体等荣誉称号。多人次荣获"第十届韬奋出版奖""全国新闻出版行业领军人才""数字出版先进人物""北京市新闻出版广电行业领军人才"等称号。

社科文献出版社是中国人文社会科学学术出版的大社名社,也是以皮书为代表的智库成果出版的专业强社。年出版图书2000余种,其中皮书350余种,出版新书字数5.5亿字,承印与发行中国社科院院属期刊72种,先后创立了皮书系列、列国志、中国史话、社科文献学术译库、社科文献学术文库、甲骨文书系等一大批既有学术影响又有市场价值的品牌,确立了在社会学、近代史、苏东问题研究等专业学科及领域出版的领先地位。图书多次荣获中国出版政府奖、"三个一百"原创图书出版工程、"五个'一'工程奖"、"大众喜爱的50种图书"等奖项,在中央国家机关"强素质·做表率"读书活动中,入选图书品种数位居各大出版社之首。

社科文献出版社是中国学术出版规范与标准的倡议者与制定者,代表全国50多家出版社发起实施学术著作出版规范的倡议,承担学术著作规范国家标准的起草工作,率先编撰完成《皮书手册》对皮书品牌进行规范化管理,并在此基础上推出中国版芝加哥手册——《SSAP学术出版手册》。

社科文献出版社是中国数字出版的引领者,拥有皮书数据库、列国志数据库、"一带一路"数据库、减贫数据库、集刊数据库等4大产品线11个数据库产品,机构用户达1300余家,海外用户百余家,荣获"数字出版转型示范单位""新闻出版标准化先进单位""专业数字内容资源知识服务模式试点企业标准化示范单位"等称号。

社科文献出版社是中国学术出版走出去的践行者。社科文献出版社海外图书出版与学术合作业务遍及全球40余个国家和地区并于2016年成立俄罗斯分社,累计输出图书500余种,涉及近20个语种,累计获得国家社科基金中华学术外译项目资助76种、"丝路书香工程"项目资助60种、中国图书对外推广计划项目资助71种以及经典中国国际出版工程资助28种,被商务部认定为"2015-2016年度国家文化出口重点企业"。

如今,社科文献出版社拥有固定资产3.6亿元,年收入近3亿元,设置了七大出版分社、六大专业部门,成立了皮书研究院和博士后科研工作站,培养了一支近400人的高素质与高效率的编辑、出版、营销和国际推广队伍,为未来成为学术出版的大社、名社、强社,成为文化体制改革与文化企业转型发展的排头兵奠定了坚实的基础。

经济类

皮书系列
重点推荐

经 济 类

经济类皮书涵盖宏观经济、城市经济、大区域经济，提供权威、前沿的分析与预测

经济蓝皮书
2017年中国经济形势分析与预测

李扬 / 主编　2017年1月出版　定价：89.00元

◆ 本书为总理基金项目，由著名经济学家李扬领衔，联合中国社会科学院等数十家科研机构、国家部委和高等院校的专家共同撰写，系统分析了2016年的中国经济形势并预测2017年中国经济运行情况。

中国省域竞争力蓝皮书
中国省域经济综合竞争力发展报告（2015~2016）

李建平　李闽榕　高燕京 / 主编　2017年5月出版　定价：198.00元

◆ 本书融多学科的理论为一体，深入追踪研究了省域经济发展与中国国家竞争力的内在关系，为提升中国省域经济综合竞争力提供有价值的决策依据。

城市蓝皮书
中国城市发展报告 No.10

潘家华　单菁菁 / 主编　2017年9月出版　估价：89.00元

◆ 本书是由中国社会科学院城市发展与环境研究中心编著的，多角度、全方位地立体展示了中国城市的发展状况，并对中国城市的未来发展提出了许多建议。该书有强烈的时代感，对中国城市发展实践有重要的参考价值。

经济类

人口与劳动绿皮书
中国人口与劳动问题报告 No.18

蔡昉 张车伟 / 主编　2017年10月出版　估价：89.00元

◆ 本书为中国社会科学院人口与劳动经济研究所主编的年度报告，对当前中国人口与劳动形势做了比较全面和系统的深入讨论，为研究中国人口与劳动问题提供了一个专业性的视角。

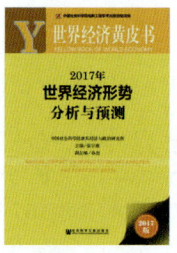

世界经济黄皮书
2017年世界经济形势分析与预测

张宇燕 / 主编　2017年1月出版　定价：89.00元

◆ 本书由中国社会科学院世界经济与政治研究所的研究团队撰写，2016年世界经济增速进一步放缓，就业增长放慢。世界经济面临许多重大挑战同时，地缘政治风险、难民危机、大国政治周期、恐怖主义等问题也仍然在影响世界经济的稳定与发展。预计2017年按PPP计算的世界GDP增长率约为3.0%。

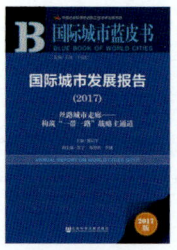

国际城市蓝皮书
国际城市发展报告（2017）

屠启宇 / 主编　2017年2月出版　定价：79.00元

◆ 本书作者以上海社会科学院从事国际城市研究的学者团队为核心，汇集同济大学、华东师范大学、复旦大学、上海交通大学、南京大学、浙江大学相关城市研究专业学者。立足动态跟踪介绍国际城市发展时间中，最新出现的重大战略、重大理念、重大项目、重大报告和最佳案例。

金融蓝皮书
中国金融发展报告（2017）

王国刚 / 主编　2017年2月出版　定价：79.00元

◆ 本书由中国社会科学院金融研究所组织编写，概括和分析了2016年中国金融发展和运行中的各方面情况，研讨和评论了2016年发生的主要金融事件，有利于读者了解掌握2016年中国的金融状况，把握2017年中国金融的走势。

经济类 — 皮书系列重点推荐

农村绿皮书
中国农村经济形势分析与预测（2016～2017）

魏后凯　杜志雄　黄秉信 / 主编　2017年4月出版　估价：89.00元

◆ 本书描述了2016年中国农业农村经济发展的一些主要指标和变化，并对2017年中国农业农村经济形势的一些展望和预测，提出相应的政策建议。

西部蓝皮书
中国西部发展报告（2017）

徐璋勇 / 主编　2017年7月出版　估价：89.00元

◆ 本书由西北大学中国西部经济发展研究中心主编，汇集了源自西部本土以及国内研究西部问题的权威专家的第一手资料，对国家实施西部大开发战略进行年度动态跟踪，并对2017年西部经济、社会发展态势进行预测和展望。

经济蓝皮书·夏季号
中国经济增长报告（2016～2017）

李扬 / 主编　2017年9月出版　估价：98.00元

◆ 中国经济增长报告主要探讨2016~2017年中国经济增长问题，以专业视角解读中国经济增长，力求将其打造成一个研究中国经济增长、服务宏微观各级决策的周期性、权威性读物。

就业蓝皮书
2017年中国本科生就业报告

麦可思研究院 / 编著　2017年6月出版　估价：98.00元

◆ 本书基于大量的数据和调研，内容翔实，调查独到，分析到位，用数据说话，对中国大学生就业及学校专业设置起到了很好的建言献策作用。

皮书系列 重点推荐　社会政法类

社会政法类

社会政法类皮书聚焦社会发展领域的热点、难点问题，提供权威、原创的资讯与视点

社会蓝皮书
2017年中国社会形势分析与预测

李培林　陈光金　张翼/主编　2016年12月出版　定价：89.00元

◆ 本书由中国社会科学院社会学研究所组织研究机构专家、高校学者和政府研究人员撰写，聚焦当下社会热点，对2016年中国社会发展的各个方面内容进行了权威解读，同时对2017年社会形势发展趋势进行了预测。

法治蓝皮书
中国法治发展报告 No.15（2017）

李林　田禾/主编　2017年3月出版　定价：118.00元

◆ 本年度法治蓝皮书回顾总结了2016年度中国法治发展取得的成就和存在的不足，对中国政府、司法、检务透明度进行了跟踪调研，并对2017年中国法治发展形势进行了预测和展望。

社会体制蓝皮书
中国社会体制改革报告 No.5（2017）

龚维斌/主编　2017年3月出版　定价：89.00元

◆ 本书由国家行政学院社会治理研究中心和北京师范大学中国社会管理研究院共同组织编写，主要对2016年社会体制改革情况进行回顾和总结，对2017年的改革走向进行分析，提出相关政策建议。

社会政法类 — 皮书系列重点推荐

社会心态蓝皮书
中国社会心态研究报告（2017）
王俊秀　杨宜音／主编　2017年12月出版　估价：89.00元

◆ 本书是中国社会科学院社会学研究所社会心理研究中心"社会心态蓝皮书课题组"的年度研究成果，运用社会心理学、社会学、经济学、传播学等多种学科的方法进行了调查和研究，对于目前中国社会心态状况有较广泛和深入的揭示。

生态城市绿皮书
中国生态城市建设发展报告（2017）
刘举科　孙伟平　胡文臻／主编　2017年7月出版　估价：118.00元

◆ 报告以绿色发展、循环经济、低碳生活、民生宜居为理念，以更新民众观念、提供决策咨询、指导工程实践、引领绿色发展为宗旨，试图探索一条具有中国特色的城市生态文明建设新路。

城市生活质量蓝皮书
中国城市生活质量报告（2017）
中国经济实验研究院／主编　2017年7月出版　估价：89.00元

◆ 本书对全国35个城市居民的生活质量主观满意度进行了电话调查，同时对35个城市居民的客观生活质量指数进行了计算，为中国城市居民生活质量的提升，提出了针对性的政策建议。

公共服务蓝皮书
中国城市基本公共服务力评价（2017）
钟君　刘志昌　吴正杲／主编　2017年12月出版　估价：89.00元

◆ 中国社会科学院经济与社会建设研究室与华图政信调查组成联合课题组，从2010年开始对基本公共服务力进行研究，研创了基本公共服务力评价指标体系，为政府考核公共服务与社会管理工作提供了理论工具。

行业报告类

行业报告类皮书立足重点行业、新兴行业领域，提供及时、前瞻的数据与信息

企业社会责任蓝皮书
中国企业社会责任研究报告（2017）

黄群慧　钟宏武　张蒽　翟利峰/著　2017年10月出版　估价：89.00元

◆ 本书剖析了中国企业社会责任在2016～2017年度的最新发展特征，详细解读了省域国有企业在社会责任方面的阶段性特征，生动呈现了国内外优秀企业的社会责任实践。对了解中国企业社会责任履行现状、未来发展，以及推动社会责任建设有重要的参考价值。

新能源汽车蓝皮书
中国新能源汽车产业发展报告（2017）

中国汽车技术研究中心　日产（中国）投资有限公司　东风汽车有限公司/编著　2017年7月出版　估价：98.00元

◆ 本书对中国2016年新能源汽车产业发展进行了全面系统的分析，并介绍了国外的发展经验。有助于相关机构、行业和社会公众等了解中国新能源汽车产业发展的最新动态，为政府部门出台新能源汽车产业相关政策法规、企业制定相关战略规划，提供必要的借鉴和参考。

杜仲产业绿皮书
中国杜仲橡胶资源与产业发展报告（2016～2017）

杜红岩　胡文臻　俞锐/主编　2017年4月出版　估价：85.00元

◆ 本书对2016年杜仲产业的发展情况、研究团队在杜仲研究方面取得的重要成果、部分地区杜仲产业发展的具体情况、杜仲新标准的制定情况等进行了较为详细的分析与介绍，使广大关心杜仲产业发展的读者能够及时跟踪产业最新进展。

行业报告类　皮书系列重点推荐

企业蓝皮书
中国企业绿色发展报告No.2（2017）

李红玉　朱光辉/主编　　2017年8月出版　　估价：89.00元

◆ 本书深入分析中国企业能源消费、资源利用、绿色金融、绿色产品、绿色管理、信息化、绿色发展政策及绿色文化方面的现状，并对目前存在的问题进行研究，剖析因果，谋划对策，为企业绿色发展提供借鉴，为中国生态文明建设提供支撑。

中国上市公司蓝皮书
中国上市公司发展报告（2017）

张平　王宏淼/主编　　2017年10月出版　　估价：98.00元

◆ 本书由中国社会科学院上市公司研究中心组织编写的，着力于全面、真实、客观反映当前中国上市公司财务状况和价值评估的综合性年度报告。本书详尽分析了2016年中国上市公司情况，特别是现实中暴露出的制度性、基础性问题，并对资本市场改革进行了探讨。

资产管理蓝皮书
中国资产管理行业发展报告（2017）

智信资产管理研究院/编著　　2017年6月出版　　估价：89.00元

◆ 中国资产管理行业刚刚兴起，未来将成为中国金融市场最有看点的行业。本书主要分析了2016年度资产管理行业的发展情况，同时对资产管理行业的未来发展做出科学的预测。

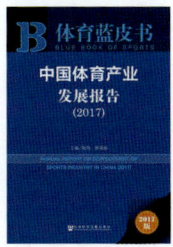

体育蓝皮书
中国体育产业发展报告（2017）

阮伟　钟秉枢/主编　　2017年12月出版　　估价：89.00元

◆ 本书运用多种研究方法，在体育竞赛业、体育用品业、体育场馆业、体育传媒业等传统产业研究的基础上，并对2016年体育领域内的各种热点事件进行研究和梳理，进一步拓宽了研究的广度、提升了研究的高度、挖掘了研究的深度。

皮书系列 重点推荐 国别与地区类

国际问题类

 国际问题类皮书关注全球重点国家与地区，提供全面、独特的解读与研究

美国蓝皮书
美国研究报告（2017）

郑秉文 黄平／主编　2017年6月出版　估价：89.00元

◆ 本书是由中国社会科学院美国研究所主持完成的研究成果，它回顾了美国2016年的经济、政治形势与外交战略，对2017年以来美国内政外交发生的重大事件及重要政策进行了较为全面的回顾和梳理。

日本蓝皮书
日本研究报告（2017）

杨伯江／主编　2017年5月出版　估价：89.00元

◆ 本书对2016年日本的政治、经济、社会、外交等方面的发展情况做了系统介绍，对日本的热点及焦点问题进行了总结和分析，并在此基础上对该国2017年的发展前景做出预测。

亚太蓝皮书
亚太地区发展报告（2017）

李向阳／主编　2017年4月出版　估价：89.00元

◆ 本书是中国社会科学院亚太与全球战略研究院的集体研究成果。2017年的"亚太蓝皮书"继续关注中国周边环境的变化。该书盘点了2016年亚太地区的焦点和热点问题，为深入了解2016年及未来中国与周边环境的复杂形势提供了重要参考。

德国蓝皮书
德国发展报告（2017）

郑春荣 / 主编　2017年6月出版　估价：89.00元

◆ 本报告由同济大学德国研究所组织编撰，由该领域的专家学者对德国的政治、经济、社会文化、外交等方面的形势发展情况，进行全面的阐述与分析。

日本经济蓝皮书
日本经济与中日经贸关系研究报告（2017）

张季风 / 编著　2017年5月出版　估价：89.00元

◆ 本书系统、详细地介绍了2016年日本经济以及中日经贸关系发展情况，在进行了大量数据分析的基础上，对2017年日本经济以及中日经贸关系的大致发展趋势进行了分析与预测。

俄罗斯黄皮书
俄罗斯发展报告（2017）

李永全 / 编著　2017年7月出版　估价：89.00元

◆ 本书系统介绍了2016年俄罗斯经济政治情况，并对2016年该地区发生的焦点、热点问题进行了分析与回顾；在此基础上，对该地区2017年的发展前景进行了预测。

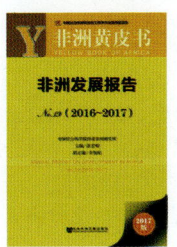

非洲黄皮书
非洲发展报告 No.19（2016～2017）

张宏明 / 主编　2017年8月出版　估价：89.00元

◆ 本书是由中国社会科学院西亚非洲研究所组织编撰的非洲形势年度报告，比较全面、系统地分析了2016年非洲政治形势和热点问题，探讨了非洲经济形势和市场走向，剖析了大国对非洲关系的新动向；此外，还介绍了国内非洲研究的新成果。

地方发展类

地方发展类皮书关注中国各省份、经济区域，提供科学、多元的预判与资政信息

北京蓝皮书

北京公共服务发展报告（2016~2017）

施昌奎 / 主编　2017年3月出版　定价：79.00元

◆ 本书是由北京市政府职能部门的领导、首都著名高校的教授、知名研究机构的专家共同完成的关于北京市公共服务发展与创新的研究成果。

河南蓝皮书

河南经济发展报告（2017）

张占仓　完世伟 / 主编　2017年4月出版　估价：89.00元

◆ 本书以国内外经济发展环境和走向为背景，主要分析当前河南经济形势，预测未来发展趋势，全面反映河南经济发展的最新动态、热点和问题，为地方经济发展和领导决策提供参考。

广州蓝皮书

2017年中国广州经济形势分析与预测

庾建设　陈浩钿　谢博能 / 主编　2017年7月出版　估价：85.00元

◆ 本书由广州大学与广州市委政策研究室、广州市统计局联合主编，汇集了广州科研团体、高等院校和政府部门诸多经济问题研究专家、学者和实际部门工作者的最新研究成果，是关于广州经济运行情况和相关专题分析、预测的重要参考资料。

 文化传媒类 | 皮书系列 重点推荐

文化传媒类

文化传媒类皮书透视文化领域、文化产业，
探索文化大繁荣、大发展的路径

新媒体蓝皮书

中国新媒体发展报告 No.8（2017）

唐绪军 / 主编　2017 年 6 月出版　估价：89.00 元

◆ 本书是由中国社会科学院新闻与传播研究所组织编写的关于新媒体发展的最新年度报告，旨在全面分析中国新媒体的发展现状，解读新媒体的发展趋势，探析新媒体的深刻影响。

移动互联网蓝皮书

中国移动互联网发展报告（2017）

官建文 / 主编　2017 年 6 月出版　估价：89.00 元

◆ 本书着眼于对 2016 年度中国移动互联网的发展情况做深入解析，对未来发展趋势进行预测，力求从不同视角、不同层面全面剖析中国移动互联网发展的现状、年度突破及热点趋势等。

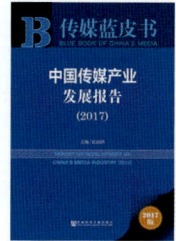

传媒蓝皮书

中国传媒产业发展报告（2017）

崔保国 / 主编　2017 年 5 月出版　估价：98.00 元

◆ "传媒蓝皮书"连续十多年跟踪观察和系统研究中国传媒产业发展。本报告在对传媒产业总体以及各细分行业发展状况与趋势进行深入分析基础上，对年度发展热点进行跟踪，剖析新技术引领下的商业模式，对传媒各领域发展趋势、内体经营、传媒投资进行解析，为中国传媒产业正在发生的变革提供前瞻行参考。

皮书系列 2017全品种 经济类

经济类

"三农"互联网金融蓝皮书
中国"三农"互联网金融发展报告（2017）
著(编)者：李勇坚 王弢　2017年8月出版 / 估价：98.00元
PSN B-2016-561-1/1

G20国家创新竞争力黄皮书
二十集团（G20）国家创新竞争发展报告（2016~2017）
著(编)者：李建平 李闽榕 赵新力 周天勇
2017年8月出版 / 估价：158.00元
PSN Y-2011-229-1/1

产业蓝皮书
中国产业竞争力报告（2017）No.7
著(编)者：张其仔　2017年12月出版 / 估价：98.00元
PSN B-2010-175-1/1

城市创新蓝皮书
中国城市创新报告（2017）
著(编)者：周天勇 旷建伟　2017年11月出版 / 估价：89.00元
PSN B-2013-340-1/1

城市蓝皮书
中国城市发展报告 No.10
著(编)者：潘家华 单菁菁　2017年9月出版 / 估价：89.00元
PSN B-2007-091-1/1

城乡一体化蓝皮书
中国城乡一体化发展报告（2016~2017）
著(编)者：汝信 付崇兰　2017年7月出版 / 估价：85.00元
PSN B-2011-226-1/2

城镇化蓝皮书
中国新型城镇化健康发展报告（2017）
著(编)者：张占斌　2017年8月出版 / 估价：89.00元
PSN B-2014-396-1/1

创新蓝皮书
创新型国家建设报告（2016~2017）
著(编)者：詹正茂　2017年12月出版 / 估价：89.00元
PSN B-2009-140-1/1

创业蓝皮书
中国创业发展报告（2016~2017）
著(编)者：黄群慧 赵卫星 钟宏武等
2017年11月出版 / 估价：89.00元
PSN B-2016-578-1/1

低碳发展蓝皮书
中国低碳发展报告（2016~2017）
著(编)者：齐晔 张希良　2017年3月出版 / 估价：98.00元
PSN B-2011-223-1/1

低碳经济蓝皮书
中国低碳经济发展报告（2017）
著(编)者：薛进军 赵忠秀　2017年6月出版 / 估价：85.00元
PSN B-2011-194-1/1

东北蓝皮书
中国东北地区发展报告（2017）
著(编)者：姜晓秋　2017年2月出版 / 定价：79.00元
PSN B-2006-067-1/1

发展与改革蓝皮书
中国经济发展和体制改革报告No.8
著(编)者：邹东涛 王再文　2017年4月出版 / 估价：98.00元
PSN B-2008-122-1/1

工业化蓝皮书
中国工业化进程报告（2017）
著(编)者：黄群慧　2017年12月出版 / 估价：158.00元
PSN B-2007-095-1/1

管理蓝皮书
中国管理发展报告（2017）
著(编)者：张晓东　2017年10月出版 / 估价：98.00元
PSN B-2014-416-1/1

国际城市蓝皮书
国际城市发展报告（2017）
著(编)者：屠启宇　2017年2月出版 / 定价：79.00元
PSN B-2012-260-1/1

国家创新蓝皮书
中国创新发展报告（2017）
著(编)者：陈劲　2017年12月出版 / 估价：89.00元
PSN B-2014-370-1/1

金融蓝皮书
中国金融发展报告（2017）
著(编)者：王国刚　2017年2月出版 / 定价：79.00元
PSN B-2004-031-1/6

京津冀金融蓝皮书
京津冀金融发展报告（2017）
著(编)者：王爱俭 李向前
2017年4月出版 / 估价：89.00元
PSN B-2016-528-1/1

京津冀蓝皮书
京津冀发展报告（2017）
著(编)者：文魁 祝尔娟　2017年4月出版 / 估价：89.00元
PSN B-2012-262-1/1

经济蓝皮书
2017年中国经济形势分析与预测
著(编)者：李扬　2017年1月出版 / 定价：89.00元
PSN B-1996-001-1/1

经济蓝皮书·春季号
2017年中国经济前景分析
著(编)者：李扬　2017年6月出版 / 估价：89.00元
PSN B-1999-008-1/1

经济蓝皮书·夏季号
中国经济增长报告（2016~2017）
著(编)者：李扬　2017年9月出版 / 估价：98.00元
PSN B-2010-176-1/1

经济信息绿皮书
中国与世界经济发展报告（2017）
著(编)者：杜平　2017年12月出版 / 定价：89.00元
PSN G-2003-023-1/1

就业蓝皮书
2017年中国本科生就业报告
著(编)者：麦可思研究院　2017年6月出版 / 估价：98.00元
PSN B-2009-146-1/2

皮书系列 2017全品种 经济类

就业蓝皮书
2017年中国高职高专生就业报告
著(编)者：麦可思研究院　2017年6月出版 / 估价：98.00元
PSN B-2015-472-2/2

科普能力蓝皮书
中国科普能力评价报告（2017）
著(编)者：李富　强李群　2017年8月出版 / 估价：89.00元
PSN B-2016-556-1/1

临空经济蓝皮书
中国临空经济发展报告（2017）
著(编)者：连玉明　2017年9月出版 / 估价：89.00元
PSN B-2014-421-1/1

农村绿皮书
中国农村经济形势分析与预测（2016～2017）
著(编)者：魏后凯　杜志雄　黄秉信
2017年4月出版 / 估价：89.00元
PSN G-1998-003-1/1

农业应对气候变化蓝皮书
气候变化对中国农业影响评估报告 No.3
著(编)者：矫梅燕　2017年8月出版 / 估价：98.00元
PSN B-2014-413-1/1

气候变化绿皮书
应对气候变化报告（2017）
著(编)者：王伟光　郑国光　2017年6月出版 / 估价：89.00元
PSN G-2009-144-1/1

区域蓝皮书
中国区域经济发展报告（2016～2017）
著(编)者：赵弘　2017年6月出版 / 估价：89.00元
PSN B-2004-034-1/1

全球环境竞争力绿皮书
全球环境竞争力报告（2017）
著(编)者：李建平　李闽榕　王金南
2017年12月出版 / 估价：198.00元
PSN G-2013-363-1/1

人口与劳动绿皮书
中国人口与劳动问题报告 No.18
著(编)者：蔡昉　张车伟　2017年11月出版 / 估价：89.00元
PSN G-2000-012-1/1

商务中心区蓝皮书
中国商务中心区发展报告 No.3（2016）
著(编)者：李国红　单菁菁　2017年4月出版 / 估价：89.00元
PSN B-2015-444-1/1

世界经济黄皮书
2017年世界经济形势分析与预测
著(编)者：张宇燕　2017年1月出版 / 定价：89.00元
PSN Y-1999-006-1/1

世界旅游城市绿皮书
世界旅游城市发展报告（2017）
著(编)者：宋宇　2017年4月出版 / 估价：128.00元
PSN G-2014-400-1/1

土地市场蓝皮书
中国农村土地市场发展报告（2016～2017）
著(编)者：李光荣　2017年4月出版 / 估价：89.00元
PSN B-2016-527-1/1

西北蓝皮书
中国西北发展报告（2017）
著(编)者：高建龙　2017年4月出版 / 估价：89.00元
PSN B-2012-261-1/1

西部蓝皮书
中国西部发展报告（2017）
著(编)者：徐璋勇　2017年7月出版 / 估价：89.00元
PSN B-2005-039-1/1

新型城镇化蓝皮书
新型城镇化发展报告（2017）
著(编)者：李伟　宋敏　沈体雁　2017年4月出版 / 估价：98.00元
PSN B-2014-431-1/1

新兴经济体蓝皮书
金砖国家发展报告（2017）
著(编)者：林跃勤　周文　2017年12月出版 / 估价：89.00元
PSN B-2011-195-1/1

长三角蓝皮书
2017年新常态下深化一体化的长三角
著(编)者：王庆五　2017年12月出版 / 估价：88.00元
PSN B-2005-038-1/1

中部竞争力蓝皮书
中国中部经济社会竞争力报告（2017）
著(编)者：教育部人文社会科学重点研究基地
　　　　　南昌大学中国中部经济社会发展研究中心
2017年12月出版 / 估价：89.00元
PSN B-2012-276-1/1

中部蓝皮书
中国中部地区发展报告（2017）
著(编)者：宋亚平　2017年12月出版 / 估价：88.00元
PSN B-2007-089-1/1

中国省域竞争力蓝皮书
中国省域经济综合竞争力发展报告（2017）
著(编)者：李建平　李闽榕　高燕京
2017年2月出版 / 定价：198.00元
PSN B-2007-088-1/1

中三角蓝皮书
长江中游城市群发展报告（2017）
著(编)者：秦尊文　2017年9月出版 / 估价：89.00元
PSN B-2014-417-1/1

中小城市绿皮书
中国中小城市发展报告（2017）
著(编)者：中国城市经济学会中小城市经济发展委员会
　　　　　中国城镇化促进会中小城市发展委员会
　　　　　《中国中小城市发展报告》编纂委员会
　　　　　中小城市发展战略研究院
2017年11月出版 / 估价：128.00元
PSN G-2010-161-1/1

中原蓝皮书
中原经济区发展报告（2017）
著(编)者：李英杰　2017年6月出版 / 估价：88.00元
PSN B-2011-192-1/1

自贸区蓝皮书
中国自贸区发展报告（2017）
著(编)者：王力　2017年7月出版 / 估价：89.00元
PSN B-2016-559-1/1

社会政法类

北京蓝皮书
中国社区发展报告（2017）
著(编)者：于燕燕　2017年4月出版／估价：89.00元
PSN B-2007-083-5/8

殡葬绿皮书
中国殡葬事业发展报告（2017）
著(编)者：李伯森　2017年4月出版／估价：158.00元
PSN G-2010-180-1/1

城市管理蓝皮书
中国城市管理报告（2016~2017）
著(编)者：刘林　刘承水　2017年5月出版／估价：158.00元
PSN B-2013-336-1/1

城市生活质量蓝皮书
中国城市生活质量报告（2017）
著(编)者：中国经济实验研究院
2018年7月出版／估价：89.00元
PSN B-2013-326-1/1

城市政府能力蓝皮书
中国城市政府公共服务能力评估报告（2017）
著(编)者：何艳玲　2017年4月出版／估价：89.00元
PSN B-2013-338-1/1

慈善蓝皮书
中国慈善发展报告（2017）
著(编)者：杨团　2017年6月出版／估价：89.00元
PSN B-2009-142-1/1

党建蓝皮书
党的建设研究报告 No.2（2017）
著(编)者：崔建民　陈东平　2017年4月出版／估价：89.00元
PSN B-2016-524-1/1

地方法治蓝皮书
中国地方法治发展报告 No.3（2017）
著(编)者：李林　田禾　2017年4月出版／估价：108.00元
PSN B-2015-442-1/1

法治蓝皮书
中国法治发展报告 No.15（2017）
著(编)者：李林　田禾　2017年3月出版／定价：118.00元
PSN B-2004-027-1/1

法治政府蓝皮书
中国法治政府发展报告（2017）
著(编)者：中国政法大学法治政府研究院
2017年4月出版／估价：98.00元
PSN B-2015-502-1/2

法治政府蓝皮书
中国法治政府评估报告（2017）
著(编)者：中国政法大学法治政府研究院
2017年11月出版／估价：98.00元
PSN B-2016-577-2/2

法治蓝皮书
中国法院信息化发展报告 No.1（2017）
著(编)者：李林　田禾　2017年2月出版／定价：108.00元
PSN B-2017-604-3/3

反腐倡廉蓝皮书
中国反腐倡廉建设报告 No.7
著(编)者：张英伟　2017年12月出版／估价：89.00元
PSN B-2012-259-1/1

非传统安全蓝皮书
中国非传统安全研究报告（2016~2017）
著(编)者：余潇枫　魏志江　2017年6月出版／估价：89.00元
PSN B-2012-273-1/1

妇女发展蓝皮书
中国妇女发展报告 No.7
著(编)者：王金玲　2017年9月出版／估价：148.00元
PSN B-2006-069-1/1

妇女教育蓝皮书
中国妇女教育发展报告 No.4
著(编)者：张李玺　2017年10月出版／估价：78.00元
PSN B-2008-121-1/1

妇女绿皮书
中国性别平等与妇女发展报告（2017）
著(编)者：谭琳　2017年12月出版／估价：99.00元
PSN G-2006-073-1/1

公共服务蓝皮书
中国城市基本公共服务力评价（2017）
著(编)者：钟君　刘志昌　吴正发　2017年12月出版／估价：89.00元
PSN B-2011-214-1/1

公民科学素质蓝皮书
中国公民科学素质报告（2016~2017）
著(编)者：李群　陈雄　马宗文
2017年4月出版／估价：89.00元
PSN B-2014-379-1/1

公共关系蓝皮书
中国公共关系发展报告（2017）
著(编)者：柳斌杰　2017年11月出版／估价：89.00元
PSN B-2016-580-1/1

公益蓝皮书
中国公益慈善发展报告（2017）
著(编)者：朱健刚　2018年4月出版／估价：118.00元
PSN B-2012-283-1/1

国际人才蓝皮书
中国国际移民报告（2017）
著(编)者：王辉耀　2017年4月出版／估价：89.00元
PSN B-2012-304-3/4

国际人才蓝皮书
中国留学发展报告（2017）No.5
著(编)者：王辉耀　苗绿　2017年10月出版／估价：89.00元
PSN B-2012-244-2/4

海洋社会蓝皮书
中国海洋社会发展报告（2017）
著(编)者：崔凤　宋宁而　2017年7月出版／估价：89.00元
PSN B-2015-478-1/1

社会政法类 — 皮书系列 2017全品种

行政改革蓝皮书
中国行政体制改革报告（2017）No.6
著(编)者：魏礼群　2017年5月出版／估价：98.00元
PSN B-2011-231-1/1

华侨华人蓝皮书
华侨华人研究报告（2017）
著(编)者：贾益民　2017年12月出版／估价：128.00元
PSN B-2011-204-1/1

环境竞争力绿皮书
中国省域环境竞争力发展报告（2017）
著(编)者：李建平　李闽榕　王金南
2017年11月出版／估价：198.00元
PSN G-2010-165-1/1

环境绿皮书
中国环境发展报告（2017）
著(编)者：刘鉴强　2017年4月出版／估价：89.00元
PSN G-2006-048-1/1

基金会蓝皮书
中国基金会发展报告（2016~2017）
著(编)者：中国基金会发展报告课题组
2017年4月出版／估价：85.00元
PSN B-2013-368-1/1

基金会绿皮书
中国基金会发展独立研究报告（2017）
著(编)者：基金会中心网　中央民族大学基金会研究中心
2017年6月出版／估价：88.00元
PSN G-2011-213-1/1

基金会透明度蓝皮书
中国基金会透明度发展研究报告（2017）
著(编)者：基金会中心网　清华大学廉政与治理研究中心
2017年12月出版／估价：89.00元
PSN B-2015-509-1/1

家庭蓝皮书
中国"创建幸福家庭活动"评估报告（2017）
国务院发展研究中心"创建幸福家庭活动评估"课题组著
2017年8月出版／估价：89.00元
PSN B-2015-508-1/1

健康城市蓝皮书
中国健康城市建设研究报告（2017）
著(编)者：王鸿春　解树江　盛继洪
2017年9月出版／估价：89.00元
PSN B-2016-565-2/2

教师蓝皮书
中国中小学教师发展报告（2017）
著(编)者：曾晓东　鱼霞　2017年6月出版／估价：89.00元
PSN B-2012-289-1/1

教育蓝皮书
中国教育发展报告（2017）
著(编)者：杨东平　2017年4月出版／估价：89.00元
PSN B-2006-047-1/1

科普蓝皮书
中国基层科普发展报告（2016~2017）
著(编)者：赵立　新陈玲　2017年9月出版／估价：89.00元
PSN B-2016-569-3/3

科普蓝皮书
中国科普基础设施发展报告（2017）
著(编)者：任福君　2017年6月出版／估价：89.00元
PSN B-2010-174-1/3

科普蓝皮书
中国科普人才发展报告（2017）
著(编)者：郑念　任嵘嵘　2017年4月出版／估价：98.00元
PSN B-2015-512-2/3

科学教育蓝皮书
中国科学教育发展报告（2017）
著(编)者：罗晖　王康友　2017年10月出版／估价：89.00元
PSN B-2015-487-1/1

劳动保障蓝皮书
中国劳动保障发展报告（2017）
著(编)者：刘燕斌　2017年9月出版／估价：188.00元
PSN B-2014-415-1/1

老龄蓝皮书
中国老年宜居环境发展报告（2017）
著(编)者：党俊武　周燕珉　2017年4月出版／估价：89.00元
PSN B-2013-320-1/1

连片特困区蓝皮书
中国连片特困区发展报告（2017）
著(编)者：游俊　冷志明　丁建军
2017年4月出版／估价：98.00元
PSN B-2013-321-1/1

流动儿童蓝皮书
中国流动儿童教育发展报告（2016）
著(编)者：杨东平　2017年1月出版／定价：79.00元
PSN B-2017-600-1/1

民调蓝皮书
中国民生调查报告（2017）
著(编)者：谢耘耕　2017年12月出版／估价：98.00元
PSN B-2014-398-1/1

民族发展蓝皮书
中国民族发展报告（2017）
著(编)者：郝时远　王延中　王希恩
2017年4月出版／估价：98.00元
PSN B-2006-070-1/1

女性生活蓝皮书
中国女性生活状况报告 No.11（2017）
著(编)者：韩湘景　2017年10月出版／估价：98.00元
PSN B-2006-071-1/1

汽车社会蓝皮书
中国汽车社会发展报告（2017）
著(编)者：王俊秀　2017年12月出版／估价：89.00元
PSN B-2011-224-1/1

皮书系列 2017全品种 社会政法类

青年蓝皮书
中国青年发展报告（2017）No.3
著(编)者：廉思 等　2017年4月出版 / 估价：89.00元
PSN B-2013-333-1/1

青少年蓝皮书
中国未成年人互联网运用报告（2017）
著(编)者：李文革 沈洁 季为民
2017年11月出版 / 估价：89.00元
PSN B-2010-165-1/1

青少年体育蓝皮书
中国青少年体育发展报告（2017）
著(编)者：郭建军 杨桦　2017年9月出版 / 估价：89.00元
PSN B-2015-482-1/1

群众体育蓝皮书
中国群众体育发展报告（2017）
著(编)者：刘国永 杨桦　2017年12月出版 / 估价：89.00元
PSN B-2016-519-2/3

人权蓝皮书
中国人权事业发展报告 No.7（2017）
著(编)者：李君如　2017年9月出版 / 估价：98.00元
PSN B-2011-215-1/1

社会保障绿皮书
中国社会保障发展报告（2017）No.8
著(编)者：王延中　2017年1月出版 / 估价：98.00元
PSN G-2001-014-1/1

社会风险评估蓝皮书
风险评估与危机预警评估报告（2017）
著(编)者：唐钧　2017年8月出版 / 估价：85.00元
PSN B-2016-521-1/1

社会管理蓝皮书
中国社会管理创新报告 No.5
著(编)者：连玉明　2017年11月出版 / 估价：89.00元
PSN B-2012-300-1/1

社会蓝皮书
2017年中国社会形势分析与预测
著(编)者：李培林 陈光金 张翼
2016年12月出版 / 定价：89.00元
PSN B-1998-002-1/1

社会体制蓝皮书
中国社会体制改革报告 No.5（2017）
著(编)者：龚维斌　2017年3月出版 / 定价：89.00元
PSN B-2013-330-1/1

社会心态蓝皮书
中国社会心态研究报告（2017）
著(编)者：王俊秀 杨宜音　2017年12月出版 / 估价：89.00元
PSN B-2011-199-1/1

社会组织蓝皮书
中国社会组织发展报告（2016~2017）
著(编)者：黄晓勇　2017年1月出版 / 定价：89.00元
PSN B-2008-118-1/2

社会组织蓝皮书
中国社会组织评估发展报告（2017）
著(编)者：徐家良 廖鸿　2017年12月出版 / 定价：80.00元
PSN B-2013-366-1/1

生态城市绿皮书
中国生态城市建设发展报告（2017）
著(编)者：刘举科 孙伟平 胡文臻
2017年9月出版 / 估价：118.00元
PSN G-2012-269-1/1

生态文明绿皮书
中国省域生态文明建设评价报告（ECI 2017）
著(编)者：严耕　2017年12月出版 / 估价：98.00元
PSN G-2010-170-1/1

土地整治蓝皮书
中国土地整治发展研究报告 No.4
著(编)者：国土资源部土地整治中心、
2017年7月出版 / 估价：89.00元
PSN B-2014-401-1/1

土地政策蓝皮书
中国土地政策研究报告（2017）
著(编)者：高延利 李宪文
2017年12月出版 / 定价：89.00元
PSN B-2015-506-1/1

医改蓝皮书
中国医药卫生体制改革报告（2017）
著(编)者：文学国 房志武　2017年11月出版 / 估价：98.00元
PSN B-2014-432-1/1

医疗卫生绿皮书
中国医疗卫生发展报告 No.7（2017）
著(编)者：申宝忠 韩玉珍　2017年4月出版 / 估价：85.00元
PSN G-2004-033-1/1

应急管理蓝皮书
中国应急管理报告（2017）
著(编)者：宋英华　2017年9月出版 / 估价：98.00元
PSN B-2016-563-1/1

政治参与蓝皮书
中国政治参与报告（2017）
著(编)者：房宁　2017年9月出版 / 估价：118.00元
PSN B-2011-200-1/1

宗教蓝皮书
中国宗教报告（2016）
著(编)者：邱永辉　2017年4月出版 / 估价：89.00元
PSN B-2008-117-1/1

行业报告类

SUV蓝皮书
中国SUV市场发展报告（2016~2017）
著(编)者：靳军　　2017年9月出版 / 估价：89.00元
PSN B-2016-572-1/1

保健蓝皮书
中国保健服务产业发展报告 No.2
著(编)者：中国保健协会 中共中央党校
2017年7月出版 / 估价：198.00元
PSN B-2012-272-3/3

保健蓝皮书
中国保健食品产业发展报告 No.2
著(编)者：中国保健协会
　　　　　中国社会科学院食品药品产业发展与监管研究中心
2017年7月出版 / 估价：198.00元
PSN B-2012-271-2/3

保健蓝皮书
中国保健用品产业发展报告 No.2
著(编)者：中国保健协会
　　　　　国务院国有资产监督管理委员会研究中心
2017年4月出版 / 估价：198.00元
PSN B-2012-270-1/3

保险蓝皮书
中国保险业竞争力报告（2017）
著(编)者：项俊波　　2017年12月出版 / 估价：99.00元
PSN B-2013-311-1/1

冰雪蓝皮书
中国滑雪产业发展报告（2017）
著(编)者：孙承华 伍斌 魏庆华 张鸿俊
2017年8月出版 / 估价：89.00元
PSN B-2016-560-1/1

彩票蓝皮书
中国彩票发展报告（2017）
著(编)者：益彩基金　　2017年4月出版 / 估价：98.00元
PSN B-2015-462-1/1

餐饮产业蓝皮书
中国餐饮产业发展报告（2017）
著(编)者：邢颖　　2017年6月出版 / 估价：98.00元
PSN B-2009-151-1/1

测绘地理信息蓝皮书
新常态下的测绘地理信息研究报告（2017）
著(编)者：库热西·买合苏提
2017年12月出版 / 估价：118.00元
PSN B-2009-145-1/1

茶业蓝皮书
中国茶产业发展报告（2017）
著(编)者：杨江帆 李闽榕　　2017年10月出版 / 估价：88.00元
PSN B-2010-164-1/1

产权市场蓝皮书
中国产权市场发展报告（2016~2017）
著(编)者：曹和平　　2017年5月出版 / 估价：89.00元
PSN B-2009-147-1/1

产业安全蓝皮书
中国出版传媒产业安全报告（2016~2017）
著(编)者：北京印刷学院文化产业安全研究院
2017年4月出版 / 估价：89.00元
PSN B-2014-384-13/14

产业安全蓝皮书
中国文化产业安全报告（2017）
著(编)者：北京印刷学院文化产业安全研究院
2017年12月出版 / 估价：89.00元
PSN B-2014-378-12/14

产业安全蓝皮书
中国新媒体产业安全报告（2017）
著(编)者：北京印刷学院文化产业安全研究院
2017年12月出版 / 估价：89.00元
PSN B-2015-500-14/14

城投蓝皮书
中国城投行业发展报告（2017）
著(编)者：王晨艳 丁伯康　　2017年11月出版 / 估价：300.00元
PSN B-2016-514-1/1

电子政务蓝皮书
中国电子政务发展报告（2016~2017）
著(编)者：李季 杜平　　2017年7月出版 / 估价：89.00元
PSN B-2003-022-1/1

杜仲产业绿皮书
中国杜仲橡胶资源与产业发展报告（2016~2017）
著(编)者：杜红岩 胡文臻 俞锐
2017年4月出版 / 估价：85.00元
PSN G-2013-350-1/1

房地产蓝皮书
中国房地产发展报告 No.14（2017）
著(编)者：李春华 王业强　　2017年5月出版 / 估价：89.00元
PSN B-2004-028-1/1

服务外包蓝皮书
中国服务外包产业发展报告（2017）
著(编)者：王晓红 刘德军
2017年6月出版 / 估价：89.00元
PSN B-2013-331-2/2

服务外包蓝皮书
中国服务外包竞争力报告（2017）
著(编)者：王力 刘春生 黄育华
2017年11月出版 / 估价：85.00元
PSN B-2011-216-1/2

工业和信息化蓝皮书
世界网络安全发展报告（2016~2017）
著(编)者：洪京一　　2017年4月出版 / 估价：89.00元
PSN B-2015-452-5/5

工业和信息化蓝皮书
世界信息化发展报告（2016~2017）
著(编)者：洪京一　　2017年4月出版 / 估价：89.00元
PSN B-2015-451-4/5

皮书系列 2017全品种 — 行业报告类

工业和信息化蓝皮书
世界信息技术产业发展报告（2016~2017）
著（编）者：洪京一　2017年4月出版　估价：89.00元
PSN B-2015-449-2/5

工业和信息化蓝皮书
移动互联网产业发展报告（2016~2017）
著（编）者：洪京一　2017年4月出版　估价：89.00元
PSN B-2015-448-1/5

工业和信息化蓝皮书
战略性新兴产业发展报告（2016~2017）
著（编）者：洪京一　2017年4月出版　估价：89.00元
PSN B-2015-450-3/5

工业设计蓝皮书
中国工业设计发展报告（2017）
著（编）者：王晓红　于炜　张立群
2017年9月出版　估价：138.00元
PSN B-2014-420-1/1

黄金市场蓝皮书
中国商业银行黄金业务发展报告（2016~2017）
著（编）者：平安银行　2017年4月出版　估价：98.00元
PSN B-2016-525-1/1

互联网金融蓝皮书
中国互联网金融发展报告（2017）
著（编）者：李东荣　2017年9月出版　估价：128.00元
PSN B-2014-374-1/1

互联网医疗蓝皮书
中国互联网医疗发展报告（2017）
著（编）者：宫晓东　2017年9月出版　估价：89.00元
PSN B-2016-568-1/1

会展蓝皮书
中外会展业动态评估年度报告（2017）
著（编）者：张敏　2017年4月出版　估价：88.00元
PSN B-2013-327-1/1

金融监管蓝皮书
中国金融监管报告（2017）
著（编）者：胡滨　2017年6月出版　估价：89.00元
PSN B-2012-281-1/1

金融蓝皮书
中国金融中心发展报告（2017）
著（编）者：王力　黄育华　2017年11月出版　估价：85.00元
PSN B-2011-186-6/6

建筑装饰蓝皮书
中国建筑装饰行业发展报告（2017）
著（编）者：刘晓一　葛道顺　2017年7月出版　估价：198.00元
PSN B-2016-554-1/1

客车蓝皮书
中国客车产业发展报告（2016~2017）
著（编）者：姚蔚　2017年10月出版　估价：85.00元
PSN B-2013-361-1/1

旅游安全蓝皮书
中国旅游安全报告（2017）
著（编）者：郑向敏　谢朝武　2017年5月出版　估价：128.00元
PSN B-2012-280-1/1

旅游绿皮书
2016~2017年中国旅游发展分析与预测
著（编）者：宋瑞　2017年2月出版　定价：89.00元
PSN G-2002-018-1/1

煤炭蓝皮书
中国煤炭工业发展报告（2017）
著（编）者：岳福斌　2017年12月出版　估价：85.00元
PSN B-2008-123-1/1

民营企业社会责任蓝皮书
中国民营企业社会责任报告（2017）
著（编）者：中华全国工商业联合会
2017年12月出版　估价：89.00元
PSN B-2015-510-1/1

民营医院蓝皮书
中国民营医院发展报告（2017）
著（编）者：庄一强　2017年10月出版　估价：85.00元
PSN B-2012-299-1/1

闽商蓝皮书
闽商发展报告（2017）
著（编）者：李闽榕　王日根　林琛
2017年12月出版　估价：89.00元
PSN B-2012-298-1/1

能源蓝皮书
中国能源发展报告（2017）
著（编）者：崔民选　王军生　陈义和
2017年10月出版　估价：98.00元
PSN B-2006-049-1/1

农产品流通蓝皮书
中国农产品流通产业发展报告（2017）
著（编）者：贾敬敦　张东科　张玉玺　张鹏毅　周伟
2017年4月出版　估价：89.00元
PSN B-2012-288-1/1

企业公益蓝皮书
中国企业公益研究报告（2017）
著（编）者：钟宏武　汪杰　顾一　黄晓娟　等
2017年12月出版　估价：89.00元
PSN B-2015-501-1/1

企业国际化蓝皮书
中国企业国际化报告（2017）
著（编）者：王辉耀　2017年11月出版　估价：98.00元
PSN B-2014-427-1/1

企业蓝皮书
中国企业绿色发展报告 No.2（2017）
著（编）者：李红玉　朱光辉　2017年8月出版　估价：89.00元
PSN B-2015-481-2/2

企业社会责任蓝皮书
中国企业社会责任研究报告（2017）
著（编）者：黄群慧　钟宏武　张蒽　翟利峰
2017年11月出版　估价：89.00元
PSN B-2009-149-1/1

企业社会责任蓝皮书
中资企业海外社会责任研究报告（2016~2017）
著（编）者：钟宏武　叶柳红　张蒽
2017年1月出版　定价：79.00元
PSN B-2017-603-2/2

行业报告类

皮书系列
2017全品种

汽车安全蓝皮书
中国汽车安全发展报告（2017）
著(编)者：中国汽车技术研究中心
2017年7月出版 / 估价：89.00元
PSN B-2014-385-1/1

汽车电子商务蓝皮书
中国汽车电子商务发展报告（2017）
著(编)者：中华全国工商业联合会汽车经销商商会 北京易观智库网络科技有限公司
2017年10月出版 / 估价：128.00元
PSN B-2015-485-1/1

汽车工业蓝皮书
中国汽车工业发展年度报告（2017）
著(编)者：中国汽车工业协会 中国汽车技术研究中心 丰田汽车（中国）投资有限公司
2017年4月出版 / 估价：128.00元
PSN B-2015-463-1/2

汽车工业蓝皮书
中国汽车零部件产业发展报告（2017）
著(编)者：中国汽车工业协会 中国汽车工程研究院
2017年10月出版 / 估价：98.00元
PSN B-2016-515-2/2

汽车蓝皮书
中国汽车产业发展报告（2017）
著(编)者：国务院发展研究中心产业经济研究部 中国汽车工程学会 大众汽车集团（中国）
2017年8月出版 / 估价：98.00元
PSN B-2008-124-1/1

人力资源蓝皮书
中国人力资源发展报告（2017）
著(编)者：余兴安 2017年11月出版 / 估价：89.00元
PSN B-2012-287-1/1

融资租赁蓝皮书
中国融资租赁业发展报告（2016~2017）
著(编)者：李光荣 王力 2017年8月出版 / 估价：89.00元
PSN B-2015-443-1/1

商会蓝皮书
中国商会发展报告No.5（2017）
著(编)者：王钦敏 2017年7月出版 / 估价：89.00元
PSN B-2008-125-1/1

输血服务蓝皮书
中国输血行业发展报告（2017）
著(编)者：朱永明 耿鸿武 2016年8月出版 / 估价：89.00元
PSN B-2016-583-1/1

社会责任管理蓝皮书
中国上市公司社会责任能力成熟度报告（2017）No.2
著(编)者：肖红军 王晓光 李伟阳
2017年12月出版 / 估价：98.00元
PSN B-2015-507-2/2

社会责任管理蓝皮书
中国企业公众透明度报告(2017)No.3
著(编)者：黄速建 熊梦 王晓光 肖红军
2017年4月出版 / 估价：98.00元
PSN B-2015-440-1/2

食品药品蓝皮书
食品药品安全与监管政策研究报告（2016~2017）
著(编)者：唐民皓 2017年6月出版 / 估价：89.00元
PSN B-2009-129-1/1

世界能源蓝皮书
世界能源发展报告（2017）
著(编)者：黄晓勇 2017年6月出版 / 估价：99.00元
PSN B-2013-349-1/1

水利风景区蓝皮书
中国水利风景区发展报告（2017）
著(编)者：谢婵才 兰思仁 2017年5月出版 / 估价：89.00元
PSN B-2015-480-1/1

碳市场蓝皮书
中国碳市场报告（2017）
著(编)者：定金彪 2017年11月出版 / 估价：89.00元
PSN B-2014-430-1/1

体育蓝皮书
中国体育产业发展报告（2017）
著(编)者：阮伟 钟秉枢 2017年12月出版 / 估价：89.00元
PSN B-2010-179-1/4

网络空间安全蓝皮书
中国网络空间安全发展报告（2017）
著(编)者：惠志斌 唐涛 2017年4月出版 / 估价：89.00元
PSN B-2015-466-1/1

西部金融蓝皮书
中国西部金融发展报告（2017）
著(编)者：李忠民 2017年8月出版 / 估价：85.00元
PSN B-2010-160-1/1

协会商会蓝皮书
中国行业协会商会发展报告（2017）
著(编)者：景朝阳 李勇 2017年4月出版 / 估价：99.00元
PSN B-2015-461-1/1

新能源汽车蓝皮书
中国新能源汽车产业发展报告（2017）
著(编)者：中国汽车技术研究中心 日产（中国）投资有限公司 东风汽车有限公司
2017年7月出版 / 估价：98.00元
PSN B-2013-347-1/1

新三板蓝皮书
中国新三板市场发展报告（2017）
著(编)者：王力 2017年6月出版 / 估价：89.00元
PSN B-2016-534-1/1

信托市场蓝皮书
中国信托业市场报告（2016~2017）
著(编)者：用益信托研究院
2017年1月出版 / 定价：198.00元
PSN B-2014-371-1/1

信息化蓝皮书
中国信息化形势分析与预测（2016~2017）
著(编)者：周宏仁 2017年8月出版 / 估价：98.00元
PSN B-2010-168-1/1

皮书系列 2017全品种 — 行业报告类

信用蓝皮书
中国信用发展报告（2017）
著(编)者：章政 田侃　2017年4月出版 / 估价：99.00元
PSN B-2013-328-1/1

休闲绿皮书
2017年中国休闲发展报告
著(编)者：宋瑞　2017年10月出版 / 估价：89.00元
PSN G-2010-158-1/1

休闲体育蓝皮书
中国休闲体育发展报告（2016~2017）
著(编)者：李相如 钟炳枢　2017年10月出版 / 估价：89.00元
PSN G-2016-516-1/1

养老金融蓝皮书
中国养老金融发展报告（2017）
著(编)者：董克用 姚余栋
2017年8月出版 / 估价：89.00元
PSN B-2016-584-1/1

药品流通蓝皮书
中国药品流通行业发展报告（2017）
著(编)者：佘鲁林 温再兴　2017年8月出版 / 估价：158.00元
PSN B-2014-429-1/1

医院蓝皮书
中国医院竞争力报告（2017）
著(编)者：庄一强 曾益新　2017年3月出版 / 定价：108.00元
PSN B-2016-529-1/1

邮轮绿皮书
中国邮轮产业发展报告（2017）
著(编)者：汪泓　2017年10月出版 / 估价：89.00元
PSN G-2014-419-1/1

智能养老蓝皮书
中国智能养老产业发展报告（2017）
著(编)者：朱勇　2017年10月出版 / 估价：89.00元
PSN B-2015-488-1/1

债券市场蓝皮书
中国债券市场发展报告（2016~2017）
著(编)者：杨农　2017年10月出版 / 估价：89.00元
PSN B-2016-573-1/1

中国节能汽车蓝皮书
中国节能汽车发展报告（2016~2017）
著(编)者：中国汽车工程研究院股份有限公司
2017年9月出版 / 估价：98.00元
PSN B-2016-566-1/1

中国上市公司蓝皮书
中国上市公司发展报告（2017）
著(编)者：张平 王宏淼
2017年10月出版 / 估价：98.00元
PSN B-2014-414-1/1

中国陶瓷产业蓝皮书
中国陶瓷产业发展报告（2017）
著(编)者：左和平 黄速建　2017年10月出版 / 估价：98.00元
PSN B-2016-574-1/1

中国总部经济蓝皮书
中国总部经济发展报告（2016~2017）
著(编)者：赵弘　2017年9月出版 / 估价：89.00元
PSN B-2005-036-1/1

中医文化蓝皮书
中国中医药文化传播发展报告（2017）
著(编)者：毛嘉陵　2017年7月出版 / 估价：89.00元
PSN B-2015-468-1/1

装备制造业蓝皮书
中国装备制造业发展报告（2017）
著(编)者：徐东华　2017年12月出版 / 估价：148.00元
PSN B-2015-505-1/1

资本市场蓝皮书
中国场外交易市场发展报告（2016~2017）
著(编)者：高峦　2017年4月出版 / 估价：89.00元
PSN B-2009-153-1/1

资产管理蓝皮书
中国资产管理行业发展报告（2017）
著(编)者：智信资产管理研究院
2017年6月出版 / 估价：89.00元
PSN B-2014-407-2/2

文化传媒类

传媒竞争力蓝皮书
中国传媒国际竞争力研究报告（2017）
著（编）者：李本乾 刘强
2017年11月出版 / 估价：148.00元
PSN B-2013-356-1/1

传媒蓝皮书
中国传媒产业发展报告（2017）
著（编）者：崔保国　2017年5月出版 / 估价：98.00元
PSN B-2005-035-1/1

传媒投资蓝皮书
中国传媒投资发展报告（2017）
著（编）者：张向东 谭云明
2017年6月出版 / 估价：128.00元
PSN B-2015-474-1/1

动漫蓝皮书
中国动漫产业发展报告（2017）
著（编）者：卢斌 郑玉明 牛兴侦
2017年9月出版 / 估价：89.00元
PSN B-2011-198-1/1

非物质文化遗产蓝皮书
中国非物质文化遗产发展报告（2017）
著（编）者：陈平　2017年5月出版 / 估价：98.00元
PSN B-2015-469-1/1

广电蓝皮书
中国广播电影电视发展报告（2017）
著（编）者：国家新闻出版广电总局发展研究中心
2017年7月出版 / 估价：98.00元
PSN B-2006-072-1/1

广告主蓝皮书
中国广告主营销传播趋势报告No.9
著（编）者：黄升民 杜国清 邵华冬 等
2017年10月出版 / 估价：148.00元
PSN B-2005-041-1/1

国际传播蓝皮书
中国国际传播发展报告（2017）
著（编）者：胡正荣 李继东 姬德强
2017年11月出版 / 估价：89.00元
PSN B-2014-408-1/1

国家形象蓝皮书
中国国家形象传播报告（2016）
著（编）者：张昆　2017年3月出版 / 定价：98.00元
PSN B-2017-605-1/1

纪录片蓝皮书
中国纪录片发展报告（2017）
著（编）者：何苏六　2017年9月出版 / 估价：89.00元
PSN B-2011-222-1/1

科学传播蓝皮书
中国科学传播报告（2017）
著（编）者：詹正茂　2017年7月出版 / 估价：89.00元
PSN B-2008-120-1/1

两岸创意经济蓝皮书
两岸创意经济研究报告（2017）
著（编）者：罗昌智 林咏能
2017年10月出版 / 估价：98.00元
PSN B-2014-437-1/1

媒介与女性蓝皮书
中国媒介与女性发展报告（2016~2017）
著（编）者：刘利群　2017年9月出版 / 估价：118.00元
PSN B-2013-345-1/1

媒体融合蓝皮书
中国媒体融合发展报告（2017）
著（编）者：梅宁华 宋建武　2017年7月出版 / 估价：89.00元
PSN B-2015-479-1/1

全球传媒蓝皮书
全球传媒发展报告（2017）
著（编）者：胡正荣 李继东 唐晓芬
2017年11月出版 / 估价：89.00元
PSN B-2012-237-1/1

少数民族非遗蓝皮书
中国少数民族非物质文化遗产发展报告（2017）
著（编）者：肖远平（彝）柴立（满）
2017年8月出版 / 估价：98.00元
PSN B-2015-467-1/1

视听新媒体蓝皮书
中国视听新媒体发展报告（2017）
著（编）者：国家新闻出版广电总局发展研究中心
2017年7月出版 / 估价：98.00元
PSN B-2011-184-1/1

文化创新蓝皮书
中国文化创新报告（2017）No.7
著（编）者：于平 傅才武　2017年7月出版 / 估价：98.00元
PSN B-2009-143-1/1

文化建设蓝皮书
中国文化发展报告（2016~2017）
著（编）者：江畅 孙伟平 戴茂堂
2017年6月出版 / 估价：116.00元
PSN B-2014-392-1/1

文化科技蓝皮书
文化科技创新发展报告（2017）
著（编）者：于平 李凤亮　2017年11月出版 / 估价：89.00元
PSN B-2013-342-1/1

文化蓝皮书
中国公共文化服务发展报告（2017）
著（编）者：刘新成 张永新 张旭
2017年12月出版 / 估价：98.00元
PSN B-2007-093-2/10

文化蓝皮书
中国公共文化投入增长测评报告（2017）
著（编）者：王亚南　2017年2月出版 / 定价：79.00元
PSN B-2014-435-10/10

皮书系列 2017全品种 — 文化传媒类·地方发展类

文化蓝皮书
中国少数民族文化发展报告（2016~2017）
著(编)者：武翠英 张晓敏 任乌晶
2017年9月出版 / 估价：89.00元
PSN B-2013-369-9/10

文化蓝皮书
中国文化产业发展报告（2016~2017）
著(编)者：张晓明 王家新 章建刚
2017年4月出版 / 估价：89.00元
PSN B-2002-019-1/10

文化蓝皮书
中国文化产业供需协调检测报告（2017）
著(编)者：王亚南 2017年2月出版 / 定价：79.00元
PSN B-2013-323-8/10

文化蓝皮书
中国文化消费需求景气评价报告（2017）
著(编)者：王亚南 2017年2月出版 / 定价：79.00元
PSN B-2011-236-4/10

文化品牌蓝皮书
中国文化品牌发展报告（2017）
著(编)者：欧阳友权 2017年5月出版 / 估价：98.00元
PSN B-2012-277-1/1

文化遗产蓝皮书
中国文化遗产事业发展报告（2017）
著(编)者：苏杨 张颖岚 王宇飞
2017年8月出版 / 估价：98.00元
PSN B-2008-119-1/1

文学蓝皮书
中国文情报告（2016~2017）
著(编)者：白烨 2017年5月出版 / 估价：49.00元
PSN B-2011-221-1/1

新媒体蓝皮书
中国新媒体发展报告No.8（2017）
著(编)者：唐绪军 2017年6月出版 / 估价：89.00元
PSN B-2010-169-1/1

新媒体社会责任蓝皮书
中国新媒体社会责任研究报告（2017）
著(编)者：钟瑛 2017年11月出版 / 估价：89.00元
PSN B-2014-423-1/1

移动互联网蓝皮书
中国移动互联网发展报告（2017）
著(编)者：官建文 2017年6月出版 / 估价：89.00元
PSN B-2012-282-1/1

舆情蓝皮书
中国社会舆情与危机管理报告（2017）
著(编)者：谢耘耕 2017年9月出版 / 估价：128.00元
PSN B-2011-235-1/1

影视蓝皮书
中国影视产业发展报告（2017）
著(编)者：司若 2017年4月出版 / 估价：138.00元
PSN B-2016-530-1/1

地方发展类

安徽经济蓝皮书
合芜蚌国家自主创新综合示范区研究报告（2016~2017）
著(编)者：黄家海 王开玉 蔡宪
2017年7月出版 / 估价：89.00元
PSN B-2014-383-1/1

安徽蓝皮书
安徽社会发展报告（2017）
著(编)者：程桦 2017年4月出版 / 估价：89.00元
PSN B-2013-325-1/1

澳门蓝皮书
澳门经济社会发展报告（2016~2017）
著(编)者：吴志良 郝雨凡 2017年6月出版 / 估价：98.00元
PSN B-2009-138-1/1

北京蓝皮书
北京公共服务发展报告（2016~2017）
著(编)者：施昌奎 2017年3月出版 / 定价：79.00元
PSN B-2008-103-7/8

北京蓝皮书
北京经济发展报告（2016~2017）
著(编)者：杨松 2017年6月出版 / 估价：89.00元
PSN B-2006-054-2/8

北京蓝皮书
北京社会发展报告（2016~2017）
著(编)者：李伟东 2017年6月出版 / 估价：89.00元
PSN B-2006-055-3/8

北京蓝皮书
北京社会治理发展报告（2016~2017）
著(编)者：殷星辰 2017年5月出版 / 估价：89.00元
PSN B-2014-391-8/8

北京蓝皮书
北京文化发展报告（2016~2017）
著(编)者：李建盛 2017年4月出版 / 估价：89.00元
PSN B-2007-082-4/8

北京律师绿皮书
北京律师发展报告No.3（2017）
著(编)者：王隽 2017年7月出版 / 估价：88.00元
PSN G-2012-301-1/1

北京旅游蓝皮书
北京旅游发展报告（2017）
著(编)者：北京旅游学会 2017年4月出版 / 估价：88.00元
PSN B-2011-217-1/1

地方发展类

皮书系列 2017全品种

北京人才蓝皮书
北京人才发展报告（2017）
著(编)者：于淼　2017年12月出版 / 估价：128.00元
PSN B-2011-201-1/1

北京社会心态蓝皮书
北京社会心态分析报告（2016~2017）
著(编)者：北京社会心理研究所
2017年8月出版 / 估价：89.00元
PSN B-2014-422-1/1

北京社会组织管理蓝皮书
北京社会组织发展与管理（2016~2017）
著(编)者：黄江松　2017年4月出版 / 估价：88.00元
PSN B-2015-446-1/1

北京体育蓝皮书
北京体育产业发展报告（2016~2017）
著(编)者：钟秉枢　陈杰　杨铁黎
2017年9月出版 / 估价：89.00元
PSN B-2015-475-1/1

北京养老产业蓝皮书
北京养老产业发展报告（2017）
著(编)者：周明明　冯heart良　2017年8月出版 / 估价：89.00元
PSN B-2015-465-1/1

滨海金融蓝皮书
滨海新区金融发展报告（2017）
著(编)者：王爱俭　张锐钢　2017年12月出版 / 估价：89.00元
PSN B-2014-424-1/1

城乡一体化蓝皮书
中国城乡一体化发展报告·北京卷（2016~2017）
著(编)者：张宝秀　黄序　2017年5月出版 / 估价：89.00元
PSN B-2012-258-2/2

创意城市蓝皮书
北京文化创意产业发展报告（2017）
著(编)者：张京成　王国华　2017年10月出版 / 估价：89.00元
PSN B-2012-263-1/7

创意城市蓝皮书
天津文化创意产业发展报告（2016~2017）
著(编)者：谢思全　2017年6月出版 / 估价：89.00元
PSN B-2016-537-7/7

创意城市蓝皮书
武汉文化创意产业发展报告（2017）
著(编)者：黄永林　陈汉桥　2017年9月出版 / 估价：99.00元
PSN B-2013-354-4/7

创意上海蓝皮书
上海文化创意产业发展报告（2016~2017）
著(编)者：王慧敏　王兴全　2017年8月出版 / 估价：89.00元
PSN B-2016-562-1/1

福建妇女发展蓝皮书
福建省妇女发展报告（2017）
著(编)者：刘群英　2017年11月出版 / 估价：88.00元
PSN B-2011-220-1/1

福建自贸区蓝皮书
中国（福建）自由贸易实验区发展报告（2016~2017）
著(编)者：黄茂兴　2017年4月出版 / 估价：108.00元
PSN B-2017-532-1/1

甘肃蓝皮书
甘肃经济发展分析与预测（2017）
著(编)者：安文华　罗哲　2017年1月出版 / 定价：79.00元
PSN B-2013-312-1/6

甘肃蓝皮书
甘肃社会发展分析与预测（2017）
著(编)者：安文华　包晓霞　谢增虎
2017年1月出版 / 定价：79.00元
PSN B-2013-313-2/6

甘肃蓝皮书
甘肃文化发展分析与预测（2017）
著(编)者：王俊莲　周小华　2017年1月出版 / 定价：79.00元
PSN B-2013-314-3/6

甘肃蓝皮书
甘肃县域和农村发展报告（2017）
著(编)者：朱智文　包东红　王建兵
2017年1月出版 / 定价：79.00元
PSN B-2013-316-5/6

甘肃蓝皮书
甘肃舆情分析与预测（2017）
著(编)者：陈双梅　张谦元　2017年1月出版 / 定价：79.00元
PSN B-2013-315-4/6

甘肃蓝皮书
甘肃商贸流通发展报告（2017）
著(编)者：张应华　王福生　王晓芳
2017年1月出版 / 定价：79.00元
PSN B-2016-523-6/6

广东蓝皮书
广东全面深化改革发展报告（2017）
著(编)者：周林生　涂成林　2017年12月出版 / 估价：89.00元
PSN B-2015-504-3/3

广东蓝皮书
广东社会工作发展报告（2017）
著(编)者：罗观翠　2017年6月出版 / 估价：89.00元
PSN B-2014-402-2/3

广东外经贸蓝皮书
广东对外经济贸易发展研究报告（2016~2017）
著(编)者：陈万灵　2017年8月出版 / 估价：98.00元
PSN B-2012-286-1/1

广西北部湾经济区蓝皮书
广西北部湾经济区开放开发报告（2017）
著(编)者：广西北部湾经济区规划建设管理委员会办公室
　　　　　广西社会科学院广西北部湾发展研究院
2017年4月出版 / 估价：89.00元
PSN B-2010-181-1/1

巩义蓝皮书
巩义经济社会发展报告（2017）
著(编)者：丁同民　朱军　2017年4月出版 / 估价：58.00元
PSN B-2016-533-1/1

广州蓝皮书
2017年中国广州经济形势分析与预测
著(编)者：庾建设　陈浩钿　谢博能
2017年7月出版 / 估价：85.00元
PSN B-2011-185-9/14

地方发展类

广州蓝皮书
2017年中国广州社会形势分析与预测
著(编)者:张强 陈怡霓 杨秦　2017年6月出版 / 估价:85.00元
PSN B-2008-110-5/14

广州蓝皮书
广州城市国际化发展报告(2017)
著(编)者:朱名宏　2017年8月出版 / 估价:79.00元
PSN B-2012-246-11/14

广州蓝皮书
广州创新型城市发展报告(2017)
著(编)者:尹涛　2017年7月出版 / 估价:79.00元
PSN B-2012-247-12/14

广州蓝皮书
广州经济发展报告(2017)
著(编)者:朱名宏　2017年7月出版 / 估价:79.00元
PSN B-2005-040-1/14

广州蓝皮书
广州农村发展报告(2017)
著(编)者:朱名宏　2017年8月出版 / 估价:79.00元
PSN B-2010-167-8/14

广州蓝皮书
广州汽车产业发展报告(2017)
著(编)者:杨再高 冯兴亚　2017年7月出版 / 估价:79.00元
PSN B-2006-066-3/14

广州蓝皮书
广州青年发展报告(2016~2017)
著(编)者:徐柳 张强　2017年9月出版 / 估价:79.00元
PSN B-2013-352-13/14

广州蓝皮书
广州商贸业发展报告(2017)
著(编)者:李江涛 肖振宇 荀振英
2017年7月出版 / 估价:79.00元
PSN B-2012-245-10/14

广州蓝皮书
广州社会保障发展报告(2017)
著(编)者:蔡国萱　2017年8月出版 / 估价:79.00元
PSN B-2014-425-14/14

广州蓝皮书
广州文化创意产业发展报告(2017)
著(编)者:徐咏虹　2017年7月出版 / 估价:79.00元
PSN B-2008-111-6/14

广州蓝皮书
中国广州城市建设与管理发展报告(2017)
著(编)者:董皞 陈小钢 李江涛
2017年7月出版 / 估价:85.00元
PSN B-2007-087-4/14

广州蓝皮书
中国广州科技创新发展报告(2017)
著(编)者:邹采荣 马正勇 陈爽
2017年7月出版 / 估价:79.00元
PSN B-2006-065-2/14

广州蓝皮书
中国广州文化发展报告(2017)
著(编)者:徐俊忠 陆志强 顾涧清
2017年7月出版 / 估价:79.00元
PSN B-2009-134-7/14

贵阳蓝皮书
贵阳城市创新发展报告No.2(白云篇)
著(编)者:连玉明　2017年10月出版 / 估价:89.00元
PSN B-2015-491-3/10

贵阳蓝皮书
贵阳城市创新发展报告No.2(观山湖篇)
著(编)者:连玉明　2017年10月出版 / 估价:89.00元
PSN B-2011-235-1/1

贵阳蓝皮书
贵阳城市创新发展报告No.2(花溪篇)
著(编)者:连玉明　2017年10月出版 / 估价:89.00元
PSN B-2015-490-2/10

贵阳蓝皮书
贵阳城市创新发展报告No.2(开阳篇)
著(编)者:连玉明　2017年10月出版 / 估价:89.00元
PSN B-2015-492-4/10

贵阳蓝皮书
贵阳城市创新发展报告No.2(南明篇)
著(编)者:连玉明　2017年10月出版 / 估价:89.00元
PSN B-2015-496-8/10

贵阳蓝皮书
贵阳城市创新发展报告No.2(清镇篇)
著(编)者:连玉明　2017年10月出版 / 估价:89.00元
PSN B-2015-489-1/10

贵阳蓝皮书
贵阳城市创新发展报告No.2(乌当篇)
著(编)者:连玉明　2017年10月出版 / 估价:89.00元
PSN B-2015-495-7/10

贵阳蓝皮书
贵阳城市创新发展报告No.2(息烽篇)
著(编)者:连玉明　2017年10月出版 / 估价:89.00元
PSN B-2015-493-5/10

贵阳蓝皮书
贵阳城市创新发展报告No.2(修文篇)
著(编)者:连玉明　2017年10月出版 / 估价:89.00元
PSN B-2015-494-6/10

贵阳蓝皮书
贵阳城市创新发展报告No.2(云岩篇)
著(编)者:连玉明　2017年10月出版 / 估价:89.00元
PSN B-2015-498-10/10

贵州房地产蓝皮书
贵州房地产发展报告No.4(2017)
著(编)者:武廷方　2017年7月出版 / 估价:89.00元
PSN B-2014-426-1/1

贵州蓝皮书
贵州册亨经济社会发展报告(2017)
著(编)者:黄德林　2017年3月出版 / 估价:89.00元
PSN B-2016-526-8/9

地方发展类　　皮书系列 2017全品种

贵州蓝皮书
贵安新区发展报告（2016~2017）
著(编)者：马长青 吴大华　2017年6月出版 / 估价：89.00元
PSN B-2015-459-4/9

贵州蓝皮书
贵州法治发展报告（2017）
著(编)者：吴大华　2017年5月出版 / 估价：89.00元
PSN B-2012-254-2/9

贵州蓝皮书
贵州国有企业社会责任发展报告（2016~2017）
著(编)者：郭丽 周航 万强
2017年12月出版 / 估价：89.00元
PSN B-2015-511-6/9

贵州蓝皮书
贵州民航业发展报告（2017）
著(编)者：申振东 吴大华　2017年10月出版 / 估价：89.00元
PSN B-2015-471-5/9

贵州蓝皮书
贵州民营经济发展报告（2017）
著(编)者：杨静 吴大华　2017年4月出版 / 估价：89.00元
PSN B-2016-531-9/9

贵州蓝皮书
贵州人才发展报告（2017）
著(编)者：于杰 吴大华　2017年9月出版 / 估价：89.00元
PSN B-2014-382-3/9

贵州蓝皮书
贵州社会发展报告（2017）
著(编)者：王兴骥　2017年6月出版 / 估价：89.00元
PSN B-2010-166-1/9

贵州蓝皮书
贵州国家级开放创新平台发展报告（2017）
著(编)者：申晓庆 吴大华 李泓
2017年6月出版 / 估价：89.00元
PSN B-2016-518-1/9

海淀蓝皮书
海淀区文化和科技融合发展报告（2017）
著(编)者：陈名杰 孟景伟　2017年5月出版 / 估价：85.00元
PSN B-2013-329-1/1

杭州都市圈蓝皮书
杭州都市圈发展报告（2017）
著(编)者：沈翔 戚建国　2017年5月出版 / 估价：128.00元
PSN B-2012-302-1/1

杭州蓝皮书
杭州妇女发展报告（2017）
著(编)者：魏颖　2017年6月出版 / 估价：89.00元
PSN B-2014-403-1/1

河北经济蓝皮书
河北省经济发展报告（2017）
著(编)者：马树强 金浩 张贵
2017年4月出版 / 估价：89.00元
PSN B-2014-380-1/1

河北蓝皮书
河北经济社会发展报告（2017）
著(编)者：郭金平　2017年1月出版 / 定价：79.00元
PSN B-2014-372-1/2

河北蓝皮书
京津冀协同发展报告（2017）
著(编)者：陈路　2017年1月出版 / 定价：79.00元
PSN B-2017-601-2/2

河北食品药品安全蓝皮书
河北食品药品安全研究报告（2017）
著(编)者：丁锦霞　2017年6月出版 / 估价：89.00元
PSN B-2015-473-1/1

河南经济蓝皮书
2017年河南经济形势分析与预测
著(编)者：王世炎　2017年3月出版 / 定价：79.00元
PSN B-2007-086-1/1

河南蓝皮书
2017年河南社会形势分析与预测
著(编)者：刘道兴 牛苏林　2017年4月出版 / 估价89.00元
PSN B-2005-043-1/8

河南蓝皮书
河南城市发展报告（2017）
著(编)者：张占仓 王建国　2017年5月出版 / 估价：89.00元
PSN B-2009-131-3/8

河南蓝皮书
河南法治发展报告（2017）
著(编)者：丁同民 张林海　2017年5月出版 / 估价：89.00元
PSN B-2014-376-6/8

河南蓝皮书
河南工业发展报告（2017）
著(编)者：张占仓 丁同民　2017年5月出版 / 估价：89.00元
PSN B-2013-317-5/8

河南蓝皮书
河南金融发展报告（2017）
著(编)者：河南省社会科学院
2017年6月出版 / 估价：89.00元
PSN B-2014-390-7/8

河南蓝皮书
河南经济发展报告（2017）
著(编)者：张占仓 完世伟　2017年4月出版 / 估价：89.00元
PSN B-2010-157-4/8

河南蓝皮书
河南农业农村发展报告（2017）
著(编)者：吴海峰　2017年4月出版 / 估价：89.00元
PSN B-2015-445-8/8

河南蓝皮书
河南文化发展报告（2017）
著(编)者：卫绍生　2017年4月出版 / 估价：88.00元
PSN B-2008-106-2/8

河南商务蓝皮书
河南商务发展报告（2017）
著(编)者：焦锦淼 穆荣国　2017年6月出版 / 估价：88.00元
PSN B-2014-399-1/1

黑龙江蓝皮书
黑龙江经济发展报告（2017）
著(编)者：朱宇　2017年1月出版 / 定价：79.00元
PSN B-2011-190-2/2

皮书系列 重点推荐 — 地方发展类

黑龙江蓝皮书
黑龙江社会发展报告(2017)
著(编)者：谢宝禄　　2017年1月出版 / 定价：79.00元
PSN B-2011-189-1/2

湖北文化蓝皮书
湖北文化发展报告(2017)
著(编)者：吴成国　　2017年10月出版 / 估价：95.00元
PSN B-2016-567-1/1

湖南城市蓝皮书
区域城市群整合
著(编)者：童中贤　韩未名
2017年12月出版 / 估价：89.00元
PSN B-2006-064-1/1

湖南蓝皮书
2017年湖南产业发展报告
著(编)者：梁志峰　　2017年5月出版 / 估价：128.00元
PSN B-2011-207-2/8

湖南蓝皮书
2017年湖南电子政务发展报告
著(编)者：梁志峰　　2017年5月出版 / 估价：128.00元
PSN B-2014-394-6/8

湖南蓝皮书
2017年湖南经济展望
著(编)者：梁志峰　　2017年5月出版 / 估价：128.00元
PSN B-2014-206-1/8

湖南蓝皮书
2017年湖南两型社会与生态文明发展报告
著(编)者：梁志峰　　2017年5月出版 / 估价：128.00元
PSN B-2011-208-3/8

湖南蓝皮书
2017年湖南社会发展报告
著(编)者：梁志峰　　2017年5月出版 / 估价：128.00元
PSN B-2014-393-5/8

湖南蓝皮书
2017年湖南县域经济社会发展报告
著(编)者：梁志峰　　2017年5月出版 / 估价：128.00元
PSN B-2014-395-7/8

湖南蓝皮书
湖南城乡一体化发展报告(2017)
著(编)者：陈文胜　王文强　陆福兴　邝奕轩
2017年6月出版 / 估价：89.00元
PSN B-2015-477-8/8

湖南县域绿皮书
湖南县域发展报告 No.3
著(编)者：袁准　周小毛　黎仁寅
2017年3月出版 / 估价：79.00元
PSN G-2012-274-1/1

沪港蓝皮书
沪港发展报告(2017)
著(编)者：尤安山　　2017年9月出版 / 估价：89.00元
PSN B-2013-362-1/1

吉林蓝皮书
2017年吉林经济社会形势分析与预测
著(编)者：邵汉明　　2016年12月出版 / 定价：79.00元
PSN B-2013-319-1/1

吉林省城市竞争力蓝皮书
吉林省城市竞争力报告(2016~2017)
著(编)者：崔岳春　张磊　　2016年12月出版 / 定价：79.00元
PSN B-2015-513-1/1

济源蓝皮书
济源经济社会发展报告(2017)
著(编)者：喻新安　　2017年4月出版 / 估价：89.00元
PSN B-2014-387-1/1

健康城市蓝皮书
北京健康城市建设研究报告(2017)
著(编)者：王鸿春　　2017年8月出版 / 估价：89.00元
PSN B-2015-460-1/2

江苏法治蓝皮书
江苏法治发展报告 No.6(2017)
著(编)者：蔡道通　蔡廷泰　　2017年8月出版 / 估价：98.00元
PSN B-2012-290-1/1

江西蓝皮书
江西经济社会发展报告(2017)
著(编)者：张勇　姜玮　梁勇　　2017年10月出版 / 估价：89.00元
PSN B-2015-484-1/2

江西蓝皮书
江西设区市发展报告(2017)
著(编)者：姜玮　梁勇　　2017年10月出版 / 估价：79.00元
PSN B-2016-517-2/2

江西文化蓝皮书
江西文化产业发展报告(2017)
著(编)者：张圣才　汪春翔
2017年10月出版 / 估价：128.00元
PSN B-2015-499-1/1

街道蓝皮书
北京街道发展报告No.2(白纸坊篇)
著(编)者：连玉明　　2017年8月出版 / 估价：98.00元
PSN B-2016-544-7/15

街道蓝皮书
北京街道发展报告No.2(椿树篇)
著(编)者：连玉明　　2017年8月出版 / 估价：98.00元
PSN B-2016-548-11/15

街道蓝皮书
北京街道发展报告No.2(大栅栏篇)
著(编)者：连玉明　　2017年8月出版 / 估价：98.00元
PSN B-2016-552-15/15

街道蓝皮书
北京街道发展报告No.2(德胜篇)
著(编)者：连玉明　　2017年8月出版 / 估价：98.00元
PSN B-2016-551-14/15

街道蓝皮书
北京街道发展报告No.2(广安门内篇)
著(编)者：连玉明　　2017年8月出版 / 估价：98.00元
PSN B-2016-540-3/15

地方发展类 — 皮书系列 重点推荐

街道蓝皮书
北京街道发展报告No.2（广安门外篇）
著(编)者：连玉明　2017年8月出版 / 估价：98.00元
PSN B-2016-547-10/15

街道蓝皮书
北京街道发展报告No.2（金融街篇）
著(编)者：连玉明　2017年8月出版 / 估价：98.00元
PSN B-2016-538-1/15

街道蓝皮书
北京街道发展报告No.2（牛街篇）
著(编)者：连玉明　2017年8月出版 / 估价：98.00元
PSN B-2016-545-8/15

街道蓝皮书
北京街道发展报告No.2（什刹海篇）
著(编)者：连玉明　2017年8月出版 / 估价：98.00元
PSN B-2016-546-9/15

街道蓝皮书
北京街道发展报告No.2（陶然亭篇）
著(编)者：连玉明　2017年8月出版 / 估价：98.00元
PSN B-2016-542-5/15

街道蓝皮书
北京街道发展报告No.2（天桥篇）
著(编)者：连玉明　2017年8月出版 / 估价：98.00元
PSN B-2016-549-12/15

街道蓝皮书
北京街道发展报告No.2（西长安街篇）
著(编)者：连玉明　2017年8月出版 / 估价：98.00元
PSN B-2016-543-6/15

街道蓝皮书
北京街道发展报告No.2（新街口篇）
著(编)者：连玉明　2017年8月出版 / 估价：98.00元
PSN B-2016-541-4/15

街道蓝皮书
北京街道发展报告No.2（月坛篇）
著(编)者：连玉明　2017年8月出版 / 估价：98.00元
PSN B-2016-539-2/15

街道蓝皮书
北京街道发展报告No.2（展览路篇）
著(编)者：连玉明　2017年8月出版 / 估价：98.00元
PSN B-2016-550-13/15

经济特区蓝皮书
中国经济特区发展报告（2017）
著(编)者：陶一桃　2017年12月出版 / 估价：98.00元
PSN B-2009-139-1/1

辽宁蓝皮书
2017年辽宁经济社会形势分析与预测
著(编)者：曹晓峰　梁启东
2017年4月出版 / 估价：79.00元
PSN B-2006-053-1/1

洛阳蓝皮书
洛阳文化发展报告（2017）
著(编)者：刘福兴　陈启明　2017年7月出版 / 估价：89.00元
PSN B-2015-476-1/1

南京蓝皮书
南京文化发展报告（2017）
著(编)者：徐宁　2017年10月出版 / 估价：89.00元
PSN B-2014-439-1/1

南宁蓝皮书
南宁法治发展报告（2017）
著(编)者：杨维超　2017年12月出版 / 估价：79.00元
PSN B-2015-509-1/3

南宁蓝皮书
南宁经济发展报告（2017）
著(编)者：胡建华　2017年9月出版 / 估价：79.00元
PSN B-2016-570-2/3

南宁蓝皮书
南宁社会发展报告（2017）
著(编)者：胡建华　2017年9月出版 / 估价：79.00元
PSN B-2016-571-3/3

内蒙古蓝皮书
内蒙古反腐倡廉建设报告 No.2
著(编)者：张志华　无极　2017年12月出版 / 估价：79.00元
PSN B-2013-365-1/1

浦东新区蓝皮书
上海浦东经济发展报告（2017）
著(编)者：沈开艳　周奇　2017年2月出版 / 定价：79.00元
PSN B-2011-225-1/1

青海蓝皮书
2017年青海经济社会形势分析与预测
著(编)者：陈玮　2016年12月出版 / 定价：79.00元
PSN B-2012-275-1/1

人口与健康蓝皮书
深圳人口与健康发展报告（2017）
著(编)者：陆杰华　罗乐宣　苏杨
2017年11月出版 / 估价：89.00元
PSN B-2011-228-1/1

山东蓝皮书
山东经济形势分析与预测（2017）
著(编)者：李广杰　2017年7月出版 / 估价：89.00元
PSN B-2014-404-1/4

山东蓝皮书
山东社会形势分析与预测（2017）
著(编)者：张华　唐洲雁　2017年6月出版 / 估价：89.00元
PSN B-2014-405-2/4

山东蓝皮书
山东文化发展报告（2017）
著(编)者：涂可国　2017年11月出版 / 估价：98.00元
PSN B-2014-406-3/4

山西蓝皮书
山西资源型经济转型发展报告（2017）
著(编)者：李志强　2017年7月出版 / 估价：89.00元
PSN B-2011-197-1/1

皮书系列 重点推荐 — 地方发展类

陕西蓝皮书
陕西经济发展报告（2017）
著(编)者：任宗哲 白宽犁 裴成荣
2017年1月出版 / 定价：69.00元
PSN B-2009-135-1/5

陕西蓝皮书
陕西社会发展报告（2017）
著(编)者：任宗哲 白宽犁 牛昉
2017年1月出版 / 定价：69.00元
PSN B-2009-136-2/5

陕西蓝皮书
陕西文化发展报告（2017）
著(编)者：任宗哲 白宽犁 王长寿
2017年1月出版 / 定价：69.00元
PSN B-2009-137-3/5

上海蓝皮书
上海传媒发展报告（2017）
著(编)者：强荧 焦雨虹 2017年2月出版 / 定价：79.00元
PSN B-2012-295-5/7

上海蓝皮书
上海法治发展报告（2017）
著(编)者：叶青 2017年6月出版 / 估价：89.00元
PSN B-2012-296-6/7

上海蓝皮书
上海经济发展报告（2017）
著(编)者：沈开艳 2017年2月出版 / 定价：79.00元
PSN B-2006-057-1/7

上海蓝皮书
上海社会发展报告（2017）
著(编)者：杨雄 周海旺 2017年2月出版 / 定价：79.00元
PSN B-2006-058-2/7

上海蓝皮书
上海文化发展报告（2017）
著(编)者：荣跃明 2017年2月出版 / 定价：79.00元
PSN B-2006-059-3/7

上海蓝皮书
上海文学发展报告（2017）
著(编)者：陈圣来 2017年6月出版 / 估价：89.00元
PSN B-2012-297-7/7

上海蓝皮书
上海资源环境发展报告（2017）
著(编)者：周冯琦 汤庆合
2017年2月出版 / 定价：79.00元
PSN B-2006-060-4/7

社会建设蓝皮书
2017年北京社会建设分析报告
著(编)者：宋贵伦 冯虹 2017年10月出版 / 估价：89.00元
PSN B-2010-173-1/1

深圳蓝皮书
深圳法治发展报告（2017）
著(编)者：张骁儒 2017年6月出版 / 估价：89.00元
PSN B-2015-470-6/7

深圳蓝皮书
深圳经济发展报告（2017）
著(编)者：张骁儒 2017年7月出版 / 估价：89.00元
PSN B-2008-112-3/7

深圳蓝皮书
深圳劳动关系发展报告（2017）
著(编)者：汤庭芬 2017年6月出版 / 估价：89.00元
PSN B-2007-097-2/7

深圳蓝皮书
深圳社会建设与发展报告（2017）
著(编)者：张骁儒 陈东平 2017年7月出版 / 估价：89.00元
PSN B-2008-113-4/7

深圳蓝皮书
深圳文化发展报告(2017)
著(编)者：张骁儒 2017年7月出版 / 估价：89.00元
PSN B-2016-555-7/7

丝绸之路蓝皮书
丝绸之路经济带发展报告（2017）
著(编)者：任宗哲 白宽犁 谷孟宾
2017年1月出版 / 定价：75.00元
PSN B-2014-410-1/1

法治蓝皮书
四川依法治省年度报告 No.3（2017）
著(编)者：李林 杨天宗 田禾
2017年3月出版 / 定价：118.00元
PSN B-2015-447-1/1

四川蓝皮书
2017年四川经济形势分析与预测
著(编)者：杨钢 2017年1月出版 / 定价：98.00元
PSN B-2007-098-2/7

四川蓝皮书
四川城镇化发展报告（2017）
著(编)者：侯水平 陈炜 2017年4月出版 / 估价：85.00元
PSN B-2015-456-7/7

四川蓝皮书
四川法治发展报告（2017）
著(编)者：郑泰安 2017年4月出版 / 估价：89.00元
PSN B-2015-441-5/7

四川蓝皮书
四川企业社会责任研究报告（2016~2017）
著(编)者：侯水平 盛毅 翟刚
2017年4月出版 / 估价：89.00元
PSN B-2014-386-4/7

四川蓝皮书
四川社会发展报告（2017）
著(编)者：李羚 2017年5月出版 / 估价：89.00元
PSN B-2008-127-3/7

四川蓝皮书
四川生态建设报告（2017）
著(编)者：李晟之 2017年4月出版 / 估价：85.00元
PSN B-2015-455-6/7

皮书系列重点推荐

地方发展类・国际问题类

四川蓝皮书
四川文化产业发展报告（2017）
著（编）者：向宝云 张立伟
2017年4月出版 / 估价：89.00元
PSN B-2006-074-1/7

体育蓝皮书
上海体育产业发展报告（2016～2017）
著（编）者：张林 黄海燕
2017年10月出版 / 89.00元
PSN B-2015-454-4/4

体育蓝皮书
长三角地区体育产业发展报告（2016～2017）
著（编）者：张林
2017年4月出版 / 估价：89.00元
PSN B-2015-453-3/4

天津金融蓝皮书
天津金融发展报告（2017）
著（编）者：王爱俭 孔德昌
2017年12月出版 / 估价：98.00元
PSN B-2014-418-1/1

图们江区域合作蓝皮书
图们江区域合作发展报告（2017）
著（编）者：李铁
2017年6月出版 / 估价：98.00元
PSN B-2015-464-1/1

温州蓝皮书
2017年温州经济社会形势分析与预测
著（编）者：潘忠强 王春光 金浩
2017年4月出版 / 89.00元
PSN B-2008-105-1/1

西咸新区蓝皮书
西咸新区发展报告（2016～2017）
著（编）者：李扬 王军
2017年6月出版 / 估价：89.00元
PSN B-2016-535-1/1

扬州蓝皮书
扬州经济社会发展报告（2017）
著（编）者：丁纯
2017年12月出版 / 估价：98.00元
PSN B-2011-191-1/1

长株潭城市群蓝皮书
长株潭城市群发展报告（2017）
著（编）者：张萍
2017年12月出版 / 估价：89.00元
PSN B-2008-109-1/1

中医文化蓝皮书
北京中医文化传播发展报告（2017）
著（编）者：毛嘉陵
2017年5月出版 / 估价：79.00元
PSN B-2015-468-1/2

珠三角流通蓝皮书
珠三角商圈发展研究报告（2017）
著（编）者：王先庆 林至颖
2017年7月出版 / 估价：98.00元
PSN B-2012-292-1/1

遵义蓝皮书
遵义发展报告（2017）
著（编）者：曾征 龚永育 雍思强
2017年12月出版 / 估价：89.00元
PSN B-2014-433-1/1

国际问题类

"一带一路"跨境通道蓝皮书
"一带一路"跨境通道建设研究报告（2017）
著（编）者：郭业洲
2017年8月出版 / 估价：89.00元
PSN B-2016-558-1/1

"一带一路"蓝皮书
"一带一路"建设发展报告（2017）
著（编）者：孔丹 李永全
2017年7月出版 / 估价：89.00元
PSN B-2016-553-1/1

阿拉伯黄皮书
阿拉伯发展报告（2016～2017）
著（编）者：罗林
2017年11月出版 / 估价：89.00元
PSN Y-2014-381-1/1

北部湾蓝皮书
泛北部湾合作发展报告（2017）
著（编）者：吕余生
2017年12月出版 / 估价：85.00元
PSN B-2008-114-1/1

大湄公河次区域蓝皮书
大湄公河次区域合作发展报告（2017）
著（编）者：刘稚
2017年8月出版 / 估价：89.00元
PSN B-2011-196-1/1

大洋洲蓝皮书
大洋洲发展报告（2017）
著（编）者：喻常森
2017年10月出版 / 估价：89.00元
PSN B-2013-341-1/1

皮书系列 重点推荐 　国际问题类

德国蓝皮书
德国发展报告（2017）
著(编)者：郑春荣　2017年6月出版 / 估价：89.00元
PSN B-2012-278-1/1

东盟黄皮书
东盟发展报告（2017）
著(编)者：杨晓强　庄国土
2017年4月出版 / 估价：89.00元
PSN Y-2012-303-1/1

东南亚蓝皮书
东南亚地区发展报告（2016~2017）
著(编)者：厦门大学东南亚研究中心　王勤
2017年12月出版 / 估价：89.00元
PSN B-2012-240-1/1

俄罗斯黄皮书
俄罗斯发展报告（2017）
著(编)者：李永全　2017年7月出版 / 估价：89.00元
PSN Y-2006-061-1/1

非洲黄皮书
非洲发展报告 No.19（2016~2017）
著(编)者：张宏明　2017年8月出版 / 估价：89.00元
PSN Y-2012-239-1/1

公共外交蓝皮书
中国公共外交发展报告（2017）
著(编)者：赵启正　雷蔚真
2017年4月出版 / 估价：89.00元
PSN B-2015-457-1/1

国际安全蓝皮书
中国国际安全研究报告(2017)
著(编)者：刘慧　2017年7月出版 / 估价：98.00元
PSN B-2016-522-1/1

国际形势黄皮书
全球政治与安全报告（2017）
著(编)者：张宇燕
2017年1月出版 / 定价：89.00元
PSN Y-2001-016-1/1

韩国蓝皮书
韩国发展报告（2017）
著(编)者：牛林杰　刘宝全
2017年11月出版 / 估价：89.00元
PSN B-2010-155-1/1

加拿大蓝皮书
加拿大发展报告（2017）
著(编)者：仲伟合　2017年9月出版 / 估价：89.00元
PSN B-2014-389-1/1

拉美黄皮书
拉丁美洲和加勒比发展报告（2016~2017）
著(编)者：吴白乙　2017年6月出版 / 估价：89.00元
PSN Y-1999-007-1/1

美国蓝皮书
美国研究报告（2017）
著(编)者：郑秉文　黄平　2017年6月出版 / 估价：89.00元
PSN B-2011-210-1/1

缅甸蓝皮书
缅甸国情报告（2017）
著(编)者：李晨阳　2017年12月出版 / 估价：86.00元
PSN B-2013-343-1/1

欧洲蓝皮书
欧洲发展报告（2016~2017）
著(编)者：黄平　周弘　江时学
2017年6月出版 / 估价：89.00元
PSN B-1999-009-1/1

葡语国家蓝皮书
葡语国家发展报告（2017）
著(编)者：王成安　张敏　2017年12月出版 / 估价：89.00元
PSN B-2015-503-1/2

葡语国家蓝皮书
中国与葡语国家关系发展报告·巴西（2017）
著(编)者：张曙光　2017年8月出版 / 估价：89.00元
PSN B-2016-564-2/2

日本经济蓝皮书
日本经济与中日经贸关系研究报告（2017）
著(编)者：张季风　2017年5月出版 / 估价：89.00元
PSN B-2008-102-1/1

日本蓝皮书
日本研究报告（2017）
著(编)者：杨伯江　2017年5月出版 / 估价：89.00元
PSN B-2002-020-1/1

上海合作组织黄皮书
上海合作组织发展报告（2017）
著(编)者：李进峰　吴宏伟　李少捷
2017年6月出版 / 估价：89.00元
PSN Y-2009-130-1/1

世界创新竞争力黄皮书
世界创新竞争力发展报告（2017）
著(编)者：李闽榕　李建平　赵新力
2017年4月出版 / 估价：148.00元
PSN Y-2013-318-1/1

泰国蓝皮书
泰国研究报告（2017）
著(编)者：庄国土　张禹东
2017年8月出版 / 估价：118.00元
PSN B-2016-557-1/1

土耳其蓝皮书
土耳其发展报告（2017）
著(编)者：郭长刚　刘义　2017年9月出版 / 估价：89.00元
PSN B-2014-412-1/1

亚太蓝皮书
亚太地区发展报告（2017）
著(编)者：李向阳　2017年4月出版 / 估价：89.00元
PSN B-2001-015-1/1

印度蓝皮书
印度国情报告（2017）
著(编)者：吕昭义　2017年12月出版 / 估价：89.00元
PSN B-2012-241-1/1

 国际问题类 | 皮书系列 重点推荐

印度洋地区蓝皮书
印度洋地区发展报告（2017）
著(编)者：汪戎　2017年6月出版 / 估价：89.00元
PSN B-2013-334-1/1

英国蓝皮书
英国发展报告（2016~2017）
著(编)者：王展鹏　2017年11月出版 / 估价：89.00元
PSN B-2015-486-1/1

越南蓝皮书
越南国情报告（2017）
著(编)者：谢林城
2017年12月出版 / 估价：89.00元
PSN B-2006-056-1/1

以色列蓝皮书
以色列发展报告（2017）
著(编)者：张倩红　2017年8月出版 / 估价：89.00元
PSN B-2015-483-1/1

伊朗蓝皮书
伊朗发展报告（2017）
著(编)者：冀开远　2017年10月出版 / 估价：89.00元
PSN B-2016-575-1/1

中东黄皮书
中东发展报告No.19（2016~2017）
著(编)者：杨光　2017年10月出版 / 估价：89.00元
PSN Y-1998-004-1/1

中亚黄皮书
中亚国家发展报告（2017）
著(编)者：孙力 吴宏伟　2017年7月出版 / 估价：98.00元
PSN Y-2012-238-1/1．

　　皮书序列号是社会科学文献出版社专门为识别皮书、管理皮书而设计的编号。皮书序列号是出版皮书的许可证号，是区别皮书与其他图书的重要标志。

　　它由一个前缀和四部分构成。这四部分之间用连字符"-"连接。前缀和这四部分之间空半个汉字（见示例）。

《国际人才蓝皮书：中国留学发展报告》序列号示例

　　从示例中可以看出，《国际人才蓝皮书：中国留学发展报告》的首次出版年份是2012年，是社科文献出版社出版的第244个皮书品种，是"国际人才蓝皮书"系列的第2个品种（共4个品种）。

社会科学文献出版社　　皮书系列

❖ 皮书起源 ❖

"皮书"起源于十七、十八世纪的英国,主要指官方或社会组织正式发表的重要文件或报告,多以"白皮书"命名。在中国,"皮书"这一概念被社会广泛接受,并被成功运作、发展成为一种全新的出版形态,则源于中国社会科学院社会科学文献出版社。

❖ 皮书定义 ❖

皮书是对中国与世界发展状况和热点问题进行年度监测,以专业的角度、专家的视野和实证研究方法,针对某一领域或区域现状与发展态势展开分析和预测,具备原创性、实证性、专业性、连续性、前沿性、时效性等特点的公开出版物,由一系列权威研究报告组成。

❖ 皮书作者 ❖

皮书系列的作者以中国社会科学院、著名高校、地方社会科学院的研究人员为主,多为国内一流研究机构的权威专家学者,他们的看法和观点代表了学界对中国与世界的现实和未来最高水平的解读与分析。

❖ 皮书荣誉 ❖

皮书系列已成为社会科学文献出版社的著名图书品牌和中国社会科学院的知名学术品牌。2016年,皮书系列正式列入"十三五"国家重点出版规划项目;2012~2016年,重点皮书列入中国社会科学院承担的国家哲学社会科学创新工程项目;2017年,55种院外皮书使用"中国社会科学院创新工程学术出版项目"标识。

更多信息请登录

皮书数据库
http://www.pishu.com.cn

中国皮书网
http://www.pishu.cn

皮书微博
http://weibo.com/pishu

皮书博客
http://blog.sina.com.cn/pishu

皮书微信"皮书说"

请到当当、亚马逊、京东或各地书店购买,也可办理邮购

咨询/邮购电话: 010-59367028 59367070
邮　　箱: duzhe@ssap.cn
邮购地址: 北京市西城区北三环中路甲29号院3号楼
　　　　　华龙大厦13层读者服务中心
邮　　编: 100029
银行户名: 社会科学文献出版社
开户银行: 中国工商银行北京北太平庄支行
账　　号: 0200010019200365434

广州蓝皮书

广州青年发展报告(2017)

ANNUAL REPORT ON YOUTH DEVELOPMENT OF GUANGZHOU (2017)

主　编／徐　柳　张　强
副主编／孙　柱　王婵娟　叶兴仁　涂成林
执行主编／邱服兵　涂敏霞

社会科学文献出版社
SOCIAL SCIENCES ACADEMIC PRESS (CHINA)

图书在版编目(CIP)数据

广州青年发展报告.2017/徐柳,张强主编.--北京:社会科学文献出版社,2017.8
（广州蓝皮书）
ISBN 978-7-5201-1205-5

Ⅰ.①广… Ⅱ.①徐…②张… Ⅲ.①青年工作-研究报告-广州-2017 Ⅳ.①D432.6

中国版本图书馆CIP数据核字（2017）第190786号

广州蓝皮书
广州青年发展报告（2017）

主　编／徐　柳　张　强
副主编／孙　柱　王婵娟　叶兴仁　涂成林
执行主编／邱服兵　涂敏霞

出 版 人／谢寿光
项目统筹／任文武
责任编辑／王玉霞

出　版／社会科学文献出版社·区域与发展出版中心（010）59367143
　　　　　地址：北京市北三环中路甲29号院华龙大厦　邮编：100029
　　　　　网址：www.ssap.com.cn
发　行／市场营销中心（010）59367081　59367018
印　装／北京季蜂印刷有限公司
规　格／开本：787mm×1092mm　1/16
　　　　　印张：24.25　字数：365千字
版　次／2017年8月第1版　2017年8月第1次印刷
书　号／ISBN 978-7-5201-1205-5
定　价／79.00元

皮书序列号／PSN B-2013-352-13/14

本书如有印装质量问题，请与读者服务中心（010-59367028）联系

▲ 版权所有 翻印必究

广州蓝皮书系列编辑委员会

丛书编委（以姓氏笔画为序）

丁旭光　于欣伟　王宏伟　王桂林　王福军
邓成明　邓佑满　邓建富　刘保春　刘　梅
孙延明　孙　玥　李文新　李　华　肖振宇
何镜清　汪茂铸　沈　奎　张其学　张跃国
张　强　陆志强　陈小钢　陈浩钿　陈　爽
陈雄桥　欧阳知　周　云　周建军　屈哨兵
贺　忠　顾润清　徐　柳　涂成林　陶镇广
桑晓龙　黄平湘　庾建设　彭诗升　彭高峰
傅继阳　谢博能　赖天生　樊　群　魏明海
蓝小环

《广州青年发展报告（2017）》编委会

主　　编　徐　柳　张　强

副 主 编　孙　柱　王婵娟　叶兴仁　涂成林

执行主编　邱服兵　涂敏霞

本书编委　（以姓氏笔画为序）

　　　　　　王　军　邓智平　丘昇龄　冯英子　刘梦琴

　　　　　　孙　慧　吴冬华　李超海　杨秋苑　邱服兵

　　　　　　陆　峥　周理艺　巫长林　罗飞宁　赵道静

　　　　　　涂敏霞　阎志强　蒋亚辉　谢素军　谭丽华

主要编撰者简介

徐　柳　女，广东河源人。管理学博士。现任共青团广州市委书记、党组书记。广东省第十二次党代会代表、第十一届广州市委委员、广州市第十五届人大常委。

张　强　男，现任广州大学党委副书记、纪委书记。哲学学士，经济学硕士，副教授。1982年起任共青团石家庄市委办公室主任、宣传部长；1990年起任广州大学办公室副主任、维修工程技术学部党支部书记、党委宣传部部长；2001年起任合并后的广州大学党委宣传部部长、党委组织部部长；2005年起任广州医学院党委副书记、纪委书记；2012年11月至今任广州大学党委副书记、纪委书记。第十一届广州市政协委员。兼任广州市社科联副主席、广州城市民族关系研究中心主任、教育部内地高校少数民族学生教育管理服务重点研究基地主任、广东省少数民族学生教育管理服务研究和指导中心主任。曾获得"广州市优秀党务工作者"称号。

孙　柱　男，湖北蕲春人。2001年7月参加工作，工程硕士。现任共青团广州市委副书记、党组成员。第十三届广州市政协常委。

王婵娟　女，四川宜宾人。2001年7月参加工作，法学学士。现任共青团广州市委副书记、党组成员。广东省青年联合会第十一届委员会常委，广州市青年联合会第十二届委员会主席。

叶兴仁　男，广东廉江人。2000年7月参加工作，哲学硕士。现任共青团广州市委副书记、党组成员。

涂成林 男，现任广州大学广州发展研究院院长，研究员，博士生导师。享受国务院特殊津贴，被评为"广东省领军人才""广州市杰出专家"。先后在四川大学、中山大学、中国人民大学学习，获得学士、硕士、博士学位。1985年起，先后在湖南省委理论研究室、广州市社会科学院、广州大学工作。兼任广州市蓝皮书研究会会长、广州市广州学与广州大典研究会执行会长、广东省体制改革研究会副会长、广东省综合改革研究院副院长等。曾赴澳大利亚、新西兰、加拿大等国做访问学者。目前主要从事城市综合发展、文化科技政策及西方哲学、唯物史观等方面研究。在《中国社会科学》《哲学研究》《中国社会科学内部文稿》《中国科技论坛》等刊物发表论文100余篇；出版专著有《现象学的使命》《国家软实力和文化安全研究》《自主创新的制度安排》等10余部；主持和承担国家社科基金重大项目和一般项目、省市社科规划项目、省市政府委托项目60余项。获得国家教育部及省、市哲学社会科学奖项和人才奖项20余项。

邱服兵 男、湖北荆州人。工业工程硕士，高级政工师，高级企业培训师，中国志愿服务培训专家。1991年参加工作。现任广州市团校校长、广州志愿者学院院长、广州市穗港澳青少年研究所所长、《青年探索》杂志社社长、广州青年研究会会长。曾主编《广州青年发展报告》（2009~2010、2012~2013、2014~2015、2016、2017）、《广州志愿服务发展报告》(2014)、《广州青年价值观比较研究》(2016)、《生命在感动中成长——广州亚残运会志愿者研究》、《社会服务管理改革创新与青年群众工作》、《志愿服务岗位能力培训教材》、《青少年社会工作》、《中国志愿服务典型项目研究》、《志愿服务项目评估理论与方法》等。主持完成了"广州建设志愿者之城与志愿服务长效机制研究"（广州市哲学社会科学"十二五"规划2012年度委托课题）、"重点团校培训困境及对策研究"（中国青年工作院校协会2014~2015年度重点立项课题）等课题。

涂敏霞 女,现任广州市团校副校长、教授,广州市穗港澳青少年研究所副所长,广州志愿者学院副院长,《青年探索》杂志主编。

多年来一直从事青少年工作和志愿服务工作方面的研究,主要作品有《中国志愿服务典型项目研究》、《广州志愿服务发展报告》(2014)、《志愿服务项目评估理论与方法》、《广州青年价值观比较研究》(2016)、《广州青年发展报告》(2009~2010、2012~2013、2014~2015)、《生命在感动中成长——广州亚残运会志愿者研究》、《广州亚运会志愿服务研究》、《青少年压力现状与心理调适——穗港澳三地比较研究》。在国家级、省、市级学术刊物上发表论文60多篇,编写出版穗、港、澳青年比较研究报告书及《广州青少年调研报告》30多本。曾先后主持、参与国家级重点课题12项,省市级课题25项及跨地区比较研究课题28项。

摘　要

《广州青年发展报告（2017）》由一个总报告、十二个专题报告组成。全书从广州青年的人口发展、教育与学习、价值观、身心健康、就业、参与、婚恋、消费、互联网运用、发展环境、闲暇娱乐生活、预防青少年吸毒12个方面展开深入系统的实证性研究，从人口学、社会学、社会工作、心理学、教育学、犯罪学、政治学等多个学科视角，深入研究、分析当代青年的价值诉求、思想观念、思维方式与生活方式，详细勾勒了当代广州青年生存与发展的基本特征，真实反映了广州青年生存与发展现状。

研究发现，最近5年，广州青年人口总量减少，青年人口总体生育水平呈上升趋势，"单独二孩"生育政策效果明显。在教育与学习方面，广州青年对学历的期望较高，较看重个人能力的提升。价值观方面，广州青年的幸福感较强，健康、婚姻、事业和经济基础成为广州青年判断幸福感的四大基础性标准。在身心健康发展上，广州青年亚健康状况下降、极端消极行为减少，健康隐患呈下降趋势。在就业方面，进"体制"工作是改善现状的首选，"薪酬待遇偏低"是青年最希望解决的问题。广州青年政治表达热情保持积极向上态势，社会组织参与动机多元，对自身发展需求更明显。在婚恋观方面，广州青年择偶标准中排名前三位的依次是道德品质、性格和相貌；广州青年首次恋爱和首次性行为平均年龄存在性别差异；绝大部分广州青年希望一个家庭生育一儿一女。在消费方面，2010~2016年广州青年收入持续增长，但消费信贷意愿有所减弱；网络支付已成为其主要支付方式。广州青年上网时间日益增长，网络语言和行为盛行，首次上网年龄趋向低龄。在闲暇娱乐方面，青年闲暇生活的内容和场所具有多样性，互联网成为青年休闲的重要技术支持手段。在预防青少年吸毒方面，广州吸毒青少年初次吸食年龄偏低，吸毒者多为无业或无固定职业者，吸食毒品品种呈现多样化与新型化特征。

从整体上看，广州青年正朝着积极的方向发展，但亟须推动青年发展路径的正确规划，重视价值观培养，提升青年政治素养，拓展青年社会参与渠道，优化青年就业创业环境，构建良好的青年职业发展平台，创建良好的青年政策环境，打造以青年为本的服务体系。

前言　广州青年发展状况研究设计

李超海*

一　研究背景与目的

2016年8月，中共中央办公厅印发了《共青团中央改革方案》，推动共青团全面改革，提出共青团要适应"新常态"、新青年，在"知青少年、懂青少年、爱青少年"的基础上不断服务青年、凝聚青年和引领青年，从而使共青团焕发生机活力。2017年4月，中共中央、国务院印发的《中长期青年发展规划（2016－2025年）》，站在历史的高度和战略全局的高度，反复强调青年一代有理想、有担当，国家就有前途，民族就有希望，实现中华民族伟大复兴就有源源不断的强大力量。可见，无论是针对团组织的改革方案，还是针对青年群体的发展规划，都明确指出了青年对于发展中国特色社会主义事业、实现中国梦和推动中华民族伟大复兴所具有的历史性地位和全局性意义，而抓好青年工作也就构成了新时期治国理政的重要内容。

推动青年成为中国特色社会主义事业的建设者和践行中国梦的行动者，其前提就是要研究青年、了解青年和懂得青年。随着中国人口代际更替的逐步完成，随着信息革命和移动互联网社会的深入发展，青年群体内部及青年群体生存的环境都发生了翻天覆地的变化。传统的行政引领青年的工作方式方法逐渐"失灵"，运用大数据、"互联网＋"技术来建立以青年需求为主导的服务型青年工作方式方法逐渐成为未来的发展方向。未来需要积极适应

---

* 李超海，广东省社会科学院副研究员，博士。

新媒体时代青年的多元化个性需求以及在虚拟社会中的活跃程度和创造性的基本特征，本研究创造性地运用了社会调查研究方法。为适应青年群体过渡型特征，本研究还采用多截面的追踪调查来研究和了解青年群体教育与学习、价值与道德、身心健康与发展、就业与择业、社会与政治参与、婚恋与家庭、消费与生活方式、网络运用与信息素养、闲暇生活与娱乐等方面的基本情况和发展趋势，基于一手的、科学的调查数据，分析和研判当前青年群体的整体概况、一般特征和未来发展，从而为了解青年、服务青年、引领青年提供可靠的资料和信息，不断提升青年战略在国家治理体系中的科学性和有效性。

因此，开展广州青年发展状况研究，不仅契合了中国青年发展规划和共青团中央改革方案的基本精神，而且适应了广州青年人口代际变迁和新媒体时代成长起来的新青年多元化个性需求这一基本社会现实对未来青年工作的挑战，从而将党中央、团中央的青年工作精神和广州青年实际情况相结合，实现青年工作"稳方向和抓落实"的上下同步。具体来说，开展广州青年状况调查具有以下目的。

一是为提升广州治理体系能力和团组织服务青年工作水平提供决策支撑。

广东作为中国改革的策源地，2017年4月，习近平总书记对广东工作作出重要批示，希望广东"坚持党的领导、坚持中国特色社会主义、坚持新发展理念、坚持改革开放，为全国推进供给侧结构性改革、实施创新驱动发展战略、构建开放型经济新体制提供支撑，努力在全面建成小康社会、加快建设社会主义现代化新征程上走在前列"。[①] 这就是"四个坚持、三个支撑、两个走在前列"的基本内容，是广东省总览全局工作的前进方向、行动指南和总目标，也是广东省、广州市青年工作的目标导向。

开展广州青年状况研究，可以收集和获得当前广州青年群体的学习、工作、生活、消费、社会参与、价值观等全方位的问卷调查数据，为推动新时

---

① 《习近平总书记对广东工作作出重要批示》，《南方日报》2017年4月12日。

期共青团改革、改进团组织工作和服务新青年提供多时段的动态数据,基于不同时段的动态数据撰写的广州青年状况研究报告能够多时点地呈现广州青年的基本信息及变迁情况,根据不同时点的青年研究报告能够总结和归纳当下广州青年的行为选择、价值心理的一般特征和发展规律,在全方位分析和研判调查数据和定性资料的基础上为新时期、新常态、新阶段做好新青年的服务工作提供更加科学、更有针对性的对策建议,从而不断推动和提高青年工作的治理能力。

二是多时段的青年状况调查可以构建广州青年数据库。

经过长期的多时段问卷调查和个案访谈,可以积累不同时期广州青年在学习、职业、交往、参与、消费、婚恋、家庭、心理、网络、价值观、道德观等多方面的截面数据,通过将不同时点的截面数据整理和汇总,就可以建立丰富的、连续的广州青年数据库。基于多时点、连续的青年数据库可以为青年群体与社会变迁、代际关系、青年工作机制和服务"一国两制"等的研究提供帮助。

青年是最具活力和处于深刻变动中的社会群体,对青年群体进行多时段的连续调查研究可以折射和反映当前广州乃至广东和中国社会的发展变迁。青年是承上启下的过渡型生命阶段,对青年的研究和分析可以深入地认知当前中国的代际更替和代际关系。在当下信息化和中国快速城市化的发展阶段,对青年的定量研究和定性分析能够为"新常态"下青年工作的制度设计提供有效的支撑。广州青年与港澳青年在文化传统、语言习俗等方面具有一致性,通过多时段调查和综合研究广州青年,能够为中央政府服务和管理港澳青年提供决策依据。

三是为广州共青团改革和贯彻落实《中长期青年发展规划(2016-2025年)》提供帮助。

新时期、"新常态"和新青年构成了广州青年工作的宏观背景,要推动新时期的共青团改革,要有效落实新时期青年发展规划,就必须建立以青年需求为导向的工作机制。开展广州青年状况调查,以定量研究和定性分析相结合的方式总结和归纳新时期、"新常态"下新青年的结构性特征,为推动改革和落实规划做到以青年需求为主导提供可靠、有效的数据资料,从而为广州市各级团组织开展以青年需求为主导的工作提供帮助。

二 概念界定与研究对象

青年是一个综合性概念。从生物学角度来看,青年是个体生命周期的过渡阶段;从心理学角度来看,青年是个体心理不断发展和日趋成熟的必经过程;从社会学角度来看,青年是个体社会化的黄金时段;从人类历史发展的趋势来看,青年的成长和成才决定了一个国家和民族的命运和未来。对于这样一个集身体、心理、社会、历史等于一体的多层面、多角度的概念进行科学界定和定量测量,就需要面临较多的困难。要体现青年概念的综合性、多样性特点,就必然使测量变得复杂且难以理解;通过简化指标进行测量的话,可能导致青年概念的表面化和泛化,不能充分展示青年的丰富内涵和复杂意义。

当前,在学术研究、政策制定和公共管理中,以年龄来界定青年是最常用的办法,也是最通行的测量方式,但也面临年龄段的争议。从国际层面来看,联合国教科文组织视14~34岁为青年,世卫组织视14~44岁为青年,联合国人口基金视14~24岁为青年;从国内情况来看,国家统计局视15~34岁为青年,共青团视14~28岁为青年,青联会视18~40岁为青年;从港澳台层面来看,视10~24岁为青年。

由此可见,不同组织、不同部门和不同地区,对青年的年龄界定都存在差异。年龄跨度不同,青年群体的内部一致性和外部差异性也存在区别。年龄跨度越大,内部的异质性越强,青年概念的一致性也就越弱,但涵盖范围较广;年龄跨度越小,内部的一致性越强,青年概念的差异性也就越弱,但涵盖范围相对较窄。考虑到时间、成本和经费等因素的制约,同时为了便于调查和统计分析,也为了尽可能地避免使用年龄界定青年的损耗、综合学术研究和服务管理的实际情况,本课题组将年龄在15~34岁的广州常住人口界定为研究对象。

三 抽样设计

（一）调查对象和样本量

本次研究计划选取 3000 名 15~34 岁的广州青年人口作为调查样本，然后在获得最终调查样本的基础上，再根据广州市 2016 年现有中学生数量、大学生数量和社会青年数量进行事后加权配额，最后形成调查总样本，从而使调查样本尽可能地接近总体样本的分布形态。

其中，中学生群体是指就读于广州市公办、民办中学的初、高中生，大学生群体是指就读于广州市大中专院校的大学生（含专科生、本科生、研究生，但不包括境外留学生），社会青年是指在广州市工作半年以上的 15~34 岁青年人群。以上调查对象均指广州的常住人口，含广州户籍和非广州户籍，但必须在广州市居住、生活、工作或学习半年以上。

因此，本次调查总体共分为三大子样本，分别是中学生样本库、大学生样本库和社会青年样本库，最终在事后加权的基础上汇总成为广州青年状况调查样本库。

（二）样本配额过程

1. 基于各区青年人口占全市青年人口比重的配额样本量

为了更好地反映和体现广州 15~34 岁青年人群的总特点，在经费、时间等因素制约的基础上尽可能地收集多的样本，课题组按照广州"六普"数据中各区 15~34 岁青年人口占广州市青年人口总量的比例进行配额，可以得到如下数据情况（见表1）。

进一步来看，2010 年广州市共有在校大学生、普通高中生、中职生和技工学校学生 191.71 万人，占全市 15~34 岁常住青年人口的 34.7%；2010 年广州市共有非在校青年人口 3604004 人，占全市 15~34 岁常住青年人口的 65.3%。

表1　按照广州"六普"青年人口比例配额的样本量

所在区	青年常住人口(人)	各区青年常住人口占全市常住人口总量比例(%)	样本配额(份)
荔湾	300009	5.43	163
越秀	380770	6.90	207
海珠	586808	10.63	319
天河	739144	13.39	402
白云	1070675	19.39	578
黄埔(含萝岗)	419953	7.61	228
番禺	804338	14.57	437
花都	431746	7.82	235
南沙	115028	2.08	62
增城	433292	7.85	236
从化	239341	4.34	133
广州市	5521104	100.0	3000

因此，全市在职青年人口样本量应该为3000×65.3% = 1959份；全市在校学生样本量应该为3000×34.7% = 1041份。

2. 各区在职青年样本配额情况

根据2010年"六普"统计数据，课题组计算出各区15～34岁青年在职劳动力占全市15～34岁青年在职劳动力的比例情况。在此基础上，可以计算出各区需调查的青年在职样本量，详见表2。

表2　各区在职青年样本配额情况（N=1959）

所在区	各区在职青年人口占比(%)	样本量(份)
荔湾	5.42	106
越秀	6.18	121
海珠	12.03	236
天河	12.91	253
白云	21.48	421
黄埔(含萝岗)	8.19	160
番禺	13.68	268
花都	6.94	136
南沙	2.07	41
增城	7.22	141
从化	3.88	76
广州市	100.0	1959

为了尽可能地使在职青年样本覆盖各个职业群体，课题组依据2010年"六普"统计数据计算出各区职业群体的比例，具体如表3所示。

表3　各区15~34岁人口的职业分布情况

单位：%

所在区	国家机关、党群组织、企业、事业单位负责人	专业技术人员	办事人员和有关人员	商业、服务业人员	农、林、牧、渔、水利业生产人员	生产、运输设备操作人员及有关人员	不便分类的其他从业人员	合计
荔湾	0.73	12.65	16.48	42.73	1.93	25.49	0.00	100.00
越秀	8.06	21.93	17.79	41.85	0.07	10.28	0.02	100.00
海珠	1.23	14.85	14.12	35.43	0.51	33.87	0.00	100.00
天河	9.27	22.48	13.85	40.30	0.30	13.71	0.09	100.00
白云	6.61	7.69	8.69	32.28	5.58	38.60	0.56	100.00
黄埔	2.44	8.80	9.93	22.16	3.40	53.21	0.04	100.00
番禺	5.96	9.19	8.81	21.63	8.90	45.46	0.05	100.00
花都	3.39	8.73	6.46	28.54	11.93	40.91	0.04	100.00
南沙	1.98	5.84	6.88	18.14	18.70	48.44	0.02	100.00
增城	1.86	6.59	7.02	18.82	30.21	35.50	0.01	100.00
从化	1.49	7.01	5.79	18.43	40.65	26.64	0.00	100.00

结合表2各区在职青年样本配额情况和表3各区青年人口职业分布情况，可以计算出各区所调查样本的具体职业情况，具体如表4所示。

表4　各区所调查的在职青年职业分布情况

单位：人

所在区	国家机关、党群组织、企业、事业单位负责人	专业技术人员	办事人员和有关人员	商业、服务业人员	农、林、牧、渔、水利业生产人员	生产、运输设备操作人员及有关人员	不便分类的其他从业人员	合计
荔湾	2	13	17	45	2	27	—	106
越秀	10	27	22	50	—	12	—	121
海珠	3	35	33	84	1	80	—	236
天河	23	57	35	102	—	36	—	253

续表

所在区	国家机关、党群组织、企业、事业单位负责人	专业技术人员	办事人员和有关人员	商业、服务业人员	农、林、牧、渔、水利业生产人员	生产、运输设备操作人员及有关人员	不便分类的其他从业人员	合计
白云	28	32	37	136	23	165	—	421
黄埔	4	14	16	35	5	86	—	160
番禺	16	25	24	58	24	121	—	268
花都	5	12	9	39	16	55	—	136
南沙	—	2	3	7	8	21	—	41
增城	3	9	9	26	43	51	—	141
从化	1	5	4	14	31	21	—	76

3. 各区中学生、大学生和在职群体配额分布

依据2010年广州市统计年鉴，2010年广州市共有在校大学生、普通高中生、中职生和技工学校学生191.71万人，占全市15~34岁常住青年人口的34.7%。那么，本次青年群体调查中，应该调查学生样本数为3000×34.7% = 1041份。

表5　不同类型学生占全市15~34岁常住人口比重情况

2010年各类在校学生情况	人数(万人)	占15~34岁常住青年人比重(%)
大学	84.39	15.28
普通高中生	57.23	10.37
中职生	24.81	4.49
技工学校学生	25.28	4.58
合计	191.71	34.72

具体来看，依照学生群体中不同类型学生的占比情况，可以计算出最终每种学生类型的样本量，见表6。

学生样本取样原则主要依据学校类型而定，因此，学生样本跟在职青年人口所在的区可能重叠，并且未选择学校样本的区不包括学生样本。

表 6 不同类型学生样本量

学生类型	人数(万人)	比例(%)	调查样本量(份)
大学生	84.39	44.02	458
普通高中生	57.23	29.85	311
中职生	24.81	12.94	135
技工学校学生	25.28	13.19	137
合　计	191.71	100	1041

因此，考虑到大学类型及学校层次，课题组分别选取1所综合性重点大学、1所省属重点大学、1所普通本科院校和1所普通专科学校。

高中生样本按照重点高中和普通高中进行分类，分别选取6所重点高中和1所普通高中，每所高中选择一个班级，共调查7个班级。

中职生样本按照重点职业中学和普通职业中学进行分类，分别选取2所重点职业中学和2所普通职业中学，共调查4个班级。

技工学校学生样本按照重点技校和普通技校进行分类，分别选取2所重点技校和2所普通技校，共调查4个班级。

（三）调查过程

在确定各区学生样本和在职青年样本配额的基础上，按照"区—街道（乡镇）—居委会（村）"的方式分别选择调查的街道（乡镇）及所属的社区和村庄。在此基础上，对所选择的居委会和村庄的青年人口进行入户调查。

学生样本选取按照学校层次、学校类型等进行主观抽样，在此基础上进入学校以班级为单位进行整群抽样。

四　个案访谈

在分层次配额抽样的基础上，课题组还采用个案访谈的方法抽取部分青年人口进行深入访谈。

课题组计划抽取50位青年进行深度访谈。个案访谈的样本获得采用随机抽取的方式。其中，大学生个案主要在番禺区大学城进行，是在通过已选择的大学生种子介绍其所认识的其他大学生中，选取受访者进行访谈。在职青年个案主要在天河区、荔湾区和白云区进行，天河区选择金融、计算机等行业的青年人，荔湾区选择广州本地青年，白云区选择外来流动青年进行访谈。其中，大学生访谈10位，在职青年访谈30位（天河、荔湾和白云每区各10位），中学生访谈10位。

五 调查样本基本情况

本次调查总共发放了3000份调查样本，回收有效样本2692份，样本有效回收率为89.7%（见表7）。其中，中学、中职、中技生发放样本583份，回收有效样本576份，样本有效回收率为98.8%；大学生发放样本458份，回收有效样本430份，样本有效回收率为93.9%；在职青年发放样本1959份，回收有效样本1686份，样本有效回收率为86.1%。

表7 样本有效回收情况

类型	抽样（份）	回收（份）	有效回收率（%）
中学、中职、中技生	583	576	98.8
大学生	458	430	93.9
在职青年	1959	1686	86.1
合　计	3000	2692	89.7

从回收的有效样本结构来看，共回收有效样本为2692份，其中，中学、中职、中技生576份，占有效样本总数的21.4%；大学生430份，占有效样本总数的15.97%；在职青年1686份，占有效样本总数的62.63%。在样本配额中，我们计划调查的样本情况为中学、中职、中技生占19.43%，大学生占15.27%，在职青年占65.3%。与配额样本比例相比，在职青年有效样本占比略有下降，学生样本略有增加，但样本的总体结构基本一致。

表8 配额样本和有效样本的分布结构及比较

类型	计划调查样本情况		实际获得有效样本情况	
	抽样(份)	比例(%)	回收(份)	比例(%)
中学、中职、中技生	583	19.43	576	21.4
大学生	458	15.27	430	15.97
在职青年	1959	65.3	1686	62.63
合计	3000	100.0	2692	100.0

此外，调查样本的基本情况如表9至表15所示。

表9 调查样本性别情况

选项	总体		在职		大学生		中学生	
	频数	百分比(%)	频数	百分比(%)	频数	百分比(%)	频数	百分比(%)
男	1130	42.4	715	42.9	181	42.1	234	41.1
女	1536	57.6	951	57.1	249	57.9	336	58.9
合计	2666	100.0	1666	100.0	430	100.0	570	100.0

表10 调查样本独生子女情况

选项	总体		在职		大学生		中学生	
	频数	百分比(%)	频数	百分比(%)	频数	百分比(%)	频数	百分比(%)
独生子女	804	31.1	466	29.1	124	29.5	214	37.8
非独生子女	1783	68.9	1135	70.9	296	70.5	352	62.2
合计	2587	100.0	1601	100.0	420	100.0	566	100.0

表11 调查样本户籍情况

选项	总体		在职		大学生		中学生	
	频数	百分比(%)	频数	百分比(%)	频数	百分比(%)	频数	百分比(%)
广州城镇户籍	1113	41.7	791	47.3	41	9.7	281	48.9
广州农村户籍	438	16.4	299	17.9	33	7.8	106	18.4
外地城镇户籍	431	16.1	221	13.2	158	37.3	52	9.0
外地农村户籍	688	25.8	360	21.5	192	45.3	136	23.7
合计	2670	100.0	1671	100.0	424	100.0	575	100.0

表 12　调查样本政治面貌情况

选项	总体		在职		大学生		中学生	
	频数	百分比（%）	频数	百分比（%）	频数	百分比（%）	频数	百分比（%）
中共党员	507	19.0	479	28.8	25	5.9	3	0.5
共青团员	1431	53.7	636	38.2	375	88.0	420	73.2
其他民主党派人士	13	0.5	7	0.4	4	0.9	2	0.3
群众	715	26.8	544	32.7	22	5.2	149	26.0
合计	2666	100.0	1666	100.0	426	100.0	574	100.0

表 13　调查样本宗教信仰情况

选项	总体		在职		大学生		中学生	
	频数	百分比（%）	频数	百分比（%）	频数	百分比（%）	频数	百分比（%）
无宗教信仰	2309	87.6	1452	88.0	378	89.4	479	84.9
天主教	20	0.8	11	0.7	7	1.7	2	0.4
基督教	38	1.4	20	1.2	7	1.7	11	2.0
佛教	210	8.0	134	8.1	24	5.7	52	9.2
伊斯兰教	6	0.2	1	0.1	3	0.7	2	0.4
其他宗教	54	2.0	32	1.9	4	0.9	18	3.2
合计	2637	100.0	1650	100.0	423	100.0	564	100.0

表 14　调查样本住房情况

选项	在职		大学生		中学生			
	频数	百分比（%）	频数	百分比（%）	选项	频数	百分比（%）	
租房	521	31.4	10	2.3	租房	87	15.5	
自有产权房	761	45.8	46	10.8	自有产权房	455	80.8	
宿舍	246	14.8	370	86.9	父母宿舍	16	2.8	
其他	132	8.0	0	0	住亲戚家	5	0.9	
合计	1660	100.0	426	100.0	合计	563	100.0	

表 15 调查样本教育程度统计

选项	总体		在职		大学生		中学生	
	频数	百分比(%)	频数	百分比(%)	频数	百分比(%)	频数	百分比(%)
小学及以下	17	0.7	17	1.1	—	—	—	—
初中	76	2.9	74	4.6	—	—	—	—
高中(含中专、中技)	784	30.3	176	11.1	—	—	—	—
大专	573	22.1	419	26.3	—	—	—	—
大学本科	1041	40.2	826	51.9	—	—	—	—
硕士及以上	96	3.7	79	5.0	—	—	—	—
其他	1	0	1	0.1	—	—	—	—
合 计	2588	100.0	1592	100.0	—	—	—	—

本次实证调查时间为2016年10月至2017年1月，主要依托广州市团校的研究团队，完成了整个调查的数据收集工作，研究的样本具有较强的代表性。

目 录

Ⅰ 总报告

B.1 中国经济供给侧改革背景下的广州青年发展
　…………………………………… 涂敏霞　谢素军 / 001
　一　广州青年发展的时代背景 …………………………… / 003
　二　广州青年发展概况 …………………………………… / 005
　三　推动广州青年发展事业的政策建议 ………………… / 010

Ⅱ 分报告

B.2　广州青年人口发展状况研究 ……… 阎志强　王香蓓　彭　橙 / 017
B.3　广州青年教育与学习发展状况研究 …………… 蒋亚辉 / 045
B.4　广州青年人生价值观发展状况研究 …………… 李超海 / 074
B.5　广州青年身心健康发展研究 …………………… 杨秋苑 / 107
B.6　广州青年就业发展研究 ………………………… 巫长林 / 141
B.7　广州青年参与发展研究 ………………………… 吴冬华 / 166
B.8　广州青年婚恋发展状况研究 …………… 刘梦琴　陆　峥 / 187
B.9　广州青年消费状况研究 ………………… 王　军　柯燕群 / 208
B.10　广州青年互联网运用状况研究 ………… 谢素军　冯英子 / 235

B.11 广州青年发展环境状况研究 …………… 邓智平 赵道静 / 274
B.12 广州青年闲暇娱乐生活状况研究 …………… 谭丽华 周理艺 / 296

Ⅲ 专题报告

B.13 广州预防青少年吸毒研究报告
………………… 广州市青少年犯罪研究会 广州市团校 / 316

B.14 后　记 ……………………………………………………… / 343

Abstract ……………………………………………………… / 346
Contents ……………………………………………………… / 348

总报告

General Report

B.1 中国经济供给侧改革背景下的广州青年发展

涂敏霞 谢素军[*]

摘 要: 在当下经济、社会、政治发展大潮涌动之际,广州青年随之共振并接受时代巨变的洗礼,在发展上呈现多元化特征:青年在价值观取向上体现明显的传统、现代、后现代元素多元交叉的特征;青年受教育面进一步扩大,平均受教育水平逐年提高;在身心健康方面,广州青年不太重视体育锻炼,有过半的广州青年感觉压力大;广州青年政治参与意识强烈,政治效能感较高;青年择业最看重收入的高低,其次是符合个人兴趣和发展志向;同时,在婚恋、消费、闲暇等方面也

---

[*] 涂敏霞,广州市团校副校长、广州市穗港澳青少年研究所副所长、教授,研究方向:青少年教育、青少年工作、志愿服务;谢素军,广州市穗港澳青少年研究所《青年探索》编辑部副主任、助理研究员、博士,研究方向:青少年工作。

有不同的变化。总体来说,广州青年正朝着积极的方向发展,所处的发展环境,无论是活动场所、社会政策和服务体系,还是家庭环境、权益保障等都趋于优化。目前亟须推动青年发展路径的正确规划、重视价值观培养、提升青年政治素养、拓展青年社会参与渠道、优化青年就业创业环境、构建良好的青年职业发展平台、创造良好的青年政策环境、打造以青年为本的服务体系。

关键词: 青年发展 青年教育 青年健康 青年就业 青年成才 青年婚恋 广州

青年是国家的未来、民族的希望。青年兴则民族兴,青年强则国家强。党和国家事业要发展,青年首先要发展。青年人的健康成长与全面发展,既是青年人自己的责任,也是国家和社会的责任。新中国成立后,党和政府一直把促进青年人的健康成长与全面发展作为一项重要的政治任务来抓,青年发展事业取得了历史性的成就。党的十八大以来,习近平总书记亲切关怀青年发展、高度重视青年工作,多次出席青年活动、与青年座谈交流、给青年回信,提出了一系列关于青年工作的重要论述。

在全球化、信息化飞速发展的社会大潮中,青年发展事业与社会主义现代化建设的新要求、经济社会发展的新形势、广大青年的新期待相比,还存在不少亟待解决的突出问题。在此背景下,党中央、国务院印发了《中长期青年发展规划(2016—2025年)》。出台国家层面的青年发展规划,是中国历史上第一次,是我国青年发展事业的重要里程碑。

在国家《中长期青年发展规划(2016—2025年)》的指引下,2017年,广州市青年事业处在转型发展的十字路口。何去、何从、何为,在很大程度上决定了未来十年广州市青年发展事业的方向和成绩。为此,广州市团校组织实施了2016~2017年广州市青年发展调查研究,准确反映了广州市青年人的行为特点和需求，全面查找广州市青年工作存在的各种问题，提出广州市促进中国特色青年发展事业的具体政策建议。

一　广州青年发展的时代背景

（一）全球化步入十字路口

20世纪70年代以来，全球化以前所未有的速度、广度和深度发展起来。中国在积极参与全球化的过程中取得了举世瞩目的经济成就。但是，自2016年以来，一些欧美国家出现了反全球化的苗头，如英国退欧公投，在很多人看来，正是全球化倒退的一个反映；在经济方面，全球经济增速的疲软导致一些发达国家贸易保护主义的抬头。全球化进程在2016年出现明显的转折，其根本原因在于这一波全球化已导致全球层面严重的经济发展不平衡与贫富分化、政治极化与社会多元化，导致各国内部矛盾尖锐且难以调和，民众参与政治的热情空前高涨以及其对不平等、不公正全球化的强烈反对，全球局势动荡加剧。全球化进入深度调整或自我修复阶段，世界在寻找新的方向。在此背景下，党中央提出"一带一路"倡议，在全球经济普遍低迷的国际大环境下，主动承担起世界经济发展新引擎的责任，并通过输出中国元素，对既往的全球化格局进行纠偏，打造全世界各个国家和地区之间互利共享的共同体。《推动共建丝绸之路经济带和21世纪海上丝绸之路的愿景与行动》发布后不久，广东就出台了《广东省参与建设"一带一路"的实施方案》，提出了促进广东与"一带一路"沿线国家在重要基础设施互联互通、加快产业投资步伐等方面的合作设想，广东成为全国首个出台实施方案、完成与国家"一带一路"规划衔接的省份，推动"一带一路"在南粤大地不断开花结果。广州作为海上丝绸之路的起点和南大门，积极融入国家的"一带一路"倡议，加大当地技术、品牌和资本的对外输出力度。在此背景下，广州青年的角色定位必然由国内走向国际，在国际视野中，青年人重新审视自身的社会担当和发展使命。

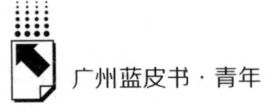

（二）经济新常态与转型升级

习近平总书记在2014年强调，中国经济呈现新常态，一是从高速增长转为中高速增长；二是经济结构不断优化升级；三是从要素驱动、投资驱动转向创新驱动。我国经济增长速度从2012年开始结束近20年10%的高速增长（张占斌，2016），转而进入增速换挡期。2017年5月，广东省第十二次党代会报告指出："经过近四十年改革开放，广东发展已经站在了一个新的历史起点上。当前和今后一个时期，是广东加快转型的重要战略机遇期，广东所面临的机遇，正在由原来加快发展速度的机遇转变为加快经济发展方式转变的机遇，由原来规模快速扩张的机遇转变为提高发展质量和效益的机遇，经济发展向形态更高级、分工更优化、结构更合理的阶段演化，社会结构深刻变动，人口结构、消费需求和利益格局呈现一系列新特征。"近年来，广州市GDP增速开始明显回落。与此同时，在供给侧结构性改革的大潮中，创新日益成为经济发展的新动力。2016年7月，广州市人民政府印发《广州市加快创新驱动发展实施方案》，争取到2020年，努力把广州市建成具有国际影响力的国家创新中心城市，打造国际科技创新枢纽，形成开放、宽松、自由的创新生态环境。在经济发展由原来的高速度、粗放型转向中高速、创新型的过程中，青年人的创新潜力将有更大的施展空间，青年人的发展机遇将会显著增多。

（三）青年事业管理体制深度调整

2016年8月，中共中央办公厅印发了《共青团中央改革方案》，从四大方面对共青团的管理体制进行改革：第一，改进团中央领导机构人员构成、机构设置和运行机制；第二，改革团中央机关干部选拔、使用和管理；第三，改革创新团的工作、活动和基层组织建设；第四，加大党委和政府对共青团工作的支持保障力度。2017年4月，党中央、国务院又印发了《中长期青年发展规划（2016-2025年）》，提出了青年发展事业的新理念、新目标和新方法。2017年初，广东省团委召开党的群团工作会议，印发

《关于加强和改进党的群团工作的实施意见》，全面启动群团改革，提出群团组织要从所联系群众的实际出发，设计务实管用的载体，把社会主义核心价值观转化为生动活泼、特色鲜明、富有成效的群众性实践，引导广大青年把社会主义核心价值观的根扎牢植正，加强和改进未成年人思想道德建设，开展好少先队组织教育、自主教育和实践活动，帮助少年儿童养成好思想、好品格、好习惯，推动文学艺术、新闻宣传、法律、教育、社会公益等领域工作者积极发挥作用，引领全社会崇德向善、敬业诚信、遵纪守法、互助友爱、文明和谐。青年事业管理体制的深度调整，标志着广大青年发展的政策环境将发生大幅度的转型，为更多青年人的发展带来更大的机遇。

二　广州青年发展概况

（一）青年人口发展

根据2015年全国1%人口抽样调查数据，截至2015年底，在广州市的常住人口中，青年人口达到504.67万人，占比为37.4%。在老龄化加速发展的态势下，广州市青年人口总数在减少，青年人占总人口的比例为近15年来最低。广州市青年人群体的年龄结构呈现明显的大龄化发展态势，25岁及以上的青年人的比例，2010年为49.5%，2015年则提高至61.3%。计生政策全面调整之后，青年妇女生育率有明显的提升，但仍处于超低生育水平。落实和保障青年群体的生育福利，提升人口增长水平是当务之急。

（二）青年价值观

广州青年在价值观取向上体现出明显的传统、现代、后现代元素多元交叉的特征。健康、婚姻、事业和经济基础成为广州青年判断幸福感的四大基础性标准。调查结果显示，广州青年更加关注的是和谐的社会秩序、稳定的经济发展、打击犯罪行为、控制物价上涨等这些"物质主义"层面的需求，而对于在重要的政府决策上有更多的发言权以及保障言论自由等"后物质主义"层面的需求则关注度较低。在广州青年人看来，个人努力、个人才能和人际关系是实现人生成功最重要的因素，他们普遍不看重学历对人生成功的作用。广州青年在价值观发展中出现了一些不良动向：个人主义和实用主义的价值观色彩愈加鲜明，他们在追求人生成功和实现"向上流动"的过程中，更多的是考虑学历以外的因素。

（三）青年教育

近年来，广州市围绕"为学生的全面发展和终生幸福奠基"的核心理念，科学谋划和系统实施经济社会发展和教育发展"十三五"规划，青年人的教育与学习体系不断完善，学习满意度明显提升。广州青年的受教育面进一步扩大，平均受教育水平逐年提高。家庭教育条件显著改善，广大青年不再满足于学校教育，积极参与校外各种培训和学习，发展和培养自身兴趣和能力。广州青年的教育国际化程度不断提高，出国留学的人数逐步增加。同时，广州青年人的教育仍存在诸多不足，主要表现在：优质教育资源分布不均衡，教育公平有待改进。非广东户籍的青年在广州市接受普通高中教育机会较少。社区教育资源不足，社区文化设施配套落后。

（四）青年健康

调查结果显示，广州青年不太重视体育锻炼，超过1/3的青年基本不锻炼，在职青年尤甚，亚健康问题仍然较为普遍。在心理健康方面，有过半的广州青年感觉压力大，主要压力源是"工作压力大""学习紧张""收入不够用"。面对巨大的压力，部分青年不能有效地宣泄和表达，而是采取"过度饮酒""暴饮暴食""故意伤害小动物""自残、自虐""滥用药物"等消极的应对方式。广州青年遇到困难或挫折时，求助对象主要有"朋友""父母""配偶/情侣"，或者自己独立面对，求助政府或专业社会力量的青年人很少。调查资料还表明，有23.1%的广州青年曾经遭遇心理健康问题，接受干预的比例为42.8%。有关广州青年目前存在的健康隐患，排在前五位的依次是视力不良、焦虑、肥胖、缺乏安全感、抑郁。

（五）青年婚恋

青年人处在谈婚论嫁的人生阶段，树立正确的婚恋观至关重要。调查结果显示，广州青年的恋爱次数平均为2.26次，男性明显高于女性。广州青年初次谈恋爱的年龄较小，初恋的平均年龄为17.27岁。广州青年首次性行为发生时的平均年龄为18.65岁。广州青年对同性恋行为的认同程度仍较低。在已生育的广州青年中，58%的人有1名子女，39.5%的人有2名子女。对于理想子女数，98.9%的被调查者表示希望生育2名子女，而且在子女性别方面希望儿女双全。对于"丁克"现象，广州青年整体持反对态度，有47.8%的人表示反对。广州青年择偶标准中排名前三位的依次是"道德品质"、"性格"和"相貌"。广州青年认为婚恋方面最多的问题是"离婚"、"闪婚闪离"以及"婚外恋"，此外，"早恋"和"剩男剩女"等问题也是当前广州青年面临的主要问题。

（六）青年就业

广州青年从事的职业类型多元化，主要集中在第二、第三产业，第三产业最为集中。青年择业最看重收入的高低，其次是符合个人兴趣和发展志向。在职青年人很看重工作的稳定性，而大学毕业生则较多地考虑工作是否符合自身兴趣与志向。青年人认为影响职业发展的主要因素是个人的工作方法和态度，其次是知识和技能，人脉也被认为是影响职业发展的重要因素之一，家庭背景等因素的影响则非常小。机关事业单位仍然是广州青年工作单位的首选。有近六成的广州青年对既有工作表示不满意，最不满意的是升迁机会少。有近六成的广州青年工作时间在法定的8小时，但也有两成多的广州青年工作时间超过8小时。而且，"五险一金"、劳动合同、带薪休假等权益保障，仍然有待进一步提高和改善。广州青年的职业流动性较大，平均离职 2~3 次，只有 1/3 的青年表示职业相对稳定。广州青年创业意愿较高，两成多的广州青年有创业经历。

（七）青年消费

调查结果显示，2016 年，广州市在职青年的平均年收入为 5.9 万元，比以往有明显的提高。但是，相比其旺盛的消费需求，超过一半的在职青年和在校大学生表示收入没有盈余。受传统观念和消费信贷制度不完善等因素的影响，大多数广州青年不愿意进行信贷消费。在消费结构方面，广州青年的食品消费所占比重较低，在 30% 以下。相比较低的食品消费支出，广州市青年的住房支出占月收入的两成以上，住房负担较为沉重。此外，还有近六成的广州青年没有属于自己的房子，仍在租房或居住在单位宿舍。除此之外，教育、旅游等消费则占比极低。广州青年人普遍选择网络购物，平均网购支出占月收入的 15.6%。

（八）青年参与

调查结果显示，广州青年政治参与意识强烈，政治效能感较高。广大青年普遍对时事政治较为关注，对选举投票行为的正面认知稳中有升。广州青年选择政治参与的方式较为多元化，并以主动参与为主要表征。同时，参与方式以制度性、组织化的参与为主。特别引人关注的是，大学生的网络参政行为比任何一个群体都要积极，他们更多地借助网络媒介来表达自己的政治立场和利益诉求。超半数的广州青年参加过不同类型的社会组织，参与较多的是公益服务类和文体教育类社会组织。青年参与社会组织的动机较为单纯，主要以扩大社会交往、体现社会价值等社会性动机为主。有四成多的广州青年参加过志愿服务活动，其中，近六成青年的志愿服务时间在 1 年以下，广州青年参加志愿服务的动机以回报社会和发展自我为主。而且，有超过八成的广州青年表示愿意参加志愿服务。

（九）青年娱乐

调查结果显示，2016年，广州青年平均每天的闲暇时间为4.2小时，但在职青年的闲暇时间远远低于非在职青年。青年娱乐场所较为多样化，选择比例最高的是"电影院、音乐厅、博物馆"，其次是"茶馆、咖啡店、美食街"。此外，家也是大多数青年重要的娱乐场所，有45.9%的广州青年的休闲活动场所是"家里"，这不利于青年的户外锻炼和社会交往。广州青年人最普遍的休闲方式是上网，有过半的青年人以此为休闲娱乐的主要方式，但是研究表明，过度沉迷于网络不利于青年人身心的健康发展。其次是睡觉、听音乐，尤其是在读学生，选择"睡觉"的比例最大，这从侧面反映了他们休闲娱乐生活的单一性。"体育锻炼""看书""看电视""看电影"也是较流行的休闲方式。

（十）青年互联网使用

调查结果显示，广州青年每天上网时间较长，有35.2%的青年人每天上网时间在3～5小时，还有9.3%的青年人每天上网时间在5～8小时。尤其是在校大学生，平均每天上网时间为4.4小时。广州青年人上网的主要目的是休闲娱乐、购物和社会交往，获取信息和学习并不是主要目的。青年人使用移动互联网的比例日益增大，微信是当前广州青年最重要的网上社交平台，微信好友平均数量为225个，微信公众号最受青年人的关注。广州青年人使用网络语言的比例较高，并且有一半的青年人表示在现实生活中习惯使用网络语言或者网络上的说话方式，网络从各个层面改变了青年人的线下生活。大多数青年人认可互联网的正面价值，同时对其负面影响也有较为清醒的认识。

（十一）青年发展环境

2016年，广州青年所处的发展环境，无论是活动场所、社会政策，还是服务体系、家庭环境、权益保障等方面都趋于优化。家庭环境和成长环境安全问题是广州青年发展环境最薄弱的两大领域，尤其是中学生的家庭环境和成长环境，其安全状况令人担忧，校园安全环境隐患巨大。广州青年政策体系的独立性、专项性和系统完整性需要不断加强，尤其是青年人才发展环境、青年生存居住条件、青年社会保障和权益保障等方面。广州青年发展环境存在不均衡发展的特点，青少年发展所需的公共资源在广州各区域间存在配置不均衡的问题。

三 推动广州青年发展事业的政策建议

关注青年发展、促进青年发展，是关乎党和国家事业后继有人、兴旺发达的战略考量和应然之选。从历史的大逻辑来看，将青年发展议题纳入国家的政策主张和政治行动亦是必然之举。广州作为国家中心城市之一，广州青年在时代发展的宏大背景下更具有先锋性和代表性，做好青年发展规划，落实青年发展政策，跟踪青年发展问题，完善青年发展体系在社会主义发展新征程、在全面奔向小康的大道上尤为重要。

从宏观角度来看，首先，要在国家经济建设中拓展青年发展空间，共青团要在社会主义经济建设的中心工作中找准定位，联合相关职能部门和社会力量，主动嵌入，团结动员广大青年投身社会主义现代化建设的伟大实践，在国家现代化建设进程中实现青年个体的成长发展与进步。其次，要在国家政治改革中拓展青年发展空间。引导广大青年以共青团组织为纽带，积极参与国家民主政治生活，并在国家政治改革中建言献策、发挥作用。在党团关系重构过程中，共青团严格按照党的要求，以自我革新的勇气和改革创新的精神加强共青团自身建设，努力提高共青团教育引领青年和组织动员青年的能力和本领。最后，在国家意识形态建设中拓展青年发展空间。执政党和共青团要及时调整青年思想政治引领的工作策略和方式方法，化被动为主动、化机遇为挑战，推动青年个体的思想观念和价值体系融入执政党的政治愿景和国家理想，促进青年与政党和国家在价值维度上实现同构一体。青年对中国特色社会主义的政治认同度提高。在实际工作中，建议从以下几个方面推动青年全面发展。

（一）加强理想信念教育，引导青年践行社会主义核心价值观

深入开展共产主义、中国特色社会主义和中国梦的学习宣传教育，使中国梦成为青年共同追求的奋斗目标，使中国特色社会主义成为青年衷心拥护的发展道路，使共产主义成为青年矢志追求的远大理想。引导青年学习马克思主义基本原理，树立辩证唯物主义和历史唯物主义的世界观、方法论。注重加强宣传教育、示范引领和实践养成，引导广大青年增强使命意识和责任意识，自觉把人生追求融入党和国家事业。加强对大学生尤其是大学生党员的常态化价值教育，推动大学生群体成为认知和践行社会主义核心价值观的表率。大力推进家庭道德教育，努力使家庭成为实现个体社会化、推进社会道德建设的第一道关口，成为开展青年价值观教育的主阵地。加强民俗教化，促进道德规范与生活体验在青年群体中的内在融入。充分利用广东民俗文化丰富多彩的优势，加强祖先祭拜、民歌山歌、地方戏曲等文化对青少年的文化濡染作用。实施社区文化遗产保护工程，强化文化情感和道德记忆，通过重修祠堂、碑刻、族谱、堂联等旧式文物建筑，恢复或强化青少年的道德记忆和行为自觉。把互联网作为开展青年思想教育的重要阵地，团结、带动和壮大网上积极力量，大力开展正面宣传，增强网络正能量，消解网络负能量。提升网络舆情分析和引导能力，疏导青年情绪，澄清误解和谣言，引导青年形成正确认知。在青年群体中广泛开展网络素养教育，引导青年科学、依法、文明、理性用网。

（二）全面建成学习型城市，促进青年成才

创新体制机制，深化教育改革，提高学校的育人质量。逐步改革教师的职称评定制度，激励广大教师平衡教学和科研等工作。完善现代职业教育体系，推进产教融合、校企合作，提高职业技术院校的办学质量。深化考试招生制度改革，把促进学生健康成长、成才作为改革的出发点和落脚点，扭转片面的应试教育倾向。深化学校课程改革，加强课程教学资源的开发与建设，开设丰富多彩的选修课、综合实践活动课程，为青年学生的学习提供更

多选择，促进青年全面而有个性地发展。构建具有广州特色、国内领先、世界水平、开放融合的现代职业教育体系，增强职业教育发展活力。开展社区教育，创建各类学习型组织，鼓励和引导社区居民组成学习共同体。加强社区文体设施建设，社区各类教育、科技、文化和体育资源向全体青年开放。发挥社区教育网络体系潜力，利用社区文化馆、图书馆、博物馆、纪念馆、爱国主义教育基地、农家书屋、社区书屋等阵地，开展青年教育培训服务。

（三）加强健康教育与服务，提升健康水平

实施全民健身计划，严格执行《国家体育锻炼标准》和《国家学生体质健康标准》，在学校教育中强化体质健康指标的硬约束，发挥学校体育考核评价体系的导向作用，保证体育课时和课外锻炼时间得到落实。完善社区体育设施，按照国家标准配备充足的体育器材，方便青年就近开展体育健身运动。鼓励和支持青年体育类社会组织发展，培养更多青年的体育兴趣和爱好。加强对不同青年群体社会心态和群体情绪的研究、管控和疏导，引导青年形成合理预期，主动防范和化解群体性社会风险。加强青年心理健康知识宣传普及，提高心理卫生知晓率。支持各级各类青年专业心理辅导机构和社会组织建设，大力培养青年心理辅导专业人才。重点抓好学校心理健康教育，在高校、中学和职业学校普遍设置心理健康辅导咨询室，有条件的学校配备专职心理健康教育师资队伍。构建和完善青年心理问题高危人群预警及干预机制。加强源头预防，注重对青年心理健康问题成因的研究分析，及时识别青年心理问题高危人群，采取有效措施解决或缓解青年在学业、职业、生活和情感等方面的压力。编撰和出版有关生命教育的读物，引导青年尊重生命、热爱生活。在青年中倡导健康生活方式，加强健康教育，提升青年健康素养水平。

（四）加强青年婚恋观教育，提升家庭生活幸福感

重视对青年亚文化的研究，有针对性地进行青春期价值观、心理健康、性健康、婚恋健康等方面的教育。发挥大众传媒的社会影响力，广泛传播正

面的婚恋观念，鲜明地抵制负面的婚恋观念，形成积极健康的舆论导向。引导青年树立正确的家庭观念，倡导尊老爱幼、男女平等、夫妻和睦、勤俭持家、邻里团结，传承优良家教家风，培育家庭文明。支持开展健康的青年交友、交流活动，重点做好大龄未婚青年等群体的婚姻服务工作，减少"宅男宅女"和"剩男剩女"现象。规范已有的社会化青年交友信息平台，打造一批诚信度较高的青年交友信息平台。依法整顿婚介服务市场，严厉打击婚托、婚骗等违法婚介行为。充分发挥工会、共青团、妇联等群团组织和社会组织的作用，为青年婚恋交友提供必要的基础保障和适合青年特点的便利条件。培育婚姻家庭服务专业机构，建立心理咨询师、家庭治疗师等专业人才服务队伍，开展专业婚姻辅导与婚姻治疗服务。

（五）完善青年就业创业支持体系，促进青年就业

进一步完善青年就业创业配套政策支持体系。扶持发展现代服务业、战略性新兴产业、劳动密集型企业和小微企业，吸纳青年就业。加强对灵活就业、新就业形态的支持，促进青年自主就业，鼓励多渠道、多形式就业。加强就业信息提供、就业咨询、就业指导等就业服务措施，为青年就业生涯提供跟踪服务；加大青年就业保障力度，为暂时没找到工作或失业的青年提供基本的生存保障；加大就业信息网络建设力度，让青年人才与用人单位能够实现供需的有效匹配，解决就业企业"招人难"和青年人才"找工作难"问题。加强青年职业培训，健全面向青年的劳动预备制培训计划，落实职业培训补贴政策。实施离校未就业高校毕业生就业促进计划，为毕业生提供职业指导、就业信息、就业见习、就业帮扶等服务。优化青年工作环境，提升青年就业归属感。提高青年就业的工作福利，维护青年工作的合法权益。引导青年树立积极的就业观，增强就业发展意识，在职业发展中加强对工作的认知，调整就业心态，以从容、乐观的心态在岗位中奋斗，实现人生价值。

（六）优化消费结构，引导消费理念，提升青年人的消费满足感

贯彻落实限购政策，增加住房的有效供给，多渠道解决青年人的住房问

题，满足其个性化的住房需求。健全和完善各项消费信贷政策，解决青年人工资低和消费需求多之间的矛盾。依靠舆论宣传，在全社会树立理性消费的新观念，抵制西方消费主义文化对青年消费行为的侵害。传承中华民族艰苦朴素、勤俭节约的优良传统，杜绝攀比消费心理和享乐消费倾向，养成务实适度、俭而有度的消费行为。坚持健康消费，以"身心健康"为最大关怀，引导青年人树立以实现自身发展需求为目标的健康消费观。坚持"绿色消费"的理念，引导青年人在衣、食、住、行消费中以可持续发展为指向，选择绿色、低碳、环保的消费方式，如实行"光盘行动"、废旧物品循环利用等，为建设"美丽广州"添姿增彩。

（七）完善文化服务体系，丰富青年人的文化生活

推进青年文化创新工程，产出一批满足青年人需求的优秀文化产品。多方面地支持优秀青年文化人才的创作工作，支持青年题材的优秀图书、影视、音乐、舞蹈、戏剧、曲艺、美术等生产、发行和推广。以校园文化、企业文化、社区文化、社团文化、网络文化为载体，加强基层街道和社区的特色文化品牌建设。采取政府购买、项目补贴、定向资助等方式，鼓励青年文化阵地、青年文化团体等社会力量承接青年文化服务。鼓励和支持有条件的报刊、电台、电视台、新闻网站设立青年栏目、节目，制作和传播有益于青年健康成长的内容，增加青年题材报道内容和播出时间，大力宣传青年在推动经济社会发展中的积极作用。在报刊和网络重点栏目、电视和院线黄金时段，增加优秀青年文化精品的宣传内容、频次，引导青年树立高尚精神追求、文明生活方式和正确消费观念。推进公共文化设施免费开放，增强针对青年群体的服务功能。

（八）拓宽平台和渠道，促进青年的社会参与

积极推进共青团改革，加强共青团自身建设，针对广州青年发展的新情况和新特点，不断创新组织设置，调动广大青年参与的积极性和主动性，使共青团成为广大青年社会参与的基本组织依托。通过强化共青团的引导作

用,充分发挥青联、学联在爱国主义、社会主义旗帜下广泛团结各族各界青年的功能。完善互联网、志愿服务活动、媒体等社会公共事务的参与渠道和机制。鼓励和支持青年人创办科技类、公益慈善类、城乡社区服务类的青年社会组织。整合各方资源,帮助解决重点、新兴领域青年群体的实际困难,增进新生代农民工、青年企业家、青年社会组织骨干、青年新媒体从业人员、高校青年教师、归国留学青年等群体的政治认同和社会参与。发挥共青团组织优势,主动联系新的社会阶层青年群体,吸纳他们中的优秀分子进入组织体系。创造条件推动不同阶层、不同领域青年群体进行经常性对话交流,增进理解、认同和包容,舒缓社会压力,融洽社会关系。

(九)优化青年发展环境,打造青年友好社区

加强社会治安综合治理,净化学校及其周边的社会治安环境,保护青年人的人身安全。加强文化市场的监管,对不利于青年人成长的非法文化娱乐场所坚决取缔,为青年人营造一个健康向上的文化消费环境。大力加强青少年宫、青少年活动中心等适合青年人需求的公共基础设施的建设,以丰富多彩、健康向上的活动吸引青年人的参与。净化青少年成长发展的社会人文环境。建议政府加强协调,组织文化、工商、公安、通管、网信等部门,加强对电子信息产品和计算机网络的监管,及时消除含有暴力、色情和其他不利于青少年群体健康成长内容的电子信息;进一步清理整顿音像制品行业和印刷、出版业,加强对音像制品、电子出版物市场和图书报刊市场的管理,同时,宣传、公安、文广新等部门加强对电视、广播、报刊、网络等新闻媒体及社交软件的信息过滤,建立舆情快速反应机制,依法及时封堵不利于青少年心理健康成长信息。完善社会救助制度,健全救助服务管理工作机制。加大对残疾青年人、流浪未成年人的救助力度,为家庭困难的失学、失业、失管青年提供就业、就学、就医、生活等方面的帮助。加大临时救助政策的落实力度,解决包括进城务工青年在内的困难群众突发性、紧迫性、临时性生活困难。大力推进城镇基本公共服务向常住人口全覆盖,为来穗务工青年及其未成年子女共同生活提供生活居住、日间照料、义务教育、医疗卫生等方面的帮助。

参考文献

1. 中共中央、国务院:《中长期青年发展规划(2016—2025年)》, http://news.sina.com.cn/o/2017-04-14/doc-ifyeifqx5707640.shtml。
2. 张占斌:《中国经济新常态的提出及背景》,光明网, http://news.xinhuanet.com/fortune/2016-01/09/c_128611554.htm。
3. 广州市人民政府办公厅:《关于印发广州市加快创新驱动发展实施方案的通知》, http://www.gz.gov.cn/gzgov/s2812/201608/31d99dfdfe924373ab7a475996761062.shtml。
4. 《广东省参与建设"一带一路"的实施方案》, http://news.cthy.com/Allnews/35883.html。
5. 胡春华:《广东省第十二次党代会报告》, http://sz.people.com.cn/n2/2017/0531/c202846-30257861.html。
6. 《中共中央办公厅印发〈共青团中央改革方案〉》, http://news.xinhuanet.com/politics/2016-08/02/c_1119325051.htm。
7. 《中共中央关于加强和改进党的群团工作的意见》, http://www.gdftu.org.cn/xx/zc/201607/t20160729_784695.htm。
8. 国家体育运动委员会:《国家体育锻炼标准》, http://www.law-lib.com/law/law_view.asp?id=313135。
9. 教育部:《国家学生体质健康标准》, http://edu.sina.com.cn/l/2014-07-22/0807245635.shtml。

分报告

Topical Reports

B.2 广州青年人口发展状况研究

阎志强 王香蓓 彭 橙*

摘 要: 本报告采用2015年全国1%人口抽样调查数据,描述了2015年广州青年人口总量与增长、地区分布、性别与年龄结构、生育与死亡状况、人口流动状况及其变动特征。研究发现,最近5年,广州青年人口总量减少、占总人口比例降至1990年以来最低值;青年人口在11个市辖区分布不平衡、差异有所缩小。青年人口性别比降幅较大,低于广州市总人口性别比;青年人口年龄结构趋向大龄化。青年人口总体生育水平高于总人口且在5年间呈现上升趋势,"单独二孩"生育政策效果明显;青年人口的死亡率稳定在很低水平。青年流动

---

* 阎志强,中山大学社会学与人类学学院、中山大学人口研究所副教授,研究方向:人口社会学;王香蓓,中山大学社会学与人类学学院硕士研究生;彭橙,中山大学社会学与人类学院硕士研究生

人口总量减少，但青年人口流动化程度加深。工作就业是流动的最主要原因，婚姻嫁娶、改善住房是大龄青年居第二、第三位的流动原因。报告分析了主要的青年人口问题并提出了对策建议。

关键词： 青年人口　性别比　生育率　死亡率　流动人口　广州

2010年以来，广州市全面深化改革开放，经济发展进入新常态阶段，各项建设取得新进展。2013年、2015年国家先后出台"单独二孩"政策和"全面二孩"政策，超大城市的广州人口及其青年人口发展状况和趋势备受关注。本报告主要根据2015年全国1%人口抽样调查数据，结合2010年全国第六次人口普查数据，描述及分析2015年广州青年人口总量与增长、地区分布、性别与年龄结构、生育与死亡状况、人口流动状况及其变化特点。本报告中，青年人口是指15～34岁年龄段的人口。

一 青年人口总量和地区分布

（一）广州青年人口总量减少，占总人口比例为25年来最低值

按照广州市统计局最新公布的广州市2015年全国1%人口抽样调查的汇总数据推算，2015年末，广州市常住总人口①中，青年人口达到504.67万人。与2010年全国人口普查时相比，广州青年人口总量减少了47.44

---

① 常住人口具体包括：1. 居住在本乡、镇、街道，并已在本乡、镇、街道办理常住户口登记的人；2. 在本乡、镇、街道居住半年以上，常住户口登记在本乡、镇、街道以外的人；3. 在本乡、镇、街道居住不满半年，但已离开常住户口登记地半年以上的人；4. 居住在本乡、镇、街道，常住户口待定的人；5. 原住本乡、镇、街道，调查登记时在国外工作或学习的人。

万人。这表明广州青年人口规模在2010年增长至552.11万人后开始缩小,是21世纪前10年青年人口减慢增长并在此后5年转为负增长的结果。这与5年来广州常住总人口增长速度大幅下滑以及年龄结构变化趋势的转折密切相关。2010~2015年,广州常住总人口平均每年递增1.23%,仅相当于2000~2010年平均增长率2.48%的一半。人口年龄结构则呈现"两头升,中间降"的态势(即0~14岁儿童人口占比提高1.51个百分点,15~64岁成年人口占比下降2.79个百分点,65岁及以上老年人口占比上升1.28个百分点[①]),而2000~2010年人口年龄结构的变化趋势是"一头降、一头升、中间降"(儿童人口占比下降4.97个百分点,成年人口占比下降4.37个百分点,老年人口占比上升0.6个百分点[②])。青年人口属于年轻的成年人口,在年龄推移作用的影响下,进入青年群体的人口规模小于退出的人口规模,造成2015年统计的青年人口规模缩小的状况。在总量减少的同时,青年人口占总人口的比例延续2000年以来的跌势,降至37.38%,比2010年下降6.09个百分点,是4个普查(调查)年份的最低值(见图1)。

广州长期坚持计划生育政策,特别是20世纪80年代初以来城镇实施较严格的独生子女政策,导致人口增长持续减缓,而2015年的统计的青年人口群体属于1981~2000年出生队列;另外,随着全国改革开放深化,长江三角洲城市群、京津冀城市群等的崛起,广州聚集和吸引省内外青年流动人口的比较优势减弱,青年流动人口规模缩小、结构变化,详见本报告第四部分的青年流动人口状况的分析。

(二)青年人口地区分布不平衡性缩小

2010~2015年,广州市行政区划进行了调整,形成了11个市辖区的区

---

① 广州市统计局:《广州市2015年全国1%人口抽样调查主要数据公报》,广州市统计信息网,http://www.gzstats.gov.cn/tjgb/glpcgb/201702/t20170221_25655.htm。
② 广州市统计局:《广州市2010年第六次全国人口普查主要数据公报》,广州市统计信息网,http://www.gzstats.gov.cn/tjgb/glpcgb/201105/t20110517_3247.html。

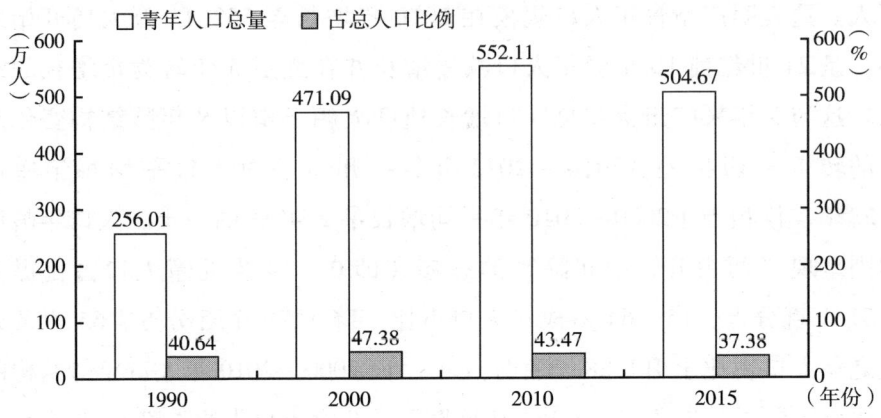

图1 1990~2015年广州青年人口总量及其占总人口比例情况

资料来源：1. 广州市人口普查办公室编《广州市1990年人口普查资料：电子计算机汇总》，1991；2. 广州市人口普查办公室编《广东省2000年人口普查资料汇编（广州市）》，广东经济出版社，2002；3. 广州市统计局、广州市人口普查办公室编《广州市2010年人口普查资料》，中国统计出版社，2012；4. 广州市统计局：《广州市2015年全国1%人口抽样调查资料》，广州统计信息网，http：//www.gzstats.gov.cn/pchb/2015rkcy/；5. 广州市统计局：《广州市2015年全国1%人口抽样调查主要数据公报》，广州统计信息网，http：//www.gzstats.gov.cn/tjgb/glpcgb/201702/t20170221_25655.html。

域格局（原为10个市辖区和2个县级市）。通过计算分析各区青年人口数及其占全市青年人口总量比例、占各区总人口比例、青年人口密度等指标（见表1），可以发现青年人口地区分布仍然呈现显著的不平衡状态，但不平衡性有所减弱，具体体现在以下几个方面。

1. 全市56.43%的青年人口分布在4个市辖区，青年人口数量区际差距缩小

白云区青年人口最多，超过100万人，占全市的1/5；天河区、番禺区、海珠区为50万~70万人，合计占比36.21%；黄埔区、增城区、花都区、越秀区为30万~40万人，合计占比29.02%；荔湾区、南沙区、从化区为20万~30万人，合计占比14.54%。5年来各区间青年人口数量极差大幅缩小。

2. 老城区的青年人口比例偏低

从青年人口占总人口比例来看，青年人口地区分布存在差异。超过全市平均比例（37.38%）的有天河区、黄埔区、白云区、番禺区、南沙区；低于全市平均比例的有越秀区、荔湾区、海珠区、增城区、从化区、花都区，其中越秀区、荔湾区的青年人口均不到人口总数的30%。天河区与越秀区的极差为14.2个百分点，比2010年的萝岗区与越秀区的极差小9.75个百分点。青年人口比例高的市辖区集中了众多的劳动密集型企业、高科技企业，教育和服务业发展较快，吸引大量青年人就学、就业和安家落户。青年人口比例低的市辖区前3个区（越秀区、荔湾区、海珠区）是老城区，人口老龄化程度比较高；后3个区（增城区、从化区、花都区）是农村人口比例较高的新城区，青壮年劳动力流出较多。

3. 越秀、天河、海珠、荔湾四区的青年人口密度远高于其他七区

从青年人口密度看，2015年分级如下：稠密区（每平方千米超过1万人）为越秀区；高密区（每平方千米为0.4万~1万人）有天河区、海珠区、荔湾区；密区（每平方千米为0.1万~0.4万人）有白云区、番禺区；较疏区（每平方千米低于0.1万人）有黄埔区、花都区、南沙区、增城区、从化区。青年人口密度的极差比2010年稍有缩小。青年人口密度呈现从市中心的稠密区向新城区较疏区的梯度递减的基本态势未变，这与广州城市建设、产业推进的空间布局变化基本一致。

表1　2015年广州青年人口的地区分布

单位：%

地区	青年人口（万人）	占全市青年比例（%）	占各区总人口比例（%）	青年人口密度（人/平方千米）
荔湾区	26.94	5.34	29.23	4345
越秀区	33.48	6.63	28.94	10145
海珠区	53.59	10.62	33.21	5889
天河区	66.68	13.21	43.14	6946
白云区	102.02	20.22	42.45	1282
黄埔区	38.65	7.66	43.02	799
番禺区	62.49	12.38	40.47	1179

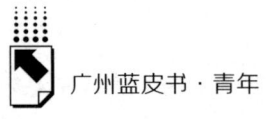

续表

地区	青年人口（万人）	占全市青年比例（%）	占各区总人口比例（%）	青年人口密度（人/平方千米）
花都区	36.05	7.14	35.49	372
南沙区	24.90	4.93	37.97	318
从化区	21.55	4.27	34.47	109
增城区	38.30	7.59	34.19	237
合　计	504.67	100.00	37.38	679

资料来源：1. 广州市统计局：《广州市2015年全国1%人口抽样调查资料》，广州市统计信息网，http://www.gzstats.gov.cn/pchb/2015rkcy/。

2. 广州市统计局：《2015年广州市人口规模及分布情况》，广州市统计信息网，http://www.gzstats.gov.cn/tjgb/qtgb/201611/t20161108_24979.html。

3. 计算青年人口密度使用的土地面积数据来自中华人民共和国民政部编《中华人民共和国行政区划简册（2016）》，中国地图出版社，2016。

二　青年人口性别和年龄结构

（一）青年人口性别结构

1. 青年人口性别比降幅较大，低于广州市总人口性别比

2015年，广州青年性别比（即每100名女性所对应的男性人数）为104.10，表明广州男青年多于女青年，但低于广州市人口性别比（105.15）。广州青年性别比的变化趋势是逐步走低，与广州市总人口性别比的下降趋势一致，但降幅略高于同期广州总人口的降幅。5年间青年人口性别比降低了6.2个百分点，而总人口降低了4.38个百分点。青年人口性别比从高于总人口性别比转变为低于总人口性别比。结合2000年人口普查数据可知，15年来广州青年性别比基本呈现由低变高再变低的先上升后下降趋势，性别结构正趋平衡（见图2）。

分年龄组来看，青年人口性别比基本上呈高—低—高的趋势，这种趋势和2010年相似但各年龄组性别比均有较大降幅。2015年15~19岁、25~29

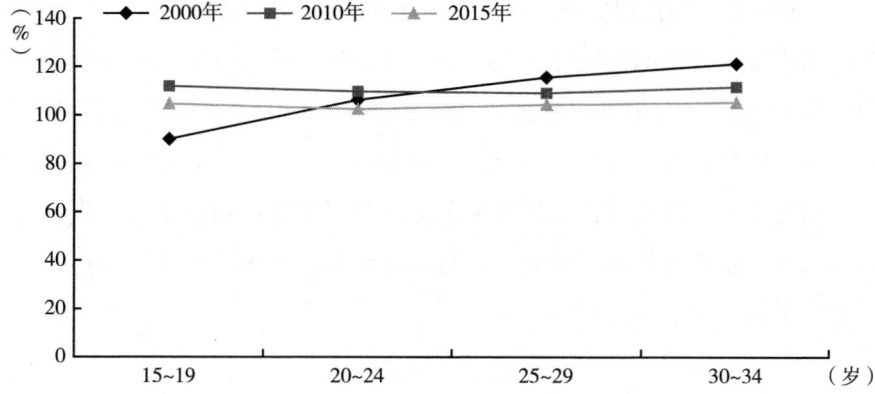

图 2　2000～2015 年广州青年人口分年龄性别比走势

资料来源：1. 广州市人口普查办公室编《广东省 2000 年人口普查资料汇编（广州市）》，广东经济出版社，2002；

2. 广州市统计局、广州市人口普查办公室编《广州市 2010 年人口普查资料》，中国统计出版社，2012；

3. 广州市统计局：《广州市 2015 年全国 1% 人口抽样调查资料》，广州市统计信息网，http://www.gzstats.gov.cn/pchb/2015rkcy/。

岁和 30～34 岁组性别比均高于 104，只有 20～24 岁组低于 104。5 年间四个年龄组均呈下降趋势，其中 20～24 岁组降幅最大，比 2010 年下降了 7.13 个百分点（见表 2）。

表 2　2010 年、2015 年广州青年人口分年龄性别比及其变动

单位：%

年龄组(岁)	2010 年	2015 年	变动
15～19	111.45	104.60	-6.85
20～24	109.67	102.54	-7.13
25～29	109.21	104.18	-5.03
30～34	111.69	105.06	-6.63
合　计	110.30	104.10	-6.20

资料来源：1. 广州市统计局、广州市人口普查办公室编《广州市 2010 年人口普查资料》，中国统计出版社，2012。

2. 广州市统计局：《广州市 2015 年全国 1% 人口抽样调查资料》，广州市统计信息网，http://www.gzstats.gov.cn/pchb/2015rkcy/。

2. 广州青年人口性别比低于广东省，差别随年龄升高而降低

广州市青年人口的性别比，无论是总体均值，还是分年龄组性别比，均低于广东省水平。低年龄组的差别较大，其中15~19岁年龄组差别最大，广州市低于广东省22.17个百分点。结合2000年、2010年人口普查数据可知，广州青年人口性别比由总体均值和分年龄组性别比均高于广东省转变为二者均低于广东省青年人口性别比，且差距较大，可见广州青年人口性别结构正日趋平衡（见表3）。

表3 2015广州市与广东省青年人口分年龄组性别比比较

单位：%

年龄组（岁）	广州市	广东省	差值（广州市－广东省）
15~19	104.60	126.77	－22.17
20~24	102.54	118.96	－16.42
25~29	104.18	117.36	－13.18
30~34	105.06	114.77	－9.71
合计	104.10	118.53	－14.43

资料来源：1. 广州市统计局：《广州市2015年全国1%人口抽样调查资料》，广州市统计信息网，http://www.gzstats.gov.cn/pchb/2015rkcy/；
2. 国家统计局人口和就业统计司编《2015年全国1%人口抽样调查资料》，中国统计出版社，2016。

3. 老城区女青年多于男青年，性别比偏低

2015年，荔湾、越秀、海珠三个老城区青年人口性别比低于100，分年龄组性别比多数也低于100，男少女多的现象普遍。而"新区"青年性别比较高，特别是南沙、黄埔两区性别比偏高，均超过120，大大高过全市性别比平均水平，性别结构在一定程度上失衡（见表4）。

（二）青年人口年龄结构

1. 青年人口趋向中高年龄分布，25~29岁组占比最大

2015年，25~29岁的青年人口所占比例最高，为32.22%，比最低比例的15~19岁年龄组（14.50%）高17.72个百分点。这与五年前20~24

表4 2015广州各区青年人口分年龄组性别比

单位：%

地区	合计	15~19岁	20~24岁	25~29岁	30~34岁
荔湾区	98.89	118.11	92.81	95.66	98.87
越秀区	98.03	123.95	96.52	95.60	89.33
海珠区	87.61	70.93	81.63	92.25	96.48
天河区	100.47	98.86	98.29	102.60	100.80
白云区	100.65	90.43	94.17	106.03	107.64
黄埔区	124.94	126.96	129.77	124.78	121.35
番禺区	105.46	108.86	106.01	101.01	108.84
花都区	110.26	124.96	113.47	107.47	105.58
南沙区	129.31	162.41	151.61	108.48	121.33
从化区	104.67	111.95	103.07	105.70	99.63
增城区	112.59	123.25	111.61	110.82	110.42
合计	104.10	104.60	102.54	104.18	105.06

资料来源：广州市统计局：《广州市2015年全国1%人口抽样调查资料》，广州市统计信息网，http://www.gzstats.gov.cn/pchb/2015rkcy/。

岁组所占当年青年人口比例最大（33.73%）密切相关。2010~2015年，低年龄的两个青年人口组（15~19岁和20~24岁）的占比呈下降趋势，而高年龄组的两个青年人口组（25~29岁和30~34岁）呈上升趋势（见表5）。

表5 2010~2015年广州青年人口年龄结构及其变动

单位：%

年龄组（岁）	2010年	2015年	变动
合计	100	100	0
15~19	17.58	14.50	-3.08
20~24	33.73	24.18	-9.55
25~29	26.6	32.22	5.62
30~34	22.09	29.10	7.01

资料来源：1. 广州市统计局、广州市人口普查办公室编《广州市2010年人口普查资料》，中国统计出版社，2012。

2. 广州市统计局：《广州市2015年全国1%人口抽样调查资料》，广州市统计信息网，http://www.gzstats.gov.cn/pchb/2015rkcy/。

2. 青年人口年龄结构大龄化

2015年，青年人口年龄分布与广东省大致相同，大约1/3集中在25～29岁组，其次是30～34岁组，15～19岁组所占比例最低。主要差异在于较低的两个年龄组广州比广东低，较高的两个年龄组广州比广东高，特别是30～34岁组高约3个百分点（见表6）。广州的流动人口更多地集中在25～34岁这个年龄段。

表6 2015年广州市与广东省青年人口年龄结构比较

单位：%

年龄组（岁）	广州市	广东省	差值（广州市－广东省）
15～19	14.50	16.02	－1.52
20～24	24.18	25.85	－1.67
25～29	32.22	32.00	0.22
30～34	29.10	26.13	2.97
合 计	100	100	0

资料来源：1. 广州市统计局：《广州市2015年全国1%人口抽样调查资料》，广州市统计信息网，http://www.gzstats.gov.cn/pchb/2015rkcy/。

2. 国家统计局人口和就业统计司编《2015年全国1%人口抽样调查资料》，中国统计出版社，2016。

3. 各区15～19岁人口占比均最低，其余三个年龄组构成与全市青年人口年龄分布有一定差异

无论是荔湾、越秀、海珠和天河这些老城区，还是南沙、从化和增城这些新区，2015年青年人口中15～19岁的占比都是最低的，且大大低于其他三个青年人口年龄组，这与全市青年人口的趋势基本一致。就剩余三个青年人口年龄组来看，大部分地区和全市一样呈现"低—高—低"的变化趋势，但也存在海珠和花都两区"由低变高"的变化趋势，按照年龄推算的原理，比例最高的年龄组5年前也属于高占比年龄组（见表7）。

4. 人口金字塔从底部向上加宽，较高年龄组近似矩形状分布，图形整体近似陀螺或桃心形

从图3人口金字塔图形可以直观广州青年人口年龄分布状态。2015年

表7 2015年广州市分地区青年人口年龄结构

单位：%

地区	15~19岁	20~24岁	25~29岁	30~34岁	合计
荔湾区	13.80	21.29	32.87	32.04	100
越秀区	16.18	24.29	31.24	28.29	100
海珠区	14.52	22.99	30.71	31.77	100
天河区	12.86	26.18	33.29	27.66	100
白云区	17.24	24.17	31.75	26.84	100
黄埔区	9.48	22.43	36.99	31.10	100
番禺区	12.71	24.83	33.53	28.93	100
花都区	12.99	21.91	32.44	32.66	100
南沙区	15.05	26.37	33.28	25.30	100
从化区	21.08	25.89	27.03	26.00	100
增城区	14.34	24.72	29.29	31.65	100

资料来源：广州市统计局：《广州市2015年全国1%人口抽样调查资料》，广州市统计信息网，http://www.gzstats.gov.cn/pchb/2015rkcy/。

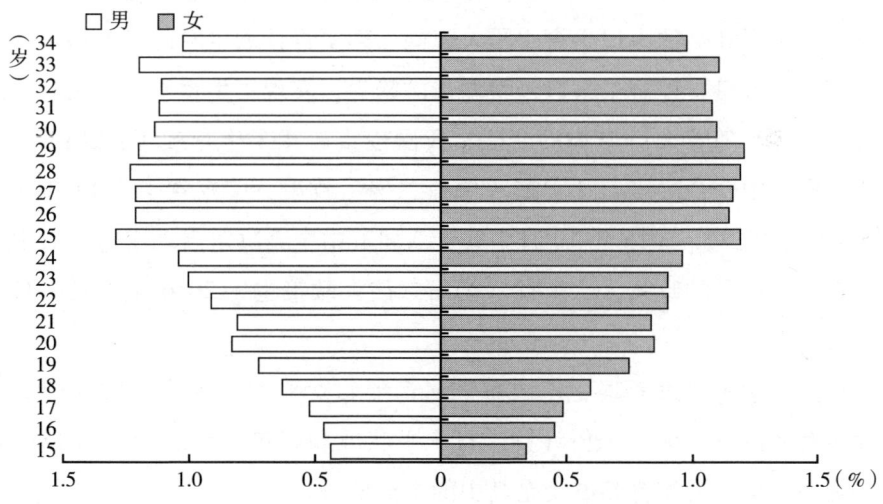

图3　2015年广州青年人口金字塔

资料来源：广州市统计局：《广州市2015年全国1%人口抽样调查资料》，广州市统计信息网，http://www.gzstats.gov.cn/pchb/2015rkcy/。

15~24岁的较低年龄组青年人口比例均匀增加但占比不大，25~33岁较高年龄组外凸现象明显且青年人口比例较大。2015年与2010年相比，青年人口金字塔上半部、下半部形态对比更加鲜明，从下半部低年龄逐步向上加宽，较低生育率持续的效应更加显现；上半部各组条形宽度比较接近，类似矩形。整个图形两边更加匀称、规则，分年龄性别结构更为平衡。广州青年人口金字塔既有5年来年龄推移影响的图形上的相似性，也有生育和人口流动规模结构变化带来的变异性。

三 青年人口生育与死亡

（一）青年人口生育率

生育是人口再生产的关键环节，也是实现人口不断更替、世代不断变迁、人类自身得以延续和发展的基础。从总体的趋势看，人口的生育水平随着年龄的变化而呈现倒"U"形，青年人口的生育意愿、生育能力和生育事实基本决定了社会的人口生育水平。我国长期实行计划生育的基本国策，严格限制生育数量，控制了人口过快增长的趋势，实现了生育水平从高到低的转变。近年来随着人口形势的变化，我国逐步放宽了生育政策：2013年中共十八届三中全会决定启动实施"单独二孩"政策，广东省于2014年3月27日起正式实施；2015年10月中共十八届五中全会决定启动实施一对夫妇可生育两个孩子的政策，广东省"全面二孩"政策也于2016年1月1日正式执行。

在人口学中通过考察一年内每千名育龄妇女平均生育子女数（即育龄妇女生育率系列指标）分析评判生育水平状况和趋势。育龄妇女指15~49岁的女性人口，青年育龄妇女是其中的主要部分。

1. 青年人口生育率高于总人口生育水平且在5年间呈现上升趋势

2015年，广州市青年人口一般生育率为44.25‰，表示平均每一千名女青年生育了约44名婴儿。这个数据比全市育龄妇女的一般生育率30.92‰

高出了 13.33 个千分点,且各孩次的生育率都高于总体孩次的生育率,说明青年人口仍然是生育的主力军(见表 8)。

在与 2010 年的广州市青年人口对比中发现,广州市青年人口的生育水平总体上呈现上升趋势,青年人口的一般生育率上升最为明显,上升了 8.63 个千分点。从孩次生育率来看,二孩生育率上升最为明显,上升了 5.81 个千分点,且与一孩生育率的差距逐步缩小,由 2010 年的相差 20.51 个千分点,缩小到 2015 年的相差 16 个千分点,二孩对总体生育率的贡献逐步增大,这体现出实施二孩生育政策的效果比较明显。

表 8 2010 年、2015 年广州市青年人口与总人口生育率

单位:‰

年份	类别	生育率	一孩生育率	二孩生育率	三孩生育率及以上
2010 年	青年人口	35.62	27.78	7.27	0.57
	总人口	26.07	19.44	5.98	0.65
2015 年	青年人口	44.25	29.08	13.08	1.34
	总人口	30.92	19.11	10.68	1.13
对比情况	青年人口	8.63	1.3	5.81	0.77
	总人口	4.85	-0.33	4.7	0.48

资料来源:1. 广州市统计局、广州市人口普查办公室编《广州市 2010 年人口普查资料》,中国统计出版社,2012。

2. 广州市统计局:《广州市 2015 年全国 1% 人口抽样调查资料》,广州市统计信息网,http://www.gzstats.gov.cn/pchb/2015rkcy/。

2. "单独二孩"生育政策明显,二孩及以上生育率高于 2010 年

从年龄生育率可以观察青年妇女生育的年龄分布特点和该年龄段妇女的生育水平。图 4 是以 1 岁分组绘制的 2010 年和 2015 年广州市育龄妇女年龄别生育率,分为两部分:虚线左边代表 15～34 岁年龄段的青年育龄妇女生育率,虚线右边代表 35 岁以上的育龄妇女,也就是我们所熟知的高龄产妇生育率(在此只用于对比 2010 年与 2015 年青年生育率的年龄变化,不对该群体做过多分析,图 5 到图 7 也是如此)。由图 4 可知,在 2010～2015 年广

州市青年育龄妇女生育的年龄模式大致相同,在15~19岁年龄段,生育率普遍较低,在20~28岁年龄段,生育率随着年龄逐渐升高,在28岁达到最高,约为75‰,即28岁年龄段的妇女生育水平最高、生育能力最为旺盛,28~34岁年龄段呈下降趋势。

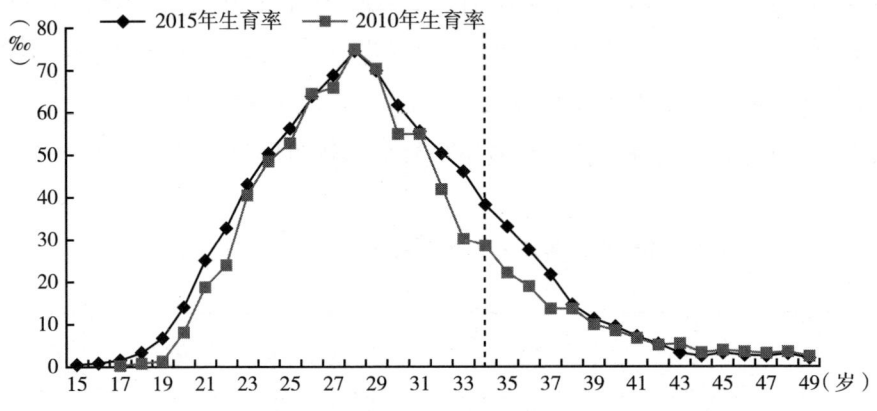

图4 广州育龄妇女年龄别生育率分布

资料来源:广州市统计局:《广州市2015年全国1%人口抽样调查资料》,广州市统计信息网,http://www.gzstats.gov.cn/pchb/2015rkcy/。

从总体生育率来看,与2010年相比,2015年各个年龄组青年妇女生育率皆高于2010年,且在31岁之前,生育率的差异较小,但在31~34岁年龄段,生育率的差异加大,一直延伸到38岁,这反映了2010~2015年,由于放宽生育、实行"单独二孩"政策后,生育潜力得到释放,大龄产妇的生育水平显著提高。从分孩次的青年育龄妇女生育率来看,这种政策效应更加明显。

图5是2010年和2015年广州育龄妇女分年龄的一孩生育率对比,由图可知,在一孩生育率方面,生育的年龄模式与总体生育的年龄模式大致相同,从具体的年龄段上看,在16~23岁年龄段中,2010年的青年育龄妇女群体生育率要低于2015年;24~34岁年龄段中,2010年的青年育龄妇女群体生育率要高于2015年;34岁以后年龄段不属于青年人口,但能看出两个时期,育龄妇女生育水平差距不大。

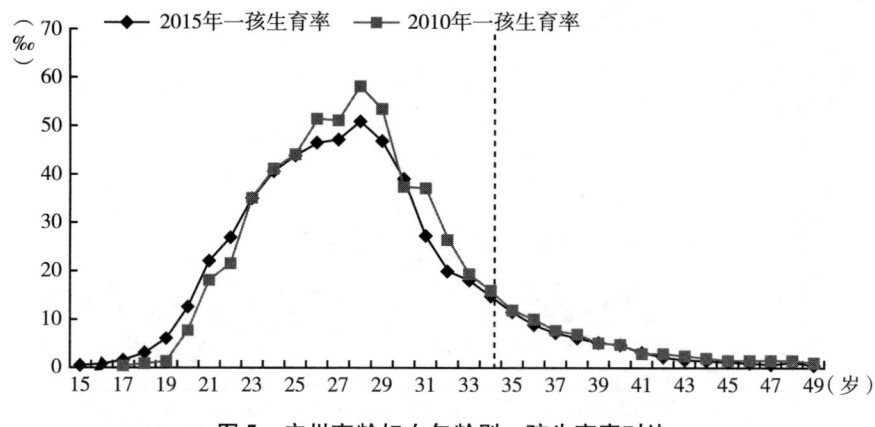

图 5　广州育龄妇女年龄别一孩生育率对比

资料来源：广州市统计局：《广州市 2015 年全国 1% 人口抽样调查资料》，广州市统计信息网 2017 年 4 月发布，http://www.gzstats.gov.cn/pchb/2015rkcy/。

图 6 和图 7 是广州育龄妇女年龄别二孩和三孩及以上的生育率对比，从图中可以非常明显地看出，2015 年的青年育龄妇女群体生育率要普遍高于 2010 年，而且差异较大，这种差异很好地说明了广东省"单独二孩"的生育政策效应，也解释了为何总体上 2015 年青年育龄妇女年龄别生育率普遍高于 2010 年的现象。

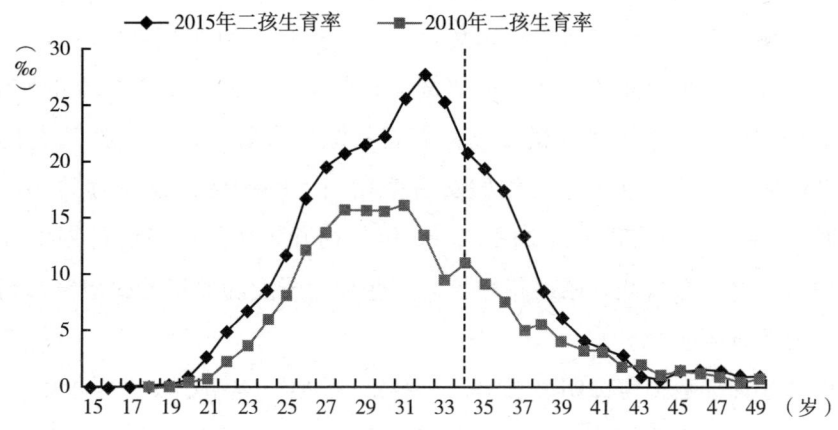

图 6　广州育龄妇女年龄别二孩生育率对比

资料来源：广州市统计局：《广州市 2015 年全国 1% 人口抽样调查资料》，广州市统计信息网，http://www.gzstats.gov.cn/pchb/2015rkcy/。

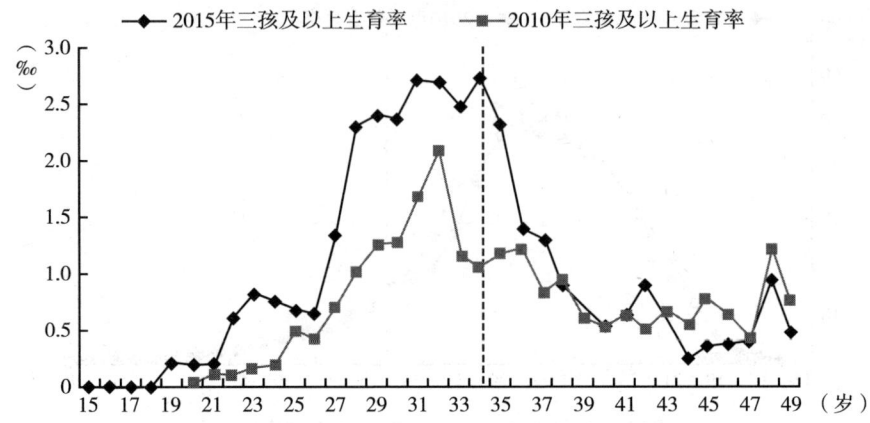

图7 广州育龄妇女年龄别三孩及以上孩生育率对比

资料来源：广州市统计局，广州市 2015 年全国 1% 人口抽样调查资料，广州市统计信息网，http://www.gzstats.gov.cn/pchb/2015rkcy/。

3. 在单独、双独夫妇类型中，青年群体所占的比例大，具有很强的生育潜力

由于 2015 年全国 1% 人口抽样调查中，新增了"夫妻为独生子女情况？"一题，根据这一题目，我们划分了三种夫妇类型：夫妇为双独、夫妇为单独、均非独生三种情况，对应的青年育龄妇女情况如下。

由表 9 可知，无论是从青年妇女角度还是从 15～50 岁妇女角度看，"非独生子女"类型妇女都占相当大的比例，其次是"单独"类型妇女的比例，比例最小的是"双独"类型的妇女。但是从纵向来看，在"双独"类型妇女、"单独"类型妇女中，青年妇女占据相当大的比例，分别为 77.09%、65.20%，主要是因为我国自 20 世纪 80 年代初开始执行严格的计划生育政策，独生子女人数自此开始逐年增长，这些独生子女随着年龄的增长，到如今正好处于青年阶段。

由图 8 抽样数据可以明显看出，"双独、单独"类型妇女主要集中在 25～38 岁，在这一年龄段处于青年阶段的育龄妇女占大多数，且由上文可知，这一阶段妇女的生育能力较强，其家庭对二孩政策反应比较敏感。对此应该多加关注，做好医疗卫生设备和资源供应。

表9　2015年广州分夫妇类型的青年育龄妇女情况

单位：%

类别	双独	单独	非独生
青年妇女	5.2	11.5	83.3
15～50岁妇女	2.9	7.5	89.6
青年妇女占15～50岁妇女比例	77.09	65.20	39.64

资料来源：广州市统计局：《广州市2015年全国1%人口抽样调查资料》，广州市统计信息网，http：//www.gzstats.gov.cn/pchb/2015rkcy/。

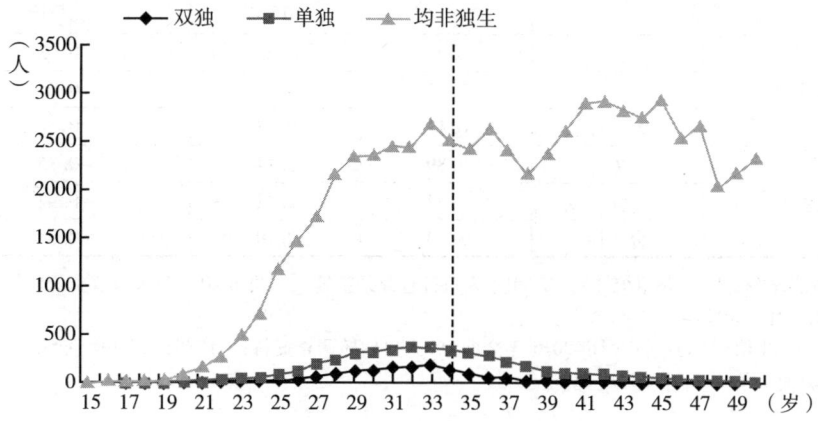

图8　2015年分夫妇类型的育龄妇女状况

资料来源：广州市统计局：《广州市2015年全国1%人口抽样调查资料》，广州市统计信息网，http：//www.gzstats.gov.cn/pchb/2015rkcy/。

（二）青年人口死亡率

死亡作为人口再生产的一个组成因素，影响人口再生产的规模和速度。死亡率是测量死亡水平的统计指标，用平均每一千人口中的死亡人数表示。死亡率的高低可以反映人口的健康水平和社会发展水平。

1. 青年人口的死亡率保持在很低水平，较为稳定

2015年广州青年人口的死亡率为0.17‰，与2010年持平；2015年青年男性的死亡率为0.25‰，女性死亡率为0.07‰，与2010年青年男性死亡率

0.22‰、女性死亡率0.12‰相比,差距微小,但从总人口的死亡水平来看,不论是分性别死亡率还是总体死亡率,2015年死亡水平相较于2010年来看,略微下降。若不考虑抽样误差因素,可以认为2015年青年人口的死亡率与2010年相比保持在较低水平,且较为稳定,总体的死亡率水平相较于2010年来讲,稳中有降,这表明广州市人口的健康水平进一步提高(见表10)。

表10 2010年、2015年广州青年人口的死亡率

单位:‰

类别		2010年	2015年	对比情况
青年人口	男	0.22	0.25	0.03
	女	0.12	0.07	-0.05
	合计	0.17	0.17	0
总人口	男	3.89	3.14	-0.75
	女	3.34	2.42	-0.92
	合计	3.63	2.79	-0.84

资料来源:1. 广州市统计局、广州市人口普查办公室编《广州市2010年人口普查资料》,中国统计出版社,2012。

2. 广州市统计局:《广州市2015年全国1%人口抽样调查资料》,广州市统计信息网,http://www.gzstats.gov.cn/pchb/2015rkcy/。

2. 青年人口死亡率的年龄模式发生变化,但差异较小

虽然从总体上看,2010~2015年广州市青年人口的死亡率呈现低水平稳定状态,但从分年龄段的死亡率水平看,死亡的年龄模式发生变化,2010年的15~24岁年龄段,青年人口的死亡率稍有降低,由0.15‰下降到0.13‰,但在25~34岁年龄段中,死亡率存在上升趋势,由0.13‰上升到0.24‰,而在2015年青年人口死亡年龄分布中,15~24岁年龄段,死亡率下降,由0.26‰下降到0.16‰,在25~34岁年龄段,死亡率保持在0.16‰的平稳水平,这种死亡率年龄模式的差异,从青年人口年龄段来说,差异较大,但是从整个生命周期(在此仅仅选取15~59岁年龄段来进行对比分析,下同)来说,其死亡率的相对差异较小,在15~34岁年龄段中,2010年与2015年对应的死亡率差异最大为0.11个千分点,而在15~59岁年龄段中,

2010年与2015年对应的死亡率差距最大可达1.22个千分点,所以可以认为青年人口死亡率的年龄模式在2010~2015年发生变化,但差距较小,图9可以清楚地反应这一特点。

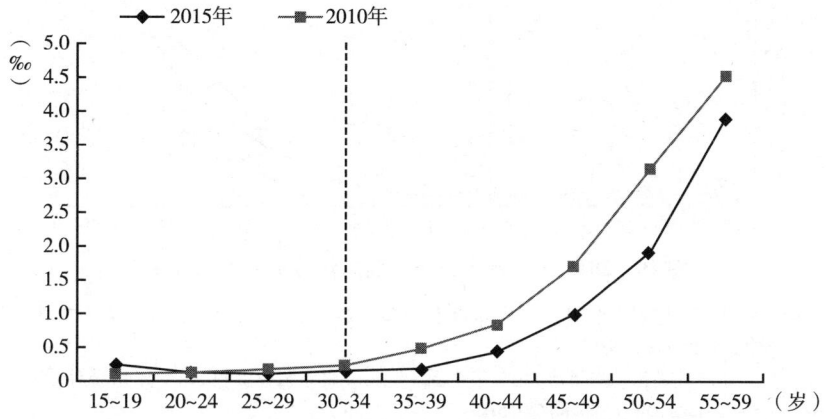

图9　2010年、2015年广州人口年龄别死亡率分布

资料来源:1.广州市统计局、广州市人口普查办公室编《广州市2010年人口普查资料》,中国统计出版社,2012;2.广州市统计局:《广州市2015年全国1%人口抽样调查资料》,广州市统计信息网2017年4月发布,http://www.gzstats.gov.cn/pchb/2015rkcy/。

3. 男青年死亡率显著高于女青年,但死亡率差距相对较小

从图10可以看出,广州市青年人口的死亡率,从15岁至34岁,在总体上,大致呈下降趋势,而男青年死亡率明显高于女青年死亡率,但差距在逐渐缩小,由0.36个千分点缩小到0.01个千分点(这种现象不排除是抽样误差的影响),男青年死亡率从15岁至34岁,呈现下降的趋势,由0.43‰下降到0.16‰,而女青年群体,在15~24岁年龄段,死亡率从0.07‰下降到0‰(不排除是抽样误差的影响),但在25~34岁,呈现上升趋势,由0.06‰上升到0.17‰,这种死亡率年龄模式上的性别差异,从15~34岁年龄段来看,差距较大,最大为0.36个千分点,但这种差异的相对数字对于整个生命周期来说,是相对较小的,从15~59岁年龄段来看,男女死亡率的差距最大为2.34个千分点,图10可以很清楚地说明这一点。

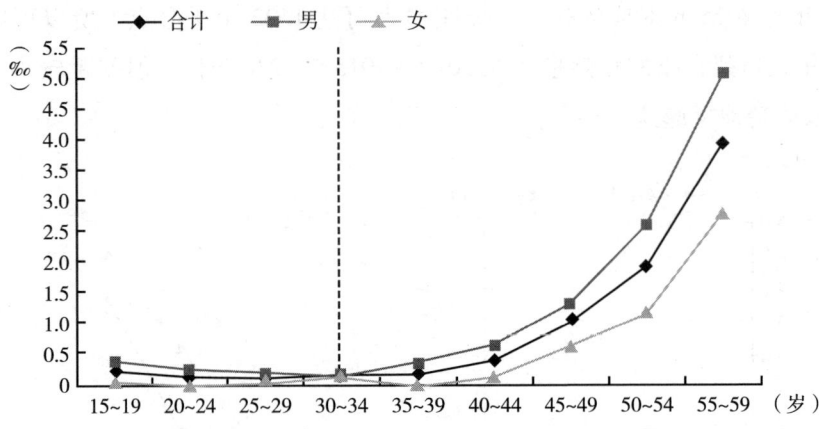

图10 2015年广州人口分性别的年龄别死亡率分布

资料来源：1. 广州市统计局、广州市人口普查办公室编《广州市2010年人口普查资料》，中国统计出版社，2012。

2. 广州市统计局：《广州市2015年全国1%人口抽样调查资料》，广州市统计信息网，http://www.gzstats.gov.cn/pchb/2015rkcy/。

四 青年人口流动状况

在广州青年人口处于低出生、低死亡阶段，人口迁移流动已经成为影响青年人口变动的重要因素。通过分析流动人口（户口登记地在外乡、镇、街道的人口，即现居住地与户口登记地所在的乡、镇、街道不一致且离开户口登记地半年以上的人口）规模变化及其迁移流动原因（指居住地与户口登记地不一致的原因），可以比较清楚地掌握广州青年人口流动的基本特征。

（一）青年流动人口总量和结构

1. 青年流动人口规模减小，占青年人口比例持续提高

2015年广州市青年流动人口总量为333.64万人，占青年人口的比例为66.11%，占全市流动人口的比例为47.55%。① 相比2010年的情况，青年

---

① 不含市辖区内人户不一致的青年流动人口为296.84万人，占青年人口的58.82%，占不含市辖区内人户不一致的全市流动人口的51.81%。

流动人口数量减少了12.33万人，占青年人口的比例上升了3.45个百分点，占全市流动人口的比例下降了8.73个百分点。与全市青年人口总量一样，青年流动人口在2010年达到高峰后减少。5年间广州青年人口规模减小的一个原因是青年流动人口的减少，但青年人口流动化程度继续加深，而流动人口非青年化趋势延续（见图11）。

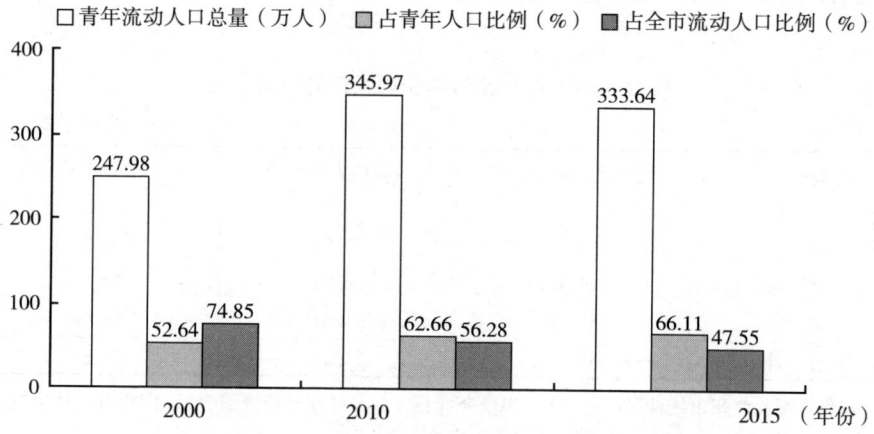

图11　2000～2015年广州青年流动人口现状与变动

资料来源：1. 广州市人口普查办公室编《广东省2000年人口普查资料汇编（广州市）》，广东经济出版社，2002。

2. 广州市统计局、广州市人口普查办公室编《广州市2010年人口普查资料》，中国统计出版社，2012。

3. 广州市统计局：《广州市2015年全国1%人口抽样调查资料》，广州市统计信息网，http://www.gzstats.gov.cn/pchb/2015rkcy/。

4. 广州市统计局：《广州市2015年全国1%人口抽样调查主要数据公报》，广州市统计信息网，http://www.gzstats.gov.cn/tjgb/glpcgb/201702/t20170221_25655.html。

2. 青年流动人口以省内流入为主，随年龄增大省内、省外流入的比例分别呈现先降后略升、先升后略降趋势

2015年户籍登记地在省内的青年流动人口占比高于省外12.38个百分点，这与2010年青年流动人口省内、省外各约占一半的均衡态势显著不同。而且随年龄增大省内、省外流入的比例分别呈现先降后略升、先升后略降趋势，与5年前青年流动人口省内、省外占比随年龄增大分别下降、上升的趋势有较大不同。15～19岁户籍登记在省内的比例高达72.75%，该年龄段省外的比例最低（27.25%）；25～29岁年龄段省内比例略低于50%，省外的比例略超过50%。

户籍登记地在省内的流动人口中有部分是本市辖区内人户不一致的人口。2015年青年流动人口中，市区内人户分离比例为11.03%，而且该比例随着年龄的增大呈"U"形变化（见表11）。

表11　2015年广州青年流动人口的户籍状况

单位：%

年龄组（岁）	户口登记地在省内	市区内人户分离	户口登记地在省外
15～19	72.75	19.47	27.25
20～24	63.42	9.21	36.58
25～29	49.54	9.07	50.46
30～34	51.11	11.51	48.89
合　计	56.19	11.03	43.81

资料来源：广州市统计局：《广州市2015年全国1%人口抽样调查资料》，广州市统计信息网，http://www.gzstats.gov.cn/pchb/2015rkcy/。

3. 总体上青年流动人口男性稍多于女性，15～19岁组性别比低于100；5年间青年流动人口性别比降幅较大，最低和最高年龄组降幅较大

2015年，广州市青年流动人口的性别比为104.14，比五年前降低了7.9个百分点，表明广州市男性青年流动人口稍多于女性但性别结构趋于平衡。分年龄段的性别比随年龄增大而升高，30～34岁年龄段的性别比与5年前一样仍为最高，达到了109.45。2015年各个年龄段的性别比都比2010年有较大降幅，其中15～19岁降幅最大，达到11.53个百分点，性别比已低于100；30～34岁降幅次之，性别比仍较高（见表12）。

4. 25～29岁的青年流动人口超过1/3

广州青年人口年龄结构及其趋势很大程度上受流动人口年龄结构影响。2015年青年流动人口在各年龄间分布呈现较大差异性，最低年龄组分布最少，25～29岁年龄分布最多，比例高达34.67%。与2010年相比，15～24

表12 2010年、2015年广州青年流动人口分年龄性别比及其变动

单位：%

年龄组（岁）	2010年	2015年	变动情况
15~19	110.88	99.35	-11.53
20~24	109.12	100.61	-8.51
25~29	110.71	104.14	-6.57
30~34	119.69	109.45	-10.24
合 计	112.04	104.14	-7.9

资料来源：1. 广州市统计局、广州市人口普查办公室编《广州市2010年人口普查资料》，中国统计出版社，2012。
2. 广州市统计局：《广州市2015年全国1%人口抽样调查资料》，广州市统计信息网，http://www.gzstats.gov.cn/pchb/2015rkcy/。

岁青年流动人口占比下降，25~34岁青年流动人口占比上升。青年流动人口年龄结构趋于向中高年龄组集中的趋势更加明显，这也是2000年以来一贯的趋势（见表13）。

表13 2010年、2015年广州青年流动人口年龄结构及其变动

单位：%

年龄组（岁）	2010年	2015年	变动情况
15~19	14.54	11.80	-2.74
20~24	36.16	24.95	-11.21
25~29	27.5	34.67	7.17
30~34	21.8	28.58	6.78
合 计	100.00	100.00	0

资料来源：1. 广州市统计局、广州市人口普查办公室编《广州市2010年人口普查资料》，中国统计出版社，2012。
2. 广州市统计局：《广州市2015年全国1%人口抽样调查资料》，广州市统计信息网，http://www.gzstats.gov.cn/pchb/2015rkcy/。

（二）青年人口流动的原因

1. 工作就业是青年人流动的最主要原因

2015年1%人口抽样调查将2010年人口普查的"务工经商"和"工作

调动"两个流动原因选项合并为"工作就业"一个选项。在 9 个流动原因选项中,由于工作就业而发生流动的人口所占的比例最大,达到了71.47%。青年人口流动的第二大原因是学习培训,占比9.35%,与2010年(15.58%)相比有较大幅度降低。在所有的流动原因中,新增的流动原因为子女就学,占比最小,为0.11%。

2. 男青年流动侧重经济原因,女青年流动原因更趋多元化

由青年流动人口流动原因的性别差异可知,不管是男性还是女性,工作就业都是流动的第一大成因,但男、女两性还是存在一些明显差异,两者在学习培训、随同迁移、婚姻嫁娶原因上的排序不同。工作就业男性比女性高13.76个百分点,在学习培训、随同迁移、婚姻嫁娶、为子女就学等因素方面女性占比高,特别是婚姻嫁娶比男性高6.13个百分点,学习培训高4.53个百分点(见表14)。

表 14 2015 年广州青年流动人口分性别的迁移流动原因

单位:%

	合计	工作就业	学习培训	随同迁移	房屋拆迁	改善住房	寄挂户口	婚姻嫁娶	为子女就学	其他
男	100	78.21	7.13	7.61	0.38	3.94	0.15	0.69	0.06	1.83
女	100	64.45	11.66	10.45	0.39	3.75	0.18	6.82	0.17	2.13
合计	100	71.47	9.35	9.00	0.39	3.84	0.17	3.69	0.11	1.98

资料来源:广州市统计局:《广州市 2015 年全国 1% 人口抽样调查资料》,广州市统计信息网,http://www.gzstats.gov.cn/pchb/2015rkcy/。

3. 工作就业、婚姻嫁娶和为子女就学比例随着年龄增大而增大,学习培训和随同迁移比例则随年龄段的增大而减小

工作就业所占比例随年龄的增大而增大,25~29岁达到最高值,而学习培训则随着年龄段的增大而减小且趋势明显。15~19岁的青年流动人口中,工作就业、学习培训及随同迁移是其流动的最重要因素,比例总计超过了93%。因学习培训而发生的流动在所有年龄段中所占的比例最大,达到37.43%。该年龄段尚属于初高中学龄人口,选择异地接受教育培训的人口比例相对较大。20～24岁年龄段工作就业所占比例比15～19岁年龄段成倍上升，而学习培训的比例则大幅下降。到25～34岁年龄段，工作就业所占比例有进一步上升且相对稳定，而学习培训所占比例降至很低，不再是发生流动的第二大因素。25～29岁年龄段，随同迁移成为青年人口流动的第二位原因。30～34岁年龄段，婚姻嫁娶成为第二位的迁移原因。婚姻嫁娶及为子女就学所发生的流动随着年龄段的增大所占比例也越来越大。

值得关注的是，"改善住房"作为首次调查的迁移原因，呈现各年龄组占比由高变低再变高的趋势，从15～19岁组的第四位原因升至30～34岁组的第三位原因，而此年龄段比例与婚姻嫁娶、随同迁移很接近，反映了高龄青年流动人口在广州工作、居住生活的更多现实需求（见表15）。

表15 不同年龄段的青年流动人口流动原因分析

单位：%

年龄组（岁）	合计	工作就业	学习培训	随同迁移	房屋拆迁	改善住房	寄挂户口	婚姻嫁娶	为子女就学	其他
15～19	100	31.35	37.43	24.60	0.44	3.35	0.20	0.03	0	2.60
20～24	100	68.92	15.93	9.26	0.36	2.40	0.18	1.16	0.02	1.77
25～29	100	81.13	1.97	6.39	0.42	3.43	0.13	4.64	0.09	1.80
30～34	100	78.55	0.97	5.50	0.34	5.82	0.18	6.26	0.26	2.12

资料来源：广州市统计局：《广州市2015年全国1%人口抽样调查资料》，广州市统计信息网，http://www.gzstats.gov.cn/pchb/2015rkcy/。

五 青年人口发展趋势、问题与对策建议

（一）青年人口发展的基本特点和趋势

综上所述，2010～2015年广州青年人口发展的基本特点是：第一，青年人口总量减少，占总人口比例为25年来最低值。第二，青年人口地区分布仍然呈现显著的不平衡状态，但不平衡性有所减弱。第三，青年人口的性别年龄结构出现较大调整，性别比显著降低而且低于总人口，老城区明显低

于新城区，青年人口日趋大龄化。第四，青年人口生育率呈现小幅度上升趋势，"单独二孩"生育政策效应显现，晚婚、晚育的模式进一步形成并稳定下来；青年人口的死亡率继续保持在较低水平，较为稳定。第五，青年流动人口规模减小，占青年人口比例持续增加，表明青年人口流动性加深；工作就业是流动的最主要原因，婚姻嫁娶、随同迁移是大龄青年居第二、第三位的流动原因。

这些特点也是广州青年人口的变化趋势。它们反映的广州青年人口规模扩大趋势、青年人口地区梯度分布趋势、性别年龄结构调整趋势和生育率回升趋势、死亡率低水平稳定趋势、流动人口规模增长趋势主要是因人口流动而形成，且在未来一个时期会基本延续，未来变化会比较平缓。如同我们正在审视、理解、适应广州经济发展新常态一样，需要开始审视、理解、适应广州青年人口发展新常态及其带来的机遇和挑战问题。

（二）存在的主要问题和原因

1. 部分地区青年人口性别结构不平衡

2015 年，广州市青年人口的性别结构总体上较为平衡，比较有利于广州市青年婚姻市场的健康有序发展。但就性别比而言，地区差异较为明显，部分"老城区"性别比偏低和部分新区性别比偏高的情形并存，性别结构在一定程度上失衡。这可能与老城区和新区的产业结构差异有关，老城区服务业发达、吸引大量青年女性就业就学；而新城区建筑等行业需要较多的男性劳动力，推高了这些地区的性别比。性别比的地区不平衡不利于地区婚姻、生活服务以及劳动力供求的长期协调、均衡发展。

2. 生育水平有待进一步提高

2015 年全国 1% 人口抽样调查显示，广州市青年人口的生育率相比 2010 年有一定幅度上升。青年妇女一般生育率上升了 8.63 个千分点。青年妇女总和生育率（即平均每位妇女一生可能生育的孩子数）由 0.68‰ 上升到 0.77‰，而广州全市育龄妇女总和生育率由 0.81‰ 上升到 0.92‰。但 2015 年的生育水平仍属于超低的生育水平，意味着平均每位妇女一生可能生育不了一个孩子，远低于总和生育率为 2.1‰ 的生育更替水平，生育水平存在偏低的客观事实。这种状况主要是城市实行普遍的一孩生育政策、青年生育观念转变、青年生活方式现代化和流动人口的工作生活不确定性等因素共同作用的结果。从长远角度讲，这种低生育率水平会加速人口结构的老龄化（包括青年人口中高龄化、劳动力老龄化），不利于广州市经济社会的可持续发展。

3. 青年流动人口规模缩减、年龄结构大龄化

据推算，2015 年广州青年流动人口相比 2010 年减少了 12.33 万人，而分年龄看降幅最大的是 20~24 岁这部分素质较高的年龄组人口，这种青年人口规模结构上的变化可能和广州作为一线城市越来越高的生活成本（例如买房）以及职场竞争激烈有关，这部分青年人口迫于压力选择逃离广州或不流入广州。广州作为中国商贸中心，其经济社会的可持续发展离不开创新驱动和较充足的年轻有为的高素质劳动力。而青年流动人口的流失尤其是较高素质年龄组人才的外流将不利于广州又好又快发展。由于青年人口的流动化程度加深，不断寻求理想的就业和居住地是越来越多青年人的普遍意愿和常态行为。为青年流动人口提供高效、优质的管理和服务，对政府和社会都是一个不小的挑战。

（三）对策建议

1. 加强监测和引导，调节地区性别比的变化

重视调研青年人口结构的地区变化状况和趋势，加强人口和人力资源有关领域的性别结构的跟踪、统计、评估、信息发布等监测工作。合理布局产业结构，在区域经济社会规划中纳入相关性别动态平衡因素，引导、调节各区性别比的基本平衡。进一步健全、协调青年政策、性别平等政策和家庭发展政策，鼓励各区不同性别青年人口资源的合理流动和优化配置，推动广州婚姻市场、劳动力市场健康有序发展，维系广州经济社会的和谐稳定。

2. 积极落实和保障青年群体的生育福利

随着国家逐步放宽生育政策，"单独二孩"、"全面二孩"政策的落地，政府及各相关部门、单位应积极做好政策宣传与引导工作，鼓励符合生育条件的青年群体生育二孩、优生优育、树立与时俱进的生育观念。各级医疗卫生部门要做好相应的医疗、卫生资源的合理安排与供应,应对未来可能出现的生育高峰。教育部门要加大对教育资源特别是幼儿园等学前教育建设的投入,满足新生儿未来的教育需求。完善相关法律制度,加强对用人单位的监管,严厉惩处用人单位对青年群体生育的隐形歧视和招聘障碍,保障青年群体的生育福利和就业性别平等。完善社会保障,加大对养老、医疗(包括生育)、失业、工伤等保险的投入与支持力度,切实减轻青年群体的生育负担和后顾之忧。加强青年人力资源的开发与应用,将广州打造成高素质、多层次、专业与技能人才会集的青年人才高地和青年家庭的美丽乐园。

3. 完善制度,提升青年流动人口服务管理水平

借鉴北京、上海等大城市的积分落户和居住证制度,推进实施户籍制度改革,特别是加快非户籍人口进城落户的步伐,出台系列政策留住、吸引具有高素质的青年流动人口优先取得户籍,长期为广州的经济社会发展做出贡献。公平与效率并重,进一步保障广州户籍青年人口和非户籍的流动人口平等共享基本公共服务的权利,加快住房、子女入学、老人照顾等方面公共服务的供给,较快改善流动人口的社会福利,进一步留住高技术青年流动人口。为适应广州青年人口流动化程度加深的趋势和大部分流动是出于工作安排的原因,广州应进一步规范劳动力市场管理和服务,大力保障青年劳动力的合法就业权益,鼓励广大青年创新创业,特别是流动青年在广州安居乐业。

参考文献

1. 涂敏霞、邱服兵主编《广州青年发展状况研究报告(2009~2010)》,广东人民出版社,2010。
2. 魏国华、张强主编《广州青年发展报告(2012~2013)》,社会科学文献出版社,2013。
3. 阎志强、钟英莲:《1990~2010年广州青年人口增长及其社会构成变动》,《南方人口》2013年第6期。

B.3
广州青年教育与学习发展状况研究

蒋亚辉*

摘　要： 最新统计数据显示，广州市经济社会发展为青年的教育与学习提供了良好的经济基础和物质条件，青年人追求更高学历的趋势明显。他们参加校外培训发展兴趣爱好、提升个人能力。受国家宏观政策影响，获国家职业资格证书的比例有所下降，但教育的总体满意度呈上升趋势。广州青年教育与发展取得了显著的成效，但也存在发展不平衡、学历希望太高、个性化发展不足和社区教育质量需进一步提升等现实问题。为此，广州市优化配置教育资源促进青年教育与学习的均衡发展，增强教育服务能力，提升青年学历水平，深化课程改革，促进青年个性发展，完善终身教育体系，提高青年职业素质，完善社区功能，服务青年家庭发展，增强国际交流合作，提升青年国际竞争力。

关键词： 青年教育　全面发展　广州

青年是推动经济社会发展的重要力量。教育和学习不仅是青年的基本权利，也是青年完善自我、全面发展的重要途径。党的十八大以来，习近平总书记多次发表重要讲话肯定青年在社会发展中的重要作用，他指出："历史

---

* 蒋亚辉，广州市教育研究院德育与心理教育研究室主任、编审，研究方向：学校德育、家庭教育指导。

和现实都告诉我们,青年一代有理想、有担当,国家就有前途,民族就有希望,实现我们的发展目标就有源源不断的强大力量。"青年今天的教育与学习状况,影响着社会明天的走向。

最近几年,广州市围绕"为学生的全面发展和终生幸福奠基"的核心理念,服务粤港澳大湾区城市群和"一带一路"建设的重大国家战略需要,科学谋划和实施经济社会发展和教育发展"十三五"规划,各类教育事业取得了新成就,促进了青年教育事业健康发展,青年的教育与学习体系不断完善,为服务广州经济社会发展做出了贡献。当前,广州青年教育与发展取得了显著的长效,但也存在许多现实问题,需要迫切化解。

及时掌握广州青年当下的教育与学习情况,了解其中存在的问题,寻求改进策略,可以为促进青年教育事业发展和青年发展提供参考,引领青年更好地服务粤港澳大湾区城市群和"一带一路"建设,服务于广州新型城市化发展。在此背景下,2017年3月,由广州市穗港青年研究所牵头开展了广州青年发展状况抽样调查,获取了青年教育与学习的大量数据。本文依据这些数据,并采用广州市教育局、广州市教育研究院等部门的统计数据,综合分析广州青年的教育与学习现状,预测未来一个时期的发展趋势,针对现状和发展趋势,提出相关建议。

一 广州青年教育与学习的基本情况

广州市围绕粤港澳大湾区、"一带一路"倡议和国家重要中心城市建设的战略定位,坚守"为学生的全面发展和终生幸福奠基"的核心理念,推进教育治理体系和治理能力现代化,推进教育改革,提升教育质量,促进教育公平,教育事业稳步发展、协调发展,为青年的教育与学习构建了宽广的平台。

(一)教育与学习的事业发展

作为华南地区的经济文化中心、国家级中心城市,广州市城市化水平比较高，各项教育事业比较发达，2016 年，广州市 100% 的区被评为全国义务教育发展基本均衡区，成为广东省推进教育现代化先进区。教育事业稳步协调发展，为青年教育和学习提供了良好的保障。

2017 年 3 月，广州市教育局编印了《广州市教育统计手册（2016 学年度）》。这份最新的教育统计手册显示：目前，广州市有普通高中 111 所，其中示范性普通高中学校 43 所，在校高中学生 96197 人，占高中生总数的 54.57%。数据表明，广州教育提供了越来越多的优质学位，满足青年教育和学习的需要。2016 年，全市高中阶段毛入学率为 109.07%，高中毕业率为 99.75%，高中毕业生升（大）学率为 94.61%。高中阶段学龄人口数 251550 人，在校学生数共 274373 人。这说明，在满足户籍青年高中阶段教育的同时，广州市还满足了约 2.3 万非户籍青年的教育需求。近年来，广州市推出一批在全国有较高知名度和影响力的普通高中，将示范性普通高中学校部分招生指标直接分配到初中学校，推进来穗人员随迁子女异地中考和异地高考工作；推进"新高考方案下普通高中课程管理和教学组织研究"，普通高考成绩在保持大体稳定的基础上，再创新高，总上线率为 97.27%，其中一本上线率 22.22%，比 2015 年提高 2.84 个百分点。重点本科上线率较 2015 年提高 2 个百分点。广州市高考成绩保持全省高位领先地位，更多的青年学子圆了自己的大学梦。

目前，广州市、区属中等职业学校 53 所，在校学生 110948 人。其中有省级重点及以上中职学校 27 所（其中国家级 21 所），这些学校在校生人数占比 80.59%，比 2011 年增加 1.26 万人。近年来，广州市积极创建省现代职业教育综合改革示范市，推进广州职业教育城市规划和建设，完成首批 20 个专业教学指导方案的研制和评审工作；开展市、校两级精品课程建设，引进能工巧匠、行业优秀兼职教师进校园。实施"中职赢未来"计划，出台首批 13 门市级专业课程教学指导方案，认定首批 12 个市级示范专业和 5 个市级示范项目，新增市级支持能工巧匠岗位 16 个，中职学生综合素质培养、校企合作和集团化办学、顶岗实习管理与学制改革、办学条件完善等项目顺利实施；联合高职院校试点"五年一贯制"中高职衔接教育；扩大中职扶持专业学生和家庭经济困难学生免除学费范围。这些举措，整体提升了中职教育办学水平。市医药职业学校等3所学校与韩国南首尔大学签约开展"3+4"合作人才培养，打通中职毕业生就读国际本科的升学通道。举办"坦佩雷——广州未来教育论坛"、穗港澳台职业院校技能交流节等境内外教育交流活动，新增穗港姊妹学校44对。2016年，广州市中等职业学校毕业38485人，其中获得资格证书的有29187人，占75.84%；应届毕业生首次就业率98%，专业对口就业率81%。

广州市推进高水平大学建设，推进以省高水平大学重点学科建设项目为核心的学科群建设，推动市属高校与广州地区优质高等学校的学科共建、教师互聘、科研合作等资源共建共享。2016年，调整优化职业院校专业结构，新遴选立项4~6个特色专业学院。广州大学、广州医科大学全部专业纳入重点本科招生，进入高水平大学建设序列；广州番禺职业技术学院和广州铁路职业技术学院纳入省一流高职院校建设；整合提升广州城市职业学院与广州大学市政技术学院、广州市市政职业学校。高等教育的发展为广州青年的教育提供了多种可能。2016年，广州市有9所市管普通高校，研究生教育有在校生4668人、毕业生1536人、新招生1816人。普通本专科教育，有在校生94352人、毕业25750人，市属高校应届毕业生就业率98.07%，超过全省平均水平2.96个百分点。在全日制教育之外，广州市也为青年提供其他教育和学习形式，帮助青年不断发展自己。2017年，广州2所市属成人高校开展的成人本专科教育，有在校生（专科生）9114人、毕业（专科生）2941人、新招（专科生）4112人。普通高校的成人本专科在校学生64011人，其中本科生17888人、专科生46123人。19所民办其他高等教育机构，注册学员26400人，其中自考助学班6742人，进修及培训班19658人；结业23961人，其中自考助学班2800人，进修及培训班21161人。

（二）教育与学习的总体状况

广州是一个文化包容性较强的城市，吸纳了大量非广州市户籍青年在此接受教育、学习，寻找发展机会。他们享受着广州经济社会发展带来的各种红利，教育与学习平台较为宽广。目前，有39.6%的青年正在接受中学教育、大学教育。调查结果显示（见表1），在广州户籍青年中，有71.8%的青年生活在教育条件和机会较好的城区，只有28.2%的青年生活在教育和学习条件相对较差的农村地区。41.9%的青年没有广州市户籍，他们由外地来广州生活，除了追求更好的就业、创业机会，也追求更好的教育和学习条件。调查结果显示，非户籍广州青年中，82.6%的在大学就读，32.7%的在中学就读。广州教育改革和发展的良好态势以及较为现代的教育学习设施，充分满足了这些青年的教育与学习需求。

表1 广州青年户籍与教育发展情况

单位：%

户籍＼类别	总体	在职	大学生	中学生
广州城镇户籍	41.7	47.3	9.7	48.9
广州农村户籍	16.4	17.9	7.8	18.4
外地城镇户籍	16.1	13.2	37.3	9.0
外地农村户籍	25.8	21.5	45.3	23.7
合计	100.0	100.0	100.0	100.0

通过接受一定程度的教育，青年人才能够具备一定的为国家经济发展和社会进步服务的能力。一般来说，接受教育的程度越高，青年的文明化程度就越高，服务经济和社会发展的能力就越强。调查结果显示（见表2），目前广州青年受教育程度总体较好，仅3.6%的青年受教育程度在初中以下。66.0%的青年接受了大专以上的教育，40.2%的青年接受了本科教育。但仅有3.7%的青年接受了硕士及以上教育。青年受教育程度呈现"两头小、中间大"的橄榄形格局，这一格局的最高点是大学本科教育。在职青年是广州青年的主体。在职青年中，初中以下的青年达到5.7%，接受了大专以上教育的青年达83.3%，51.9%的青年接受了大学本科教育，5.1%的青年接受了硕士及以上教育。广州正在就读中学、大学的青年学生也将很快进入职业生涯，他们中的大部分人将接受本科或研究生教育。从发展的趋势看，广州青年接受教育的程度会逐步提高。

表2 广州青年教育程度

单位：%

教育程度	类别	总体	在职
小学及以下		0.7	1.1
初中		2.9	4.6
高中（含中职、中技）		30.3	11.1
大学	专科	22.1	26.3
	本科	40.2	51.9
研究生教育		3.7	5.0
其他教育		0.0	0.1
合计		100.0	100.0

（三）家庭的教育与学习条件

良好的家庭教育和家庭物质环境，不仅能促进青年身心健康发展，还能保障青年教育与学习。青年人生活的社区是青年成长和发展过程中的重要物质环境和文化环境。社区物质和文化环境的渲染和熏陶，无形中孕育出社区居民价值观、生活态度和道德规范，也潜移默化地影响了青年的价值判断。因而，青年居住的社区类型，可以部分体现青年教育与学习的家庭经济、文化条件。调查结果显示（见表3），广州青年居住的社区依次为普通商品房小区（32.9%）、农村（16.2%）、未经改造的老城区（15.3%）、新近由农村社区转变过来的城市社区（13.5%）、单一或混合的单位社区（11.4%）、其他（4.8%）、保障性住房社区（3.3%）、别墅区或高级住宅区（2.7%）。一般来说，城市普通商品房小区、别墅区或高级住宅区以及保障性住房社区，生活和文化配套相对完善，能够为青年人提供较好的生活、教育与学习环境，而农村、未经改造的老城区、新近由农村社区转变过来的城市社区、单一或混合的单位社区则文化基础设施相对落后，生活配套或社区教育相对落后。另外，来广州就业的外地青年或刚走入社会工作的大学毕业生一般居住在房租较为便宜的低档社区。以此分析，目前只有38.9%的广州市青年居住在生活和文化设施较好的社区，其余大部分青年居住在生活、文化设施配套相对落后的社区。为此，广州市需要加强社区文化建设，加强社区教育引导。

表3 青年居住的社区类型

单位：%

	总体	在职	大学生	中学生
未经改造的老城区（街坊型社区）	15.3	17.3	8.3	14.5
单一或混合的单位社区	11.4	10.8	18.8	7.5
保障性住房社区	3.3	2.6	2.4	5.8
普通商品房小区	32.9	35.0	16.7	38.6
别墅区或高级住宅区	2.7	2.1	2.4	4.7
新近由农村社区转变过来的城市社区（村改居、村居合并或"城中村"）	13.5	16.1	7.6	10.3
农村	16.2	14.5	22.1	17.0
其他	4.8	1.6	21.7	1.6
合计	100.0	100.0	100.0	100.0

家庭是青年成长的第一所学校，父母是青年成长的第一任教师。言传身教，是父母教育和影响青年的重要方式。在家庭生活中，孩子年龄越小，父母的言传身教越重要。目前，广州青年中，31.1%的为独生子女，68.9%的为非独生子女。调查结果显示，他们大部分与父母同住（32.8%），其他依次为单身居住（17.7%）、与配偶及小孩住（13.8%）、与其他人合住（13.8%）、三代同堂（11.0%）等。中学生与父母同住的比例最高（81.5%），其次是大学生（44.1%）。若加上三代同堂的居住类型，中学生与父母居住的比例为95.7%，大学生的这一比例增加到55.1%。中学阶段，是青年教育与学习的关键阶段，在这一阶段与父辈、祖辈共同居住，不仅仅共享人生的天伦之乐，更能得到他们的及时教育与指导，对青年人的发展具有重要意义。和两年前的调查数据比较，中学生与祖辈、父辈共同生活的比例由88.1%提升到95.7%，提升了7.6个百分点。这说明，广州中学生青年家庭重视家庭教育、重视家庭文化传承，共同生活、陪伴成长的意识有所增强，这对广州中学生青年的成长有积极而重要的影响。

学校教育、家庭教育和社会教育共同构建了青年的教育"大厦"。青年接受到的教育和学习的质量内在地包含青年人所享受的家庭教育质量,而高质量的家庭教育需要高素质的家长提供。父亲和母亲的受教育程度,影响青年人享受的家庭教育质量。一般而言,父母接受教育的程度越高,家庭教育知识会越丰富,家庭教育指导的能力也越强。调查结果显示(见表4),广州青年的父亲、母亲受教育程度总体不高,76.7%的父亲受教育程度在高中(含高中)以下,母亲为84.3%。父亲大专以上受教育程度的比例为23.1%,母亲为15.2%。这些数据表明,广州青年的母亲受教育程度普遍低于父亲。这种状况,是受传统文化影响的自然结果。家庭传统中的男主外、女主内的家庭文化模式,对母亲家庭教育素养有更高的要求。同时,现代家庭教育中,父教的相对缺位,也呼唤父亲更多地承担家庭教育的责任。父亲、母亲受教育程度总体不高,可能导致他们的家庭教育知识贫乏、家庭教育指导方法欠科学,对广州青年的家庭教育和社会发展带来一定的影响。

表4 广州青年的父辈受教育程度

单位:%

教育程度\类别	总体		在职		大学生		中学生	
	父亲	母亲	父亲	母亲	父亲	母亲	父亲	母亲
小学及以下	13.1	22.9	14.4	25.8	12.8	21.7	9.4	15.5
初中	33.5	34.8	31.7	31.6	34.9	40.0	37.5	40.1
高中(含中专、中技)	30.1	26.6	32.8	28.8	29.8	23.6	22.5	22.8
大专	10.9	7.5	11.9	7.8	9.2	6.5	9.4	7.5
大学本科	10.8	7.1	7.9	5.3	11.6	6.7	18.4	12.4
硕士及以上	1.4	0.6	0.9	0.3	1.5	1.0	2.8	1.3
其他	0.3	0.4	0.3	0.4	0.2	0.5	0.2	0.4
合计	100.0	100.0	100.0	100.0	100.0	100.0	100.0	100.0

(四)教育与学习的期望

青年的教育期望,对青年人的积极主动发展有显著的正面效应。青年的教育期望,能够为青年学习提供较强的内驱力,激发其在学业上的参与和行动,并最终影响青年人的发展。青年教育与学习的重要目的是提升个体发展能力。当前,学历是评价青年发展能力的重要工具,因而,对学历的期望和追求,在一定程度上影响青年的生存和发展。调查结果显示(见表5),广州青年大部分希望获得高学历教育,他们对自己的学历期望较高,教育与学习的内驱力持续增强。2016年,广州市94.8%的青年希望达到大专以上学历,较2014年的83.6%增加了11.2个百分点。在大专以上学历中,2016年广州青年更青睐"大学本科"(38.4%)和"硕士及以上"(48.8%)。和2014年相比,广州青年对接受"大学本科"和"硕士及以上"教育的期望都有明显增长,其中对接受"硕士及以上"教育的期望最高,期望增长最快。最近两年内(见表5),全市青年对接受"硕士及以上"教育的期望增长了10.9个百分点,其中中学生增长最快,增加了17.4个百分点;其次是在职人员,增加了10.2个百分点;大学生群体对接受"硕士及以上"教育的期望增长较慢,仅增加了3.2个百分点。大学生群体更加希望获得"硕士及以上"教育,导致大学生群体期望获得"大学本科"教育的人数较2014年下降了2.4个百分点。和2014年比较,希望获得"大学本科"教育的中学生和在职青年仍然在增加,其中在职青年增加了6个百分点。

表5 广州青年希望的学历水平

单位:%

学历水平\年份	总体		在职		大学生		中学生	
	2016年	2014年	2016年	2014年	2016年	2014年	2016年	2014年
小学及以下	0.8	0	0.7	0	2.1			
初中	0.4	0.1	0.6	0.2	0.0			
高中(含中专、中技)	2.4	2.0	1.5	1.6	1.6		5.3	4.3
大专	7.6	10.7	5.8	6.8	3.4	2.2	16.2	27.0
大学本科	38.4	35.0	37.9	31.9	36.9	39.3	41.1	40.0
硕士及以上	48.8	37.9	51.8	41.6	53.9	50.7	36.4	19.0
其他	1.6	1.1	1.8	1.2	2.1	0.3	0.8	1.2

要实现教育与学习的希望,必须采取切实的行动,选择适合自己的学习方式,切实主动地学习。广州市是华南地区的国家中心城市,经济社会发展

水平较高，为青年的教育和学习提供了多种方式。广州青年充分享受经济社会发展的成果，不断探索适合自己发展的学习方式，希望通过自己的能力，获得希望的学历。目前，能够授予学历文凭的学习方式主要有全日制学校教育、远程教育、电大和夜大培训以及在职进修等。调查结果显示（见表6），2016年，全日制学校教育（50.3%）、在职进修（35.3%）仍然是广州青年希望获得相关学历的主要方式，两者总体比例达到85.6%。和2014年比较，希望通过全日制学校教育、在职进修这些学习方式获得更高学历的青年分别增加了3.8个百分点和1.7个百分点，中学生对通过全日制学校教育获得学历的人数增长最快，达68.5%。数据显示，近年来，青年学生对"全日制学校"教育认同度最高，而在职青年对"在职进修"的认同度最高，对"远程教育"和"电大、夜校类"教育方式认同度不高，均在10%以下。和2014年相比，2016年广州青年对"电大、夜校类"教育方式认同度降低了1.2个百分点，其中在职青年的认同度下降了2个百分点，降幅最大。

表6 广州青年希望获得相关学历的主要方式

单位：%

学习方式\年份	总体		在职		大学生		中学生	
	2016	2014	2016	2014	2016	2014	2016	2014
全日制学校	50.3	46.5	37.4	34.3	76.4	74.8	68.5	59.7
远程教育	7.1	6.9	7.8	7.0	4.5	3.6	7.0	9.0
电大、夜校类	5.7	6.9	7.7	9.7	1.9	0.5	2.5	4.2
在职进修	35.3	33.6	45.1	42.2	16.7	16.7	20.6	22.3
其他	1.7	2.0	2.1	2.3	0.5	0.5	1.4	2.7

我们从"更好地认识世界与人生""处理和解决问题的能力"等7个方面调查了广州青年希望从教育与学习中获得的内容。数据显示，广州青年重视通过教育与学习提升个人的学历水平，但他们不仅仅是追求学历文凭，更多的是看重丰富知识，全面提升个人能力。近年来，在教育与学习过程中，广州青年最注重获得"处理和解决问题的能力"。在首要追求"处理和理解问题的能力"之外，教育与学习期望会因身心发展阶段的差异而出现分化，排

列第二位的内容开始有了差异：中学生更看重培养"更好地适应社会的能力"（73.0%），大学生更看重培养"更好地认识世界与人生"（73.3%），在职青年则更看重"思考和解决问题的方法"（60.1%）。和其他群体比较，中学生更希望获得"人际交往能力"（70.7%）。和2014年相比，在职青年更加看重学习"思考和解决问题的方法"；在大学生心目中，"更好地认识世界与人生"比"思考和解决问题的方法"更为重要；对中学生而言，"更好地适应社会的能力"依然是心目中的第二追求。

表7 希望从教育与学习中获得的内容

单位：%

学习内容\年份	总体		在职		大学生		中学生	
	2016	2014	2016	2014	2016	2014	2016	2014
更好地认识世界与人生	62.4	16.3	57.5	16.3	73.3	16.9	68.6	15.7
处理和解决问题的能力	72.4	20.1	70.2	21.7	75.4	18.3	76.6	18.3
基本的知识素养	54.1	14.4	47.7	13.2	61.4	15.5	67.6	15.8
思考和解决问题的方法	63.6	16.2	60.1	16.2	68.6	17.0	69.9	15.7
更好地适应社会的能力	62.4	17.1	57.0	17.3	69.1	16.3	73.0	17.2
人际交往能力	54.9	15.4	47.8	14.6	61.6	15.5	70.7	16.9
其他	1.8	0.6	1.7	0.7	2.6	0.4	1.6	0.5

（五）校外的教育与学习

学校教育之外的教育统称校外教育。它是学校正规教育的有益补充、延伸和发展，能够促进青年的健康成长。近年来，广州市校外教育事业有了很大的发展，社会教育机构形式多样，为青年的教育与学习提供了多样的选择。为青年的教育与学习提供了较好的平台。在职青年热心参加继续教育，不断提升学历水平和专业能力。在校的大学生和中学生积极参加校外教育，不断丰富自己的文化知识、促进身心健康发展。在校大学生正在接受正规教育，他们参与继续教育的比例明显低于在职青年，但他们也积极参加学历教育以外的继续教育。数据表明（见表8），大学生在课余最热衷参加"英语培训",其余依次是"教育技能培训""职业技能培训""计算机等级培训"等。与2014年比较,2016年在大学生心目中,对"计算机等级培训"重视程度有所下降,对"职业技能培训"重视程度有所提升。在职青年比在校学生更积极参加继续教育。"职业技能培训""岗位培训"等与实际工作技能提升相关的培训是在职青年继续教育的主要方式。这些现象表明,在职青年能够结合本职工作主动参加社会培训,他们追求"学得会、用得上",提升工作能力,满足本职需要。数据表明(见表8),和2014年相比,在职青年参与"英语培训"的重视程度下降,而与"计算机等级培训"的比例在上升。

表8 在职青年与大学生参加继续教育比较

单位:%

培训类型 \ 年度	在职		大学生	
	2016	2014	2016	2014
教育技能培训	24.9	11.8	21.7	14.6
英语培训	24.1	14.5	28.8	23.5
岗位培训	44.6	22.5	12.6	8.2
职业技能培训	45.5	22.1	20.9	8.9
学位提升	18.7	8.8	13.8	5.3
计算机等级培训	25.2	12.8	20.2	13.6
其他	1.3	0.8	0.7	0.9
没参加过	14.4	6.5	39.4	24.8

广州中学生积极参与校外"学业辅导班",提升学业成绩,还积极参与提高个人综合素质、发展兴趣爱好的校外培训。2016年,仅有27.6%的中学生没有参加过校外培训。近年来,"学业辅导"和"音乐培训"是广州中学生参加校外教育比例最高的两类培训,其中比例最高的是参加"学业辅导"(见表9),这一现象可能与当前中学生面临的学业压力有关。它们与"奥数培训""美术培训"一样,学生历年参与都比较稳定,变化不大。和2014年比较,广州中学生参加校外"外语培训"稍微有些降温,而参加校外"体育培训"的比例在增加,说明中学生对体育运动的爱好增加,更加重视通过体育锻炼提升自己的综合素养。

表 9　广州中学生参加校外培训类型

单位：%

学习内容	2016 年	2014 年
学业辅导	50.5	26.9
音乐培训	23.2	11.0
美术培训	16.5	9.2
拓展培训	12.7	7.8
体育培训	17.8	7.7
奥数培训	16.5	9.3
外语培训	14.0	10.0
其　　他	2.5	1.4
没参加过	27.6	16.6

校外职业类训练或继续教育和校内教育不一样，具有很强的自愿性、自主性、灵活性和多样性，主要由本人自主决定是否参加。近年来，广州青年对于参与校外教育是如何决定的呢？分析其参与的原因，有助于我们厘清这一问题。和 2014 年相比，青年参加职业类训练或继续教育的原因变化不大（见表 10），它们依次是"丰富自己"、"提高工作能力"、"发展兴趣爱好"、"找工作"、"已受过的教育过时"和"跳槽"。选择前 4 项的青年明显多于后 2 项，说明"丰富自己""提高工作能力""发展兴趣爱好""找工作"是广州青年接受这类训练或继续教育的重要原因。大学生即将进入就业阶段，因而选择为"找工作"而参加校外培训的总体比例高于在职青年。中学生接受职业类训练或继续教育，不再看重知识的学习，他们将"提高自己能力"放在第一位，"培养兴趣爱好"排在第二位，第三位才是为了"提升学习成绩"。这三个因素是中学生参与校外训练的主要原因，选择这三项的中学生都超过了 50%。"家长要求参加"和"跟着同学参加"这样被动参加的比例不高，但听从家长而参加的也达到了 24.1%。另外，有 15.2% 的学生是因"学校的知识不够"而参加校外培训。

表10 接受职业类训练或继续教育的原因

单位：%

	在职	大学生	中学生	
已受过的教育过时	8.2	11.6	培养兴趣爱好	57.3
丰富自己	68.0	75.2	家长要求参加	24.1
发展兴趣爱好	31.9	41.5	学校的知识不够	15.2
提高工作技能	66.5	46.5	提升学习成绩	52.8
找工作	20.8	31.0	跟着同学参加	7.0
跳槽	7.7	5.4	提高自己能力	58.8
其他	1.3	2.3	其他	3.4

（六）教育与学习的效果

我们通过观察分析获得国家承认的资格证书的平均数量和青年对所受教育的总体满意度，来了解广州青年教育与学习的效果。

国家职业资格证书能够证明持证人具有从事某一职业所必备的学识和技能。在职业专业分工高度精细的现代社会，任何一项工作都有严密的技术工和专业的技术要求。只有获得相应的专业技术资质，才能从事相应的专业工作。在此背景下，青年求职、任职、创业必须具备相应专业的职业资格。继续教育、培训进修是获取职业资格的重要途径。在此基础上，我国还采取了一项战略措施：在中职学校开展职业技能鉴定，帮助中职学生在获得毕业证的同时，也获得相关的职业资格证书。这种学历文凭和职业资格两种证书并重的制度，在广州市的中职教育、高职教育普遍实施，促进了人力资源开发。广州青年受惠于这一教育制度性，他们努力学习获取学历文凭，同时也积极参加各种证书培训班，获取国家承认的职业资格证书。2016年，获得资格证书，中学生（中专、中技）最高值达29个，在职青年最高值为21个，大学生最高值为8个。全市青年平均获得国家承认的资格证书1.15个，比2014年平均减少0.41个（见表11）。相关统计数据显示，2016年不同青年群体持有的国家职业资格证书都有不同程度的减少：中学生（中职、中技）减少了0.31个，大学生减少了0.51个，在职青年减少了0.45个。这种状况与广州市大力发展职业教育、呼唤和培育工匠精神的发展需求不匹配。

表 11　获得国家承认的职业资格证平均数量

单位：个

年度 \ 类别	中学生（中职、中技）	大学生	在职	总体
2014 年	0.86	1.11	1.94	1.56
2016 年	0.55	0.60	1.49	1.15

近年来，广州青年对所受教育的总体满意度持续上升。具体表现在，广州青年对教育感到"非常满意"呈持续上升趋势，问卷调查数据显示，选择这一选项的比例，2012 年为 5.1%，2014 年上升为 6.3%，2016 年上升到 7.6%。近年来，各年龄段青年对所受教育"比较不满意""非常不满意"的比例都持续下降（见表 12），总体比例也不断降低，2016 年，仅有 5.4% 的青年选择这两项；60.1% 的中学生对所受教育总体满意（非常满意、比较满意），为满意比例最高的群体；6.2% 的在职青年不满意（比较不满意、非常不满意）所受教育，为不满意比例最高的群体。另有 42.4% 的青年感觉自己所受的教育一般。这些数据显示，广州市还要不断地推动教育创新发展，进一步提升各类教育的教学质量，满足青年教育与学习的需求。

表 12　对所受教育的总体满意度

单位：%

	总体		在职		大学生		中学生	
	2016	2014	2016	2014	2016	2014	2016	2014
非常满意	7.6	6.3	7.4	7.0	6.1	5.0	9.6	5.5
比较满意	44.5	38.8	43.6	37.7	39.8	43.1	50.5	38.6
一般	42.4	44.0	42.9	44.3	50.4	44.5	35.4	42.7
比较不满意	4.2	5.3	4.9	4.9	3.3	4.1	3.0	7.2
非常不满意	1.2	2.4	1.3	2.0	0.5	2.6	1.6	3.3

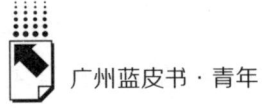

二 青年教育与学习的问题及原因

随着广州市各项教育事业蓬勃发展,广州青年教育与学习也取得了较好的成绩。然而,当前广州教育依然处在改革深水区和攻坚期,存在一些问题和短板。青年教育与学习受到多种因素的制约,因此需要采取相关措施切实解决。

(一)青年教育与学习发展失衡

教育事业蓬勃发展为青年的教育与学习提供了较好的保障,但是,受城乡二元经济结构的影响,广州市还存在资源分布不均衡带来的教育发展不平衡的问题,这一问题导致青年教育与学习发展失衡。这种失衡具体表现在两个方面。

一是优质教育资源分布不均衡,中心城区优质教育资源相对集中,外围城区和农村地区优质教育资源相对缺乏。目前,广州市青年有农村青年和城市青年两大群体。户籍青年中,有28.2%的青年生活在农村地区。当前,广州市还存在城乡二元经济结构,受其影响,广州农村地区的经济发展和社会服务水平比城市中心区落后。农村地区教育资源的供给不足,与城市中心区差距较大。城市中心区教育供给充足,城区青年的教育与学习资源更为丰富。城乡二元经济结构形成的城乡居民收入差距,导致城乡家庭教育投入的差距。城市居民总体收入相对较高,他们对教育投入也相对较高;农村居民收入总体偏低,教育支付能力较弱,对教育的需求和有效投入相对偏低。这些因素实质性地影响了农村青年的教育与学习,拉开了他们与城市青年发展的差距。

二是户籍制度以及教育供给与需求的矛盾,影响广州非户籍青年的教育和学习。调查结果显示,41.9%的青年没有广州市户籍。在这些非户籍广州青年中,31.7%的在大学就读,16.8%的在中学就读,51.5%的在广州就业或创业。究其原因,主要是户籍制度影响非户籍青年平等享受教育的机会。

广州市按照"以流入地为主、以公办学校为主"的政策,公办学校尽量接收进城务工人员随迁子女就学,同时大力扶持民办教育,基本满足了进城务工人员随迁子女接受义务教育的需求。但在非义务教育阶段,非户籍青年的教育与学习受到很大的政策制约。目前,高考政策还没有实质性改革,青年不能在非户籍地高考,广州市也没有为非广东户籍青年在广州接受普通高中教育做好准备。非广东户籍的青年,难以有机会在广州市接受普通高中教育。义务教育阶段的学习结束后,他们要么选择就读广州市中等职业学校,要么就回到故乡参加普通高中学习。

(二)教育期望与经济社会发展的矛盾

受教育程度的高低,影响青年服务经济和社会发展的能力。经济社会的飞速发展,要求青年人具备更高的文化素质。数据显示,广州青年教育与学习的内驱力持续增强,对接受高等教育、提升自身学历的期望逐年提高。2016年,广州市94.8%的青年希望达到大专以上学历,较2014年的83.6%提高了11.2个百分点,对接受"大学本科"和"硕士及以上"教育的期望都有明显增长,其中对接受"硕士及以上"教育的期望增长最快,达48.8%。其中,中学生期望接受"硕士及以上"增长最快,为36.4%,这是一种可喜现象。但这些高学历期望与教育现实的距离较大,客观上存在高教育期望与经济社会发展的矛盾,这些矛盾主要表现在以下两个方面。

一是广州教育难以满足青年对高学历教育的期望。受经济社会发展水平和教育历史等因素影响,当前广州市只有9所市属高校。和同城的其他省属、部属高校相比,这些市属高校的办学水平、办学规模都有待进一步提升。近年来,青年学生对"全日制学校教育"认同度最高,对"电大、夜校类"教育方式认同度降低,市属高校显然难以满足青年接受全日制高等教育的需要。2016年,广州市管高校研究生教育有在校生4668人。这种教育规模难以满足广州青年高学历的教育需要。目前,广州市和其他中心城市一样,高等教育已经实现由传统的精英教育向平民教育转型,本科及研究生教育招生人数逐年提升,但还存在高等教育优质资源供给不足的问题。这一问题在短时间内难以解决。广州青年难以完全就地实现高教育期望,去外地上大学或出国留学成为广州青年的重要选项。

二是青年对高学历教育的期望与广州经济社会发展不协调。从广州城市发展现实需要以及未来相当长时期的发展来看,广州市人力结构呈宝塔形结构,宝塔底座是普通劳动者,往上依次是初级技能型人才、中高级技能型人才、知识型人才、综合型人才、创新型人才和高层次人才。可以说,社会需要的是大量高技能的普通劳动者,而对高学历、高层次的人才需求相对较少。社会需要的人才结构以及教育发展规律,都决定了广州市必须大力发展中等职业教育,培养大量技能型人才,在硕士及以上的学历教育方面不可能完全满足青年教育与学习的需要。当前,广州中等职业教育向高等教育升学的渠道还不畅通。由于大多数青年对职业教育是弃之或避而远之,确实上不了普通高中,才选择职业中学。为此,广州青年要调整教育与学习的期望,让自己的发展与城市经济社会发展互相协调。

(三)代际差异扩大影响家庭教育

家庭教育、学校教育和社会教育是教育的三大支柱,他们共同支撑和促进青年的健康发展。其中,家庭教育是教育大厦的基础,能够保障和促进青年的学校教育、社会教育。在家庭内部,青年教育与学习主要受父母的教育和影响。年龄越小的孩子,家庭生活中父母的言传身教越重要。随着物质文化生活水平的提高,广州青年家庭内部有了较好的教育与学习的物质条件,然而,对家庭教育起决定性影响的是青年的父母们的家庭教育观念、家庭教育能力,而不是现代的物质条件。

初中教育阶段,青年学生大部分处于青春叛逆期,这也是青年学习和发展的分化期。在这一时期,如果能享受到良好的家庭教育,将促进青年以后的教育和发展。和两年前的调查数据比较,中学生与祖辈、父辈共同生活的比例由88.1%提升到95.7%,提升了7.6个百分点。这说明,广州中学生青年家庭重视家庭教育、重视家庭文化传承,共同生活、陪伴成长的意识有所增强。尽管这样,广州青年家庭内部也存在改善亲子关系、提升家庭教育质量的迫切需要。社会观察和教育经验告诉我们，处于青春叛逆期的青年崇尚个性，喜欢自我表现，追逐新鲜事物。两代人代沟的出现和扩大，使许多家长对叛逆期的孩子束手无策。为此，需要切实提升家长与青春期孩子的沟通能力和家庭教育素养，提升青年所得到的家庭教育质量。

父亲和母亲的受教育程度，影响他们的家庭教育观念和能力，也影响青年人享受的家庭教育质量。调查数据显示，目前广州青年76.7%的父亲、84.3%的母亲为高中及以下文化程度，而66%的青年接受了大专以上的教育，其中83%的在职青年接受了大专以上教育。另外，父亲大专以上学历的比例为23.1%，母亲为15.2%。这表明，广州青年的母亲受教育程度普遍低于父亲。这些数据表明，与父辈相比，广州青年接受了良好的教育，家庭代际文化差异在扩大。父亲、母亲受教育程度总体不高，可能导致他们的家庭教育知识贫乏、家庭教育指导方法欠科学；代际间文化差异的扩大，让父母难以赶上孩子成长的步伐，从而对广州青年的家庭教育和社会发展带来一定的影响。因此，广州市要加强家庭教育指导工作，努力转变父母的教育观念，提升父母的家庭教育能力，提升青年所享受的家庭教育质量。

（四）部分社区未能满足生活学习需要

随着经济社会发展，单位功能在逐步弱化，而社区功能在逐步增强。社区文化环境、文化活动对青年产生重大影响，促进青年社会化，对青年教育和学习的影响越来越大。一方面，社区文化环境、公共服务设施、文体活动场所等，潜移默化地影响青年的发展；另一方面，丰富多彩的社区教育文化活动、社区教育活动可满足青年社区教育的需求。一般来说，生活和文化配套相对完善的社区，能够为青年人提供较好的生活、教育与学习环境，生活和文化基础设施配套相对落后的社区，青年人的生活、教育与学习环境相对较差。

近年来，广州市城市化进程加快，社区建设取得了较好成绩，但仍然存在大量生活和文化基础设施配套相对落后的农村社区、未经改造的老城区（街坊型社区）、新近由农村社区转变过来的城市社区。调查数据显示，只有38.9%的广州市青年居住在生活和文化设施较好的社区,其余大部分青年居住在生活、文化设施配套相对落后的社区。在广州户籍青年中,有28.2%的青年生活在教育和学习条件相对较弱的农村地区。41.9%的青年没有广州户籍,他们由外地来广州追求更好的就业、创业和学习机会,一般居住在房租较为便宜的低档社区。这些数据表明,大部分广州青年居住在生活、文化和教育设施较弱的社区。与生活和文化基础设施配套丰富的社区青年相比,他们不容易获得较好的社区教育环境,能够参与的社区教育活动也可能不足。

(五)学校教育难以满足个性发展需要

随着经济社会的发展,广州市各类社会教育机构蓬勃兴起。这些培训机构以培养兴趣爱好、艺术特长为主,具有很强的自愿性、自主性、灵活性和多样性,主要由本人自主决定,较好地满足了个性发展的需要。调查数据显示,与2014年相比,2016年广州大学生参加"英语培训""教育技能培训""职业技能培训""计算机等级培训"等继续教育培训的比例都在迅速提升。2016年,仅有27.6%的中学生没有参加过校外培训。校外培训中,参加"学业辅导"比例最高。此外,他们还积极参与提高个人综合素质、发展兴趣爱好的校外培训,其中,有15.2%的青年学生是因"学校的知识不够"而主动参加校外培训。中学生参加校外"外语培训"稍微有些降温,参加校外"体育培训"在升温。这些数据表明,广州青年对个性化教育和学习的需要较强,学校正规教育还难以满足这种个性化发展等方面的需要。在落实立德树人根本任务的同时,学校正规教育指导青年系统学习科学文化知识,培养青年各种能力,但大班教学的现实,决定了学校正规教育较难关注学生个性化发展的需要,为此,广州青年积极参与社会教育机构的学习,通过课外补习提升学业成绩,参与各类兴趣特长培训班满足个性化发展需要。接受中等职业教育、普通高等教育的青年毕业后需要面对完全市场化的自主择业,但目前的中职教育、高等教育还没有适应这种市场化转型,学校专业设置和培养模式还不适应经济社会发展需求,盲目设置专业、盲目扩招。这些问题，导致青年学生的知识、技能结构与就业岗位技能结构错位，知识面较窄、能力较差、适应性较弱的问题，通常成为青年求职就业时面试的短板。面对未来的求职、创业，广州青年大量选择校外培训机构学习，不断丰富提升自己。

（六）国家职业资格证书持有量下降

目前，广州市中职教育、高职教育都采取了双证书制度，即学历文凭和职业资格两种证书并重的制度。青年在努力参加学历文凭学习的同时，也积极参加各种证书培训获得国家承认的资格证书。2016年，全市青年平均获得国家承认的资格证书1.15个，比2014年平均减少0.41个。获得资格证书最高值（29个）比2014年（31个）减少了2个。2016年，不同青年群体平均持有的国家职业资格证书都有不同程度的减少：中学生（中职、中技）减少了0.31个，大学生减少了0.51个，在职青年减少了0.45个。职业资格证书是青年从事某一职业所必备的学识和技能的证明。目前，广州市正在呼唤和培育工匠精神，大力发展职业教育，需要越来越多的青年具备相应的专业技术资格，胜任相应的技术工作。青年职业资格证书持有量下降，似乎与广州经济社会发展的需要不协调，但与国家人才队伍建设的改革方向一致。1994年，我国开始建立职业资格制度，在人才资源开发、人才队伍建设等方面发挥了重要作用，但也存在一些发展中的问题。2014年7月22日，国务院颁布了《关于取消和调整一批行政审批项目等事项的决定》（国发〔2014〕27号），取消了434项各部门设置的职业资格，占全部专业资格总数的70.2%。其中，技能人员职业资格取消最多，达280项；其余的是专业技术人员职业资格，取消154项，许多准入类职业资格，调整为水平评价类职业资格，不再与就业创业挂钩。这些政策打破了青年就业创业壁垒，降低了青年就业创业成本，释放了青年创新创业活力，转变了政府人才管理职能，推动各类人才更好地与市场发展需求同频共振。广州市中职教育、高等职业教育落实国家人才队伍建设改革的政策，调整职业资格相关培训课程，社会教育机构取消了众多职业资格考证培训，学生同步减少了各种职业资格社会考试,这是广州青年国家职业资格证书持有量明显下降的重要原因。

三 结论和预测

(一)主要结论

1. 教育条件持续改善,学习满意度提升

教育事业的发展、特色优质教育资源的供给为广州青年教育和学习提供了较好的条件,广州青年对所受教育的总体满意度持续上升。具体表现在,2016年,广州市100%的区被评为全国义务教育发展基本均衡区、广东省推进教育现代化先进区,广州各项教育事业比较发达,普通高考成绩年年创新高,保持全省领先地位,2016年重点本科上线率较2015年提高2个百分点,更多的青年学子圆了自己的大学梦。广州教育满足了本市青年中等职业教育、高等教育需求,同时还满足了大量非户籍青年的教育与学习需要。广州青年教育满意度呈持续上升趋势。

2. 教育供给逐年增加,教育公平有待改进

近年来,广州经济社会发展促进了教育发展,青年教育与学习资源供给逐年增加。然而,受计划经济体制下形成的城乡二元经济结构的影响,广州教育仍然存在区域之间、城乡之间、校际之间教育资源分布不均衡、教育发展不平衡的问题,导致青年教育与学习的不平衡。其主要表现为优质教育资源分布不均衡、中心城区优质教育资源相对集中、外围城区和农村地区优质教育资源相对缺乏。另外,长期的城乡二元经济结构,形成教育供给与需求的矛盾,对非户籍青年教育和学习影响相当大,集中表现为高考升学制度影响非户籍青年享受平等教育的机会,在高考政策没有实质性的改革前,非广东户籍的青年在广州市接受普通高中教育机会不多。

3. 受教育程度提升,教育期望值不断提高

广州青年受教育面进一步扩大,平均受教育水平逐年提高,他们接受教育和获得学历的层次，明显高于他们的父辈。他们通过教育与学习提升自己的能力，获得更高学历的期望值较高。广州高等教育已经由精英教育阶段转变为大众化教育阶段，进入普及化阶段，达到或希望达到本科及硕士以上学历的青年逐年增加，其中期望接受"硕士及以上"教育的青年增长最快。广州市推动市属高校与广州地区优质高等学校开展学科共建、教师互聘、科研合作等资源共建共享，打通中职毕业后升高职、高职升国际本科的通道，为广州青年的教育提供了多种可能。

4. 家庭教育条件改善，社区教育资源不足

经过 30 多年的改革开放和经济社会发展积累，大部分青年家庭具备自有住房，为青年教育与学习提供了物质保障。较好的居住条件，增加了青年与祖辈、父辈共同生活的可能。与 2014 年相比，广州中学生与祖辈或父辈共同居住的比例增加到 95.7%，而在职青年和大学生与祖辈、父辈共同生活的比例增加到 55.1%。这种几代人共同生活模式，有利于弘扬中华优秀家教传统，保障青年及时得到长辈的教育和指导。目前，大部分青年家庭所在的社区生活、文化设施配套相对落后，社区教育环境需改善、教育资源需要继续增加。因而，在改善居民家庭居住条件的同时，广州市要加大社区建设力度，增强社区的文化和教育功能。

5. 追求个性发展，重视能力提升

广州青年不满足于学校正规的教育与学习，他们看重全面提高个人能力，积极参与校外培训，发展个人兴趣爱好。近年来，广州青年优先注重获得"处理和解决问题的能力"，因而参加"英语培训""教育技能培训""职业技能培训""计算机等级培训"等校外培训的比例在迅速提升。调查数据显示，2016 年，有 72.4% 的中学生参加过校外培训，但他们参加校外"外语培训"有些降温，参加校外"体育培训"在升温，面对未来就业和创业的压力，许多中职学生、大学生主动选择校外培训，获取职业资格证书，增强职业适应能力。这说明，广州青年能够根据自己的爱好和发展的需要，参与校外教育与学习，获得处理和解决问题的能力，满足个性发展的需要。

(二)发展趋势

未来几年,广州市将率先建成学习型社会,打造世界前列、全国一流、广州特色、示范引领的现代教育,青年教育与学习将在以下几个方面有新发展。

1. 教育高地的地位进一步夯实,青年教育和学习有更好的保障

广州市作为国家重要中心城市、国际商贸中心和综合交通枢纽,将进一步创新教育体制机制,提升创新能力。普通高中在全国的知名度和影响力不断增强,中职教育和高职教育有效衔接,高水平大学建设促进高等教育健康有序地发展,实现普及化,青年高考成绩持续保持全省领先地位,更多的青年学子圆了自己的大学梦,广州青年的学历层次进一步提升。

2. 青年教育公平的问题依然会受到长期关注

针对教育资源分布不均衡、教育发展不平衡的问题,广州市将继续深化教育改革,提升教育质量,促进教育公平,推进其成为广东省教育现代化先进城市。广州将优化教育布局,增加教育资源供给,盘活社会教育资源,青年教育资源由低位均衡向高位均衡转变。外围城区和农村地区优质教育资源将会增加,满足青年教育的多元化需求。

3. 青年家庭教育、社区教育将受到进一步重视

家庭是社会的细胞,党和政府将更加重视家庭发展、重视社会和谐发展、重视弘扬优秀传统文化。广州青年与父辈的受教育程度进一步拉大。家庭内部更加重视家庭文化传承,共同生活、陪伴成长的意识进一步增强。政府将加大社区建设的力度,进一步完善社区文化、体育、生活等设施,社区教育环境不断改善,社区文化活动、教育活动不断增加,社区家长学校、社区家庭服务中心将有效服务于青年的家庭教育,促进家庭发展。

4. 工匠精神受追捧,职业教育有较大发展

广州市将协调推进基础教育、高等教育与职业教育,形成更完善的现代国民教育体系。将完成职业教育城建设,广州职业教育用地紧张、场地分散、发展空间受限等问题将从根本上解决。将满足更多的非户籍青年职业教育的需要,为青年的就业和创业提供更多的选择。中职教育和高职教育、大学本科教育实现无缝衔接，就读普通高中或职业高中，将不再是青年和家长的两难选择。学历文凭和职业资格"双证书"制度将继续实施。以需求为导向的职业培训机制将更为健全，在职青年获得分类就业指导和职业培训，职业能力不断提升。

5. 教育国际化水平不断提升

青年教育国际化程度不断提高，出国留学的人数会逐步增加。广州市将创新中外合作办学机制，拓展教育国际交流合作空间，提升基础教育、职业教育、高等教育国际交流与合作质量。推进双向留学，加强留学生教育的专业和课程建设，支持留学生毕业后留穗创业。中学多语种教学改革持续深化。国际理解教育普遍开展，拓展性国际课程在有条件的高中开设，加快建设基础教育国际校区。将继续实施青年海外学习、实习计划，资助青年国外知名大学、友好城市高校以及世界著名企业交流、学习和实习。

四 广州青年教育与学习发展建议

广州教育要按照市委、市政府关于"全面上水平、全国有影响"的要求，秉持"为了每一位学生的全面发展和终生幸福"的教育理念，打造世界前列、全国一流、广州特色、示范引领的现代化教育，为广州经济社会发展提供强大的人才支撑、智力服务和创新动力源。

（一）优化资源配置，均衡发展青年教育

由于城乡二元经济结构以及区域经济社会发展差异，广州市青年教育与学习发展还存在不均衡。这种发展的不均衡，扩大了城乡之间、不同户籍之间青年发展的差距。面对这一问题，广州市要坚持教育的基础性、先导性和全局性地位，优化均衡配置青年教育资源，缩小不同群体青年的发展差距，进一步实现教育公平。目前，要建立并实施城乡统一的学校建设标准，加大对北部山区等经济相对困难区域的转移支付力度，优先改善农村地区公共教育资源配置，缩小城乡、区域、校际间教育发展的差距，让青年获得的教育

资源更均衡、更公平。深化"百校扶百校",促进优质资源学校和薄弱资源学校在管理思想、人力资源和教学资源等方面的共享,提升薄弱学校教育教学水平。加大高中阶段教育的供给侧改革,努力增加优质学位,推动高中教育优质、特色和多样化发展。进一步完善来穗从业人员随迁子女接受义务教育和高中阶段的政策;加大补贴力度,支持招收以来穗从业人员随迁子女为主的民办高中和职业技术学校规范优质发展,让非户籍青年能够接受更优质的教育和培训。

(二)增强服务能力,提升青年学历水平

目前,广州市优质高等教育资源供给不足,但青年对接受高等教育、提升自身学历的期望逐年提高,高等教育的规模和质量难以满足青年期望,高学历期望与教育现实的距离较大。面对这些差距,广州要继续深化普通高中教育的教研、科研,保持普通高考成绩全省领先地位,办人民满意的教育,让更多的青年学子圆自己的大学梦。与此同时,广州市还要坚持以服务经济社会发展为办学导向,完善知识创新和知识服务体系,推动高等教育内涵发展,增强高等教育服务广州青年教育与学习的能力。广州应用型人才培养规模和质量要适应经济社会发展需求,因而有必要持续扩大研究生教育规模,适应城市产业层次提升和创新能力提升的要求。要完善广州教育与在穗高校的战略合作关系,探索与国内、国外(境外)高水平大学联合培养学生的机制。以学分制为切入点,建立灵活的高校学习制度,实现校际资源共享。建立和完善市属高校人才培养模式,将市属高校建设成为高水平大学,为广州青年就近提供充足、优质的大学教育。

(三)深化课程改革,促进青年个性发展

学校教育的重要任务是系统地传授科学文化知识、提升青少年核心素养。当前,青年人热衷参与各类社会培训机构的学习,发展兴趣爱好,这一现象说明广州学校课程设置和就学还难以满足青年个性化发展的需要。为此,广州市要围绕立德树人这一核心和根本,遵循学生成长成才和教育发展

规律，深化学校课程改革，提升教育、教学质量，促进学生的全面发展、个性发展和终身发展。要加强课程教学资源的开发与建设，开设丰富多彩的选修课、综合实践活动课程，提供更多的教育选择，促进青年全面发展、个性发展。要以改变教学方式和学习方式为重点，稳步推进高中阶段学校课程教材、教学方法和教学模式改革。开展青少年创新素质培育，构建拔尖创新人才培育模式，让青年中的拔尖创新人才脱颖而出。支持普通高中学校发挥办学优势，构建校本特色课程体系，促进多元化办学，形成一批具有广州风格的优质特色高中。

（四）把握服务方向，提高青年职业素质

国务院颁布《关于取消和调整一批行政审批项目等事项的决定》后，广州市调整职业资格相关培训课程，减少了众多职业资格考试，受其影响，全市青年平均获得国家承认的资格证书明显下降。在此背景下，如何进一步提高青年的就业能力和职业素质？广州要牢牢把握服务发展、促进就业的办学方向，构建具有广州特色、国内领先、世界水平、开放融合的现代职业教育体系，增强职业教育发展活力。实施分类就业指导和职业培训：对中职和高职学生，继续实施"双证书"制度，结合所学专业开展就业前的技能培训；加强青年就业创业见习基地建设，畅通职业见习信息共享的渠道；对在职青年开展职业生涯导航活动，提高职业能力。优化职业教育层次结构，专科高等职业教育适度增长，本科及以上层次职业教育加快发展，将符合条件的技师院校纳入高等教育序列。完善中高职衔接贯通机制，提高中职毕业生升读全日制高职院校的比例，构建职业教育与基础教育、高等教育融会贯通的"立交桥"。建立校企联合招生、联合培养的现代学徒制，培养爱岗敬业、精益求精、善于创新的现代工匠，为广州经济社会发展提供知识型、应用型和发展型技能人才。

（五）完善社区功能，服务青年家庭发展

除学校教育外，家庭教育、社会教育对青年的健康发展也具有重要的影

响。当前，广州社区建设提升空间还较大，社区教育、家庭教育的短板还较多。针对这一现状，广州市要进一步构建终身教育体系，努力打造全民学习、终身学习的学习型城市，保障青年学有所教、学有所成、学有所用。以学校阅读引领推动全民阅读，提高市民阅读素养。开展社区教育，创建各类学习型组织，鼓励和引导社区居民组成学习共同体。要不断提升社区生活品位，加强社区文化、体育、生活设施建设，社区各类教育、科技、文化和体育资源向全体青年开放。完善社区教育网络，充分利用社区文化馆、图书馆、博物馆、纪念馆、爱国主义教育基地和社区书屋等阵地，开展青年教育培训服务。完善社区家庭服务中心运行机制，举办好社区家长学校或社区家庭教育指导中心，为青年的家长提供更优质的家庭教育指导和服务，进而提升青年享受的家庭教育质量。开展家庭教育工作队伍培训，提高教师和家庭教育专业工作者的业务水平。开展青年家庭教育工作研究，增强家庭教育指导的科学性、针对性和实效性。针对青年家庭教育中的突出问题，开展个案跟踪研究和家庭治疗，保障家庭健康发展和青年健康成长。

（六）扩大教育开放，增强国际交流合作

近年来，出国留学和归国服务国家发展的广州青年都在逐步增加。拥有本土情怀的青年有提升国际视野、提高国际化竞争能力的迫切需要。同时，粤港澳大湾区城市群建设和"一带一路"倡议，迫切需要提升基础教育、职业教育、高等教育国际交流与合作质量。广州市要充分发挥地缘优势、加强国际合作，拓展教育国际交流合作空间，加快培养国际化人才，为城市建设与产业发展提供国际化人才培养、科学研究、社会服务与文化传承创新的支撑。引进世界一流的学科专家和人才团队，探索国外优质课程资源与国内课程教学的融合，合作开展师资培训和专业建设。鼓励市属高校、职业院校与境外教育机构开展包括教师互派、学生互换、课程互选、学分互认、学位互授联授等多种形式的涉外合作办学。加强国际理解教育，推动跨文化交流，培养青年的国际视野和开放思维，为青年提供多元化的国际深造和就业渠道。深化与港澳台地区、国际友好城市的教育交流合作，利用国际友好城

市交流平台，继续推进广州青年参与双边、多边的教育领域高层次交流。引进先进数字教育资源，建设多语言、跨文化的教育资源与学习平台，为青年的跨文化教育与学习提供强有力的支撑。

参考文献

1. 广州市教育局：《广州市教育发展规划（2011~2020）》，广东科技出版社，2012。
2. 多宏宇，董艳春：《中国经济发展新常态下的广州青年发展》，《北京青年研究》2016年第1期。
3. 蒋亚辉：《经济转型期广州青年教育与学习发展状况研究》，《经济研究导刊》2016年第1期。
4. 展亚冰：《习近平青年教育观及现实意义》，《山东工会论坛》2016年第2期。
5. 广州市教育局：《广州市教育事业发展第十三个五年规划》，2017年1月。
6. 广州市教育局、广州市教育研究院：《广州市教育统计手册（2016学年度）》，2017年3月。

B.4 广州青年人生价值观发展状况研究

李超海*

摘　要： 基于2016年广州青年发展状况调查数据的统计分析，广州青年的人生价值观具有以下基本特征：广州青年的幸福感较高，总体上介于"一般"和"比较幸福"之间；健康、婚姻、事业和经济基础成为广州青年判断幸福观的四大基础性标准，即个人层面的身体健康、事业成功和家庭层面的婚姻美满、生活富足共同构成了广州青年判断幸福与否的重要因素；广州青年个人努力、个人才能和人际关系是实现人生成功最重要的因素，学历的重要性逐渐让位于能力；广州青年对环境、社会、诚信、职业、弱者、生活方式等持比较正面的态度，但对金钱、个人利益等方面的态度则比较多元化。未来，全社会需要更加重视青年人生价值观的培育工作，这是人口代际更替和信息社会革命下的重大课题，尤其要重视社会主义核心价值观对青年的塑造和引领，加强传统文化对青年的教育和渗透，积极有效地回应青年人群的利益和价值诉求。

关键词： 青年　价值观　广州

一　研究背景

人生价值观的形成、存在和发展受制于人，是个人对客观事物（包括

---

* 李超海，广东省社会科学院副研究员，博士。

人、物、事）及对自己行为结果的意义、作用、效果和重要性的总体评价，也是个体做出的认知、理解、判断或抉择，作为一种应然性的看法，对人做出行动和表达认知提供总体性的原则和标准。青年人生价值观则是指青年对客观事物（包括人、物、事）及对自己行为结果的意义、作用、效果和重要性的总体评价，也是青年个体做出的认知、理解、判断或抉择，作为一种应然性的看法，对青年个体做出行动和表达认知提供总体性的原则和标准。

通常来说，价值观是人的行为带有稳定的倾向性，包括静态的区分好坏和动态的调节需要。青年价值观具有变动性、多样性和不稳定性。尤其是进入移动互联网社会以来，信息革命和自媒体技术的发展，彻底改变了青年的生态环境，也不断影响着青年群体的价值观念。随着信息技术不断深入家庭日常生活和移动互联网技术在社会广泛而整体性的应用，青年价值观的形成和替代不断地受到新经济、新常态、新社会和新人口时代的影响。

为了全面呈现广州青年人生价值的基本现状、发展趋势和存在问题，利用2016年广州青年发展状况调查数据，本文详细展示了广州青年整体、在职青年和大学生青年在幸福感、幸福观、人生成功观、社会观上的一般特点和基本差异，并在比较分析的基础上探讨了造成不同类型青年价值观的影响因素。

二 现状分析

（一）青年幸福感

1. 广州青年幸福感一般，青年整体的幸福感（含"比较幸福"和"非常幸福"）为47.7%，在职青年的幸福感为47.6%，大学生幸福感为47.4%

青年整体中，认为自己非常幸福的比例为9.0%，比较幸福的比例为38.7%，不好也不坏的比例为42.3%；在职青年中，认为自己非常幸福的比例为9.3%，比较幸福的比例位38.3%，不好也不坏的比例为41.9%；大学生中，认为自己非常幸福的比例为7.4%，比较幸福的比例为40.0%，不好也不坏的比例为43.7%。

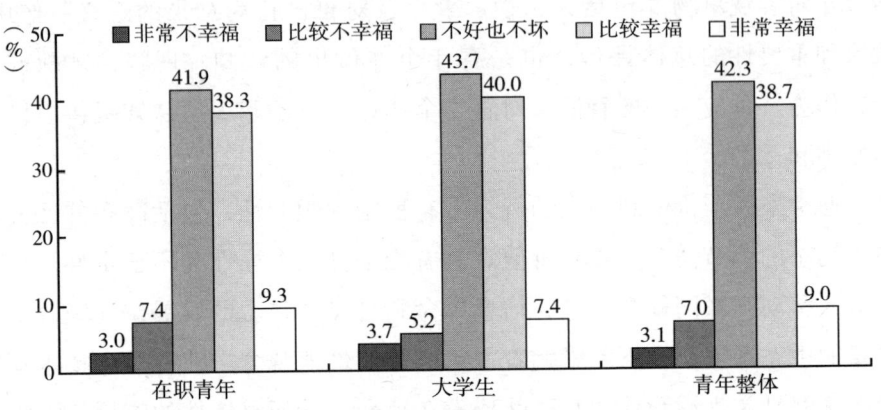

图1　广州青年幸福感情况

2. 回归模型显示，幸福感存在显著的性别差异，与婚姻状况、政治面貌和居住社区形态相关

本文将以"非常不幸福"、"比较不幸福"、"不好也不坏"、"比较幸福"和"非常幸福"测量"您认为最近您的幸福感如何"的五分变量转变为以"幸福、不幸福（不好也不坏设为缺失值）"测量"您认为最近您的幸福感如何"的二分变量，并作为因变量，并通过纳入特征变量、政治资本、居住社区形态等自变量，建立了关于广州青年是否觉得幸福的二分Logit回归模型。

回归模型表明，性别对青年幸福观有显著影响，男性青年的幸福感不如女性青年。总体来看，男性青年较女性青年觉得不幸福的比例高48个百分点。

婚姻状况对青年幸福感有部分显著影响。与离婚丧偶相比，未婚青年具有更高的幸福感，总体来看，未婚青年觉得幸福的比例较离婚丧偶青年高152.3个百分点。虽然已婚青年较离婚丧偶青年具有更高的幸福感，但统计上不显著。

政治面貌对青年幸福感有部分显著影响。与群众相比，共青团员具有更高的幸福感，总体来看，团员青年较群众青年的幸福感高72.7个百分点。虽然党员、民主党派的幸福感也较群众高，但没有通过显著检验。

居住社区形态对青年幸福感有部分显著影响。与居住在农村的青年相比，住在普通商品房小区的青年具有更高的幸福感，总体来看，住在普通商品房小区的青年的幸福感较住在农村的青年高74.5%。此外，住在单一或混合的单位社区的青年，也较农村青年具有更高的幸福感，但无法通过显著检验；住在保障性住房社区、别墅区或高级小区、新近由农村社区转变过来的城市社区的青年的幸福感不如农村青年，但统计上不显著。

表1 "广州青年是否感到幸福"的回归模型（N=1402）

	B	Exp(B)	B	Exp(B)	B	Exp(B)
年龄	0.005	1.005	-0.030	0.970	0.029	1.029
年龄平方	-0.001	0.999	0.001	1.001	-0.001	0.999
性别（女性=0）	-0.685***	0.504	-0.627***	0.534	-0.654***	0.520
是否独生子女（不是=0）	0.070	1.072	-0.003	0.997	-0.057	0.944
婚姻状况（离婚丧偶=0）						
已婚	0.205	1.228	0.180	1.198	0.189	1.208
未婚	0.986**	2.680	0.986**	2.681	0.925**	2.523
在广州居住时间			-0.008	0.992	-0.006	0.994
户籍（外地农村=0）						
广州城镇			0.259	1.296	0.079	1.082
广州农村			0.133	1.143	0.052	1.053
外地城镇			0.029	1.029	-0.061	0.941
政治面貌（群众=0）						
中共党员			0.229	1.258	0.191	1.210
共青团员			0.547*	1.727	0.547*	1.727
民主党派			0.421	1.524	0.310	1.363
有无宗教信仰（没有=0）			-0.257	0.773	-0.273	0.761

续表

	B	Exp(B)	B	Exp(B)	B	Exp(B)
居住社区类型(农村=0)						
老城区					0.018	1.018
单位社区					0.277	1.319
保障性住房社区					-0.319	0.727
商品房小区					0.557*	1.745
别墅区或高级小区					-0.350	0.705
新转变的城市社区					-0.407	0.665
常量	1.660	5.260	1.753	5.774	1.140	3.127
-2对数似然值	1265.092	1252.936	1230.395			
Nagelkerke R^2	0.046	0.06	0.085			

注：* 表示 $p<0.05$；** 表示 $p<0.01$；*** 表示 $p<0.001$。

（二）青年幸福观

1. 健康、婚姻、事业和经济基础成为广州青年衡量生活幸福的关键指标

从广州青年觉得第一重要的生活幸福标准来看，54.4%的人选择"身体健康"，16.7%的人选择"婚姻美满"，6.8%的人选择"事业成功"，5.5%的选择"平和的心境"，4.5%的人选择"生活富有"；第二重要的生活幸福标准中，23.6%的人选择"婚姻美满"，20.3%的人选择"事业成功"，12.0%的人选择"身体健康"，9.4%的人选择"生活富有"，6.9%的人选择"良好的人际关系"，6.2%的人选择"平和的心境"；第三重要的生活幸福标准中，16.7%的选择"生活富有"，13.6%的选择"婚姻美满"，13.2%的选择"事业成功"，9.6%的人选择"有一份自己喜欢的工作"，8.7%的人选择"良好的人际关系"，7.1%的人选择"有知心朋友"。

可见，依照对生活幸福标准的重要性及首选比例来看，广州青年第一重要标准中首选"身体健康"，第二重要标准中首选"婚姻美满"，第三重要标准中首选"生活富有"，呈现"以人为核心的个体健康、以家为核心的婚姻家庭、以金钱为核心的物质基础"的结构性特点。这表明，健康、婚姻家庭和物质成为广州衡量生活幸福的三大核心指标。

表2　广州青年生活幸福的评价标准

单位：人，%

项目	第一重要标准		第二重要标准		第三重要标准	
	人数	百分比	人数	百分比	人数	百分比
婚姻美满	429	16.7	603	23.6	348	13.6
事业成功	175	6.8	518	20.3	337	13.2
生活富有	115	4.5	240	9.4	426	16.7
得到别人的尊重	46	1.8	75	2.9	139	5.5
子女孝顺	49	1.9	138	5.4	155	6.1
身体健康	1394	54.4	306	12.0	190	7.5
为社会做贡献	31	1.2	33	1.3	100	3.9
平和的心境	140	5.5	159	6.2	144	5.6
有知心朋友	36	1.4	127	5.0	180	7.1
良好的人际关系	35	1.4	176	6.9	223	8.7
有一份自己喜欢的工作	74	2.9	148	5.8	246	9.6
有社会地位	13	0.5	15	0.6	38	1.5
其他	26	1.0	19	0.7	24	0.9
合　计	2563	100.0	2557	100.0	2550	100.0

为了全面展示广州青年对生活幸福的标准评价，按照"第一重要赋值3，第二重要赋值2，第三重要赋值1"的加权原则，对所选的生活幸福标准进行加权并计算总比例，进而得到生活幸福标准的汇总排序，如表3所示。

选择比例最高的是身体健康，占194.7%；其次是婚姻美满，占110.9%；再次是事业成功，占74.2%。其他依次是生活富有，占49.0%；平和的心境，占34.5%，有一份自己喜欢的工作，占29.9%；良好的人际关系，占26.7%；子女孝顺，占22.6%；有知心朋友，占21.3%；得到别人的尊重，占16.7%；为社会做贡献，占10.1%；有社会地位，占4.2%。

可见，健康、家庭、事业和物质基础四因素共同构成了广州青年判断和衡量生活幸福的基础标准，即广州青年眼中的幸福生活一定程度上可以归纳为"身体健康、婚姻美满、事业成功、生活富有"十六个字。

表3 广州青年对生活幸福标准评价的汇总结果

单位：%

项目	第一重要标准		第二重要标准		第三重要标准		汇总百分比
	百分比	加权后百分比	百分比	加权后百分比	百分比	加权后百分比	
婚姻美满	16.7	50.1	23.6	47.2	13.6	13.6	110.9
事业成功	6.8	20.4	20.3	40.6	13.2	13.2	74.2
生活富有	4.5	13.5	9.4	18.8	16.7	16.7	49.0
得到别人的尊重	1.8	5.4	2.9	5.8	5.5	5.5	16.7
子女孝顺	1.9	5.7	5.4	10.8	6.1	6.1	22.6
身体健康	54.4	163.2	12.0	24	7.5	7.5	194.7
为社会做贡献	1.2	3.6	1.3	2.6	3.9	3.9	10.1
平和的心境	5.5	16.5	6.2	12.4	5.6	5.6	34.5
有知心朋友	1.4	4.2	5.0	10	7.1	7.1	21.3
良好的人际关系	1.4	4.2	6.9	13.8	8.7	8.7	26.7
有一份自己喜欢的工作	2.9	8.7	5.8	11.6	9.6	9.6	29.9
有社会地位	0.5	1.5	0.6	1.2	1.5	1.5	4.2

广州青年对生活幸福标准的整体排序情况如图2所示。

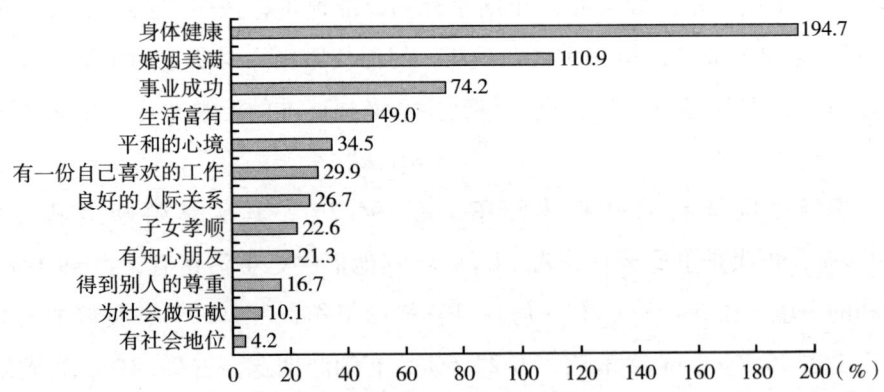

图2 广州青年对生活幸福标准评价的汇总结果

2. 在职青年和大学生对幸福观的评价

第一，广州在职青年认为身体健康、婚姻美满、事业有成和生活富有是衡量生活幸福的重要标准。

在职青年认为生活幸福的第一重要标准中，54.3%的选择"身体健康"，19.6%的选择"婚姻美满"，7.6%的选择"事业成功"；在第二重要标准中，27.2%的选择"婚姻美满"，21.2%的选择"事业成功"，12.0%的选择"身体健康"，9.6%的选择"生活富有"；在第三重要标准中，17.4%的选择"生活富有"，14.5%的选择"婚姻美满"，13.5%的选择"事业成功"，10.1%的选择"有一份自己喜欢的工作"。

表4 广州在职青年生活幸福的评价标准

单位：人，%

项目	第一重要标准		第二重要标准		第三重要标准	
	人数	百分比	人数	百分比	人数	百分比
婚姻美满	317	19.6	439	27.2	234	14.5
事业成功	122	7.6	341	21.2	218	13.5
生活富有	75	4.6	154	9.6	280	17.4
得到别人的尊重	27	1.7	44	2.7	94	5.8
子女孝顺	25	1.5	80	5.0	104	6.5
身体健康	877	54.3	193	12.0	120	7.5
为社会做贡献	13	0.8	18	1.1	66	4.1
平和的心境	76	4.7	90	5.6	92	5.7
有知心朋友	7	0.4	53	3.3	96	6.0
良好的人际关系	19	1.2	95	5.9	116	7.2
有一份自己喜欢的工作	40	2.5	85	5.3	162	10.1
有社会地位	8	0.5	11	0.7	21	1.3
其他	9	0.6	9	0.6	6	0.4
合计	1615	100.0	1612	100.0	1609	100.0

赋权后统计结果表明，在职青年最看重的生活幸福标准跟整体调查结果基本一致，但在关注度上均高于整体调查结果。比如，广州在职青年对婚姻幸福的关注度较整体调查结果高16.8个百分点，"事业成功"较整体调查结果高4.5个百分点，"生活富有"较整体整体调查结果高1.4个百分点。

表5　广州在职青年对生活幸福标准评价的汇总结果

单位：%

项目	第一重要标准		第二重要标准		第三重要标准		汇总百分比
	百分比	加权后百分比	百分比	加权后百分比	百分比	加权后百分比	
婚姻美满	19.6	58.8	27.2	54.4	14.5	14.5	127.7
事业成功	7.6	22.8	21.2	42.4	13.5	13.5	78.7
生活富有	4.6	13.8	9.6	19.2	17.4	17.4	50.4
得到别人的尊重	1.7	5.1	2.7	5.4	5.8	5.8	16.3
子女孝顺	1.5	4.5	5.0	10	6.5	6.5	21
身体健康	54.3	162.9	12.0	24	7.5	7.5	194.4
为社会做贡献	0.8	2.4	1.1	2.2	4.1	4.1	8.7
平和的心境	4.7	14.1	5.6	11.2	5.7	5.7	31
有知心朋友	0.4	1.2	3.3	6.6	6.0	6.0	13.8
良好的人际关系	1.2	3.6	5.9	11.8	7.2	7.2	22.6
有一份自己喜欢的工作	2.5	7.5	5.3	10.6	10.1	10.1	28.2
有社会地位	0.5	1.5	0.7	1.4	1.3	1.3	4.2

在职青年对生活幸福标准的整体排序情况如图3所示。

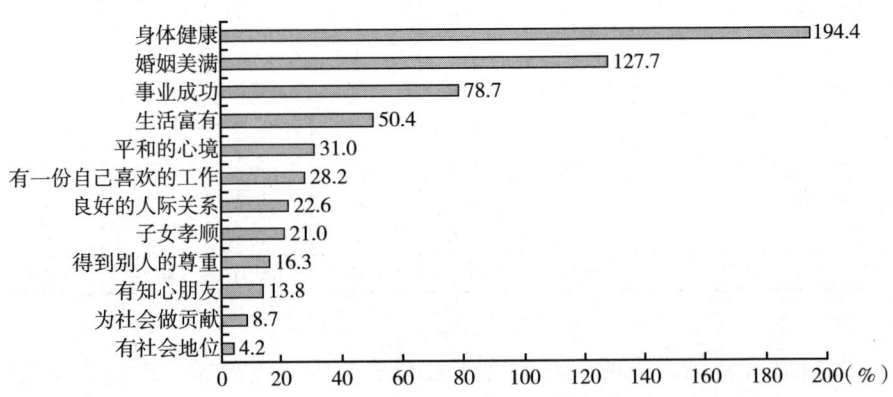

图3　广州在职青年对生活幸福标准评价的汇总结果

第二，广州大学生也认为身体健康、婚姻美满、事业有成和生活富有是衡量生活幸福的重要标准。

大学生认为衡量生活幸福的第一重要标准中，选择"身体健康"的最多，占54.0%，其次是选择"婚姻美满"的，占12.7%，再次是选择"平和的心境"的，占8.5%；在第二重要标准中，选择"婚姻美满"的最多，占18.5%，其次是选择"事业成功"的，占16.5%，再次是选择"生活富有"的，占11.5%，选择"身体健康"的排第4位，占11.3%；在第三重要标准中，选择"生活富有"的最多，占16.0%，其次是选择"良好的人际关系"的，占15.0%，再次是选择"事业成功"的，占14.0%，选择"婚姻美满"的排第4位，占10.0%。

表6 广州大学生生活幸福的评价标准

单位：人，%

项目	第一重要标准		第二重要标准		第三重要标准	
	人数	百分比	人数	百分比	人数	百分比
婚姻美满	51	12.7	74	18.5	40	10.0
事业成功	15	3.7	66	16.5	56	14.0
生活富有	20	5.0	46	11.5	64	16.0
得到别人的尊重	7	1.7	14	3.5	16	4.0
子女孝顺	8	2.0	25	6.3	18	4.5
身体健康	217	54.0	45	11.3	27	6.7
为社会作贡献	10	2.5	6	1.5	18	4.5
平和的心境	34	8.5	28	7.0	19	4.7
有知心朋友	13	3.2	30	7.5	32	8.0
良好的人际关系	4	1.0	30	7.5	60	15.0
有一份自己喜欢的工作	12	3.0	25	6.3	33	8.2
有社会地位	1	0.2	3	0.8	8	2.0
其他	10	2.5	8	2.0	10	2.5
合计	402	100.0	400	100.0	401	100.0

广州大学生衡量生活幸福的标准跟青年整体、在职青年基本一致。其中，选择最多的前四位依次为身体健康（191.3%）、婚姻美满（85.1%）、事业成功（58.1%）和生活富有（54.0%）。此外，大学生较看重内心和人际关系，大学生认为生活幸福要有平和的心境，因此"平和的心境"选项

占比较青年整体高出9.7个百分点,较在职青年高出13.2个百分点;大学生认为生活幸福要有良好的人际关系,故"良好的人际关系"选项占比较青年整体高出6.3个百分点,较在职青年高出10.4个百分点。

表7 广州大学生对生活幸福标准评价的汇总结果

单位:%

项目	第一重要标准		第二重要标准		第三重要标准		汇总百分比
	百分比	加权后百分比	百分比	加权后百分比	百分比	加权后百分比	
婚姻美满	12.7	38.1	18.5	37.0	10.0	10.0	85.1
事业成功	3.7	11.1	16.5	33.0	14.0	14.0	58.1
生活富有	5.0	15	11.5	23.0	16.0	16.0	54.0
得到别人的尊重	1.7	5.1	3.5	7.0	4.0	4.0	16.1
子女孝顺	2.0	6.0	6.3	12.6	4.5	4.5	23.1
身体健康	54.0	162.0	11.3	22.6	6.7	6.7	191.3
为社会作贡献	2.5	7.5	1.5	3.0	4.5	4.5	15.0
平和的心境	8.5	25.5	7.0	14.0	4.7	4.7	44.2
有知心朋友	3.2	9.6	7.5	15.0	8.0	8.0	32.6
良好的人际关系	1.0	3.0	7.5	15.0	15.0	15.0	33.0
有一份自己喜欢的工作	3.0	9.0	6.3	12.6	8.2	8.2	29.8
有社会地位	0.2	0.6	0.8	1.6	2.0	2.0	4.2

广州大学生对生活幸福标准的整体排序情况如图4所示。

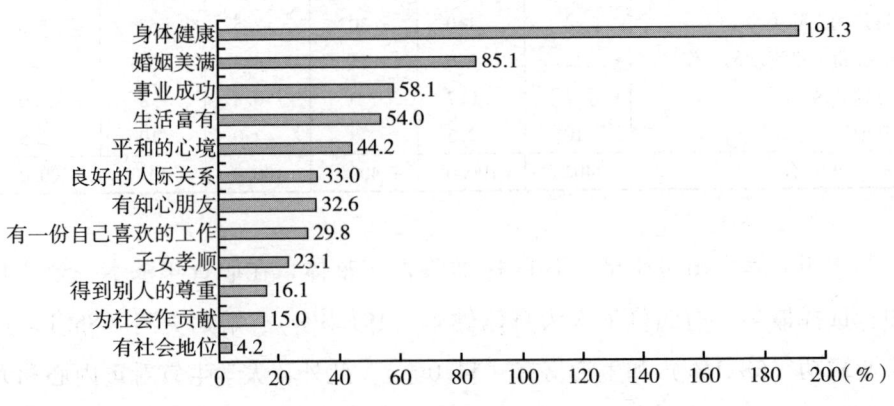

图4 广州大学生对生活幸福标准评价的汇总结果

第三，在职青年和大学生的生活幸福评价标准基本相同，但大学生对心态、人际关系的关注明显高于在职青年。

就生活幸福的次选标准来看，大学生明显较在职青年更关注内心、更看重友谊。大学生青年与在职青年对内心和友谊的看法存在较大的差异：44.2%的大学生青年认为"平和的心境"是生活幸福的标准，较在职青年的31.0%高出13.2个百分点；33.0%的大学生青年认为"良好的人际关系"是生活幸福的标准，较在职青年的22.6%高10.4个百分点；32.6%的大学生青年认为"有知心朋友"是生活幸福的标准，较在职青年的13.8%高18.8个百分点。

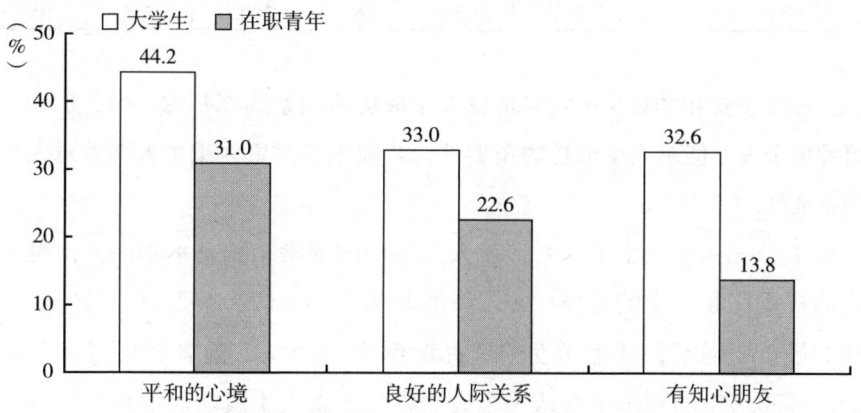

图5 广州大学生青年、在职青年对生活幸福次选标准的选择差异

（三）青年人生成功观

1. 在广州青年看来，后天的个人努力是造就人生成功的第一因素，其次是个人才能，再次是人际关系

青年整体中，选择"个人努力"造就人生成功的比例为47.2%，在职青年为44.5%，大学生为49.9%；青年整体中，选择"个人才能"造就人生成功的比例为28.6%，在职青年为28.0%，大学生为33.5%；青年整体中，选择"人际关系"造就人生成功的比例为9.2%，在职青年为10.2%，大学生为7.1%。

表8　广州青年认为造就人生成功的因素分布

单位：%

选项	青年整体		在职青年		大学生	
	频数	百分比	频数	百分比	频数	百分比
个人努力	1214	47.2	717	44.5	198	49.9
个人才能	735	28.6	452	28.0	133	33.5
人际关系	237	9.2	164	10.2	28	7.1
运气	175	6.8	121	7.5	23	5.8
学历	34	1.3	14	0.9	4	1.0
家庭背景	155	6.0	129	8.0	9	2.3
其他	23	0.9	16	1.0	2	0.5
合计	2573	100.0	1613	100.0	397	100.0

2. 独生子女和非独生子女对造就人生成功的因素选择基本一致，但独生子女更看重个人才能对人生成功的重要性，非独生子女更看重个人努力对人生成功的重要性

独生子女和非独生子女对造就人生成功的因素结构基本相同，但对不同因素的权重存在一定的差异。49.2%的非独生子女认为个人努力是造就人生成功的最重要因素，独生子女的选择比例为41.8%，前者较后者高7.4个百分点；30.0%的独生子女认为个人才能是造就人生成功的最重要因素，非独生子女的选择比例为28.5%，前者较后者高1.5个百分点。

表9　独生子女和非独生子女青年对造就人生成功的因素评价

单位：%

造就人生成功的因素	独生子女情况	
	非独生子女	独生子女
个人努力	49.2	41.8
个人才能	28.5	30.0
运气	6.0	8.3
人际关系	8.9	9.8
学历	1.3	1.4
家庭背景	5.2	8.0
其他	1.0	0.7
合计	100.0	100.0

3. 不同户籍青年对造就人生成功的因素选择基本一致，但广州农村户籍青年更看重个人努力造就人生成功，外地城镇青年更看重个人才能造就人生成功

广州农村青年选择"个人努力"造就人生成功的比例为51.3%，外地农村青年为49.8%，广州城镇青年为45.9%，外地城镇青年为41.6%；外地城镇青年选择"个人才能"造就人生成功的比例为34.1%，外地农村青年为29.4%，广州城镇青年为27.7%，广州农村青年为25.1%（见表10）。

表10　不同户籍青年对造就人生成功的因素评价

单位：%

造就人生成功的因素	广州城镇	广州农村	外地城镇	外地农村
个人努力	45.9	51.3	41.6	49.8
个人才能	27.7	25.1	34.1	29.4
运　气	8.1	4.7	8.0	5.1
人际关系	8.1	11.8	9.0	9.3
学　历	1.1	1.2	2.2	1.2
家庭背景	8.4	4.5	4.4	3.9
其　他	0.6	1.4	0.7	1.2
合　计	100.0	100.0	100.0	100.0

4. 年龄、是否独生子女对判断是个人努力还是个人才能造就人生成功具有显著影响，而政治面貌、居住社区形态具有部分显著影响

简单频数显示，选择"个人努力"和"个人才能"是造就人生成功的最重要因素的比例最多，青年整体中，选择这两项的比例合计为75.8%。为了更好地理解广州青年如何看待"努力"和"才能"对人生成功的作用，通过对问卷中"您认为以下哪个因素是造就人生成功的最重要因素？"这一题进行改造，设置了"是个人努力还是个人才能是造就人生成功的最重要因素"的二分变量选择题，并以此为因变量，通过纳入背景特征、政治面貌、居住社区形态等自变量，建立了广州青年如何看待个人努力和个人才能对人生成功的影响的Logit回归模型。

模型结果显示，年龄对判断是个人努力还是个人造就人生成功具有显影响。年龄越大,越相信个人才能是造就人生成功的最重要因素;年龄越小,越倾向于支持个人努力是造就人生成功的最重要因素。年龄平方表明,年龄与相信是个人努力还是个人才能造就人生成功的关系呈"U"形,即年龄越小,越相信个人努力造就人生成功,但到了一定的年龄阶段,逐渐倾向于支持个人才能造就人生成功。

是否独生子女对判断是个人努力还是个人才能造就人生成功有显著影响。与非独生子女青年相比,独生子女青年更倾向于支持个人才能是造就人生成功的最重要因素,非独生子女更倾向于支持个人努力是造就人生成功的最重要因素。

政治面貌对青年支持个人努力还是个人才能造就人生成功有部分显著影响。与普通群众相比,民主党派身份的青年更相信个人才能是造就人生成功的最重要因素。

居住社区形态也对青年支持个人努力还是个人才能造就人生成功有部分显著影响。住在单一或混合的单位社区的青年,相比农村青年更倾向于支持个人才能是造就人生成功的最重要因素而非个人努力。

表11 广州青年是否感到幸福的回归模型 (N=1402)

	B	Exp(B)	B	Exp(B)	B	Exp(B)
年龄	-0.229***	0.795	-0.242***	0.785	-0.253***	0.776
年龄平方	0.004**	1.004	0.004*	1.005	0.005**	1.005
性别(女性=0)	0.095	1.099	0.108	1.114	0.108	1.115
是否独生子女(不是=0)	-0.243*	0.784	-0.238*	0.788	-0.227*	0.797
婚姻状况(离婚丧偶=0)						
已婚	-0.102	0.903	-0.115	0.891	-0.124	0.884
未婚	0.057	1.059	-0.025	0.976	-0.034	0.966
在广州居住时间			-0.004	0.996	-0.005	0.995
户籍(外地农村=0)						
广州城镇			0.055	1.056	0.106	1.112
广州农村			0.170	1.186	0.147	1.158
外地城镇			-0.277*	0.758	-0.253	0.777

续表

	B	Exp(B)	B	Exp(B)	B	Exp(B)
政治面貌(群众=0)						
中共党员			0.208	1.232	0.235	1.265
共青团员			-0.025	0.975	-0.024	0.976
民主党派			-2.622**	0.073	-2.657*	0.070
有无宗教信仰(没有=0)			-0.011	0.989	-0.017	0.983
居住社区类型(农村=0)						
老城区					-0.024	0.976
单位社区					-0.320*	0.726
保障性住房社区					-0.472	0.624
商品房小区					-0.207	0.813
别墅区或高级小区					-0.123	1.131
新转变的城市社区					-0.135	0.874
常量	3.445***	31.336	3.704***	40.595	3.971***	53.022
-2对数似然值	2293.952ª		2275.392		2269.378	
Nagelkerke R^2	0.063		0.077		0.082	

注：*表示$p<0.05$，**表示$p<0.01$；***表示$p<0.001$。

(四)青年人生观

1. 36.0%的广州青年赞同"如果你不照顾好自己，别人便会占你的便宜"

青年整体中，11.4%的人完全同意"如果你不照顾好自己，别人便会占你的便宜"，24.6%的人比较同意，两者合计为36.0%；30.4%的人对"如果你不照顾好自己，别人便会占你的便宜"持一般立场；20.0%的人较不同意"如果你不照顾好自己，别人便会占你的便宜"，9.4%的人完全不同意，两者合计为29.4%。

在职青年中，12.6%的人完全同意"如果你不照顾好自己，别人便会占你的便宜"，24.5%的人比较同意，两者合计为37.1%；30.0%的人对"如果你不照顾好自己，别人便会占你的便宜"持一般立场；5.9%的人较不同意"如果你不照顾好自己，别人便会占你的便宜"，9.7%的人完全不同意，两者合计为9.6%。

大学生中，6.3%的人完全同意"如果你不照顾好自己，别人便会占你的便宜"，25.0%的人比较同意，两者合计为31.3%；32.3%的人对"如果你不照顾好自己，别人便会占你的便宜"持一般立场；24.3%的人较不同意"如果你不照顾好自己，别人便会占你的便宜"，8.5%的人完全不同意，两者合计为32.8%。

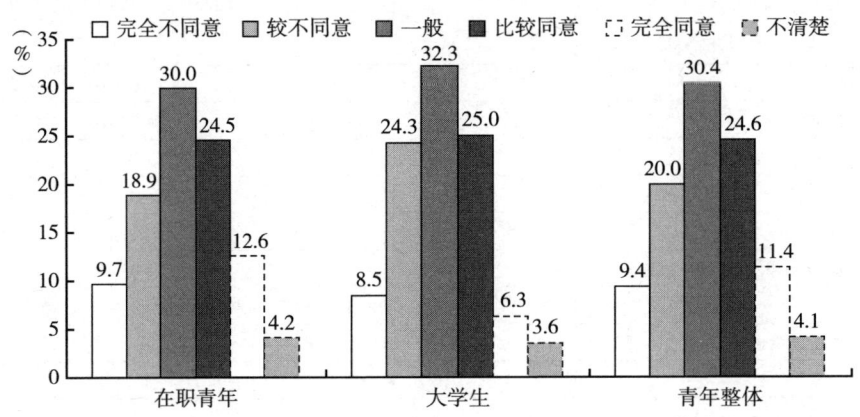

图6 广州青年对"如果你不照顾好自己，别人便会占你的便宜"的看法

2. 六成以上的广州青年赞同"每个人都可以掌握自己的命运"

青年整体中，27.7%的人完全同意"每个人都可以掌握自己的命运"，34.6%的人比较同意，两者合计为62.3%；23.4%的人对"每个人都可以掌握自己的命运"持一般立场；9.2%的人较不同意"每个人都可以掌握自己的命运"，3.5%的人完全不同意，两者合计为12.7%。

在职青年中，29.5%的人完全同意"每个人都可以掌握自己的命运"，32.5%的人比较同意，两者合计为62.0%；23.8%的人对"每个人都可以掌握自己的命运"持一般立场；5.9%的人较不同意"每个人都可以掌握自己的命运"，3.7%的人完全不同意，两者合计为9.6%。

大学生中，20.7%的人完全同意"每个人都可以掌握自己的命运"，43.3%的人比较同意，两者合计为64.0%；21.9%的人对"每个人都可以掌握自己的命运"持一般立场；10.5%的人较不同意"每个人都可以掌握自己的命运"，2.7%的人完全不同意，两者合计为13.2%。

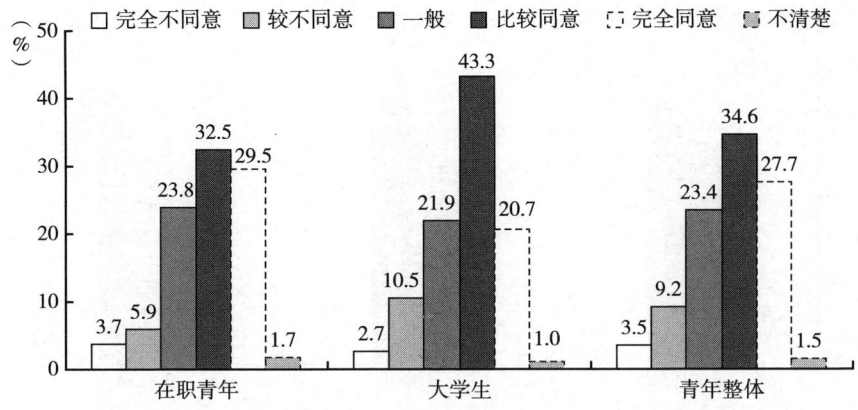

图 7　广州青年对"每个人都可以掌握自己的命运"的看法

3. 六成的广州青年赞同"人应该及时行乐",但持这一立场的大学生较在职青年低7.8个百分点

青年整体中,28.7%的人完全同意"人应该及时行乐",32.1%的人比较同意,两者合计为60.8%;27.0%的人对"人应该及时行乐"持一般立场;7.7%的人较不同意"人应该及时行乐",3.3%的人完全不同意,两者合计为11.0%。

在职青年中,31.1%的人完全同意"人应该及时行乐",31.2%的人比较同意,两者合计为62.3%;26.3%的人对"人应该及时行乐"持一般立场;6.7%的人较不同意"人应该及时行乐",3.3%的人完全不同意,两者合计为10.0%。

大学生中,19.0%的人完全同意"人应该及时行乐",35.5%的人比较同意,两者合计为54.5%;29.7%的人对"人应该及时行乐"持一般立场;11.9%的人较不同意"人应该及时行乐",3.4%的人完全不同意,两者合计为15.3%。

4. 广州青年对"赚钱是人生的最大追求"的立场比较多元化,但持不赞同立场的占比较大

青年整体中,8.8%的人完全同意"赚钱是人生的最大追求",17.1%的人比较同意,两者合计为25.9%;32.9%的人对"赚钱是人生的最大追

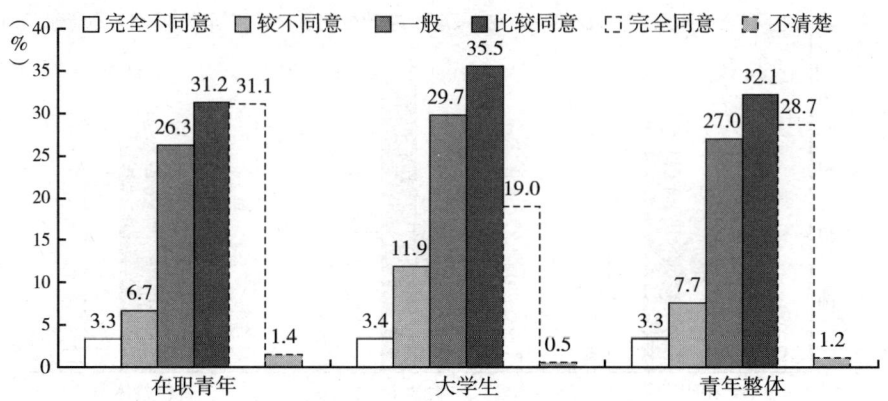

图 8　广州青年对"人应该及时行乐"的看法

求"持一般立场；28.0%的人较不同意，12.1%的人完全不同意，两者合计为 40.1%。

在职青年中，9.8%的人完全同意"赚钱是人生的最大追求"，18.2%的人比较同意，两者合计为 28%；33.4%的人对"赚钱是人生的最大追求"持一般立场；26%的人较不同意，11.7%的人完全不同意，两者合计为 37.7%。

大学生中，4.9%的人完全同意"赚钱是人生的最大追求"，12.9%的人比较同意，两者合计为 17.8%；31.1%的人对"赚钱是人生的最大追求"持一般立场；36.2%的人较不同意，14.1%的人完全不同意，两者合计为 50.3%。

5. 八成青年赞同青年人在不影响他人的前提下有权决定自己的生活方式

青年整体中，45.2%的人完全同意"社会应该更宽容，在不影响他人的情况下每个人都有权按自己的方式生活"，35.4%的人比较同意，两者合计为 80.6%；13.1%的人对"社会应该更宽容，在不影响他人的情况下每个人都有权按自己的方式生活"持一般立场；3.6%的人较不同意"社会应该更宽容，在不影响他人的情况下每个人都有权按自己的方式生活"，1.7%的人完全不同意，两者合计为 5.3%。

在职青年中，46.5%的人完全同意"社会应该更宽容，在不影响他人

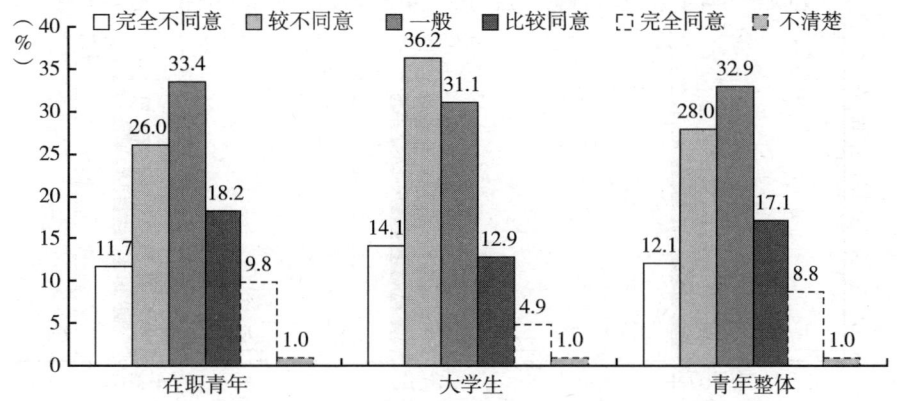

图9 广州青年对"赚钱是人生的最大追求"的看法

的情况下每个人都有权按自己的方式生活",34.4%的人比较同意,两者合计为80.9%;12.9%的人对"社会应该更宽容,在不影响他人的情况下每个人都有权按自己的方式生活"持一般立场;3.4%的人较不同意"社会应该更宽容,在不影响他人的情况下每个人都有权按自己的方式生活",1.7%的人完全不同意,两者合计为5.1%。

大学生中,39.8%的人完全同意"社会应该更宽容,在不影响他人的情况下每个人都有权按自己的方式生活",39.3%的人比较同意,两者合计为79.1%;13.6%的人对"社会应该更宽容,在不影响他人的情况下每个人都有权按自己的方式生活"持一般立场;4.6%的人较不同意"社会应该更宽容,在不影响他人的情况下每个人都有权按自己的方式生活",1.7%的人完全不同意,两者合计为6.3%。

6. 近九成的广州青年赞同诚信是做人的基础

青年整体中,66.9%的人完全同意"诚信是做人的基础",21.2%的人比较同意,两者合计为88.1%;7.6%的人对"诚信是做人的基础"持一般立场;1.1%的人较不同意"诚信是做人的基础",1.6%的人完全不同意,两者合计为2.7%。

在职青年中,67.9%的人完全同意"诚信是做人的基础",20.0%的人

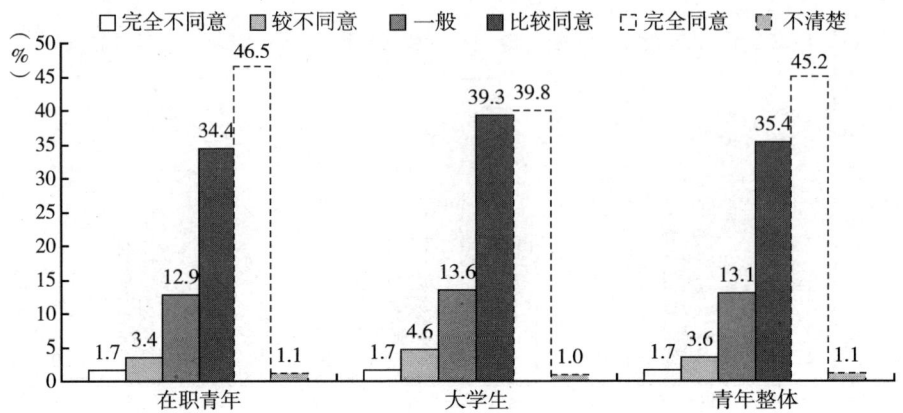

图10　广州青年对自己选择生活方式的看法

比较同意,两者合计为87.9%;7.7%的人对"诚信是做人的基础"持一般立场;1.0%的人较不同意"诚信是做人的基础",1.7%的人完全不同意,两者合计为2.7%。

大学生中,62.8%的人完全同意"诚信是做人的基础",26.0%的人比较同意,两者合计为88.8%;7.1%的人对"诚信是做人的基础"持一般立场;1.5%的人较不同意"诚信是做人的基础",1.5%的人完全不同意,两者合计为3.0%。

(五)青年社会观

1. 七成多的广州青年赞同①"我愿意为保护生态环境而减少消费"

青年整体中,39.0%的人完全同意"我愿意为保护生态环境而减少消费",比较同意的占34.9%,两者合计为73.9%;完全不同意"我愿意为保护生态环境而减少消费"的占3.8%,较不同意的占3.6%,两者合计为7.4%。

在职青年中,40.5%的人完全同意"我愿意为保护生态环境而减少消

---

① 赞同比例包含"比较同意"和"完全同意",下同。

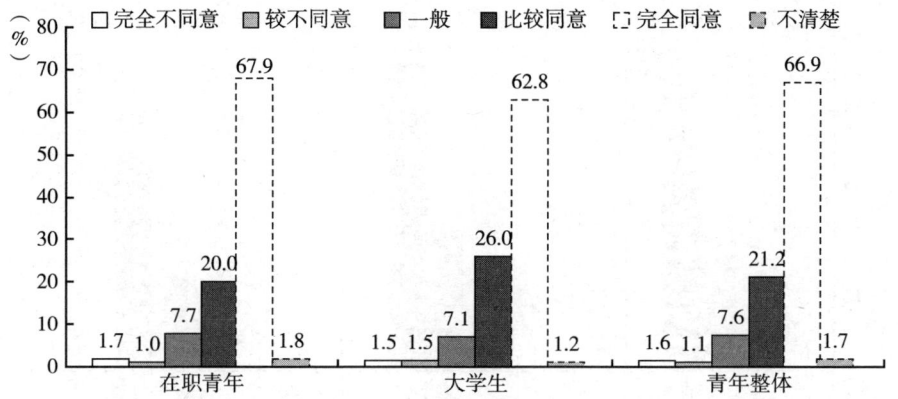

图11 广州青年对"诚信是做人的基础"的看法

费",比较同意的占33.4%,两者合计为73.9%;完全不同意"我愿意为保护生态环境而减少消费"的占3.9%,较不同意的占3.7%,两者合计为7.6%。

大学生中,32.4%的人完全同意"我愿意为保护生态环境而减少消费",比较同意的占41.2%,两者合计占73.6%;完全不同意"我愿意为保护生态环境而减少消费"的占3.4%,较不同意的占3.1%,两者合计为6.5%。

2. 近八成的广州青年认为人生应该对社会做些贡献

青年整体中,40.6%的人完全同意"人生应对社会做些贡献",38.8%的人比较同意,两者合计为79.4%;15.2%的人对"人生应对社会做些贡献"持一般立场;2.1%的人较不同意"人生应对社会做些贡献",1.6%的人完全不同意,两者合计为3.7%。

在职青年中,42.3%的人完全同意"人生应对社会做些贡献",37.3%的人比较同意,两者合计为79.6%;14.9%的人对"人生应对社会做些贡献"持一般立场;2.1%的人较不同意"人生应对社会做些贡献",1.6%的人完全不同意,两者合计为3.7%。

大学生中,33.5%的人完全同意"人生应对社会做些贡献",45.1%的

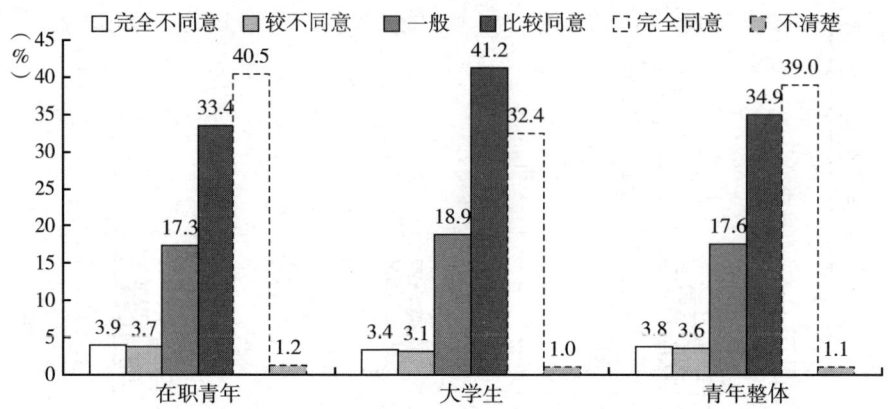

图12 广州青年对"我愿意为保护生态环境而减少消费"的看法

人比较同意,两者合计为78.6%;16.3%的人对"人生应对社会做些贡献"持一般立场;2.2%的人较不同意"人生应对社会做些贡献",1.9%的人完全不同意,两者合计为4.1%。

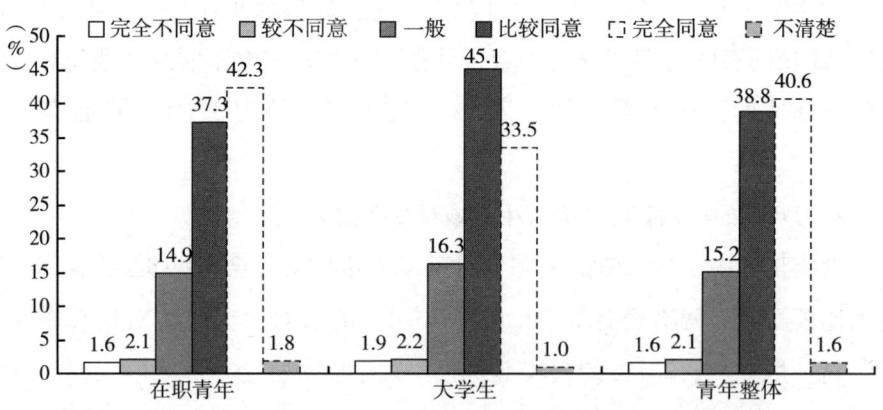

图13 广州青年对"人生应对社会做些贡献"的看法

3. 六成多的广州青年赞同"在工作中,不管老板对我如何,我都会尽力做好"

青年整体中,25.1%的人完全同意"在工作中,不管老板对我如何,我都会尽力做好",36.8%的人比较同意,两者合计为61.9%;25.0%的人对"在工作中,不管老板对我如何,我都会尽力做好"持一般立场;8.5%

的人较不同意"在工作中,不管老板对我如何,我都会尽力做好",3.7%的人完全不同意,两者合计为12.2%。

在职青年中,27.9%的人完全同意"在工作中,不管老板对我如何,我都会尽力做好",36.0%的人比较同意,两者合计为63.9%;23.4%的人对"在工作中,不管老板对我如何,我都会尽力做好"持一般立场;7.9%的人较不同意"在工作中,不管老板对我如何,我都会尽力做好",3.9%的人完全不同意,两者合计为11.8%。

大学生中,13.7%的人完全同意"在工作中,不管老板对我如何,我都会尽力做好",39.8%的人比较同意,两者合计为53.5%;31.2%的人对"在工作中,不管老板对我如何,我都会尽力做好"持一般立场;11.2%的人较不同意"在工作中,不管老板对我如何,我都会尽力做好",2.7%的人完全不同意,两者合计为13.9%。

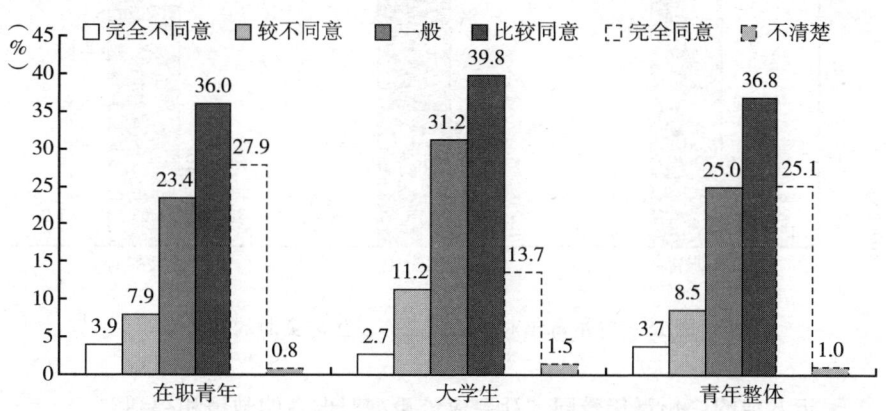

图14 广州青年对工作态度的看法

4. 近六成的广州青年认可"我不会因为工作而影响自己的生活"

青年整体中,22.1%的人完全同意"我不会因为工作而影响自己的生活",35.8%的人比较同意,两者合计为57.9%;28.6%的人对"我不会因为工作而影响自己的生活"持一般立场;9.3%的人较不同意"我不会因为工作而影响自己的生活",2.2%的人完全不同意,两者合计为11.5%。

在职青年中，24.6%的人完全同意"我不会因为工作而影响自己的生活"，35.7%的人比较同意，两者合计为60.3%；27.2%的人对"我不会因为工作而影响自己的生活"持一般立场；8.6%的人较不同意"我不会因为工作而影响自己的生活"，2.4%的人完全不同意，两者合计为11.0%。

大学生中，12.1%的人完全同意"我不会因为工作而影响自己的生活"，36.2%的人比较同意，两者合计为48.3%；34.2%的人对"我不会因为工作而影响自己的生活"持一般立场；12.4%的人较不同意"我不会因为工作而影响自己的生活"，1.5%的人完全不同意，两者合计为13.9%。

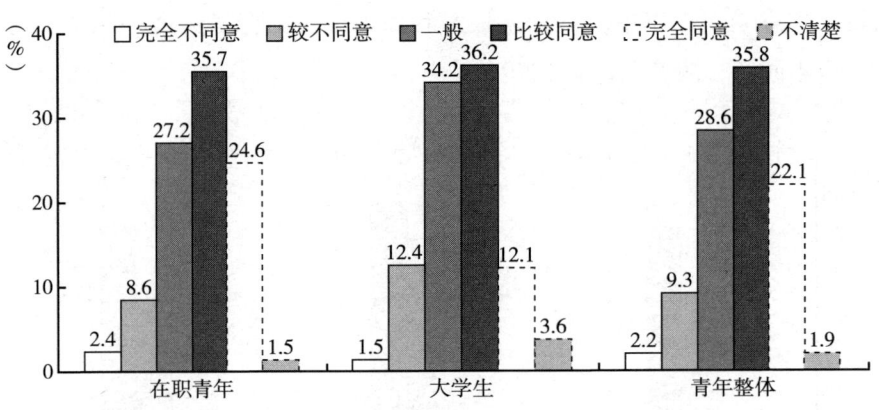

图15 广州青年对生活与工作发生冲突时的看法

5. 近八成的广州青年赞同"社会应该重视对弱者的救济和福利"

青年整体中，45.5%的人完全同意"社会应该重视对弱者的救济和福利"，33.9%的人比较同意，两者合计为79.4%；14.2%的人对"社会应该重视对弱者的救济和福利"持一般立场；2.5%的人较不同意"社会应该重视对弱者的救济和福利"，1.9%的人完全不同意，两者合计为4.4%。

在职青年中，46.3%的人完全同意"社会应该重视对弱者的救济和福利"，33.3%的人比较同意，两者合计为79.6%；14.1%的人对"社会应该重视对弱者的救济和福利"持一般立场；2.5%的人较不同意"社会应该重视对弱者的救济和福利"，1.9%的人完全不同意，两者合计为4.4%。

大学生中，42.1%的人完全同意"社会应该重视对弱者的救济和福利"，36.7%的人比较同意，两者合计为78.8%；14.8%的人对"社会应该重视对弱者的救济和福利"持一般立场；2.4%的人较不同意"社会应该重视对弱者的救济和福利"，2.2%的人完全不同意，两者合计为4.6%。

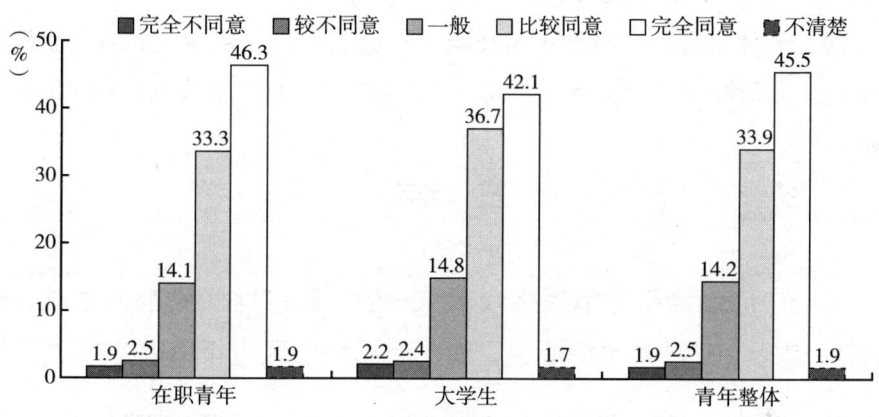

图16　广州青年对社会弱者福利和救济的看法

（四）结论与总结

本文主要从幸福感、幸福观、人生成功观、社会观四个方面呈现广州青年整体、在职青年和大学生的价值观概况。本文通过一般频数分析和回归模型分析得出如下结论。

（1）广州青年的幸福感处于中间偏上水平，总体上介于"一般"和"比较幸福"之间。男性青年不如女性青年幸福、在婚青年不如单身青年幸福、住在商品房小区青年不如农村青年幸福，男性青年、在婚青年和住在商品房小区青年的不幸福感，可能与广州作为一线城市商品房价格较高有密切的关系。

（2）健康、婚姻、事业和经济基础成为广州青年判断幸福观的四大基础性标准，即个人层面的身体健康、事业成功和家庭层面的婚姻美满、生活富足共同构成了衡量广州青年幸福的重要因素。不过，与在职青年相比，在校的大学生较看重内心因素在个人生活幸福中的效用。

（3）在广州青年看来，个人努力、个人才能和人际关系是实现人生成功最重要的因素，但他们普遍不看重学历对人生成功的作用。调查结果显示，只有1.3%的广州青年认为学历是影响人生成功的因素，考虑到统计误差、调查误差等因素，这个比例可以忽略不计。

（4）整体来看，广州青年对环境、社会、诚信、职业、弱者、生活方式等持比较积极的态度，但对金钱、个人利益等方面的态度则比较多元化。

三　结论

（一）广州青年的幸福感介于"一般"和"比较幸福"之间，但男性幸福感、在婚青年幸福感、住在商品房小区青年幸福感相对较低

整体上，大部分广州青年的幸福感处于中间过渡地带，即虽缺乏强烈的幸福感，但也不至于觉得不幸福。从不同类型的青年群体来看，青年整体、在职青年和大学生的幸福感基本一致，这表明广州青年的生活、职业、学习等面临的结构性因素、制度环境等大致相同，这也是导致不同青年类型的幸福感趋同的根本原因。

此外，广州作为中国的一线大城市，受当前生活成本、婚配模式中性别责任、商品房价格等因素的制约，一定程度上降低了男性青年、在婚青年和住在商品房小区青年的不幸福感。近年来广州的商品房价格逐年提升，再加上购房是男性青年进入婚姻市场的"通行证"，持续高涨的住房价格和一定程度上"刚性"的购房需求两者之间的叠加，必然给未婚男性带来较为明显的生活焦虑，即便购买了商品房住宅的青年，也面临养房、养家的压力和焦虑，从而使他们的幸福感降低。

（二）健康、婚姻、事业和经济基础成为判断青年幸福观的四大基础性标准，但相比在职青年，大学生更重视友谊、内心等感性因素对幸福的作用

个体层面的身体健康、事业有成与家庭层面的婚姻美满、生活富足相结合，共同构成了广州青年衡量个人幸福的重要标准。

不同于在职青年，广州大学生更加重视内心、友谊、关系等感性因素对于个体幸福的影响，这在一定程度上表明，大学生更加强调修心在个体幸福观中的作用。如果将大学生和在职青年看作广州青年的两极，即所有当下的广州大学生未来会成长为广州的在职青年，这表明广州青年衡量幸福观的标准呈现以下特点：从重视形而上的心境、情感和重视形而下的健康、婚姻、事业、经济基础等并重，逐渐转变为更加重视形而下的健康、婚姻、事业、经济基础。可见，随着大学生向在职青年的身份和角色转变，青年幸福观变得更加实用主义化。

个人主义和实用主义的价值观色彩鲜明，使广州青年不管是追求个人的幸福观，还是看待个人与社会的关系，或者是看待人生成功的评价标准，都越来越表现出在遵守一般性规则和尊重社会整体利益的同时，价值评判的天秤逐渐向个人利益、个人立场和个人需求等方面倾斜。

（三）个人努力、个人才能和人际关系是实现人生成功最重要的因素，但广州青年普遍不看重学历对人生成功的作用

在看待人生成功的因素结构上，广州青年显得较为个人主义。在他（她）们看来，努力、才能和人际关系是实现人生成功的重要因素，其中选择比例最多的"个人努力"和"个人才能"均属于个人层面的素质，这种看重个人素质的成功观体现了广州青年的人生观具有明显的个人主义立场。

此外，广州青年看待努力和才能对人生成功的作用跟年龄呈现"U"形关系，即年龄越小，越相信个人努力造就人生成功，但到了一定的年龄阶段，逐渐倾向于支持个人才能造就人生成功。因此，在求学或就业的初期，

广州青年认为通过个人努力，包括付出更多的时间、精力等，可以赢得人生的成功；可是随着在劳动力市场或进入社会时间的增加，即通常我们所说的社会阅历越丰富，经历的事情越多，他们逐渐认识到个人才能对人生成功的作用。

还需要指出的是，广州青年普遍不认可学历对人生成功的作用。相比个人层面的努力、才能、人际关系等因素，认为学历是影响人生成功因素的比例仅1.3%（广州青年整体），考虑到统计误差、调查误差等因素，这个比例可以忽略不计。对学历决定人生成功的不重视，有可能跟广州作为中国的商业中心和"重商"主义价值流行有关，也可能跟近年来社会上普遍流传的"读书无用论"有关。

（四）整体来看，广州青年对环境、社会、诚信、职业、弱者、生活方式等持比较积极的态度，但对金钱、个人利益等方面的态度则比较多元化

整体上来看，对于宏观层面的社会价值，比如保护生态、宽容他人、诚信、敬业等，以及强调个人自主性的社会价值，比如自主生活方式、掌控个人命运、及时行乐等，广州青年都持比较积极的态度。对于涉及具体的利益，比如追求赚钱、保护个人利益等，广州青年的态度则比较多元化，支持的、反对的、介于支持和反对之间的广州青年各占比例相当。

可见，广州青年的社会观整体呈现积极、向上的特征，愿意承担对社会的责任，也积极追求个人的价值，同时对具体的利益追求能够表达多元化的诉求。

四　对策建议

（一）全社会要高度重视对青年价值观的培育工作，将其摆在突出的位置

青年是社会最富有活力的群体，其价值取向决定了未来整个社会的价值

取向，因此抓好他们的价值观养成，"系好其人生的第一粒扣子"十分重要。关注青年正确价值观的塑造，事关国家大局。因此，关注青年的价值观培育不仅仅是学校的事情，也是各级党政部门和全社会必须共同关心、协同配合的一项重要系统工程。建议省有关部门出台关于加强青年价值观教育的指导意见，要求学校建立健全领导体制和工作机制，形成知识传授、能力培养、价值观塑造"三位一体"的育人机制和模式。省市宣传部、教育厅（局）、共青团、妇联等部门要加强与学校、用人单位的紧密联系与合作，建立有关青年价值观宣传、教育、考评的联系联动机制，定期召开协商会议，研究解决突出问题，协助、督促学校、用人单位做好工作，形成齐抓共管的合力。

（二）高度重视并加强对大学生尤其大学生党员的常态化价值观教育，推动大学生群体成为认知和践行社会主义核心价值观的表率

大学生党员是高校学生中具有示范作用的优秀群体代表，是社会主义事业接班人的精英骨干队伍。做好大学生党员的社会主义核心价值观构建工作，发挥他们的价值导向示范作用，是培育大学生社会主义核心价值观的关键所在，也是高校思想政治工作的重中之重。对此，高校党委必须给予高度重视，除上好思想政治课、提高教学效果之外，还要给学生党员的价值观教育增加"小灶"。要出台有关加强学生党建工作的文件，制定大学生党员组织生活或活动日管理办法、党课教育培训管理办法、学生党组织考评规定等，进一步规范严明党的组织生活、党课教育和培训等，在内容上要将马克思主义经典理论和社会主义核心价值观的教育作为重点，与党员教育结合起来，并建立常态化的机制。同时，可建立"党员之家""党员服务队""党员示范岗"等，丰富党员日常活动内容，制定党员综合表现管理办法，通过这些平台和制度，激发大学生党员的"角色"意识、"先锋队"意识，促进其党性觉悟不断提高。

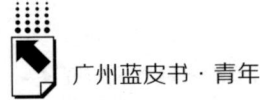

（三）强化对青年群体的人文关怀，把针对青年的民生工程建设与核心价值观塑造工程结合起来，虚功实做，做出品牌效应，使某些载体和项目成为文化符号

核心价值体系的塑造，一个很重要的工作就是要塑造一些品牌文化符号，把国家或政府代表"集体"对个体权利的人文关怀和承诺，通过符号象征、传播体验、信号昭示的过程彰显出来，使普通民众在日常生活中能够体认和确信，从而强化核心价值体系的塑造能力。

在载体和项目设计上，建议重点从刚毕业大学生、农民工青年、失业青年、农村青年等社会上最需要密切关注的青年人口入手。如外来务工青年社会支持工程，在积分入户、户籍制度改革、外来工子女入学、安居保障等方面积极探索，做出成效和品牌，可以在保障房建设中针对这个群体实施"爱心公租房"计划，通过短期廉价租住，解决家庭团聚、夫妻生活等问题。这些针对外来务工青年特定群体的关爱和支持项目，不涉及根本体制改革，操作容易且无须太多经费。结合核心价值体系内涵的媒体宣传，民生工程建设能成为塑造核心价值观，并彰显广东"包容""开放""厚德""敢先"等区域文化精神的典型符号和象征，成为引导民众信服、践行核心价值体系的有效载体。

（四）强化传统文化的教育功能，加强对青年的渗透式的道德教育

要以家庭为中心言传身教，实现道德的代际传承。发掘不同语系文化在家训族规、民俗谚语等习俗礼仪中教育儿女、督勉后世道德的教化传统，大力推进家庭道德教育，努力使家庭成为实现个体社会化、推进社会道德建设的第一道关口，成为开展青年价值观教育的主阵地。

加强民俗教化，促进道德规范与生活体验在青年群体中的内在融入。要充分利用广东民俗文化丰富多彩的优势，加强祖先祭拜、民歌山歌、地方戏曲等文化对民众（尤其是幼儿时期）的文化濡染作用，使青年在体验中获得身心愉悦的同时也产生"化性起伪"的功用。积极开展保育社区文化遗产，强化文化情感和道德记忆。可效仿中国台湾、新加坡等中华文化圈地区开展的"记忆固化工程"，通过修葺重建祠堂、碑刻、族谱、堂联等旧式文物建筑，恢复或强化青年的道德记忆和行为自觉。倡导"身边人"讲"身边事"，推进村志村史编撰、道德模范评比等工作，促使道德教化在青年价值观教育过程中"看得见、记得住、印象深、感染力强"。

（五）积极回应青年诉求，力求在社会公平基础上强化青年人群的价值整合

当前，进入中高等收入水平后，青年的物质性诉求退位于非物质性诉求，非物质性诉求更多地跟自我实现、个性化、生活质量等后物质主义价值观相关。此时，青年人的利益诉求不再拘泥于具体的资源或利益，如住房、学位、价格等，而是自我、尊严、认同、选择权等价值观需求。并且，诸如自我实现、个体尊严、个性化选择等非物质性的诉求，难以量化，不能等同于具体可见的物质资源或利益。

因此，在进行地方治理和民生服务的过程中，应当着眼于提升资源福利的个性化供给和定制化服务，在强调整体公平的基础上，尊重城乡差距、阶层差异和需求层次，将福利资源进行差异化的针对性供给，从而不断提升福利资源的有效性和青年人的认受度。

政府要在社会公平基础上实现个性化满足，通过供给侧改革，创造性地进行分类管理，通过优化供给实现福利分配的精准化和高效化，从而不断满足青年的利益诉求。一是要尊重市场和消费规律，市场化程度不同，消费水平不一样，区位特征不同，青年人群的消费需求不一致，供给要充分考虑区位、市场等宏观变量的影响，更大程度地、更好地发挥市场的配置作用，减少行政配置的信息不对称；二是尊重个性化需求和维护青年人尊严，要基于调查的结果而非登记的数据作为资源分配的依据，利用大数据和普遍调查相结合的统计技术，有效地识别青年人的经济能力、家庭结构和阶层地位，从而制定适合青年需要和实际需求的产品体系，最大限度地保障福利资源分配与青年人的个性化需求相匹配。

参考文献

1. 习近平:《青年要自觉践行社会主义核心价值观——在北京大学师生座谈会上的讲话》,《中国高等教育》2014年5月。
2. 习近平:《青年要自觉践行社会主义核心价值观》,《人民日报》2014年5月5日。
3. 范笑仙、刘东锋:《网络对大学生价值观念的影响及应对》,《黑龙江高教研究》2011年第1期。
4. 王丽君:《"90后"大学生价值观状况调查与分析》,《思想教育研究》2011年第2期。
5. 楼静波:《当代青年的职业价值观》,《青年研究》1990年第4期。
6. 张进辅:《我国大学生人生价值观特点的调查研究》,《心理发展与教育》1998年第6期。
7. 许燕:《北京大学生价值观研究及教育建议》,《教育研究》1999年第5期。
8. 宁维卫:《中国城市青年职业价值观研究》,《成都大学学报》(社会科学版)1996年第10期。
9. 凌文辁、方俐洛、白利刚:《我国大学生的职业价值观研究》,《心理学报》1999年第7期。
10. 文萍、李红、马宽斌:《不同时期我国青少年价值观变化特点的历时性研究》,《青年研究》2005年第6期。
11. 戈玲:《试析当代青年价值观念变化对其政治倾向形成的影响》,《中国青年政治学院学报》2000年第3期。
12. 杨雄:《第五代青年价值观特点和变化趋势》,《青年研究》1999年第6期。

B.5 广州青年身心健康发展研究

杨秋苑*

摘　要： 2016年广州青年调查结果显示：广州青年锻炼时间有所上升，亚健康状况下降，极端消极行为减少，健康隐患呈下降趋势。广州青年压力感整体变化不大，主要压力源仍然是"学习紧张""工作压力大""收入不够用"，其他方面压力小。广州青年心理健康状况不理想，但是心理健康状况总体变化不大。广州青年的社会支持从2010年至今存在波动，而2014~2016年的波动不明显。广州青年遇到困难或挫折时求助对象变化不大，主要是"朋友""父母""自己面对""配偶/情侣"，其他方面的帮助均很少。23.1%的广州青年曾经遭遇心理健康问题，接受干预的比例占42.8%，没有接受干预的占比高达57.2%。在接受心理咨询或心理治疗时，广州青年更愿意接受面对面的个人咨询。我们应该重视广州青年的这些变化。

关键词： 青年　心理健康　生理健康　社会支持　广州

独具魅力的广州，以其开放兼容的国际化大都市优势吸引了国内外的大量优秀人才，因此广州青年面临机遇与挑战，其竞争压力尤为明显。压力导致情绪，情绪影响健康，广州青年的心理压力集中在哪些方面？有哪些排解渠道？身心健康状况如何？一直颇受关注。

---

* 杨秋苑，广州市康复中心心理治疗师、副研究员。

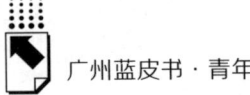

自 2010 年开始，我们对广州青年身心健康状况做了持续的纵向调研（2010 年、2012 年、2014 年），每次调研结果都使我们看到广州青年的变化，距 2014 年 2 年过去了，目前广州青年的心理健康状况和压力情况如何？是否发生变化？压力是有所缓解还是持续加大？带着这样的疑问，2016 年我们进行了第四次调研。

一 广州青年身心健康发展现状分析

（一）广州青年锻炼状况

总体情况：广州青年锻炼时间较少，长期坚持锻炼的人不多，在职青年锻炼时间明显少于大、中学生。

发展趋势：锻炼时间有波动，有待进一步充分调研观察。

1. 广州青年锻炼情况

广州青年经常参加锻炼的仅一成多。每周运动不足 3.5 小时的青年达六成多，运动不足 7 小时的达八成多，每周锻炼不足 1 小时的占 21.9%，完全不锻炼的占 14.0%。

俗话说"饭后百步走，活到九十九"，虽然此言并不一定科学，但研究

表 1 广州青年每周锻炼时间（2016 年）

锻炼时间	频数	百分比(%)
0 小时	356	14.0
0~1 小时(含 1 小时)	558	21.9
1~2 小时(含 2 小时)	430	16.9
2~3.5(含 3.5 小时)	307	12.1
3.5~7 小时(含 7 小时)	536	21.1
7~15 小时(含 15 小时)	281	11.0
15~20 小时	31	1.2
>20 小时	44	1.7
合　计	2543	100
没有选择	149	5.5
均值±标准差(小时)	3.88±5.29	

表明：科学规律的锻炼有利人体身心健康。为考察广州青年的锻炼状况，我们设计了"在过去的三个月，你每周的锻炼时间是（　　）小时"的项目。

由表1可见，这次接受调查的2692位青年中，平均锻炼时间是3.88±5.29，只有149位（5.5%）没有选择。广州青年完全不锻炼的占14.0%，每周锻炼不足1小时的占21.9%，每周锻炼不足3.5小时（即每天≤0.5小时）的占64.9%，每周锻炼3.5~7小时的青年占21.1%，运动大于7小时的青年合计13.9%。

2. 不同群体每周锻炼时间存在群体差异

在职青年平均锻炼时间明显少于大、中学生。男青年、≤24岁青年、单身青年、未就业青年锻炼时间明显较长，大专以下青年、城市青年锻炼时间也相对较长。

在职青年平均锻炼时间为3.47±5.039小时，明显少于大学生4.51±5.238小时和中学生4.60±5.915小时，详见表2。

表2　广州青年每周锻炼时间比较（2016年）

锻炼时间	中学生		大学生		在职青年		总体	
	频数	占比(%)	频数	占比(%)	频数	占比(%)	频数	占比(%)
0小时	18	3.3	37	9.0	301	19.0	356	14.0
0~1小时（含1小时）	143	26.2	66	16.1	348	21.9	558	21.9
1~2小时（含2小时）	82	15.0	84	20.5	264	16.6	430	16.9
2~3.5（含3.5小时）	93	17.0	55	13.4	159	10.0	307	12.1
合　计	336	61.5	242	59.2	1072	67.5	1651	64.9
3.5~7小时（含7小时）	119	21.8	93	22.7	324	20.4	536	21.1
7~15小时（含15小时）	63	11.5	61	14.9	157	9.9	281	11.0
15~20小时	10	1.8	7	1.7	14	0.9	31	1.2
>20小时	18	3.3	6	1.5	20	1.3	44	1.7
合　计	546		409		1587		2543	
没有选择	30(5.2%)		21(4.9%)		99(5.9%)		149(5.5%)	
均值±标准差（小时）	4.60±5.915		4.51±5.238		3.47±5.039		3.88±5.29	

通过对性别、年龄、学历、就业状况、婚姻状况、独生状况、户籍等不同群体锻炼时间的进一步比较，我们发现不同群众的青年锻炼时间有明显差异，男青年、未就业青年、≤24岁青年锻炼时间明显较长，城市青年、大专以下学历青年锻炼时间也相对较长，详见表3。

表3 不同群体的每周锻炼时间比较(2016年)

	性别		年龄		婚姻		独生状况		学历		就业		户籍	
	男	女	>24岁	≤24岁	单身	在婚	是	否	<大专	≥大专	未就业	已就业	城镇	农村
人数	1065	1457	1098	1444	1873	615	749	1701	818	1642	955	1587	818	1642
均值±标准差(小时)	4.34±5.485	3.55±5.137	3.27±4.726	4.35±5.646	4.17±5.503	3.01±5.503	4.19±5.085	3.75±5.401	4.28±5.713	3.71±4.990	4.57±5.632	3.47±5.039	4.28±5.713	3.71±4.990
t	3.677***		-5.279***		5.200***		1.908		2.458*		4.917***		2.458*	

注:1. *表示p<0.05,**表示p<0.01,***表示p<0.001。
2. 在婚含已婚和离婚后再婚及丧偶后再婚者,单身含未婚和离婚未再婚及丧偶未再婚者,下同。

2012年是男青年、>24岁青年、未就业青年、大专以下青年锻炼时间较长。2014年是男青年、90后青年(≤24岁)、在婚青年、未就业青年锻炼时间较长。这次调查的群体差异与2012年、2014年结果比较,除男青年、未就业青年锻炼时间一直较长外,其他有所不同,有待进一步的调研比较。

3. 广州青年每周锻炼时间发展趋势

长期坚持锻炼的广州青年不多,锻炼时间有波动,有待进一步充分调研观察。

表4 广州青年每周锻炼时间的发展趋势

单位:%

锻炼时间	2012年		2014年		2016年	
	频数	百分比	频数	百分比	频数	百分比
≤3.5小时	611	51.09	2410	69.3	1651	64.9
3.5~7小时(含7小时)	335	28.01	682	19.6	536	21.1
7~15小时(含15小时)	182	15.22	301	8.7	281	11.0
15~20小时(含20小时)	34	2.84	31	0.9	31	1.2
>20小时	34	2.84	54	1.6	44	1.7
合计	1196	100	3478	100	2543	100
没选的频数	486	28.9	56	1.58	149	5.5
均值±标准差(小时)	5.38±0.18		3.43±5.13		3.88±5.29	

由表4可见，本次结果与2014年比较，虽然平均锻炼时间由3.43±5.13小时上升为3.88±5.29小时（2012年的锻炼时间虽然是5.38±0.18小时，但是486人没有选择，所以不做比较），但是从2012年、2014年、2016年的情况看，五成、六成的青年每周锻炼时间少于3.5小时，广州青年总体锻炼时间较少。

（二）广州青年生理健康情况

青年生理健康状况问卷是我们为考察青年的生理健康状况而设计的，包括11个项目，实行5等记分法（5＝完全符合，4＝比较符合，3＝一般，2＝较不符合，1＝完全不符合），主要考察广州青年在最近三个月亚健康状态的常见生理表现和压力下的极端消极应对行为。

1. 广州青年生理健康情况和极端消极行为情况

广州青年存在一定的生理健康问题，极端消极行为发生率较低。由表5可见，大部分项目均分都低于2.5分，仅有两项高于2.5分。其中"经常感

表5 广州青年的生理健康情况（2016年）

情况	人数（人）	X±SD	最近三个月与您实际情况的符合程度(%)				
			完全不符合	较不符合	一般	比较符合	完全符合
经常感到疲劳、精神不佳	2672	2.98±1.097	11.6	18.5	38.7	23.2	8.0
便秘	2649	1.99±1.034	41.9	26.6	23.9	5.3	2.2
消化不良、经常肠胃不适	2652	2.31±1.120	30.3	26.4	28.4	11.4	3.4
容易感冒	2647	2.33±1.142	30.3	27.2	25.4	13.8	3.4
经常头痛	2649	2.23±1.134	34.1	26.5	25.3	10.4	3.7
经常腰、颈痛,关节酸痛	2652	2.51±1.246	28.5	22.6	24.5	18.4	6.1
过度饮酒	2654	1.44±0.827	73.1	13.2	11.0	1.7	1.0
暴饮暴食	2654	1.60±0.936	64.4	17.7	13.3	3.1	1.5
故意伤害小动物	2660	1.25±0.653	83.8	9.1	5.38	0.8	0.6
自残、自虐	2658	1.24±0.662	85.3	7.7	5.2	1.0	0.8
滥用药物	2661	1.22±0.631	86.9	6.5	5.1	0.8	0.7
企图自杀	2658	1.22±0.656	86.9	6.4	4.9	1.0	0.8
总均分（分）	2549	1.85±0.571					

到疲劳、精神不佳"均数较高，达到 2.98±1.097 分，比较符合和完全符合比例为 31.2%；"经常腰、颈痛，关节酸痛"，平均分为 2.51±1.246 分，比较符合和完全符合的比例为 24.5%。

广州青年身体疲劳的程度较高，存在一定的生理健康问题。7.5% 的青年存在"便秘"；14.1% 的青年存在"经常头痛"；14.8% 的青年有"消化不良、经常肠胃不适"；17.2% 的青年"容易感冒"；24.5% 的青年"经常腰、颈痛，关节酸痛"；31.2% 的青年"经常感到疲劳、精神不佳"。

从压力下的极端消极应对方式项目均分来看，除"暴饮暴食"1.60±0.936 分外，其他的均值都在 1.5 分以下。出现极端消极行为的比例均较低：企图自杀占 1.8%，自残、自虐占 1.8%，过度饮酒占 2.7%，暴饮暴食占 4.6%，故意伤害小动物占 1.4%，滥用药物占 1.5%。

2. 不同群体的生理健康状况

单身、<24 岁、未就业、农村青年生理健康状况较好。由表 6 可见，通过对性别、年龄、学历、就业状况、婚姻状况、独生状况、户籍等不同群体的生理健康状况进一步比较，发现≤24 岁、单身、未就业、农村青年生理健康状况较好。这次群体差异调研结果与 2014 年≤24 岁、单身、未就业青年生理健康状况较好的情况吻合，与 2012 年>24 岁、大专以下、非独生子女、未就业青年生理健康状况较好的情况存在差异。

表 6 不同群体的生理健康情况比较

	性别		年龄		婚姻状况		独生状况		学历		就业状况		户籍	
	男	女	>24岁	≤24岁	单身	在婚	是	否	<大专	≥大专	未就业	已就业	城镇	农村
人数	1055	1471	1084	1465	1891	595	769	1691	829	1629	968	1581	1476	1054
生理健康评分	22.17±7.602	22.18±6.172	23.07±7.053	21.56±6.623	21.90±6.802	22.87±6.631	22.39±7.278	22.05±6.531	21.90±6.840	22.24±6.738	21.46±6.652	22.66±6.928	22.47±7.016	21.87±6.589
t	-0.024		5.515***		-3.069**		1.111		-1.205		-4.314***		2.213*	

注：* 表示 $p<0.05$，** 表示 $p<0.01$，*** 表示 $p<0.001$。

3. 广州青年生理健康状况和极端消极应对方式发展趋势

广州青年亚健康生理状况和极端消极应对方式存在波动，虽然总体没有呈逐年下降趋势，但是2016年大部分亚健康的生理状况均为历年最低，所有的极端消极行为比例较2012年、2014年均低。

由表7可见，广州青年亚健康的生理状况中"经常感到疲劳、精神不佳"呈逐年下降趋势，"容易感冒""经常头痛""消化不良、经常肠胃不适""过度饮酒"也是历年最低，比2010年、2012年、2014年均低。所有的极端消极行为比例均低于2012年、2014年。

表7 广州青年生理健康情况发展趋势

项目	均值±标准差			
	2010年	2012年	2014年	2016年
经常感到疲劳、精神不佳	3.24±0.98	3.15±0.97	3.04±1.02	2.98±1.097
便秘	2.05±1.01	1.97±1.00	2.11±1.03	1.99±1.034
消化不良、经常肠胃不适	2.44±1.10	2.44±1.12	2.47±1.10	2.31±1.120
容易感冒	2.36±1.11	2.38±1.12	2.42±1.13	2.33±1.142
经常头痛	2.36±1.10	2.32±1.11	2.35±1.10	2.23±1.134
经常腰、颈痛，关节酸痛	2.61±1.21	2.50±1.19	2.52±1.18	2.51±1.246
过度饮酒	1.49±0.82	1.59±0.90	1.67±0.94	1.44±0.827
暴饮暴食	1.60±0.87	1.69±1.16	1.77±0.98	1.60±0.936
滥用药物	1.18±0.53	1.25±0.65	1.38±0.79	1.22±0.631
故意伤害小动物	1.22±0.59	1.28±0.65	1.42±0.81	1.25±0.653
企图自杀	1.18±0.57	1.25±0.67	1.38±0.81	1.22±0.656
自残、自虐	1.21±0.59	1.26±0.67	1.42±0.83	1.24±0.662
总均分	2.08±0.55	1.92±0.55	1.99±0.63	1.85±0.571

4. 广州青年健康隐患

视力不良、焦虑、肥胖、缺乏安全感、抑郁是广州青年主要健康隐患。"目前您存在哪些健康隐患或问题"的多选题是我们为了解广州青年目前存在的健康隐患而设。如表8所示，13.6%的青年存在抑郁，缺乏安全感的青年占25.8%，存在焦虑的青年占30.5%，有视力不良问题的青年占53.7%，这些情况应该引起我们的高度重视。

表8 广州青年目前存在的健康隐患（2016年）

项目	频数	百分比（%）
视力不良	1446	53.7
焦虑	822	30.5
缺乏安全感	695	25.8
肥胖	703	26.1
抑郁	367	13.6
网络成瘾	278	10.3
躯体疾病	159	5.9
其他	169	6.2

5. 不同群体健康隐患比较

在职青年肥胖比例高，大学生焦虑比例高，中学生视力不良情况最严重。从表9可以看出广州青年健康隐患情况：视力不良、肥胖、焦虑、缺乏安全感、抑郁是在职青年的主要健康隐患，大、中学生前五位的健康隐患依次是视力不良、焦虑、缺乏安全感、肥胖、抑郁。在职青年存在肥胖的情况明显比大、中学生高，但视力不良的比例较低；大学生的肥胖比例最低，焦

表9 广州青年目前存在的健康隐患的群体差异

单位：%

项目	中学生		大学生		在职青年		总体情况	
	百分比	排序	百分比	排序	百分比	排序	百分比	排序
视力不良	69.90	1	66.70	1	48.80	1	56.10	1
焦虑	33.90	2	36.20	2	30.20	3	31.90	2
肥胖	21.70	4	18.80	4	31.30	2	27.30	3
缺乏安全感	28.60	3	30.10	3	25.60	4	27.00	4
抑郁	17.10	5	13.20	5	13.50	5	14.20	5
网络成瘾	15.80	6	12.20	6	8.70	6	10.80	6
其他	6.70	7	4.90	8	6.70	8	6.40	7
躯体疾病	4.00	8	5.10	7	7.20	7	6.20	8

虑较高；中学生的视力不良情况最严重，网络成瘾较高。通过对性别、年龄、独生状况、学历、婚姻状况、就业状况、户籍等不同群体健康隐患的进一步比较，发现≤24岁、单身、大专以下学历、未就业青年视力不良的发生率高，>24岁、在婚、大专以上学历、已就业青年肥胖的发生率高，女性、单身青年缺乏安全感的比例高，在婚青年的躯体疾病发生率较单身高。

表10　不同群体的健康隐患比较

单位：%

项目	性别		年龄		婚姻状况		独生状况		学历		就业状况		户籍	
	男	女	>24岁	≤24岁	单身	在婚	是	否	<大专	≥大专	未就业	已就业	城镇	农村
视力不良	53.6	58.4	46.0	63.9	60.1	44.6	55.0	57.6	61.0	53.4	68.6	48.8	55.2	57.2
肥胖	27.2	27.5	33.8	22.3	25.1	34.2	30.9	25.2	22.8	29.2	20.5	31.3	29.3	24.4
抑郁	16.7	12.4	14.5	14.1	14.6	13.6	15.9	13.5	17.7	12.7	15.4	13.5	14.5	13.7
焦虑	29.9	33.3	31.3	32.4	32.4	31.0	30.4	33.5	31.5	33.1	34.9	30.2	32.2	31.8
网络成瘾	12.4	9.5	8.3	12.7	11.8	7.3	10.8	10.9	15.3	8.5	14.3	8.7	11.5	9.7
缺乏安全感	18.6	32.9	24.3	29.0	30.1	17.6	26.3	27.5	27.5	26.5	29.2	25.6	25.5	29.2
躯体疾病	5.7	6.4	8.1	4.7	4.8	10.7	6.8	5.9	5.1	6.8	4.5	7.2	6.7	5.6
其他	6.8	6.1	6.1	6.7	6.6	6.1	6.8	6.2	7.2	6.0	5.9	6.7	6.7	6.1

6. 广州青年健康隐患呈下降趋势

由表11可见，与2014年结果相比较，视力不良、焦虑、肥胖、缺乏安全感、抑郁仍然是广州青年存在的主要健康隐患，只是缺乏安全感由第三位下降到第四位，肥胖由第四位上升到第三位。除网络成瘾及其他稍微上升外，其余均呈下降趋势：视力不良（54.1%下降至53.7%）、肥胖（29.1%下降至26.1%）、焦虑（33.8%下降至30.5%）、抑郁（19.6%下降至13.6%）、缺乏安全感（30.3%下降至25.8%）、躯体疾病（7.3%下降至5.9%）。

（三）广州青年的压力感

本研究设计压力感和压力源两个项目以了解广州青年的压力状况，即"您觉得最近一个月的压力如何？其可作为压力程度的指标，分值越高表示压力越大（5＝非常大，4＝比较大，3＝一般，2＝比较小，1＝非常小）"和"您的压力最主要来自下面哪个方面？"的选题。

表11 广州青年目前存在的健康隐患和发展趋势

单位：%

项目	2014年 频数（百分比）	2016年 频数（百分比）
视力不良	1834（54.1）	1446（53.7）
焦虑	1147（33.8）	822（30.5）
缺乏安全感	1026（30.3）	695（25.8）
肥胖	986（29.1）	703（26.1）
抑郁	663（19.6）	367（13.6）
网络成瘾	292（8.6）	278（10.3）
躯体疾病	247（7.3）	159（5.9）
其他	138（4.1）	169（6.2）

1. 压力感

从表12可以看出，2016年只有4.7%的青年感受到比较小的压力，感觉压力一般的青年占39.6%。感觉压力非常大的人数占总数的12.8%，比较大的占41.6%，两者共计达到54.4%，超过五成青年感受到比较大的压力。

表12 广州青年的压力感（2016年）

单位：%

压力感	频数	百分比
非常大	345	12.8
比较大	1120	41.6
一般	1065	39.6
比较小	95	3.5
非常小	32	1.2
无效	35	1.3

2. 不同群体的压力感比较

未就业、大专以上学历、≤24岁、农村青年的压力较大。由表13可见，通过对性别、年龄、独生状况、学历、就业状况、婚姻状况、户籍等不同群体压力感的进一步比较，发现未就业、大专以上学历、≤24岁、农村青年的压力较大。

表 13 不同群体的压力感比较

项目	性别		年龄		婚姻状况		独生状况		学历		就业状况		户籍	
	男	女	>24岁	≤24岁	单身	在婚	是	否	<大专	≥大专	未就业	已就业	城镇	农村
人数	1114	1519	1147	1510	1955	634	792	1765	864	1691	998	1659	1522	1114
压力感	2.36±0.827	2.39±0.777	2.32±0.817	2.42±0.783	2.40±0.811	2.31±0.767	2.34±0.834	2.39±0.780	2.35±0.803	2.41±0.788	2.43±0.783	2.35±0.808	2.35±0.806	2.41±0.789
t	−1.176		−3.155**		2.285*		−1.551		−1.693		2.565*		−1.888	

注：* 表示 $p<0.05$，** 表示 $p<0.01$，*** 表示 $p<0.001$。

3. 广州青年压力感的发展趋势

广州青年的压力感整体变化不大。由表 14 可见，通过 2010 年、2012 年、2014 年和 2016 年的情况比较，广州青年的压力感整体变化不大，感觉压力小的占比在 5% 上下波动，感觉压力一般的占比在 40% 上下波动，感觉压力较大的占比在 50% 上下波动。

表 14 广州青年压力感的发展趋势

单位：%

压力感	2010 年		2012 年		2014 年		2016 年	
	频数	百分比	频数	百分比	频数	百分比	频数	百分比
非常大	216	15.8	301	17.9	458	12.7	345	12.8
比较大	580	42.5	629	37.4	1320	36.5	1120	41.6
一般	499	36.6	650	38.6	1592	44.0	1065	39.6
比较小	53	3.9	44	2.6	159	4.4	95	3.5
非常小	17	1.2	37	2.2	51	1.4	32	1.2
无效	—	—	21	1.2	35	1.0	35	1.3

（四）压力源

1. 广州青年的压力源

"工作压力大""学习紧张""收入不够用"依然是广州青年的主要压

力源，其他方面的压力均较小，"婚恋危机"压力最小。在职青年因工作压力和收入不够用而压力大，大、中学生主要是学习紧张。

由表15可见，"工作压力大""学习紧张""收入不够用"仍然是广州青年的主要压力源，占比分别为29.9%、29%、24.2%，其他方面的压力源均较小，均在5%以下，婚恋危机占比最小，为1.7%。

表15 广州青年的压力源（2016年）

压力源	频数	百分比(%)
工作压力大	755	29.9
学习紧张	733	29.0
人际关系紧张	99	3.9
收入不够用	613	24.2
健康欠佳	114	4.5
家庭矛盾	84	3.3
婚恋危机	42	1.7
其他	89	3.5
合计	2529	100

2. 不同群体的压力源比较

在职青年主要压力来自"工作压力"和"收入不够用"，大、中学生主要是学习紧张。由表16可见，在职青年的"工作压力大"和"收入不够用"分别占42.9%、35.1%，大、中学生主要压力源是"学习紧张"，占比分别为56.2%和78.0%。

由表17可见通过对性别、年龄、学历、就业状况、婚姻状况、独生状况、户籍等不同群体压力源的进一步比较，发现>24岁、已婚、大专以上学历、已就业青年的工作和"收入不够用"压力大，≤24岁、单身、大专以下学历、未就业青年的学习压力大。在婚青年较单身青年"收入不够用"的压力要大，独生子女"收入不够用"的压力较小。

3. 广州青年的压力源发展趋势

虽然排序有一些变化，但广州青年压力源的前三位一直是"工作压力大"

表16　广州中学生、大学生、在职青年的压力源比较（2016年）

单位：%

压力源	中学生		大学生		在职青年	
	频数	百分比	频数	百分比	频数	百分比
工作压力大	18	3.3	64	15.6	673	42.9
学习紧张	430	78.0	231	56.2	72	4.6
人际关系紧张	23	4.2	22	5.4	54	3.4
收入不够用	18	3.3	45	10.9	550	35.1
健康欠佳	19	3.4	15	3.6	80	5.1
家庭矛盾	21	3.8	13	3.2	50	3.2
婚恋危机	7	1.3	5	1.2	30	1.9
其他	15	2.7	16	3.9	58	3.7
合计	551	100	411	100	1567	100

表17　不同群体的压力源比较（2016年）

单位：%

压力源	性别		年龄		婚姻状况		独生状况		学历		就业状况		户籍	
	男	女	>24岁	≤24岁	单身	在婚	是	否	<大专	≥大专	未就业	已就业	城镇	农村
工作压力大	30.8	29.2	43.3	19.8	25.3	43.6	30.4	29.3	14.1	37.9	8.5	42.9	30.5	29.0
学习紧张	28.2	29.6	4.6	47.3	37.4	3.0	34.1	27.3	54.4	16.6	68.7	4.6	29.2	28.7
人际关系紧张	5.0	3.0	3.1	4.5	4.2	2.8	2.8	4.3	4.3	3.5	4.7	3.4	2.8	5.4
收入不够用	24.5	24.0	35.1	16.1	20.6	36.3	19.5	26.1	15.0	28.4	6.5	35.1	23.7	25.0
健康欠佳	3.7	5.1	5.2	4.0	4.2	5.6	4.1	4.6	3.9	4.9	3.5	5.1	4.8	4.2
家庭矛盾	3.8	3.0	3.0	3.5	3.1	3.5	2.7	3.9	3.2	3.3	3.2	3.2	3.8	2.7
婚恋危机	1.8	1.5	2.1	1.3	2.0	0.7	2.1	1.5	1.7	1.7	1.2	1.9	1.9	1.2
其他	2.3	4.5	3.6	3.5	3.2	4.5	2.5	4.1	3.4	3.9	3.2	3.7	3.4	3.7
卡方值	19.700**		605.195***		295.170***		31.248***		415.299***		1290.253***		15.866*	

注：* 表示 $p<0.05$，** 表示 $p<0.01$，*** 表示 $p<0.001$。

"学习紧张""收入不够用"。由表18可见，2010年、2012年、2014年和2016年广州青年的压力源虽然排序有一些变化，但广州青年压力源的前三位一直是"工作压力大""学习紧张""收入不够用"。

表18 广州青年的压力源发展趋势

单位：%

压力源	2010年			2012年			2014年			2016年		
	频数	百分比	排序	频数	百分比	排序	频数	百分比	排序	频数	百分比	排序
工作压力大	567	33.5	1	448	26.6	2	896	24.8	2	755	28.0	1
收入不够用	430	25.4	2	421	25.0	3	877	24.3	3	613	22.8	3
学习紧张	358	21.1	3	459	27.3	1	1007	27.9	1	733	27.2	2
健康欠佳	110	6.5	4	79	4.7	4	161	4.5	5	114	4.2	4
人际关系紧张	80	4.7	5	47	2.8	5	193	5.3	4	99	3.7	5
家庭矛盾	58	3.4	6	24	1.4	8	114	3.2	6	84	3.1	7
其他	48	2.8	7	42	2.5	6	77	2.1	8	42	1.6	8
婚恋危机	44	2.6	8	26	1.5	7	79	2.2	7	89	3.3	6
无效	0	0		136	8.1		211	5.8		163	6.1	
合计	1695	100		1682	100		3615	100		2692	100.0	

（五）广州青年的心理健康状况

一般心理健康问卷（GHQ-12）是我们用来考察青年的心理健康状况的量表，以评价最近1~2周内的一般心理状况。该问卷共12道题目，采用5等级记分法（5＝很多，4＝比以往多，3＝与平时一样，2＝比以往少，1＝完全没有），总均分越高说明心理健康水平越低。

1. 广州青年的心理健康状况

心理健康状况总体并不理想。从表19的项目均分来看，总均分为2.65±0.576，12个项目中有7个均分超过2.8，2个均分超过2.5，最高的是"做事时能集中注意力"，均分达到了2.94±0.931，广州青年总体心理健康状况并不理想。

2. 不同群体的心理健康状况

大于24岁青年比小于24岁青年的心理健康状况差些。由表20可见，通过对性别、年龄、学历、就业状况、婚姻状况、独生状况、户籍等不同群体心理健康的进一步比较，发现不同群体的心理健康状况差别不大，大于24岁青年比小于24岁青年的心理健康状况差些。

表19　广州青年心理健康状况（2016年）

情况	人数（人）	X±SD	发生的频数(%)				
			完全没有	比以往少	与平时差不多	比以往多	很多
因担忧而失眠	2671	2.23±1.135	36.8	19.3	30.5	10.8	2.6
总是感到有压力	2659	2.88±1.081	14.2	17.2	40.8	22.3	5.5
★做事时能集中注意力	2645	2.94±0.931	9.3	13.2	57.1	15.1	5.3
★觉得在生活中是个有用的人	2642	2.89±0.898	8.8	14.8	60.2	11.0	5.2
★需要决策时能做出决定	2634	2.87±0.924	9.5	16.2	58.0	10.8	5.6
觉得不能克服困难	2642	2.52±0.972	18.7	23.9	46.0	9.0	2.3
★总的来说心情还是愉快的	2646	2.80±0.951	11.6	17.3	54.8	11.5	4.7
对自己失去信心	2665	2.27±1.059	32.7	19.2	38.3	8.0	1.8
想到自己是没有价值的人	2659	2.09±1.037	40.7	17.4	35.6	4.9	1.4
★能够享受日常的生活	2642	2.81±0.936	11.4	16.5	56.0	11.7	4.4
觉得心情不愉快和情绪低落	2653	2.66±0.978	14.9	23.1	45.7	13.7	2.7
★能够面对自己的问题	2650	2.83±0.954	11.1	16.3	57.5	9.1	6.0
总均分（分）	2512	2.65±0.576					

注："★"为反序记分。

表20　不同群体的心理健康比较

	性别		年龄		婚姻状况		独生状况		学历		就业状况		户籍	
	男	女	>24岁	≤24岁	单身	在婚	是	否	<大专	≥大专	未就业	已就业	城镇	农村
人数（人）	1050	1440	1082	1430	1847	604	758	1665	809	1609	943	1569	1445	1053
心理健康评分	31.73±6.945	31.88±6.902	32.24±6.758	31.52±7.006	31.81±7.054	31.88±6.420	31.69±7.242	31.86±6.797	31.99±7.081	31.66±6.823	31.64±7.106	31.95±6.785	31.96±7.144	31.66±6.560
t	-0.526		2.587*		-0.210		-0.541		1.110		-1.071		1.079	

注：*表示$p<0.05$。

3. 广州青年心理健康发展趋势

广州青年心理健康状况变化不大。由表21中可以看出，与2010年、2012年、2014年调查结果比较，2016年总均分与2010年持平，较2012年、2014

年低，除"觉得心情不愉快和情绪低落"均分逐年下降外，其他方面的情况有波动，但整体变化不大，其反映了广州青年心理健康状况变化不大。

表21 广州青年心理健康状况发展趋势

项目	均值 ± 标准差			
	2010 年	2012 年	2014 年	2016 年
因担忧而失眠	2.27 ± 1.14	2.26 ± 1.11	2.30 ± 1.09	2.23 ± 1.135
总是感到有压力	3.03 ± 1.02	2.95 ± 1.02	2.85 ± 1.02	2.88 ± 1.081
*做事时能集中注意力	2.86 ± 0.84	2.92 ± 0.89	3.00 ± 0.85	2.94 ± 0.931
*觉得在生活中是个有用的人	2.81 ± 0.85	2.88 ± 0.87	2.95 ± 0.86	2.89 ± 0.898
*需要决策时能做出决定	2.75 ± 0.81	2.85 ± 0.87	2.91 ± 0.84	2.87 ± 0.924
觉得不能克服困难	2.59 ± 0.90	2.54 ± 0.94	2.60 ± 0.92	2.52 ± 0.972
*总的来说心情还是愉快的	2.79 ± 0.88	2.83 ± 0.94	2.87 ± 0.88	2.80 ± 0.951
对自己失去信心	2.38 ± 1.06	2.41 ± 1.07	2.46 ± 0.99	2.27 ± 1.059
想到自己是没有价值的人	2.06 ± 1.05	2.14 ± 1.07	2.29 ± 1.04	2.09 ± 1.037
*能够享受日常的生活	2.79 ± 0.86	2.81 ± 0.90	2.88 ± 0.88	2.81 ± 0.936
觉得心情不愉快和情绪低落	2.78 ± 0.94	2.72 ± 0.98	2.71 ± 0.93	2.66 ± 0.978
*能够面对自己的问题	2.65 ± 0.54	2.75 ± 0.92	2.82 ± 0.88	2.83 ± 0.954
总均分	2.65 ± 0.54	2.68 ± 0.57	2.72 ± 0.54	2.65 ± 0.576

（六）广州青年的社会支持状况

我们设计了"当您遇到困难或挫折时，您有可提供精神或物质帮助的资源吗？（6＝非常多，5＝比较多，4＝一般，3＝比较少，2＝非常少，1＝没有）"和"当您遇到困难或挫折时，通常您会向谁寻求帮助？"两个项目，是为了考察青年社会支持系统的数量和求助对象。其中，第一个项目是社会支持系统的指标，分值越大表明社会支持系统越好。

1. 广州青年的社会支持情况

广州社会青年中，1/4 社会支持较多，1/4 缺乏社会支持，近五成的支持一般。由表22可见，广州青年感觉没有支持的比例是6%，非常少的比例是3.9%，支持较少的比例是16.1%，三者合计是26%；支持一般的比例是47.5%；支持非常多的比例是3.7%，比较多的比例是21.6%，两者合计是25.3%。

表22 遇到困难或挫折时获得社会支持情况（2016年）

支持	频数	百分比（%）
非常多	99	3.7
比较多	582	21.6
一般	1280	47.5
比较少	434	16.1
非常少	106	3.9
没有	161	6.0
无效	30	1.1
合计	2692	100

2. 不同群体的社会支持系统状况

农村和大专以下学历青年获得的社会支持较多。由表23可见，通过对性别、年龄、学历、就业状况、婚姻状况、独生状况、户籍等不同群体社会支持的进一步比较，发现农村青年和大专以下学历青年获得的社会支持较多。

表23 不同群体的社会支持比较

	性别		年龄		婚姻状况		独生状况		学历		就业状况		户籍	
	男	女	>24岁	≤24岁	单身	在婚	是	否	<大专	≥大专	未就业	已就业	城镇	农村
人数	1118	1520	1150	1512	1956	636	797	1763	865	1697	995	1667	1530	1112
社会支持评分	3.17±1.119	3.10±1.084	3.17±1.112	3.10±1.094	3.12±1.109	3.16±1.100	3.07±1.106	3.14±1.088	3.31±1.195	3.05±1.036	3.08±1.072	3.16±1.120	3.07±1.073	3.21±1.137
t	1.527		1.646		−0.889		−1.622		5.579***		−1.955		−3.222**	

注：** 表示 $p<0.01$，*** 表示 $p<0.001$。

3. 广州青年社会支持系统发展趋势

社会支持系统存在波动。由表24可见，广州青年的社会支持状况：感觉支持较少的占比2010年是78.8%、2012年急降为7.2%、2014年为26.9%、2016年是26%。感觉支持一般的占比2010年是11.6%、2012年为54.9%、2014年为46.8%、2016年是47.6%。感觉支持较多的占比2010年是9.5%、2012年为33.4%、2014年为25.2%、2016年是25.2%。2016年的情况与2014年相比,几乎没有差别;但与2010年、2012年比较则差别较大。其原因有待进一步调研。

表24 遇到困难或挫折时获得社会支持的发展趋势

单位:%

支持	2010年		2012年		2014年		2016年	
	频数	百分比	频数	百分比	频数	百分比	频数	百分比
非常多	60	4.4	95	5.6	159	4.4	99	3.6
比较多	69	5.1	467	27.8	751	20.8	582	21.6
合　计		9.5		33.4		25.2		25.2
一般	158	11.6	924	54.9	1693	46.8	128	47.6
比较少	638	46.7	35	2.1	574	15.9	434	16.1
非常少	365	26.7	29	1.7	167	4.6	106	3.9
没有	73	5.4	58	3.4	231	6.4	161	6.0
合　计		78.8		7.2		26.9		26.0
无效	2	0.1	74	4.4	40	1.1	30	1.1
合　计	1365	100	1682	100	3615	100	2694	100

(七)广州青年求助对象的情况及发展趋势

1. 广州青年遇到困难或挫折时求助对象情况

由表25可见,"朋友""父母""自己面对""配偶/情侣"是广州青年遇到困难或挫折时的主要求助对象,其他方面的帮助均很少。

2. 不同群体的求助对象状况:存在差别

由表26可见,通过对性别、年龄、学历、就业状况、婚姻状况、独生状况、户籍等不同群体求助对象的进一步比较,发现≤24岁、单身、独生子女、大专以下学历、未就业青年求助父母的比例大,>24岁、在婚青年求助配偶/情侣的较多。

表 25　遇到困难或挫折时的求助对象状况（2016 年）

求助对象	频率	百分比(%)	排序
朋　　　友	804	29.9	1
父　　　母	540	20.1	2
自 己 面 对	407	15.1	3
配偶/情侣	364	13.5	4
兄 弟 姐 妹	211	7.8	5
同事、同学	135	5.0	6
网　　　友	16	0.6	8
其 他 亲 属	9	0.3	10
上　　　司	11	0.4	9
老　　　师	16	0.6	8
专 业 机 构	8	0.3	11
其　　　他	23	0.9	7
无　　　效	148	5.5	—

表 26　不同群体的社会求助对象

单位：%

求助对象	性别		年龄		婚姻状况		独生状况		学历		就业状况		户籍	
	男	女	>24岁	≤24岁	单身	在婚	是	否	<大专	≥大专	未就业	已就业	城镇	农村
父母	18.6	23.3	14.3	26.4	24.3	11.2	26.3	19.4	28.0	17.1	28.0	17.1	23.4	18.6
朋友	32.6	31.0	27.5	34.7	34.4	22.8	33.7	30.9	33.9	30.2	33.9	30.2	31.2	32.1
兄弟姐妹	8.8	7.6	10.7	6.5	7.7	9.7	4.9	9.4	5.9	9.8	5.9	9.8	6.0	11.2
配偶/情侣	10.9	16.9	24.6	6.6	6.6	38.1	13.0	14.6	4.4	20.3	4.4	20.3	15.7	12.5
其他亲属	0.5	0.3	0.6	0.1	0.2	0.8	0.1	0.5	0.2	0.4	0.2	0.4	0.3	0.5
网友	1.1	0.3	0.9	0.4	0.7	0.3	0.5	0.7	0.5	0.7	0.5	0.7	0.4	0.9
同事/同学	7.0	4.2	4.7	5.7	5.7	4.1	4.9	5.7	6.2	4.8	6.2	4.8	5.6	4.9
老师	0.7	0.6	0.2	1.0	0.7	0.5	0.7	1.2	1.2	0.6	1.2	0.6	0.7	0.5
上司	0.6	0.3	0.7	0.2	0.2	1.0	0.6	1.1	0.1	1.1	0.1	1.1	0.5	0.5
专业机构	0.5	0.2	0.5	0.1	0.2	0.8	0.5	0.5	0.6	0.4	0.2	0.4	0.3	0.3
自己面对	18.4	14.2	14.1	17.5	18.0	10.7	14.9	16.4	18.7	14.4	18.7	14.4	15.6	16.5
其他	0.5	1.2	1.1	0.8	1.0	0.7	0.3	1.2	1.0	0.7	1.0	0.7	0.5	1.5
卡方值	53.639***		234.596***		406.501***		37.298***		174.073***		174.073***		43.293***	

注：*** 表示 $p<0.001$。

3. 广州青年遇到困难或挫折时求助对象的发展趋势：总体变化不大

由表27可见，2010年、2012年、2014年、2016年广州青年遇到困难或挫折时求助对象的发展趋势总体变化不大，主要都是"朋友""父母""自己面对""配偶/情侣"（只有2014年"自己面对"排第五位、"专业机构"排第三位），其他方面的帮助均很少。

表27 遇到困难或挫折时的求助对象比较

单位：%

求助对象	2010年			2012年			2014年			2016年		
	频数	百分比	排序	频数	百分比	排序	频数	百分比	排序	频数	百分比	排序
朋友	520	39.1	1	613	36.4	1	679	18.8	2	804	29.9	1
父母	258	19.4	2	366	21.8	2	1320	36.5	1	540	20.1	2
自己面对	190	14.3	3	215	12.8	3	267	7.4	5	407	15.1	3
配偶/情侣	184	13.8	4	188	11.2	4	467	12.9	4	364	13.5	4
兄弟姐妹	70	5.3	5	90	5.4	5	18	0.5	8	211	7.8	5
同事、同学	60	4.5	6	75	4.5	6	21	0.6	7	135	5.0	6
网友	20	1.5	7	11	0.7	7	179	5	6	16	0.6	8
其他亲属	10	0.8	8	12	0.7	7	9	0.2	11	9	0.3	10
上司	6	0.5	9	7	0.4	9	13	0.4	10	11	0.4	9
老师	4	0.3	10	6	0.4	9	8	0.2	11	16	0.6	8
其他	5	0.4	12	12	0.7	8	19	0.5	9	23	0.9	7
专业机构	3	0.2	11	1	0.1	10	474	13.1	3	8	0.3	11
无效	—			86	5.1		141	3.9		148	5.5	

（八）心理辅导形式及发展趋势

1. 广州青年可以接受的心理辅导形式：喜欢面对面的个人辅导形式

我们询问心理辅导形式和个人辅导方法是为了了解广州青年接受心理辅导的状态。由表28可见，2016年广州青年可以接受个人辅导的占比为67.6%、讲座12.6%、集体辅导10.4%。由表29可见，接受个体辅导方式中，广州青年愿意接受面对面的咨询占比为80%、接受网络咨询的占比为16.4%、接受电话咨询的占比为3.5%。

表28 可接受的心理辅导形式（2016年）

辅导形式	频数	百分比(%)	排序
个人辅导	1820	67.6	1
讲座	339	12.6	2
集体辅导	280	10.4	3
宣传资料	91	3.4	4
其他	88	3.3	5
无效	74	2.7	6
合计	2692	100	—

表29 希望接受个人辅导方式的具体情况（2016年）

单位：%

辅导方式	中学生		大学生		在职青年		总体	
	频数	百分比	频数	百分比	频数	百分比	频数	百分比
面对面	418	76.7	298	75.3	1121	82.8	1837	80.0
电话咨询	43	7.9	37	9.3	1	0.1	81	3.5
网络咨询	84	15.4	61	15.4	232	17.1	377	16.4
合计	545	100	396	100	1354	100	2295	100

2. 广州青年可以接受的心理辅导形式发展趋势

由表30可见，与2012年、2014年比较，2016年个人辅导、讲座和集体辅导依然主要是广州青年可以接受的心理辅导形式，接受讲座的占比呈下降趋势，接受个人辅导和团体辅导的占比呈上升趋势。

表30 可接受的心理辅导形式

单位：%

辅导形式	2012年			2014年			2016年		
	频数	百分比	排序	频数	百分比	排序	频数	百分比	排序
个人辅导	1025	60.9	1	2332	64.5	1	1820	67.6	1
讲座	295	17.5	2	512	14.2	2	339	12.6	2
集体辅导	117	7.0	3	292	8.1	3	280	10.4	3
电话	100	5.9	4	231	6.4	4			
宣传资料	64	3.8	5	135	3.7	5	91	3.4	4
其他	42	2.5	6	58	1.6	6	88	3.3	5
无效	39	2.3		55	1.5		74	2.7	6
合计	1682	100		3615	100		2692	100	

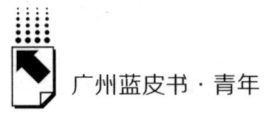

（九）遭遇心理健康问题及干预方式

2016年调研结果显示，23.1%的广州青年曾经遭遇心理健康问题，但是没有干预的占比高达57.2%，接受心理咨询或心理治疗的占比是38.8%，服药的占比是4.0%。

1. 广州青年曾经遭遇心理健康问题状况：23.1%的广州青年曾经遭遇心理健康问题

由表31可见，23.1%的广州青年曾经遭遇心理健康问题，大、中学生和在职青年曾经遭遇心理健康问题的占比差别不多。

表31　广州青年曾经遭遇心理健康问题情况（2016）

曾经遭遇心理健康问题	频数	百分比(%)
有	580	23.1
没有	1928	76.9
合　计	2508	100

2. 不同群体曾经遭遇心理健康问题状况：独生子女遭遇心理健康问题的比例相对较高

由表32可见，通过对性别、年龄、学历、就业状况、婚姻状况、独生状况、户籍等不同群体遭遇心理健康问题状况的进一步比较，发现广州青年中独生子女遭遇心理健康问题的比例相对较高。

表32　不同群体遭遇心理健康问题状况

单位：%

	性别		年龄		婚姻状况		独生状况		学历		就业状况		户籍	
	男	女	>24岁	≤24岁	单身	在婚	是	否	<大专	≥大专	未就业	已就业	城镇	农村
是	22.9	23.1	23.3	23.0	23.5	21.7	26.3	21.7	21.6	23.6	22.8	23.3	25.3	20.2
否	77.1	76.9	76.7	77.0	76.5	78.3	73.7	78.3	78.4	76.4	77.2	76.7	74.7	79.8
卡方值	0.018		0.040		0.859		6.163*		1.171		0.115		8.596	

注：*表示$p<0.05$。

3. 遭遇心理健康问题时的干预方式

由表33可见，广州青年在遭遇心理健康问题时，没有干预的占比达57.2%，干预中吃药的占比为4.0%，心理咨询或心理治疗的占比为38.8%。遭遇心理健康问题时，在职青年和大学生的干预比例相对较高，中学生的干预比例最低。

表33 遭遇心理健康问题时采用的干预方式（2016年）

单位：%

干预情况	中学生		大学生		大职青年		总体	
	频数	百分比	频数	百分比	频数	百分比	频数	百分比
吃药	8	5.6	3	2.9	16	3.7	27	4.0
心理咨询或心理治疗	39	27.5	45	42.9	181	41.5	265	38.8
没有干预	95	66.9	57	54.3	239	54.8	391	57.2
合计	142	100	105	100	436	100	683	100

4. 不同群体采用的干预方式

由表34可见，通过对性别、年龄、学历、就业状况、婚姻状况、独生状况、户籍等不同群体采用干预方式的进一步比较，发现独生子女服药的占比较非独生子女占比要高，>24岁、非独生子女、已就业青年做心理咨询或心理治疗的占比较高。

表34 不同群体采用的干预方式

单位：%

干预方式	性别		年龄		婚姻		独生状况		学历		就业		户籍	
	男	女	>24岁	≤24岁	单身	在婚	是	否	<大专	≥大专	未就业	已就业	城镇	农村
吃药	5.6	2.6	3.9	4.0	4.0	3.7	8.5	1.4	5.9	3.2	4.5	3.7	4.7	2.8
心理咨询或心理治疗	39.7	38.4	41.3	36.7	39.5	34.2	35.5	40.3	29.3	39.9	34.0	41.5	38.5	39.0
没有干预	54.7	59.0	54.8	59.2	56.5	62.1	56.0	58.3	64.9	56.9	61.8	54.8	56.7	58.3
卡方值	4.460		1.493		1.604		20.468***		8.326*		3.779		1.621	

注：*表示$p<0.05$，***表示$p<0.001$。

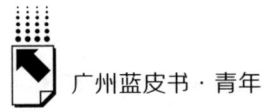

二 广州青年身心健康状况存在的问题与原因分析

(一) 广州青年的锻炼情况和健康状况

这次调查显示:广州青年锻炼时间有所上升,亚健康状况下降,极端消极行为减少,健康隐患呈下降趋势。

1. 广州青年不太重视锻炼,超过1/3的人基本不锻炼,在职青年尤甚,但与2014年情况相比,锻炼时间有所上升

这次调研显示,广州青年锻炼意识不强,完全不锻炼的占14%,每周锻炼不足1小时的占21.9%,两者相加35.9%;每周运动不足3.5小时达64.9%,经常锻炼的仅一成多。在职青年锻炼时间(3.47±5.039)明显少于大学生(4.51±5.238)和中学生(4.60±5.915)。与2012年、2014年的调查结果相比较,2016年广州青年总体锻炼时间较少,六成的青年每周锻炼时间少于3.5小时,平均锻炼时间有波动(2012年为5.38±0.18、2014年为3.43±5.13、2016年为3.88±5.29),和2012年相比下降,和2014年比较锻炼时间上升,所以无法判断广州青年是否重视锻炼。2012年调研结果显示,广州青年虽然有较高的健康意识并将其作为幸福生活的首要目标,但存在知、行之间的明显脱节;从2014年和本次的调查结果来看,在锻炼身体方面广州青年知与行之间的脱节状态没有得到明显改善。

这次调研显示,在职青年锻炼时间明显少于大、中学生。男性、未就业、≤24岁青年锻炼时间明显较长,这可能和男青年比较喜欢体育运动,大学生、中学生、≤24岁、未就业青年时间比较充裕有关。

在职青年在心理上背负着就业压力、车房压力、养家压力、升职压力等,生活、娱乐、投资步步精打细算;在生理上,他们中不少人自愿放弃假期加班赶工,咖啡、快餐度日,熬夜透支身体追求前途和理想,长久积累下去,在职青年开始出现焦虑、失眠、抑郁等症状,进而处于身心的亚健康状态。在职群体的"亚健康"问题越来越凸显，为事业在职场奋战，身心健康被忽视，头痛失眠、焦虑、抑郁等疾病越来越普遍。而且久坐少动、缺乏锻炼，身体免疫力和抵抗力逐步下降，一步一步地走向亚健康状态。

青年是人生精力最旺盛时期，缺乏锻炼的不良影响不易察觉。他们初入社会，不但缺乏工作经验，而且相对缺乏应对生活的资源，他们更加拼搏，"工作狂"现象导致青年付出身体代价的例子并不鲜见。这次调研与2014年情况相比，虽然锻炼时间有所上升趋势，但超过1/3的人基本不锻炼，在职青年锻炼时间明显少，正因为如此，我们要提醒青年重视身体健康和锻炼。

2. 广州青年存在一定的生理健康问题，但目前亚健康状况较少，健康隐患呈下降趋势

本次调查显示，广州青年存在一定的亚健康问题，与2010年、2012年、2014年的调查结果比较发现，"经常感到疲劳、精神不佳"呈逐年下降趋势，其他大部分生理状况得分均为历年最低，说明目前亚健康状况较少。调查结果同时显示≤24岁、单身、未就业、农村青年生理健康状况较好。广州青年的焦虑、抑郁、缺乏安全感等健康隐患均呈下降趋势，在职青年肥胖比例高，大学生焦虑情况较多，中学生的视力不良情况最严重。

亚健康问题已经成为普遍现象。如2002年对16省市百万人口以上城市调查发现，处于"亚健康"的比例广东是73.41%、北京是75.3%、上海是73.49%，且呈逐年上升和年轻化等发展特征。2010年一项关于5万城市劳动力人口亚健康状况调查表明，18~25岁青年的亚健康比例最高，超过52%，年龄与亚健康状态呈U型曲线关系。2012年吴冬华等调查了1323名广州初、高中生并写成《广州青少年身心健康发展状况调查研究报告》，结果发现青少年身心发展不均衡：初中生的身心健康优于高中生；成绩好的学生身心健康优于差生；母亲学历越高，其身心越健康。2016年一项北京在职群体压力调查结果显示，亚健康似乎特别"钟爱"白领人群，受访者中认为身体健康压力很大的占比为47.6%，认为身体健康没有压力的仅占7.3%，41.6%的受访者都认为身体健康压力比较严重，对生活产生了影响，另有25.4%的受访者认为身体健康压力严重干扰了生活。健康问题会造成各种不良影响，需要引起人们的高度重视。

压力之下我们容易疲劳、焦虑，长期压力会导致高血压、心脏病等各种身心疾病。情绪失常可以致病。中国传统医学认为，导致人体产生疾病的原因是外感六淫、内伤七情……七情是七种不同的情绪状态，即喜、怒、忧、思、悲、恐、惊。情绪失常是导致疾病产生的主要因素之一，即"七情致病"学说。情绪压力所引发的疾病，在人群中占有相当大的比例。根据美国斯坦福大学医学院布鲁斯·利昔顿博士1998年发表的研究成果，至少95%的疾病是由压力引起，而剩下的5%来自于遗传基因。目前社会广泛蔓延焦虑和抑郁等和压力相关的各种失调症状，在美国，十种最常用的药物处方里，其中八种是用来治疗压力和情绪的。这次调研显示超过三成的广州青年存在焦虑，超过两成的青年缺乏安全感，一成多的青年存在抑郁。视力不良、焦虑、肥胖、缺乏安全感、抑郁是他们主要的健康隐患。与2014年相比，2016年广州青年焦虑（33.8%下降至30.5%）、缺乏安全感（30.3%下降至25.8%）、抑郁（19.6%下降至13.6%）均呈下降趋势。广州青年的焦虑、抑郁、缺乏安全感均呈下降趋势，是否意味着广州青年虽然面临较大的压力，但在遭遇困难时可用健康的方式来宣泄不良情绪，用合理的方式来解决问题，已逐步学会及时求助，避免冲突，寻找到适合自己的解决冲突和宣泄不良情绪的方法呢？这将有待我们继续调研。

3. 广州青年的极端消极行为减少，所有极端消极行为均较2012年、2014年下降

如果人们面临压力，不能有效宣泄和表达，进而解决问题，就可能会导致自我攻击，自我惩罚。"过度饮酒""暴饮暴食""滥用药物""故意伤害小动物""自残、自虐""企图自杀"均是极端消极应对方式，2014年的调查结果显示，广州青年的极端消极应对方式比例均呈逐年上升趋势，而这次的调查结果显示：广州青年所有极端消极行为的占比均较2012

年、2014年低，这是令人欣喜的改变。这次调查结果显示，广州青年锻炼时间有所上升，亚健康状况下降、极端消极行为减少，健康隐患呈下降趋势。广州青年的整体状况是否进入良性循环状态？值得期待，也有望进一步的深入调研。

（二）压力感：广州青年压力感整体变化不大，工作压力、学习紧张、收入不够用仍然是主要压力，其他方面的压力小

随着时代格局的变化，社会飞速发展，我国面临经济转型、改革、文化冲突等，现代青年面临和父辈们截然不同的压力，信息瞬息万变，机会稍纵即逝，怎样发现机会？怎样抓住机遇？现代青年面临着就业压力、购房难、多元化的价值观念等无形的压力。不可否认，近几年来，社会、家庭和个人等各个层面都在逐步理解青年们的困境，随着社会和家庭的理解和包容度的不断上升，加上青年自己逐步适应和调整，虽然压力仍然存在，但没有继续上升。这次调研结果显示广州青年感觉压力较小的占比仅4.7%，近四成青年感觉压力一般，五成多感到比较大的压力。与2010年、2012年、2014年调查结果比较，2016年广州青年感觉压力小的占比在5%上下波动，感觉压力一般的占比在40%上下波动，感觉压力较大的占比在50%上下波动。

这次调研结果显示，广州青年的主要压力源仍然是"工作压力大""学习紧张""收入不够用"其他方面的压力均较小，在职青年的工作和"收入不够用"的压力大，大、中学生主要是"学习紧张"。虽然排序有一些变化，但从2010年至今，一直高居广州青年压力源前三位的是"工作压力大""学习紧张""收入不够用"。

中考、高考、就业和考研基本都是通过学习成绩来评价筛选的，所以大、中学生学习压力大是常态，只要评价筛选机制不改变，在学青年学习负担过重的问题就难以得到解决。工作后必然面临工作压力，在我们国家，孩子是否长大基本是以就业为分界线，所以在职青年还面临独立、经济压力。职业上，工作负荷量大、职业危机给在职青年造成了较大的压力，而且随着

生活节奏的加快、信息的急剧膨胀，新的压力和各种适应性障碍将会出现。而职位晋升空间的狭小和晋升机会的缺乏，更使在职青年对人生价值的实现倍感困难。压力不可避免，广大青年只有积极进行压力管理，调整好自己的心态，变压力为动力，才能促进工作的进步。

（三）广州青年的心理健康水平：广州青年总体心理健康状况不理想，但从发展趋势看，心理健康状况总体变化不大

这次调查结果显示广州青年心理健康状况总体并不理想，总均分为 2.65±0.576，12 个项目中 2 个均分超过 2.5，7 个均分超过 2.8，最高的是"做事时能集中注意力"，达到了 2.94±0.931。总均分与 2010 年持平，较 2012 年、2014 年低，其他均分有波动，但整体变化不大。"觉得心情不愉快和情绪低落"均分逐年下降，说明广州青年心情尚可，但做事时难以集中注意力的情况仍然较明显。

改革开放 30 多年来，科技飞速发展，新生事物层出不穷，信息瞬息万变，现实生活中常常发生能力差别不大，但抓住机会者就一飞冲天，而失去机会者则一落千丈甚至跌落深渊，天壤之别，冲突难耐，刺激之大、差别之大让人心绪难平。青年正处于经验积累时期，综合能力不足，竞争的压力可见一斑。

现代青年，多为独生子女、少子女家庭（二胎政策 2016 年开放），他们从小就受到特别的关注，所受的教育和父辈们不同，他们现在所面临的压力也和父辈们截然不同，父辈们是没有选择的选择，而现代青年是有太多的选择。他们背负着沉重的情感负担，他们所受的煎熬需要我们尝试去理解⋯⋯所幸，现在社会、家庭、父母等逐步理解青年的压力状况，但是从理解到支持再到解决还有一段距离，加之他们遭遇的压力，也不是父辈们擅长解决的，需要大家共同面对、共同学习、互相支持，这需要一个过程。

在改革开放时代成长起来的青年，接受信息的便捷使他们思想早熟又有主见。但信息和知识的丰富也导致一部分人过分依赖网络，出现了

缺乏与现实接触的宅男宅女,从而影响了他们的价值判断和控制能力。他们关注信息积极回应,迅速在众多新鲜事物之间切换,快速转移注意力,所以他们的注意力较难集中。扑面而来的海量信息、瞬息万变的社会竞争,使现代社会个人的能力越来越显得渺小,无助感、无用感、无力感明显上升,自我的效能感明显下降。我们这次的调研结果显示广州青年注意力难以集中。

现代青年一方面依赖心理强,抗挫能力差;另一方面又自主性强,渴望独立,实际是假性成熟。现在14~35岁青年大部分是独生子女,在"6+1"家庭结构(父母、祖父母、外祖父母)中长大,在备受呵护的同时,也感受到过分关注和被控制,私密空间太小,只能通过网络来向同龄人倾诉。他们现实感非常弱,对个性化生活要求非常高。他们在虚拟世界里能体会到真实感,在真实世界里有虚拟感。所有这些情况都影响青年的心理健康,所以广州青年心理健康状况不理想也是可以理解的。

(四)广州青年的社会支持状况

2016年调查结果显示,广州青年1/4社会支持较多,1/4缺乏社会支持。从发展趋势看,自2010年至今广州青年的社会支持状况存在波动,但2014年至2016年波动不明显。广州青年遇到困难或挫折时求助对象一直主要是"朋友""父母""自己面对""配偶/情侣",其他方面的帮助很少,变化不大。

这次调查结果显示:25.2%的广州青年社会支持较多,26%的青年缺乏社会支持,47.6%的青年社会支持一般。大专以下学历和农村青年获得的社会支持较多。与2014年相比,几乎没有差别,如果和2010年、2012年比较则差别较大。感觉支持较少的比例2010年是78.8%、2012年急降为7.2%、2014年为26.9%、2016年是26%。感觉支持一般的比例2010年是11.6%、2012年为54.9%、2014年为46.8%、2016年是47.6%。感觉支持较多的比例2010年是9.5%、2012年升为33.4%、2014年为25.2%、2016年是25.2%。从中可见感觉支持较多和一般的比例从2012年起渐趋稳定。

到底是什么原因导致2010年、2012年与2014年、2016年社会支持的变化？是青年对社会支持的理解发生了变化，还是社会支持的不断波动；抑或是由于社会的急剧转变，就业难、房价高企等，青年确实比父辈们面临更多的生存与竞争压力，不得不依赖父母，去做"啃老族"；是现代青年依赖性强，自己独立处理问题的能力较弱，才导致父母支持的力度上升，愿意被"啃"那么简单吗？这和样本有关吗？其他因素的影响？这个问题值得我们进一步观察和研究。

广州青年遇到困难或挫折时求助对象基本是"朋友""父母""自己面对""配偶/情侣"（只有2014年自己面对排到第五位、专业机构排第三位），其他方面的帮助均很少。这可能和现在大家压力均较大，父母和配偶/情侣是亲密关系，肯定要互相支持，自己肯定是主力军，好朋友常常也是情感的主要支持者，其他人常自顾不暇，心有余而力不足。专业机构的占比较低，这与其还没有获得人们的信任有关。

（五）广州青年遭遇心理健康问题状况及干预情况

2016年调查结果显示：23.1%的广州青年曾经遭遇心理健康问题，接受干预的占42.8%，没有干预的比例高达57.2%。在接受心理咨询或心理治疗时，广州青年更愿意接受面对面的个人咨询。广州青年在遭遇心理健康问题时，接受干预的42.8%青年中，服药的比例是4.0%，接受心理咨询或心理治疗的比例是38.8%。独生子女遭遇心理健康问题的相对较高。

有研究显示广州青年对心理咨询认识不足并存在情感抗拒，还认为周围人对进行心理咨询的人存在歧视。2016年有研究显示北京青年中高达68.4%的大学生、65.7%的在职青年在压力过大时没有求助专业的心理辅导机构或个人，大学生求助的比例是31.6%、在职青年为34.3%。

其实无论是学习、工作、生活，还是交际难免遇到烦恼的事，但只要及时有效地调节，避免身心的过度劳累，就会避免心理障碍。在压力严重时，单凭个人的力量难以排解，就更应该积极寻求外部的理解和帮助，例如向家人、知己倾诉，或者寻求心理咨询机构的帮助，参加有关心理学的培训和学习等。他们不应该对心理咨询抱着倾向性的"病耻感"，而是应该把心理咨询当作关爱自己的方式之一，把生活的压力控制在自己能承受的范围之内。目前的状况是，相当一部分青年存在不同程度的心理健康问题，但没有进行有效咨询和辅导，同时社会心理咨询机构也没有充分发挥作用。为什么会出这种情况，值得我们深思。

三 结论、预测与对策

（一）主要的结论

2016 年的调查结果如下。

（1）广州青年锻炼时间有所上升，亚健康状况下降，极端消极行为减少，健康隐患呈下降趋势。

（2）广州青年压力感整体变化不大，"工作压力大""学习紧张""收入不够用"继续高企，成为广州青年前三位主要压力源，其他方面的压力小。

（3）广州青年心理健康状况不理想，但是心理健康状况总体变化不大。

（4）广州青年的社会支持状况：自 2010 年至今广州青年的社会支持情况存在波动，但 2014 年至 2016 年波动不明显。广州青年遇到困难或挫折时求助对象变化不大，一直主要是"朋友""父母""自己面对""配偶/情侣"，其他方面的帮助均很少。

（5）广州青年遭遇心理健康问题及干预情况：23.1% 的广州青年曾经遭遇心理健康问题，接受干预的占比为 42.8%，没有干预的高达 57.2%。在接受心理咨询或心理治疗时，广州青年更愿意接受面对面的个人咨询。

（二）未来一个时期的趋势预测

随着时代变迁，广州市作为竞争激烈的大城市，青年们遭遇的问题在短期内难以得到迅速缓解，压力可能持续高企，心理健康问题估计还会持续存在。但是锻炼时间估计逐步上升，亚健康状况可能慢慢下降。社会支持可能会越来越大，政府的主导支持可能会逐步增大，"朋友""父母""自己面对""配偶/情侣"仍然是主要支持者。遭遇心理健康问题的占比估计仍然会上升，但是接受干预的占比应该会增加，心理咨询与心理治疗将越来越被青年们所接受。

（三）解决有关问题的建议

本次调研有两方面的目的：一是社会层面，为政府部门、媒体及相关的专业机构提供相应的数据支持和建议；二是个人青年层面，为他们的压力应对提供专业的指导和建议。

1. 政府：营造相对宽松的社会环境，建立合适有力的社会支持系统

政府应该加快落实相关政策。在经济上，宏观调控房价、物价，减轻青年的生活压力；拓宽就业渠道，并给他们创造更多的平台。调整人才培养使用机制，改革户籍制度、用人制度等，改变各种政策相互抵触、一系列制度改革的不同步、措施的不配套现象，给青年营造相对宽松的社会环境。

2017年4月中共中央、国务院印发了中国历史上第一个青年发展规划《中长期青年发展规划（2016—2025年）》，强调促进青年更好成长、更快发展，是国家的基础性、战略性工程。相信我们的社会和政府将越来越重视青年发展规划问题；加大对公共文化设施的投资，让人们有更多的娱乐和放松的选择，建立青年发展所需要的强有力的社会支持系统，促使青年采取积极的方式正确适当地排解压力。

2. 社会层面，对现代青年有正确的认识，调整和改变与青年沟通的策略

现在14~35岁的青年，多为独生子女，他们背负着沉重的情感负担，我们要对现代青年有正确的认识，调整和改变与青年沟通交流的策略。社会各个层面应为青年提供心声倾诉、意见反馈的渠道，一方面让青年的困惑和压力有一个合理的宣泄渠道，另一方面让社会了解青年的思想观念和状况。尽快减少和消除青年的矛盾冲突，增加确定性，引导他们以理性、合法、合理的方式来表达自己的诉求。

3. 媒体：加强媒体的积极导向作用，普及身心健康知识

近年来，整个社会较为浮躁，再加上部分媒体的不负责任、博眼球的报道，更在无形中增加了青年的焦虑情绪和压力。优化社会文化的导向作用，加强媒体的积极导向作用，增加人与人之间的信任、善意、宽容。同时，媒体应该向全社会普及心态调节、身心健康方面知识，以增进全民的压力管理知识。

4. 青年自身层面：提高心理素质，培养压力管理意识

在学校和家庭引入情商教育，从小培养情绪管理能力，帮助他们认识自己，建立良好的人际关系，掌握化解矛盾的能力，清晰定位人生目标。当人们对自己的未来和正在走的路有清晰的认识，就能增强意义感、进步感和控制感，这些都是精神心理的保护因素。与此同时，客观看待社会环境，合理利用资源，主动寻求帮助，合理调整自己，培养压力管理意识，主动培养适合自己的情感宣泄的减压方法，逐步提高抗压能力。从根本上解决青年的情绪管理问题，构建和谐社会。

参考文献

1. 陈文等：《大学生对心理咨询的认知态度调查》，《医学与社会》2010 年第 23 期。
2. 沈杰：《中国社会转型时期青年社会心理》，《北京青年政治学院学报》2005 年第 6 期。
3. 沈杰：《青年的社会心理变迁：一种研究框架的探索》，《中国青年政治学院学报》2012 年第 3 期。
4. 涂敏霞：《广州青少年心理健康状况调查》，《当代青年研究》2006 年第 10 期。
5. 陶映荃：《5 万样本揭示中国城市劳动人口亚健康状况》，《工人日报》2010 年 1 月 6 日。
6. 《白领人士网络调查》，网易财经频道，http：//money.163.com。
7. 王育学：《亚健康问题纵横谈》，《解放军健康》2005 年第 1 期。
8. 涂敏霞、钟向阳、杨秋苑等：《广州青年发展状况研究报告：广州青年心理健康状况》，广东人民出版社，2010。

9. 杨秋苑等：《青少年压力现状与心理调适——穗、港、澳三地比较研究》，汕头大学出版社，2008。
10. 杨秋苑等：《广州青年发展报告（2012~2013）》，社会科学文献出版社，2013。
11. 杨秋苑等：《广州青年发展报告（2014~2015）》，社会科学文献出版社，2015。
12. 北京青年压力管理中心：《2016年在职群体压力情况调查报告》，http://blog.sina.com.cn/u/1376844724。
13. 北京青年压力管理中心：《2016年大学生压力情况调查报告》，http://blog.sina.com.cn/u/1376844724。

B.6
广州青年就业发展研究

巫长林*

摘　要： 本报告根据2016年"广州青年发展状况"调查数据，结合2012年、2014年数据纵向比较分析广州青年就业创业的现状及存在的问题。从就业行为状况和就业观念变迁两维度分析青年就业现状，研究发现：经济收入是广州青年择业的第一标准，青年就业观念日趋理性；进"体制"工作是改善现状的首选，"薪酬待遇偏低"是青年最希望解决的问题；权益保障日趋完善，但工作满意度有待提高；青年创业热情高，创业成为就业的一大途径。基于这些研究发现，本报告从政府、用人组织、青年个体等层面提出了相应的对策建议。

关键词： 青年　职业发展　就业　创业意识　广州

一　广州青年就业环境与形势

（一）广州青年就业的总体形势

2016年，我国发展面临国内外诸多矛盾叠加、风险隐患交汇的严峻挑战，但经济运行缓中趋稳、稳中向好。全年城镇新增就业1314万人。高校毕业生就业创业再创新高。年末城镇登记失业率4.02%，为历年来最低。

---

* 巫长林，广州市团校助理研究员，主要研究方向为青年工作。

大众创业、万众创新广泛开展，全年新登记企业增长24.5%，平均每天新增1.5万户，加上个体工商户等，各类市场主体每天新增4.5万户。2017年的工作目标是城镇新增就业1100万人以上，城镇登记失业率在4.5%以内。2017年高校毕业生795万人，再创历史新高，要实施好就业促进、创业引领、基层成长等计划，促进多渠道就业创业。① 2016年，全国城镇新增就业1314万人，城镇失业人员再就业554万人，就业困难人员实现就业169万人，超额完成全年目标任务。截至2016年底，基本养老、基本医疗、失业、工伤、生育保险参保人数分别达到8.9亿人、7.5亿人、1.8亿人、2.2亿人、1.8亿人，分别比上年底增加2876万人、8257万人、763万人、455万人、672万人。②

经济增长是促进就业的有力支柱，广州经济的发展为青年就业创业提供了良好的环境。广州经济保持较快增长，地区生产总值由2011年的1.24万亿元提高到2016年的1.95万亿元，年均增长9.4%。2016年城镇登记失业率2.4%，就业水平稳步提高，建设253个创业基地，新增就业31万人，城乡居民人均可支配收入分别增长8.5%和10%。③

（二）广州毕业生青年群体形势

2016年高校毕业生是765万人，比2015年增加16万人，而且中职毕业生和初高中毕业以后不再继续升学的学生也是这个数量。青年的就业群体加在一起大约有1500万。以高校毕业生为主的青年就业群体的数量还在持续增加，这将对就业产生很大的压力。④

广州市2016届毕业季有超过30万高校毕业生在穗求职，其中来自广州高校的毕业生人数达25万人。⑤ 中国南方人才市场发布的2016年上半年人

---

① 李克强:《2017年政府工作报告》，新华网，2017年3月5日。
② 《人力资源社会保障部介绍2016年就业和社会保障工作进展情况》，中国网，2017年3月1日。
③ 《2017年广州市政府工作报告》，广州市人民政府办公厅，2017年1月17日。
④ 《人社部：2016年高校毕业生765万人 就业压力大》，环球网，2016年2月29日。
⑤ 吴瑕:《逾30万毕业生想到广州"碗"里》，《信息时报》2016年3月19日。

才市场分析报告显示，1月至6月，广州每位求职者有1.57个岗位可供选择，与上年同期的1.82相比，求职竞争激烈程度提升。此外，另一份报告显示，大学生毕业后有9%选择创业，相比上年的5%有所增长。然而，尽管不少大学生在校期间就有创业意愿和准备创业，但往往出现创业意愿高、参与度低和落地难的现象。①

二 广州青年就业现状

（一）广州青年的职业分布

广州青年职业分布呈现多元化，子承父业比重高于子承母业。广州青年从事的职业类型多元化，但主要集中于第二、第三产业，少数从事第一产业。广州青年从事第一产业当农民的人数最低，仅占1.4%，而这些青年中，81.0%的青年的父亲也是农民，70.0%的青年的母亲也是农民。从事第二产业当工人的青年比重为15.4%，而这些青年中，23.1%的青年的父亲是工人，20.9%的青年的母亲也是工人。从事第三产业的青年比重较高，主要有职员，包括营业员、保安、服务员等，占29.4%；专业技术人员，包括教师、律师等，占14.1%；社会组织工作者占11.3%。同时，不可忽视的是，有一些青年处于无业或失业状态，占0.8%。这些失业青年的家庭中，分别有27.3%的青年的父亲和母亲也都处于无业或失业状态。

（二）广州青年的就业观念

1. 经济收入是青年择业时优先考虑的因素，在职青年较多地考虑工作稳定，大学生较多地考虑符合自己兴趣、志向

2016年的数据显示，广州青年找工作时考虑的首要因素是"收入高"，

---

① 张西陆：《广州大学毕业生创业人数同比增长5%》，《南方日报》2016年7月20日。

表1　广州青年职业分布与代际变迁

单位：%

青年职业类型分布状况		青年与父亲职业相同的比例	青年与母亲职业相同的比例
工人	15.4	23.1	20.9
农民	1.4	81.0	70.0
专业技术人员（包括教师、律师等）	14.1	14.3	12.3
公务员	7.6	20.4	5.3
个体户/私营企业主	2.7	30.0	25.6
企业管理人员	8.9	15.4	6.2
社会组织工作者	11.3	1.2	1.2
职员（包括营业员、保安、服务员等）	29.4	13.8	12.4
自由职业者	3.8	25.9	26.3
无业或失业人员	0.8	27.3	27.3
其他	4.8	—	—

其次为"工作稳定"，"符合自己兴趣、志向"则占据第三位，这三大因素加总约占到青年选择工作时考虑因素的一半。对比在职青年和大学生群体，大学生群体更加重视"收入高"以及选择"符合自己兴趣、志向"的岗位，而在职青年则更加考虑"工作稳定"的岗位。对比2012年、2014年的数据，可以看出"收入高"和"工作稳定"都是青年考虑的最重要的因素。具体比较而言，青年追求工作稳定，拿"铁饭碗"的意识逐渐淡化，而对工作待遇及工作兴趣的追求的意识提高，这可能与市场化程度的进一步深化、广州生活的成本高以及青年重视自身的价值有关。

我们进一步分析性别、是否独生子女、有无产权房、年龄等对青年择业的影响，研究发现女性、高学历、非独生子女、年龄较大者择业时考虑的首要因素为"工作稳定"，男性、独生子女、没有产权房、26~30岁青年则主要考虑工资收入，具体情况如下。

男性择业时考虑的首要因素是工资收入高，其次是工作稳定；女性则有所不同，择业时首要考虑收入高和工作稳定因素的青年比重相当。不同受教育程度的青年，考虑最多的因素均是"收入高"。对于工作的稳定性，学历较低

表 2　找工作时考虑的因素

单位：%

因素类型	2016年在职青年	2016年大学生	2014年	2012年
收入高	18.8	20.9	18.6	23.2
压力不大	6.6	7.5	6.4	4.6
工作稳定	18.5	15.6	17.0	23.3
受人尊重	5.9	4.7	4.7	2.3
上下班的时间合适	8.8	5.6	7.5	0.6
能发挥主动性	6.7	6.0	7.1	5.2
有较多休假	2.7	2.3	3.3	3.1
有成就感	6.2	5.2	5.7	1.7
专业对口	3.0	4.0	3.5	17.7
符合自己兴趣、志向	11.7	16.2	13.3	3.1
适合自己的能力	10.7	11.6	11.9	13.0
不知道	0.3	0.1	0.7	1.2
其他	0.1	0.4	0.2	1.0

注：2016年数据细分为在职青年和大学生青年两种群体情况，2014年和2012年数据则是整体青年情况。

的青年相对比较在乎是否拥有一份稳定的工作。对"工作稳定"的考虑比重，小学及以下占41.2%、初中占56.6%、高中（含中专、中技）占58.5%、大专占49.8%、大学本科占45.5%、硕士及以上占45.8%。独生子女比非独生子女在乎收入高，独生子女择业时考虑最多的为"收入高"，占比为56.4%。非独生子女择业时考虑最多的为"收入高"，占比51.9%；非独生子女比较看重工作稳定，独生子女择业时考虑"工作稳定"的比重为46.5%，非独生子女择业时考虑"工作稳定"的比重为48.7%。通过不同年龄段的青年的横向比较，可以发现，15～20岁青年择业时会更多考虑"符合自己兴趣、志向"（43.8%）、"适合自己的能力"（38.7%）和"专业对口"（12.2%）；21～25岁青年择业时会更多考虑"压力不大"（19.3%）；26～30岁青年择业时会更多考虑"收入高"（55.1%）和"有成就感"（19.5%）；31～35岁青年择业时会更多考虑"工作稳定"（55.1%）和"受人尊重"（18.2%）。

有自有产权房的青年，择业时候比较在乎上下班的时间是否合适，对于工资待遇和能否发挥主动性的考虑会低于没有产权房的青年；而没有产权房的青年则与之相反，他们比较在乎工资收入的高低，以及能否发挥主动性，而对于上下班的时间是否合适则没有那么在乎。

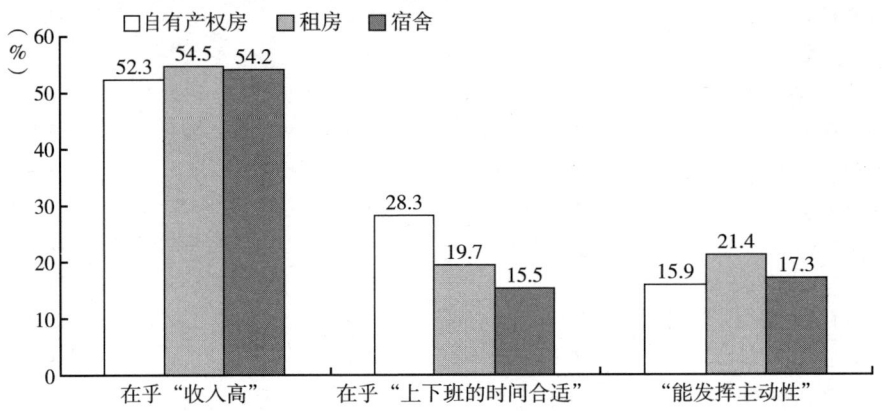

图1 青年有无自有房产对择业的影响

2. 青年自身的人力资本因素是影响职业发展的最重要因素，外在因素的作用减弱

青年就业以后，就面临思考自身职业发展前景的问题，同时也要有效提升自身适应岗位的水平。2016年数据显示，青年认为工作方法和态度是影响后续职业发展的最大因素，其次为知识技能，人脉也是青年认为影响职业发展的一大因素，外在的家庭背景等因素的影响作用较弱。这些数据表明，青年认识到自身的人力资本因素对后续职业发展具有重要影响，对家庭背景等外在因素的依赖感降低。对比2014年的数据，2016年广州青年对工作方法和态度、知识技能的重要性的认知均提高了2个百分点，对人脉的重要性的认知降低了5.1个百分点。这说明在职业发展过程中，青年越来越认识到工作方法和态度、知识技能对自身职业发展的重要影响，随着知识经济的来临，职业对知识技能的强调更加突出，而传统的人脉资源也是影响职业发展的一大因素，但作用已经开始有所弱化。

表3 对后续职业发展影响最大因素的看法

单位：%

影响因素	2016年	2014年
人脉	23.2	28.3
知识技能	33.5	31.0
工作方法和态度	37.7	35.0
家庭背景	4.1	3.6
工作年限	0.8	1.5
其他	0.6	0.6

我们进一步分析性别、是否独生子女、有无产权房、年龄等对青年后续职业发展的影响因素，发现男性、独生子女、有自有产权房、年龄较大青年看重社会资本对其后续职业发展的影响，女性、非独生子女、无房者、年龄较小者则看重个人资本。

男性青年比女性青年更重视人脉、家庭背景等社会资本因素，而女性则比男性青年更重视知识技能、工作方法和态度等个体资本因素。独生子女比非独生子女更重视人脉（高出10.6个百分点）、家庭背景（高出2.5个百分点）、工作方法和态度（高出2.2个百分点）等社会资本；非独生子女比独生子女更重视知识技能（高出15.4个百分点）、工作年限（高出0.2个百分点）等个人资本。有自有产权房的青年更重视人脉、家庭背景等社会资本，而租房、住宿舍青年则更重视知识技能、工作方法和态度等个人资本。年龄越大的青年认为人脉、家庭背景对后续职业发展的影响越重要。学历越低的青年越重视知识技能的作用，认同知识技能对后续职业发展具有影响的比重：小学及以下52.9%、初中37.8%、高中（含中专、中技）38.2%、大专35.3%、大学本科27.3%、硕士及以上27.3%；学历越高青年越重视工作方法和态度，认同工作方法和态度对后续职业发展具有影响的比重：小学及以下23.5%、初中31.1%、高中（含中专、中技）38.7%、大专35.1%、大学本科43.2%、硕士及以上43.2%。

3. 进"体制"工作是广州青年改善当前工作状态的首选，其次是自己创业

面对如何改善当前工作状态，广州青年也投入"考公务员"大潮，

23.1%的受访青年希望通过"考公务员或事业编制单位"来改善工作状况。这一数据与全国的"国考热"升温状况是相吻合的，2017年国家公务员考试出现"回暖"趋势，148.63万人通过报名资格审查，同比增加9.17万人；最火爆岗位竞争比更是高达9837∶1，创下历史最高纪录。[①] 此外，20%的青年选择通过"自己创业"来改善工作状况；14.6%的青年选择继续学习深造，不断提升自己；不可忽视的是，有17%的青年对当前的工作状态较为满意，认为不需要改变。这些数据表明，在日趋激烈的就业市场中，青年选择多元化的方式来调整自身的工作状况，随着公务员相关政策的完善，青年对公务员岗位的前景预期乐观，有一部分青年乐于追求"铁饭碗"；在国家发出"大众创业、万众创新"的号召下，也有部分青年选择自主创业，在创业中拼搏；还有部分青年选择继续学习深造，不断提升自己，以期提高自身的就业竞争力。

对比2014年的数据，2016年广州青年选择"考公务员或事业编制单位"的比重有所上升，说明"铁饭碗"对青年还是具有很大的吸引力；选择"成为自由职业者"的青年比重上升，说明青年对自由职业的认可度提高，更愿意追求个性化的工作方式；选择"继续学习深造，不断提升自己"

表4 改善目前工作状态最好的方式

改善目前工作状态方式	2016年	2014年
自己创业	20.0	20.7
考公务员或事业编制单位	23.1	18.2
继续学习深造,不断提升自己	14.6	39.5
跳槽	1.5	1.8
成为自由职业者	8.2	6.2
目前的工作不需要改变	17.0	5.6
慢就业中	0.7	—
说不清	13.3	7.5
其他	1.6	0.4

---

① 邱玥：《教育关注：超148万人过审 "国考热"又回来了吗？》，《光明日报》2016年11月2日。

的比例有所降低,这可能与在职学习、岗位培训等学习机会的增多,青年在岗位中提升自己的平台增加有关;"目前的工作不需要改变"的比重提高,说明越来越多的青年群体对当前工作的状态比较满意,改变当前状态的动力较弱。

(三)广州从业青年职业状况与工作满意度

1. 广州青年每周休息时间有所保障,每天上班时间强度较适宜

调查数据显示,广州青年工作时间较为合理,有70%的青年每周工作5天,有2天的休息时间;22.9%的青年每周工作6天,仅有1天的休息时间;不可忽视的是,有3.6%的青年每周要工作7天,缺乏休息时间,身体较为疲惫。

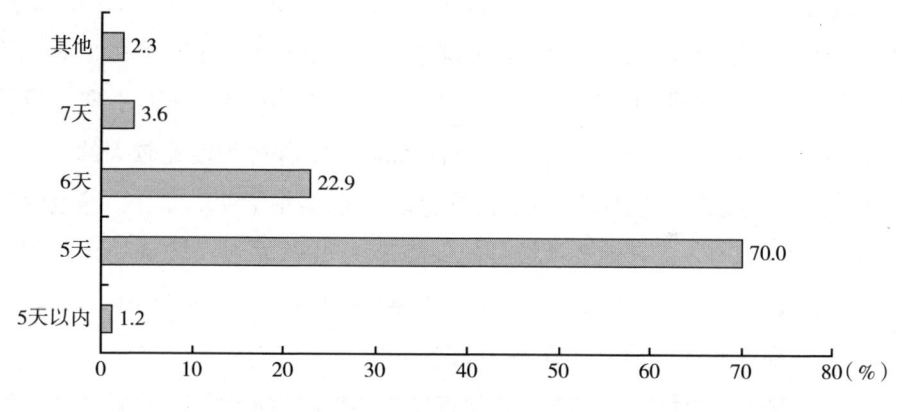

图2 每周工作天数统计

在每天的工作时间方面,国家规定的每天法定劳动时间是8小时,74%的青年的工作时间在法定劳动时间范围内,其中8小时工作制的青年占59.2%,工作8小时以内的青年占14.8%,有19.2%的青年每天工作8~10小时(不包括8小时),有6.8%的青年每天工作10小时以上,存在工作超时现象。这些数据说明,大多数青年每天的休息时间是有所保障的,劳累一天后,能够有时间休息,但也有部分青年的休息时间相对缺乏。

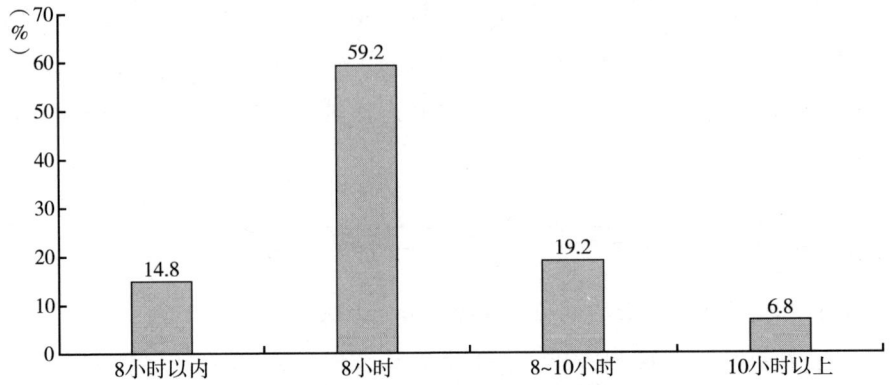

图3 每天工作时间统计

2. 广州青年权益保障更加健全，但保障力度有待提高

我们从"五险一金"、劳动合同、带薪休假等维度测量青年工作的权益保障，调查数据显示，广州青年的权益保障更加健全，青年所在企业、机构、单位为青年提供的待遇从以前的"五险一金"拓展到病假工资、带薪休假、产假工资、职业培训以及商业医疗保险等。保障力度比较大的前三位是劳动合同（签订率为77.5%）、医疗保险（购买率为72.7%）、养老保险（购买率为68.5%），其他各项权益的保障率为60%左右，较低的是产假工资（享有率53.4%）、病假工资（享有率46.8%）、职业培训（享有率35.2%）、商业医疗保险（购买率16.5%）。

对比2014年的数据，2016年广州青年权益保障有所提高，产假工资、医疗保险、养老保险、失业保险、工伤保险、生育保险、住房公积金等权益保障的享有率都有所提高，病假工资、职业培训的享有率略有降低。这些数据说明，随着我国社会保障制度的完善，青年的就业权益保障体系也有所推进，他们的工作福利制度也日渐成熟。但是，青年享有的这些权益保障福利，目前最高的只占到七成多，大多数都是六成多，保障的力度有待于进一步提高。

从不同性别来看，广州女性青年的权益保障优于男性青年，这一结果与2014年调查数据一致。男性权益保障优于女性的项目有职业培训和商业医疗保险，其他权益方面均劣于女性。

表5 广州从业青年权益保障情况

权益保障情况	2016年	2014年
劳动合同	77.5	77.7
病假工资	46.8	48.8
带薪休假	62.9	62.8
产假工资	53.4	51.1
医疗保险	72.7	71.9
养老保险	68.5	65.2
失业保险	62.1	56.1
工伤保险	63.6	62.5
生育保险	61.6	54.7
住房公积金	64.2	62.4
职业培训	35.2	36.0
商业医疗保险	16.5	—

表6 不同性别从业青年权益保障情况

单位：%

权益保障情况	男性		女性	
	2016年	2014年	2016年	2014年
劳动合同	76.1	75.1	79.5	80.1
病假工资	44.1	46.9	48.2	50.3
带薪休假	59.5	60.0	64.2	65.7
产假工资	40.1	40.9	62.8	61.7
医疗保险	64.3	67.5	78.3	76.6
养老保险	62.9	60.7	72.4	69.8
失业保险	56.6	51.7	66.2	60.3
工伤保险	59.1	60.2	66.7	64.6
生育保险	51.7	45.3	68.5	63.0
住房公积金	58.1	58.6	69.2	66.1
职业培训	36.0	36.0	33.9	35.9
商业医疗保险	20.2	—	13.8	—

从年龄来看，青年的年龄越大，其权益保障越优。在病假工资、产假工资、失业保险等方面，随着青年年龄的增长，青年的权益保障越健全；而职

业培训方面,青年的年龄越大,青年的权益保障则越差。这说明用人单位重视对年龄较低青年人才的培养。

表7 不同年龄从业青年权益保障情况

单位:%

权益保障情况	15~20岁	21~25岁	26~30岁	31~35岁
劳动合同	69.6	81.2	77.8	73.9
病假工资	39.1	40.7	48.4	49.9
产假工资	39.1	48.8	54.2	56.0
失业保险	43.5	58.0	63.4	65.0
职业培训	30.4	37.1	34.1	32.5

3. 四成多青年对工作评价较为满意,其中人际关系的满意度最高,升迁机会的满意度最低

我们从工作岗位、工作环境、福利保障、经济收入、升迁机会、人际关系、工作压力以及职业的社会地位8个维度来测量广州青年对工作的满意度。2016年调查数据显示,青年对这些维度的满意度差异较大,青年较为满意的是人际关系(满意率51.5%)、工作环境(满意率48%)、工作岗位(满意率43.2%),青年满意度较差的是升迁机会(满意率18.9%)、经济收入(满意率20.8%)、工作压力(满意率21.9%)。

对比2014年、2012年的数据,2016年广州青年对工作岗位和工作环境的满意度有所提高,这可能是青年与工作岗位的匹配度较高,青年对工作岗位满意度较高,青年所在企业、机构、单位改善了青年的工作环境,以吸引和留住优秀青年人才。但是,在经济收入、升迁机会、工作压力方面,青年的满意度有所降低。经济收入方面,这可能是青年面临结婚、买房等导致的经济压力大,他们期待能有较高的经济收入;升迁机会方面,可能与人口老年化现象、延迟退休等有关,在一定时期晋升岗位有限,青年的升迁机会较小;工作压力方面,可能是由于就业形势的严峻,青年的工作压力有所提高。

表8 广州青年的工作满意度

单位：%

	年份	极不满意	较不满意	一般	比较满意	非常满意
工作岗位	2016	2.0	6.8	48.0	38.8	4.4
	2014	2.9	7.8	48.1	36.6	4.6
	2012	2.3	7.1	46.5	37.2	5.9
工作环境	2016	1.6	6.6	43.7	42.7	5.3
	2014	2.5	7.4	43.2	40.1	6.9
	2012	2.7	6.3	42.5	39.6	8.1
福利保障	2016	3.0	13.9	48.1	30.9	4.0
	2014	5.8	13.6	46.1	30.1	4.4
	2012	4.7	11.8	44.3	32.7	5.3
经济收入	2016	5.2	22.0	52.0	18.2	2.6
	2014	9.0	19.9	49.3	18.7	3.1
	2012	7.2	20.0	49.8	19.3	2.8
升迁机会	2016	4.8	18.8	57.5	16.0	2.9
	2014	8.2	17.9	52.7	18.1	3.1
	2012	7.3	14.3	50.9	19.7	3.5
工作压力	2016	3.2	13.7	61.3	19.1	2.8
	2014	4.4	12.3	56.5	22.4	4.4
	2012	4.8	13.4	54.8	21.3	3.4
职业的社会地位	2016	2.9	11.8	59.6	22.3	3.4
	2014	4.3	12.2	56.8	22.9	3.6
	2012	5.3	13.3	51.6	22.1	3.8
人际关系	2016	1.4	5.1	41.9	44.9	6.6

注：2012年该题选项有"说不清"一项，故数据合计小于100%。

4. 广州青年职业流动次数2~3次占比最高，1/3的青年职业相对稳定

2016年调查数据显示，广州青年职业相对稳定，1/3的受访青年参加工作以来没有换过职业；流动率较低的，只换过1~2次职业的青年占34.6%；换过3~4次职业的青年占25.6%；换过5次及以上的青年占6.8%。在这快速流动的社会，青年也出现了职业流动较快的现象。对比2014年、2012年的数据，2012年青年的职业是比较稳定的，2014年流动频率有所提高，2016年则流动率又有所降低。变动1~2次的青年自

2012年以来占比相对稳定，变动3~4次的青年，则呈现逐渐上升的趋势。

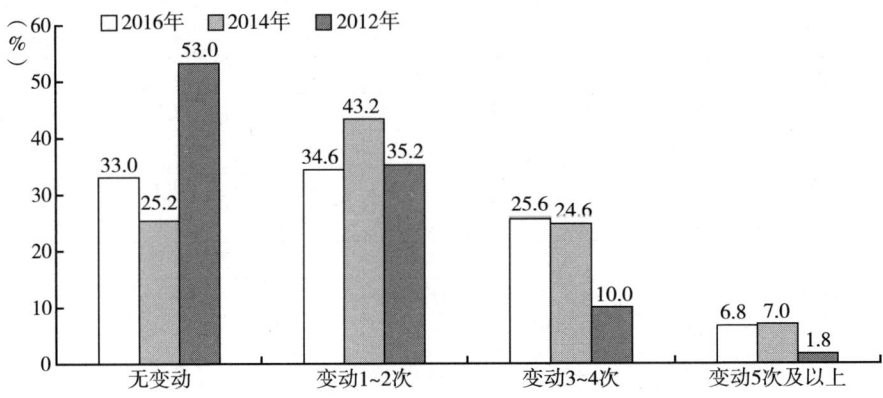

图4 工作变动次数统计

我们进一步将性别、是否独生子女、受教育程度、年龄、住房状况等变量与青年工作变动次数进行交互分析，发现男性青年职业更换频率比女性更高，从来没有换过职业的女性青年为35%，男性青年为27.9%；独生子女青年的职业稳定性高于非独生子女，37%的独生子女从未更换过职业，30.3%的非独生女子从未更换过职业；学历越高的青年职业越稳定，从没有更换过职业的青年比例，初中占9.1%、高中（含中专、中技）占17.5%、大专占25.5%、大学本科占37.9%、硕士及以上占55.9%。青年的年龄越大，职业的稳定度越低，从未更换过职业的青年，21~25岁青年的占比为44.4%，26~30岁青年的占比为27%，31~35岁青年的占比为26.6%。拥有自有产权房青年的职业相对稳定，职业更换频率较低，从未更换过职业的青年，拥有自有产权房青年的占比为31.7%，租房青年的占比为28.2%，住宿舍青年的占比为40.7%。

5. 广州青年职业发展最希望解决"薪酬待遇偏低"问题，且占比有所提高

在职业发展方面，广州青年最希望解决的是"薪酬待遇偏低"问题，2016年这一项的占比是67.5%。中国南方人才市场发布的《2016~2017年广东地区薪酬调查报告》显示,广州2016年平均月薪为6952元,比上年略涨了41元,同比涨幅0.6%。之前两年分别为6830元、6911元。因此,这一数据比较客观真实地反映了广州青年职业发展的现实需求,广州青年的职业发展呼声是提高薪酬待遇。除薪酬待遇偏低外,广州青年最希望解决的是"职业发展前途渺茫"(24.1%)、"创业难"(18.9%)、"劳动保障不完善"(17.7%)、"就业培训缺乏"(17.3%)、"找工作困难"(15.9%)。

对比2014年数据,2016年广州青年对解决薪酬待遇偏低的呼声更加强烈,说明薪酬待遇是青年目前比较不满意的地方。在"找工作困难""创业难""劳动保障不完善""职业发展前途渺茫"等方面,受访青年希望解决这些问题的占比有所降低,说明随着政府、社会对青年职业发展的重视,这几年青年职业发展方面的问题得到了一些解决。

表9 "目前最希望解决的问题"选项情况统计

单位:%

目前最希望解决的问题	2016年	2014年
找工作困难	15.9	27.6
薪酬待遇偏低	67.5	65.0
就业培训缺乏	17.3	18.1
创业难	18.9	23.3
劳动保障不完善	17.7	22.6
劳动权益常受侵害	7.6	14.7
职业发展前途渺茫	24.1	28.4
青年人才培育机制不健全	13.3	14.7
才能在就业岗位得不到发挥	11.2	13.3
求职就业指导服务不够	5.4	5.4
残疾青年就业创业难	2.7	2.4
其他	1.5	0.5

注:此题为多选题,最多选三项,故合计大于100%。

(四)广州青年创业意愿及需求

1. 广州青年创业意愿高,大学生的创业意愿高于在职青年

大众创业、万众创新的潮流,激发了青年人的创业创新热情,广州青年的创业意愿较高，2016年愿意创业的青年占39.5%、2014年愿意创业的青年占50.1%。这说明在国家和各级政府对青年创业的鼓励和支持下，青年的创业意愿还是比较高的，创业氛围比较浓厚，不愿意自主创业的青年仅有一成。大学生群体是创业群体的重要组成部分，大学时期也是创业思想的活跃期，近年来广州地区高校纷纷建立了创业基地，设立了创业教育基金，部分高校还成立了创业学院。2016年调查数据显示，广州大学生创业的意愿（41.1%）高于在职青年自主创业的意愿（39.4%）；不愿意创业的大学生占11%，不愿意创业的在职青年占10.1%。这说明整体上广州青年的创业意愿较高，具有较浓厚的创业热情。

表10 青年的创业意愿统计

单位：%

创业意愿	广州青年整体		2016年	
	2016年	2014年	在职青年	大学生
愿意	39.7	50.1	39.4	41.8
不愿意	10.5	10.1	10.1	11.0
说不好，看情况	49.8	39.8	50.5	47.2

我们进一步分析青年创业意愿的影响因素，青年创业意愿主要分为愿意创业和不愿意创业两大类群体，属于二元变量，因此运用二元Logic回归分析方法（有创业意愿编码为1，没有创业意愿编码为0，其他则设为系统缺失值）。我们将年龄、性别、是否独生子女、政治面貌、户籍、学历、广州居住年限等自变量与青年创业意愿进行二元Logic回归分析后发现，户籍、年龄、广州居住年限与青年创业意愿显著相关。回归分析结果显示，在户籍方面，相比于广州城镇户籍青年，广州农村户籍青年和外地城镇户籍青年的创业意愿更低；在年龄方面，青年的创业意愿与年龄为负相关关系，青年的创业意愿随着年龄的增长而降低；在广州居住年限方面，青年的创业意愿与居住年限为正相关关系，青年的创业意愿随着居住年限的增长而提高；在学历方面，青年的创业意愿与受教育程度为正相关关系，相对于小学及以下学历青年，受教育程度是大学本科、硕士及以上青年的创业意愿更高。

表 11 青年创业意愿影响因素的二元 Logic 回归分析

变量		B	S.E	Sig.	Exp(B)
性别:(参照项:男)	女	-0.050	0.224	0.825	0.952
是否独生子女:(参照项:独生子女)	独生子女	-0.240	0.252	0.340	0.787
住房状况:(参照项:租房)	自有产权房	0.179	0.524	0.732	1.197
	宿舍	03615	0.473	0.193	1.850
政治面貌:(参照项:党员)	共青团员	-.0489	0.365	0.181	0.613
	其他民主党派人士	-.609	0.341	0.074	0.544
	群众	-.914	1.558	0.557	0.401
户籍:(参照项:广州城镇户籍)	广州农村户籍	-1.673***	0.405	0.000	0.188
	外地城镇户籍	-1.766***	0.459	0.000	0.171
	外地农村户籍	-0.307	0.385	0.424	0.735
学历:(参照项:小学及以下)	初中	19.709	20039.477	0.999	362691834.2
	高中(含中专、中技)	0.386	0.679	0.570	1.471
	大专	0.871	0.560	0.120	2.389
	大学本科	2.313***	0.527	0.000	10.104
	硕士及以上	0.994*	0.417	0.017	2.701
年龄	—	-0.065*	0.033	0.049	0.937
广州居住年限	—	0.050*	0.016	0.002	1.051
-2 Log likelihood	533.901				
Nagelkerke R Square	0.206				

注: *** 表示在双侧检验上, $p \leq 0.001$, 具有统计学意义; ** 表示在双侧检验上, $p \leq 0.01$, 具有统计学意义; * 表示在双侧检验上, $p \leq 0.05$, 具有统计学意义。

2. 两成多广州青年有创业经历,在职青年创业实践占比高于大学生

青年有创业意愿后,更为关键的是勇于创业实践,由被动就业向自主创业转变。整体上,受访广州青年中,6.4%的青年正在创业,17.8%的青年曾经有过创业,但现在已经不做了。具体细分在职青年和大学生而言,在职青年创业实践比例高于大学生,正在创业的在职青年比例为6.6%高于正在创业大学生的比例4.7%;曾经有创业经历,但现在已经不做了的在职青年比例为19.7%,也高于大学生的比例7.5%。

我们进一步分析青年创业实践的影响因素,青年创业实践主要分为有创业经历和没有创业经历两大类群体,属于二元变量,因此运用二元 Logic 回

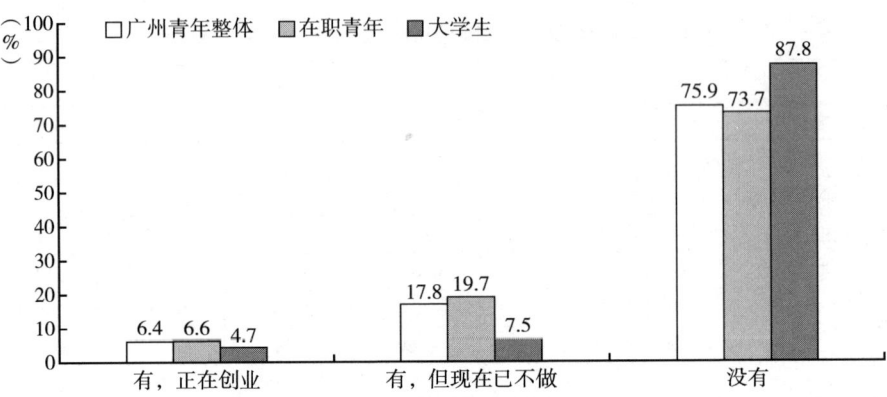

图 5 广州青年创业经历

表 12 青年创业实践影响因素的二元 Logic 回归分析

变量		B	S.E	Sig.	Exp(B)
性别:(参照项:男)	女	0.524**	0.192	0.006	1.689
是否独生子女:(参照项:独生子女)	独生子女	0.374	0.231	0.104	1.454
住房状况:(参照项:租房)	自有产权房	.568	0.444	0.201	1.764
	宿舍	0.402	0.393	0.306	1.495
政治面貌:(参照项:党员)	共青团员	-0.386	0.285	0.175	0.680
	其他民主党派人士	-0.306	0.253	0.226	0.736
	群众	1.558	1.547	0.314	4.748
户籍:(参照项:广州城镇户籍)	广州农村户籍	-0.368	0.360	0.307	0.692
	外地城镇户籍	0.362	0.381	0.342	1.437
	外地农村户籍	-0.319	0.321	0.320	0.727
学历:(参照项:小学及以下)	初中	-20.378	19454.066	0.999	0.000
	高中(含中专、中技)	1.222	0.684	0.074	3.394
	大专	0.837	0.591	0.156	2.310
	大学本科	0.831	0.544	0.127	2.295
	硕士及以上	0.490	0.510	0.337	1.632
年龄	—	0.086***	0.027	0.001	0.917
广州居住年限	—	0.020	0.014	0.156	1.020
-2 Log likelihood	679.748				
Nagelkerke R Square	0.151				

注:*** 表示在双侧检验上,$p \leq 0.001$,具有统计学意义;** 表示在双侧检验上,$p \leq 0.01$,具有统计学意义;* 表示在双侧检验上,$p \leq 0.05$,具有统计学意义。

归分析方法（有创业经历编码为1，没有创业经历编码为0，其他则设为系统缺失值）。我们将年龄、性别、是否独生子女、政治面貌、户籍、学历、广州居住年限等自变量与青年创业经历进行二元Logic回归分析后发现，性别、年龄与青年创业经历显著相关。回归分析结果显示，相比于男性，女性的创业实践的发生率高于男性；青年的年龄与创业实践为正相关关系，随着年龄的增长，青年更有可能投身创业实践。

3. 六成青年认为"正确的投资方向"是影响创业成功的主要因素，其次是足够的社会经验和管理经验

广州青年认为"正确的投资方向"是影响创业成功的主要因素，有60.1%的青年选择了此项；其次是有"足够的社会经验和管理经验"（50.5%），再次是有"充足的创业资金"（45%）。对比2014年的数据，我们可以发现，这次调查结果显示，青年认为"足够的社会经验和管理经验"的重要性超过了"充足的创业资金"；青年认同"创业者有良好的身体和心理素质""创业者具备创业能力"等创业者自身的因素影响创业成功的比重有所提升；青年认同足够的"人脉关系""政府和社会的扶持"影响创业成功的比重有所降低。

表13 影响创业成功的主要因素

单位：%

影响因素	2016年	2014年
充足的创业资金	45.0	50.9
正确的投资方向	60.1	58.1
足够的社会经验和管理经验	50.5	49.3
政府和社会的扶持	11.2	15.0
足够的人脉关系	39.5	42.4
亲友的支持	5.1	5.8
创业者有良好的身体和心理素质	27.3	22.6
创业者具备创业能力	24.8	22.9
社会经济发展状况良好	9.3	8.6
其他	0.5	0.5

对于影响创业成功因素的认知，进一步分析青年创业经历对其的影响，数据显示，正在创业的青年最重视创业资金的影响；曾经有创业经历，但现

在已不做的青年最重视"正确的投资方向";没有创业经历的青年重视"正确的投资方向""足够的社会经验和管理经验"。

表14 创业经历对创业成功因素认知的交叉分析

单位:%

认为影响创业成功的因素	不同创业状态青年		
	有,正在创业	有,但现在已不做	没有创业经历
充足的创业资金	55.3	38.9	45.5
正确的投资方向	52.3	54.2	61.5
足够的社会经验和管理经验	41.7	49.9	50.9
足够的人脉关系	26.5	41.1	39.9
亲友的支持	4.5	9.3	4.1
创业者具备创业能力	20.5	20.3	25.9
社会经济发展状况良好	8.3	14.0	8.3

三 广州青年就业创业存在的问题及原因分析

(一)广州青年就业收入水平较低,职业稳定性较差

解决薪酬待遇偏低问题,是近年来广州青年职业发展中最希望解决的问题。青年群体大多数由于刚步入工作岗位不久,在用人单位中一般处于相对基层的岗位,因此,薪资待遇一般处于中下水平。但是,青年群体即将面临结婚、买房等人生大事,对于经济收入的需求是比较强烈的,特别是随着房价上涨的速度远远高于工资增长的速度,许多青年人望房兴叹,对薪酬待遇的期望比较高。

经济收入高是广州青年找工作考虑的最主要因素,薪酬待遇较低,这是导致青年职业稳定性较差的原因之一。调查数据显示,2/3 的广州青年曾有过职业流动。在调研中,企业负责人力资源工作的人员指出,现在青年员工的一大新特点就是流动率较高,青年员工的稳定性较差,青年员工的快速流

动给企业带来额外的成本，企业需要不断地招聘新人，对新人进行岗位培训。在一定范围内的流动，对青年是有益处的，青年或许可以找到更适合自身发展的岗位，也可以提高自己的工作视野，但过于频繁的流动则对青年个体和用人单位会带来一定的成本。

（二）广州青年就业权益保障落实不到位，青年对工作的满意度有待提高

我国劳动法规定劳动者享有休息休假的权利、接受职业技能培训的权利、享受社会保险和福利的权利等劳动权利；国家实行劳动者每日工作时间不超过八小时、平均每周工作时间不超过四十四小时的工时制度。广州青年在劳动合同和"五险一金"权益的落实方面，本次调查数据显示，受访青年中，有22.5%的青年未与用人单位签订合同，有27.3%的青年的用人单位未给他们购买医疗保险，有31.5%的青年的用人单位未给他们购买养老保险，有37.9%的青年的用人单位未给他们购买失业保险，有36.4%的青年的用人单位未给他们购买工伤保险，有38.4%的青年的用人单位未给他们购买生育保险，有35.8%的青年的用人单位未给他们购买住房公积金。在劳动时间方面，有26.5%的青年每周工作5天以上，有26%的青年每天工作时长超过8小时。虽然国家层面和广州市政府层面为广州青年就业权益方面制定了相应的保障措施，但广州青年就业权益保障落实力度需要进一步提高，维护青年合法的就业权益。

广州青年对工作的升迁机会、经济收入、工作压力的满意度是比较低的，满意率分别为18.9%、20.8%和21.9%。升迁机会是青年职业发展的一大指标，也是青年努力工作的一大动力，升迁机会的渺茫会降低青年工作的积极性；经济收入是青年择业的首要指标，青年对经济收入提高的渴望是非常强烈的；工作压力是青年心理状况的体现，工作压力过大对青年的身心发展是极为不利的。如何提高青年工作满意度，以提升青年工作积极性和促进青年职业的发展，实现用人单位和青年双赢的结局，有待于进一步的摸索，而升迁机会、经济收入、工作压力则是提升青年工作满意度的着力点。

（三）广州青年创业实践率不高，且创业成功率较低

青年是创业的主力大军，青年时期是人生创业的黄金时期。本次调查发现，青年创业热情比较高，有39.7%的青年主观上愿意投身创业潮流，但具体真正创业实践的青年较少。这可能是由于青年创业需要好的创业项目、创业资金、创业知识等，对青年自身的能力要求较高。而青年认为影响创业成功的主要因素是"正确的投资方向""足够的社会经验和管理经验""充足的创业资金"，青年在创业过程中拥有活力、激情，学习能力强、创新能力强等优势，但受一些如创业资金、社会管理经验等限制，减小了青年创业实践的动力。

广州青年创业的成功率较低，本次调查数据显示，广州青年的创业率为24.2%，创业青年群体中17.8%的青年是有创业经历，但现在已不做。说明青年创业的项目延续性不高，创业比较艰难。另一项全国调查数据也说明了这一情况，人力资源和社会保障部劳动科学研究所发布的《中国青年创业现状报告（2016）》显示，对青年创业者的跟踪调查表明，一年后项目存活率约为65.8%，青年创业项目的总体特征表现为：一是成立时间短，项目平均开始时间不足3年，成立5年以下项目占85%以上；二是注册类型较集中，个体工商户（43.4%）和有限责任公司（25.8%）占比较大；三是创业规模小，10人以下企业占大多数（83.1%）；四是创业行业中批发零售业占比较大（29.6%）。[①]

四 对策与建议

青年就业创业问题是青年发展道路上的重要议程，要从根本上解决青年就业创业这一系统性问题，需要政府层面创造激励就业创业的宏观环境，用

---

① 白天亮：《青年创业项目一年后存活率65.8%》，《人民日报》2016年12月20日。

人组织为青年职业发展营造健康成长的微观环境，更需要青年自身提高就业创业核心竞争力。

（一）政府层面：实施积极的就业政策，落实"就业优先"的理念

我国政府历来非常重视青年的就业问题，2017年两会总理记者会上，李克强总理指出，就业对我们这样一个13亿多的人口大国来说是最大的民生，政府这几年一直在实施积极的就业政策，2017年更是强调就业优先，就是要保证能够实现比较充分的就业，把失业率控制在较低的水平。① 因此，政府应实施积极的就业政策，贯彻落实"就业优先"的理念。

1. 完善青年就业创业公共服务体系，实现供需有效匹配

从供求匹配角度讲，就业服务是关键。政府要积极完善青年就业服务体系，为有就业意愿和劳动能力的青年创造就业创业机会，降低青年的失业率，实现青年的充分就业。加大就业信息提供、就业咨询、就业指导等就业服务措施，为青年就业生涯提供跟踪服务；提高青年就业保障力度，为暂时没找到工作或失业的青年提供基本的生存保障；加强就业信息网络建设力度，让青年人才与用人单位能够实现供需的有效匹配，解决就业企业"招人难"和青年人才"找工作难"问题。

2. 以项目化推动青年创业，实现创业带动就业

青年的创业是解决青年就业的一大有效途径，青年创业不仅可以解决自身的就业问题，还可以创造一批就业岗位，带动青年就业。广州青年的创业意愿较高，但创业实践的比例不高，存在一些影响青年创业的因素。青年认为"正确的投资方向"是影响创业成功的主要因素，而正确的投资方向需要依托良好的创业项目。以项目化推动青年创业，可以促进青年创业资源的配置，强化政府对创业投入的监管，更高效地带动青年创业。

---

① 《李克强：不会也不允许出现大规模群体性失业》，中国政府网，2017年3月15日。

（二）用人组织层面：优化青年工作环境，提升青年就业归属感

1. 为青年创造合理的晋升机会，创造青年职业发展良好平台

本次调查数据显示，青年对升迁机会的满意度最低。青年对升迁机会的期待，说明青年对职业成长的渴望。随着延迟退休政策、青年刚步入工作等因素影响，青年的晋升机会、晋升平台、晋升速度等有所减少或降低，导致青年工作的积极性受到一定的影响。因此，用人组织要积极为青年创造合理的晋升机会，给予青年职业成长的空间，让青年看到工作进步的希望，推动青年职业发展健康成长。

2. 提高青年就业的工作福利，维护青年工作的合法权益

本次调查发现，广州青年的就业权益保障落实不到位，一些用人单位对青年工作合法权益的保障没有落实。当前企业间的最大竞争是人才的竞争，各地政府都相继出台"人才引进计划"，吸引各地的人才安家落户。人才是用人组织最大的资产，而青年人才又是企业未来发展的决定性力量。因此，用人单位要提升青年就业的工作福利，保障青年工作的合法权益，让青年安心工作，降低职业的流动性，提高对用人单位的满意度。

（三）青年个体层面：树立正确的就业观，理性择业和就业

1. 提升就业综合素质，增强职业核心竞争力

青年的就业发展，离不开外在的职业发展环境，更离不开青年自身成长的努力。当前的就业竞争，是个人就业综合素质的竞争，广州青年要以提升就业综合素质为导向，增强职业核心竞争力。青年群体提升就业综合素质，需要参加用人单位组织的岗位培训，参与社会化、市场化的职业类培训，甚至也可以"脱岗"继续参加学历教育；青年群体可以积极参与职业类竞赛，以赛发现自身岗位能力的不足，在竞赛中提升岗位专业能力和工作技能。

2. 转变就业观念，理性择业和就业

青年的就业价值观对青年的就业具有深远的影响，树立理性的择业和就业观念，才能更好地在职场中成长。一些青年在职业选择中出现了"高不

成低不就"、频繁跳槽、"就业恐惧症"等现象，都是受到不合理就业观念的影响。在新形势下，青年要树立积极的就业观，增强就业发展意识，在职业发展中增进对就业工作的认知，调整就业心态，以从容、乐观的心态在岗位中奋斗，实现人生价值。

参考文献

1. 孙慧：《广州青年就业发展研究报告》，见魏国华、张强主编《广州青年发展报告（2014~2015）》，社会科学文献出版社，2015。
2. 孙慧：《广州青年就业发展研究》，见魏国华、张强主编《广州青年发展报告（2012~2013）》，社会科学文献出版社，2013。
3. 刘成斌：《改革开放30年与青年就业观念的变迁》，《中国青年研究》2008年第1期。
4. 李磊：《青年就业状况比较分析——以日本、韩国、中国大陆及台湾地区为例》，《中国劳动关系学院学报》2016年第5期。
5. 共青团中山市委课题组：《青年就业创业特点与青年工作对策：以中山市中职（技工）青年调研为例》，《中国青年研究》2016年第12期。

B.7
广州青年参与发展研究

吴冬华*

摘　要： 当代青年广泛参与社会各种事务已经成为一种普遍现象，并且与社会发展同频共振。笔者从不同年代背景下考察广州青年参与意识和参与行为的变化，发现青年政治表达意愿积极向上，对政治主动性认知的需求强烈，政治效能感逐年提升，而新技术的发展也改变了政治参与的现有格局，网络参政显著，现实参政行为不明显；社会组织参与意愿较高，参与动机多元化，而发展性需求更明显；志愿服务参与意愿强烈，而志愿服务参与期望与现实存在差距。为此，在新的时代背景下，应该深入探究青年社会参与机制，进一步发挥青年参与对社会的正向功能。

关键词： 青年　政治参与　志愿参与　社团参与　广州

　　青年参与是青年人表达个人意愿、实现利益需求的一种社会途径与方法。1985年的国际青年年，将参与作为基本口号，此后，青年参与现象日益受到各个国家不同政府部门与学术界的密切关注。从社会参与发展历史来看，以往构建社会参与框架是围绕成年人的需求而展开，由于青年在较长时期内处于弱势地位，其参与机制一直被边缘化。随着社会改革的深化，信息社会与后喻文化时代的到来，青年社会地位大大提升，并日益成为社会发展的主导力量，而原

---

* 吴冬华，广州市团校研究中心主任、助理研究员。

有的社会参与机制既无法有效满足青年参与迫切的现实需要,也无法积极调动广大青年投入社会公共事务,发挥青年对社会发展的动力与助力作用。

本研究从"参与"视角对广州青年发展进行专题研究,主要运用问卷调查方法,并辅之以座谈会、文献检索等调查方法,探析当前青年参与的显著特点与发展脉络,同时分别与2010年、2012年、2014年相同问卷问题的调查结果进行比较,从时间序列上考察青年参与随着社会环境与时代背景变化所呈现的特点。同时,依据个体所掌握的资源不同,分析不同青年群体对参与的认识、参与的行为和特征,比较青年在不同内容的参与上存在哪些相异之处。进一步探析挖掘影响青年社会参与的成因,结合现实寻求相应的解决办法,并据此提出建议与对策。

一 基本现状

参与行为包括经济、政治、社会、文化等各方面事务的参与。联合国大会将青年参与定义为四个部分:经济参与,包括工作和发展;政治参与,包括决策过程和权力分配;文化参与,包括艺术、音乐、文化价值和表现;社会参与,包括社区参与和同代群体等。本文参考2010年、2012年、2014年青年参与的研究框架,并结合联合国对青年参与分类标准的界定进行分析。由于本书其他专题对广州青年的经济参与、文化参与内容有相关论述,为此,本文主要从政治参与、志愿参与、社团参与三个方面分析及阐述当前青年参与的现状与特征。

(一)参与政治生活的情况

青年人是思想活跃、充满激情,负有强烈的历史责任感和使命感的群体,他们政治参与的程度和强度往往影响着社会民众的思想意识启蒙及社会制度变迁。在本研究中,青年人的政治参与,既体现在理念层面上,即青年对政治生活的关注度与认可度,又体现在行为层面上,也就是青年运用直接或间接的途径、方式,参与政治生活,并采取影响政治活动的一系列实际行为，进而维护、实现个人利益与现实需求。

1. 政治参与意识强烈，政治效能感较高

政治参与意识是政治参与思想、观点和心理的总称，就其内容来说，政治参与意识包括政治认知、政治参与的情感态度、政治参与的行为素养等。政治认知是政治参与意识的基础，政治态度是参与意识的内在制约机制，政治参与行为是参政意识的外显。在现实政治生活中，青年的政治参与意识极大地影响着其政治态度，并进一步深深影响着他们的政治参与行为。

(1) 青年普遍对时事政治较为关注

如图1所示，有21.3%的受访者表示每天都关注时事政治，还有40.5%的受访青年表示在大事发生时才会关注时事政治，有36.7%的受访青年表示偶尔看看，表示从不关注的受访青年只占调查样本的1.5%。其中，在职青年每天关注时事程度的占比最高，超过总体平均值；大学生对国家大事的关注占比最高，中学生次之。这说明，尽管青年对时事政治的关注程度不一，但就整体而言，青年普遍对政治时事较为关注，对政治主动性认知的需求仍然较高。

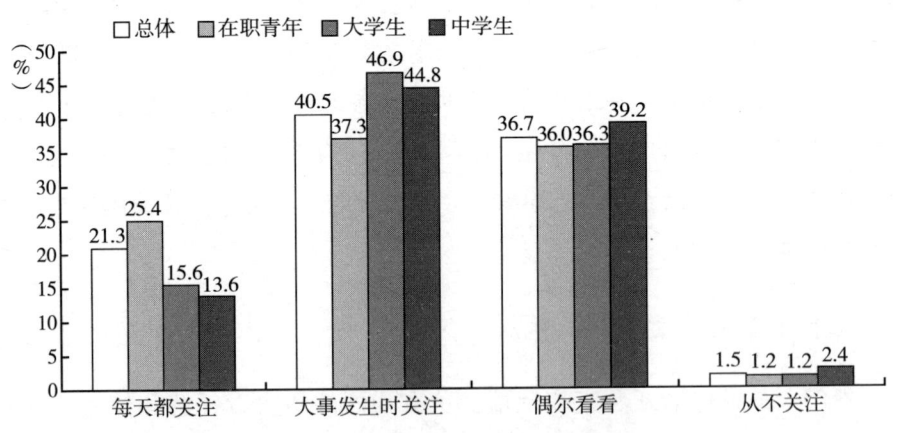

图1 青年对时事政治的关注度

进一步分析影响青年关注时事政治的因素，在对因变量为是否关心时事政治的回归分析模型中，性别具有显著的负向影响，女青年关心时事政治的热情明显低于男青年。本市户籍的青年关心时事政治的积极性低于外市户籍的青年。非独生子女关心时事政治的占比显著地低于独生子女。党员、团员比群众更经常关心时事政治。年龄的影响虽然具有统计显著性，但影响作用较小。同时，受教育程度对关心时政的影响方面，只有本科及以上的青年关心时事政治的积极性明显高于高中及以下的青年，大专学历者与高中及以下学历者没有显著差异。

表1 青年是否关注时事政治的对数线性模型分析

自变量	模型Ⅰ	模型Ⅱ	模型Ⅲ
性别(男=0)	-0.453***	-0.422***	-0.496***
年龄	0.0166**	0.0198**	0.00608
户籍(外市户籍=0)	-0.316***	-0.245***	-0.229**
是否独生子女(是=0)		-0.359***	-0.314***
受教育程度(高中及以下=0)			
大专			0.102
本科及以上			0.469***
政治面貌(党团员=0)			-0.423***
常数项			0.840***
观测个案数	2425	2425	2425
Count R^2	0.616	0.609	0.628
BIC	-24.301	-30.587	-57.366
Hosmer and Lemeshow 拟合优度检验 (Pearson Chi-square)	p=0.190	p=0.216	p=0.142

注：** 表示 $p<0.01$，*** 表示 $p<0.001$。

(2) 对选举投票行为的认同度持续上升

我国宪法规定，年满十八周岁的中国公民拥有选举权。投票选举作为国家提供的制度框架内的一种外显政治参与行为，青年人如何评价选举投票的功能呢？从受访者对"选举投票是有用的"的回应可发现64.0%的被调查青年认为选举投票是有用的，认为"选举投票没用"的占比仅27.0%。与2014年选择赞同"选举投票是有用的"的62.2%相比，2016年肯定选举投票行为效能的青年占比稳步提升，与2010年的33.5%相比，几乎翻了一倍。这说明当下广州青年对投票选举作用的认同度稳中有升。

在校学生与在职青年对选举投票作用的认同程度呈现显著差异。调查结果显示，在校学生比在职青年更认同选举投票的作用，其中，中学生认同程度又显著高于大学生、在职青年。显然，随着年龄的增长以及社会卷入程度的加深，青年人对制度内参与行为的认同度会下降，也表明年龄越小者，越是制度内参与的重要信任力量。

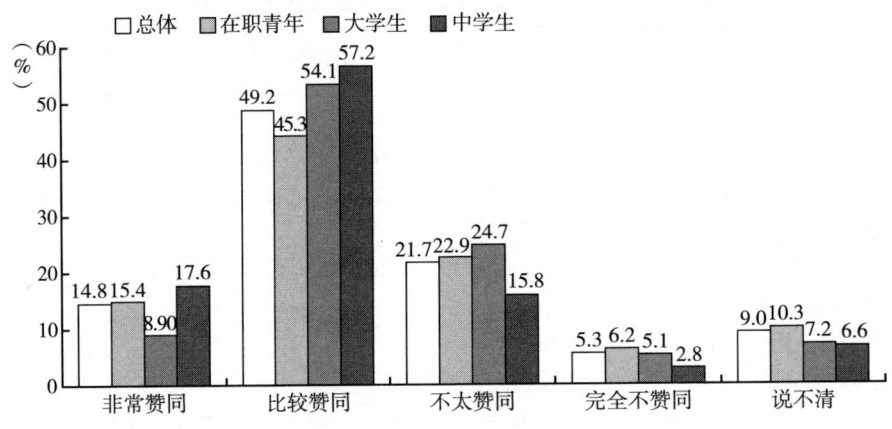

图2 青年对"选举投票是有用的"认同度

（3）青年政治效能感日益提升

青年人政治参与和政治效能感紧密相关。政治效能感是影响人们政治参与的直接变量，它通常指人们对个体政治参与行为影响能力的主观判断与评价。整体来说，政治效能感越强，人们的政治参与行为表现越积极主动。本次调查主要是从青年对政府决策影响力以及参与途径等态度及评价来考察政治效能感。

调查数据显示，对于"市民的意见对政府政策有影响力"，有50.6%的受访青年表示"赞同"（包括比较赞同和非常赞同，下同）。对于"当政府公共政策、制度或做法不当时，市民能通过合法渠道表达意见，并被有关部门采纳"，有66.0%的受访青年表示"赞同"，远超出不赞同的占比。这表明青年政治效能感普遍不低，对政治参与的功能持积极认可的态度。值得关注的是,从"市民的意见对政府政策有影响力"这一问题的回应来看,"不赞同"的占比达到42.1%,"说不清"占到7.4%,不赞同的青年比例近乎一半,可见,青年认为民意对政府决策作用的影响是有限的。

与2014年、2010年调查结果相比,在参政(选举投票是有用的)、议政(市民的意见对政府政策有影响力)、督政(当政府政策不当时,市民能够通过合法渠道表达意见,并被相关部门采纳)的认可评价上,广州青年政治效能感在逐步提升,市民不仅对政治体系、政治决策具有影响力,而且青年认为这种影响正在逐步增强。其中青年对政治利益表达方式的认同度最高,与2010年相比,比例有了大幅度提升,这显然与信息社会的飞速发展有密切关系。

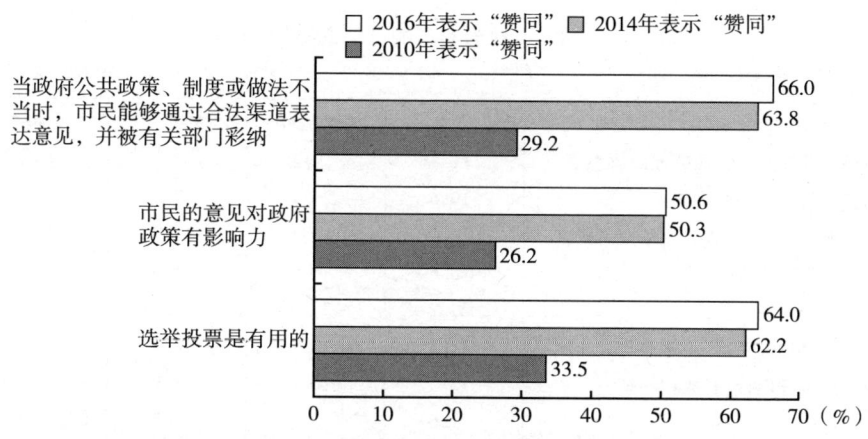

图3 对政治参与观点赞同的百分比

2. 政治参与行为较为多元化

社会转型期不仅是经济改革期,也是利益格局解构再重构时期,伴随着科学技术日新月异的变化,青年参与政治的情况亦发生了极大的变化。鉴于青年过渡性的特点,青年的政治参与是一个比较复杂的问题,为保证持续性对比研究效果,本文仍然从青年对公共事务决策的参与来考察其政治行为。公共决策参与是指公民为影响政府的公共决策结果,对制定具体的公共政策目标表达政治态度、采取政治参与行为。

问卷设"如果您觉得政府的某项公共政策、制度或做法不妥，您通常会采取怎样的做法？"一题，其中有20.2%的受访青年表示会"与身边的人面对面谈论"，有19.6%的受访青年表示会"写信或打电话给相关部门"，16.0%的青年选择"在政府相关部门网站、政务微博留言"，还有11.3%的受访青年表示会"通过网络发表意见、主张或与人交流"，有11.1%的受访青年表示会"将情况反馈给人大代表或政协委员"。总体而言，广州青年在政治参与的行动抉择是较为多元化的，并以主动参与为主要表征而不是不采取任何行动，而且，在行为方式上，较多地体现为制度性、组织内的参与行为。其中引人关注的是，大学生的网络参政行为比任何一个群体都要积极，他们更多地借助网络媒介来表达政治意图和利益诉求。

表2 政治参与的行动选择

单位：%

选项	总体	在职青年	大学生	中学生
将情况反馈给人大代表或政协委员	11.1	9.2	12.5	15.8
写信或打电话给相关部门	19.6	20.7	17.5	17.8
在政府相关部门网站、政务微博留言	16.0	14.7	17.7	18.5
将情况反映给媒体	6.6	6.9	6.5	5.7
与身边的人面对面谈论	20.2	20.0	20.4	20.9
通过网络发表意见、主张或与人交流	11.3	10.2	16.1	11.2
不会采取任何行动，放在心里	13.5	16.1	8.9	9.3
其他	1.6	2.2	0.5	.9
合计	100.0	100.0	100.0	100.0

从历次调查结果来看，无论是青年政治意识，还是青年政治表达与参与行为都发生了显著变化，主要变化体现在：一是由被动参与向主动参与方式的转变。这从选项"不会采取任何行动，放在心里"的占比变化得到证实，青年选择该选项的比例均低于2014年、2012年。而且选择其他政治表达渠道的人数也在逐年增加。二是制度内的政治参与形态初步构建。"与身边的人面对面谈论"选择比例明显在逐年下降，而选择通过合法途径向政府反映政治诉求的比例有着极大提升。三是政治参与的行动选择途径日益多元化。既包

括传统的政治参与途径,如写信、打电话等,又呈现现代化政治参与特征,通过网络发表意见,在政府网站、政务微博留言,这种借助互联网来实现政治参与的方式,成为当下青年政治参与的主要方式。显然,网络政治参与也正在日渐从制度外参与方式转向制度内参与方式,被不同政府部门接受并采纳意见。

表3 2010~2016年政治参与的行动选择

单位:人,%

选项	年份			
	2010年 (N=1357)	2012年 (N=1622)	2014年 (N=3251)	2016年 (N=2565)
将情况反馈给人大代表或政协委员	7.0	10.0	10.9	11.1
写信或打电话给相关部门	6.6	6.2	12.7	19.6
在政府相关部门网站、政务微博留言	12.0	13.0	15.1	16.0
将情况反映给媒体	4.9	4.1	8.2	6.6
与身边的人面对面谈论	45.0	31.9	21.1	20.2
通过网络发表意见、主张或与人交流	11.8	15.5	14.7	11.3
不会采取任何行动,放在心里	9.2	13.8	15.8	13.5
其他	3.4	5.5	1.5	1.6
合计	100.0	100.0	100.0	100.0

(二)参与社团组织的情况

人是社会性动物。社交是人类最基本的需求。青年有着强烈的社群需求,而从社会组织的管理构成、工作内容、服务对象来看,青年人显然是社会组织的中坚力量。随着青年群体的利益分化和需求多样化,特别是其对精神文化领域有更高的追求,尤其体现了其为对自身发展与个体价值的高度关注。社团组织所倡导的公共关怀、回馈社会、实现自我价值等人文情怀与现代公民理念,契合青年的喜好与特性,不仅显著提升青年的社会责任感,强化社会参与意识,而且为青年参与公共事务提供新渠道和有效平台。

1. 超半数的广州青年曾经参与社会组织

在调查的2595位青年中,在过去一年里,除"从未参加"与"不清楚"是否参加社会组织外,56.5%的被调查者参加过社会组织。这与2014

年的65.6%、2012年的73.4%调查结果相比,有了明显回落。从参加社团的数量与均值来看,大学生在青年群体中参与青年社团和社会组织的积极性最高,平均每名大学生曾经参加过1.35个社会组织,比总体均值0.81还要高出不少,这与高校社团蓬勃发展态势紧密相关。

进一步考察青年参与社团组织的特点,本文将因变量"参加社团组织"作为二分类别变量(1为参加社团组织,0为没有参加社团组织),采用Logit回归分析方法,结果如表4所示。女青年参加社团组织的积极性显著高于男青年。年龄对青年参与社团组织具有负向影响,年龄越大,结社的愿望越弱。具有本地户籍的青年,其参与社团组织的比例显著地高于外地户籍者。独生子女参加社团组织的比例显著地低于非独生子女。受教育程度对于青年参加社团组织活动具有正向影响,学历越高,参加社团组织的积极性越高,大专和本科及以上学历的青年人,参加社团组织的比例都显著地高于高中及以下学历的青年人。青年政治面貌对参加社团组织具有正向影响,党员、团员参加社团组织的积极性明显高于群众。

表4 参加社团组织影响因素的Logit回归分析模型

自变量	模型Ⅰ	模型Ⅱ	模型Ⅲ
性别(男=0)	0.179**	0.195**	0.111
年龄	-0.0292***	-0.0278***	-0.0773***
户籍(外地户籍=0)	0.232***	0.265***	0.220**
是否独生子女(是=0)		-0.157*	-0.108
受教育程度(高中及以下=0)			
大专			0.740***
本科及以上			1.080***
政治面貌(党团员=0)			-0.283***
常数项	0.0165	0.224	0.653***
观测个案数	2453	2453	2453
Count R^2	0.611	0.615	0.625
BIC	-1.542	-6.478	-83.302
Hosmer and Lemeshow 拟合优度检验 (Pearson Chi-square)	p=0.303	p=0.606	p=0.176

注:* 表示 $p \leq 0.05$,** 表示 $p \leq 0.01$,*** 表示 $p \leq 0.001$。

2. 青年参与较多的社会组织类型是公益服务类和文体教育类

在表示参加过社团组织的受访青年中，有22.2%的人选择了社会公益志愿服务类，是众多选项中比例最高的。其次，有19.2%的受访青年参加了社工服务类的社团组织，教育类和文体类社团组织的参加率也较高。相比之下，其他类型的社团组织的参与率则明显偏低。可见，社会公益志愿服务类、社工服务类的社团组织由于其秉持关怀社会、关爱民众等组织理念，更好地满足青年实现自我价值、追求精神文化层面满足的强烈愿望，而且促进青年更广泛地参与和融入社会。

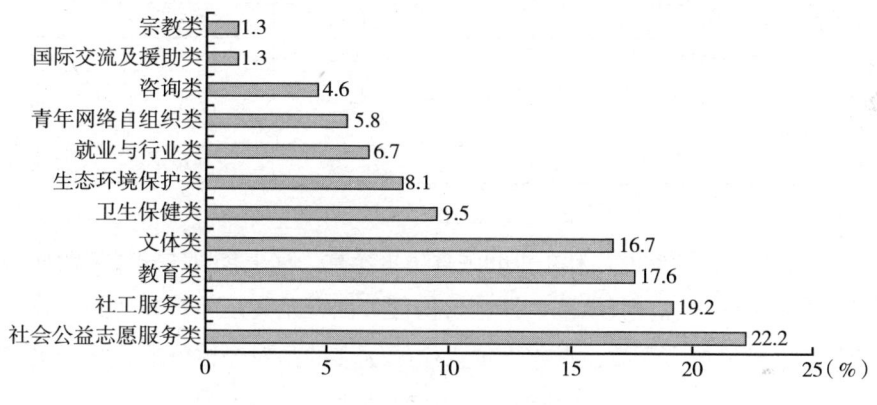

图4　参与社团组织的类型

3. 青年参与社会组织的动机多元化

"青少年对群体融入有天然的渴望，需要有对应的组织为其提供信息、激励、社会支持、归属感和相互帮助以及自我表达、彼此了解和密切联系的机会。"在调查青年参与社会组织的动因时，有66.9%的受访者选择"想多结识一些志趣相投的人，更好地发展自己的兴趣、爱好、追求"，有44.8%的受访者选择"锻炼自己，展示才能，得到别人的承认"，还有35.3%的受访者选择"更好地服务社会，推动社会公益"。其他选项也都有一定比例的受访者选择。总体而言，广州青年参与社团组织的动机较为多元化，既有个人内在价值的追求，又出于社会交往与友谊的需要，更有部分青年是受到社会责任感的驱使。

表5 2012~2016参加社会组织的主要原因（多选）

单位：%

主要原因	年份		
	2012年	2014年	2016年
想多结识一些志趣相投的人,更好地发展自己的兴趣、爱好、追求	72.0	61.7	66.9
纯粹交友	9.9	4.5	4.1
寻找归属感	7.8	11.7	10.9
锻炼自己,展示才能,得到别人的承认	39.6	42.2	44.8
更好地维护自身的权益	3.5	84	8.0
更好地向社会表达自己的意见、主张	12.6	14.2	14.1
更好地服务社会,推动社会公益	16.9	29.7	35.3
对自己的工作有所帮助	26.8	18.9	17.6
没有什么明确的目的,只是觉得没事时参加一下组织活动,挺有意思	7.5	17.0	14.9
其他	1.1	0.0	2.8

从2012年、2014年、2016年的调查结果来看，青年参与社会组织的动机主要集中在社会交往、自我认同、社会价值等方面，尤其是随着时间的推移，社会组织内部环境包容开放，青年人加入组织更多的是对个体价值与社会责任双重目标的追求，"更好地服务社会"不只是一句口号，而且越来越外显于青年参与行为的选择。尤其是社会组织的公益服务性质与内容，不仅成为青年积极参与社会生活和决策的诱因，同时，极大地满足青年个体或群体天然的社会参与诉求，进一步推动青年扩大社会参与范围与领域。

（三）参与志愿服务的情况

志愿服务是个人基于自主自愿原则，为他人、群体、组织乃至整个社会提供各种形式的服务而不求物质报酬的社会行为。志愿服务有着丰富的社会功能，它所具有的"人人可为，人人能为"的特性，决定了志愿服务具有广泛的社会基础，志愿服务内容的多样性和形式的灵活性，为群众参与志愿服务搭建广阔的舞台，又实现了民众对经济、文化、社会的有效参与。可见，通过参加志愿服务，青年人能够更全面地了解、认识、接触社会，并在社会公共事务的运作与决策中发挥作用。

习近平总书记曾深刻指出:"中国青年志愿者事业,是我们党领导的共青团在新的历史条件下创新工作领域、服务社会需求的一大创举。"广州志愿服务已走过30载的光辉历程,志愿者规模日益壮大,服务领域日益广泛深入,截至2017年2月,"志愿时"平台登记的志愿服务组织达9924个,注册志愿者总数逾137万人,累计奉献3327万小时的服务。越来越多的青年人加入志愿者行列,热情提供志愿服务。

1. 四成多青年参加过志愿服务,多数服务时间在2年以下

2016年调查结果显示,有43.4%的受访者在过去一年里曾参加过各种形式的志愿服务。历年调查数据显示,青年志愿服务参与率一直保持着非常稳定的状态,这从一个侧面反映广州志愿服务的常态化发展模式经多年探索正逐渐形成,广州志愿服务蔚然成风,"志愿之城"落地生根。

在参加过志愿服务的受访者中,56.6%的青年参加志愿服务的时间在1年以下,有23.4%的青年参加志愿服务的时间在1~2年,即八成的受访青年参加志愿服务时间不够2年。青年参加志愿服务的时长一般以短期为主,在一定程度上折射青年志愿者的流动性比较明显。

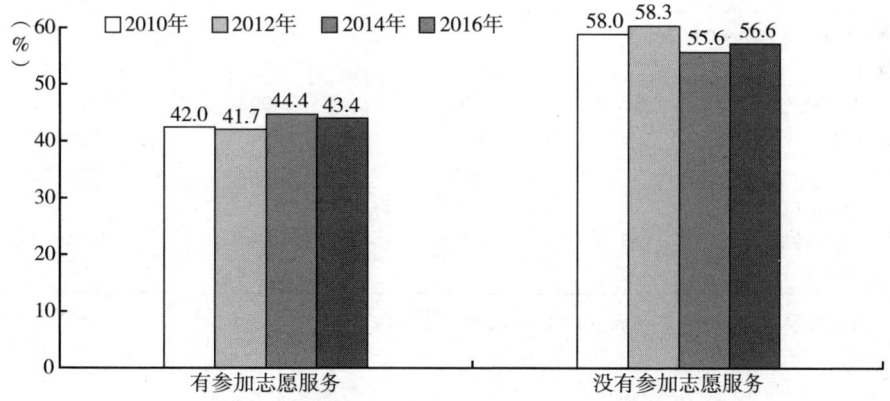

图5 "过去一年是否参与过志愿服务"统计

从人口学特征层面分析志愿服务参与的影响因素时,笔者发现不同类型的青年群体有着不同的参与诉求。将过去一年是否参加志愿服务活动重新赋值为一个二分变量（1为参加，0为没有参加），运用和前述模型相同的自变量和模型分析方法，计算出因变量为"是否参加志愿服务"的对数线性模型。结果表明，女青年参与志愿服务的积极性显著地低于男青年，而在是否参加社会组织方面，女青年的参与率反而高于男青年。年龄对青年参加志愿服务具有正向影响，即年龄越大者，越积极参加志愿服务，这也与社会组织的参与结论相反。受教育程度对于青年参加志愿服务具有显著的负向影响，即学历高的青年志愿服务参与积极性反而不如学历低的青年。政治面貌方面，非党员、非团员的志愿服务参与率甚至高于党员、团员。是否独生子女、户籍类型对于青年参加志愿服务没有显著的影响。

表6　因变量为是否参加志愿服务的对数线性模型

自变量	模型Ⅰ	模型Ⅱ	模型Ⅲ
性别(男=0)	-0.163*	-0.173**	-0.0894
年龄	0.0391***	0.0381***	0.0646***
户籍(外地户籍=0)	-0.0411	-0.0646	-0.0452
是否独生子女(是=0)		0.112	0.0807
受教育程度(高中及以下=0)			
大专			-0.451***
本科及以上			-0.652***
政治面貌(党团员=0)			0.484***
常数项			-0.947***
观测个案数	2400	2400	2400
Count R^2	0.573	0.566	0.594
BIC	-8.102	-1.812	-50.104
Hosmer and Lemeshow 拟合优度检验 (Pearson Chi-square)	0.106	0.230	0.246

注：* 表示 $p \leq 0.05$，** 表示 $p \leq 0.01$，*** 表示 $p \leq 0.001$。

2. 青年参加志愿服务的动机以回报社会和发展自我为主

志愿服务的动机是影响青年持续参加志愿服务的重要影响因子。本研究设置问题，即"您参加志愿服务最主要的原因是什么？（限选一项）"，并根据吴鲁平对动机类型从三个维度进行归纳，分别是责任型动机、发展型动机、快乐型动机。其中，责任型动机对应的是志愿服务传统性动机中所强调的服务他人、回报社会，即选项中"能帮助有需要的人，回应社会需要，实现社会责任"；发展型动机强调可以从志愿服务中获取各种实现自我的能力、经验与机会，包括"能学习技能，丰富个体经验，实现自我成长""可以结识朋友，拓宽社交圈""可以为未来工作做准备/有利于职业顺利开展"选项；快乐型动机强调从自我享受的角度来参与志愿服务，即"参加志愿服务可以让我快乐，忘掉烦恼"。

调查结果显示，广州青年的动机集中表现为"责任型"，58.9%的青年选择此项，其次是"发展型"动机，占33.3%，然后是"快乐型"动机，仅占6.5%。总体而言，青年参加志愿服务的动机以回报社会和发展自我为主。青年志愿者既延续了传统性参与动机——利他动机，又伴随着社会转型，将现代性动机融入志愿服务中，即越来越多的青年在强调志愿服务帮助他人、关怀社会的同时，又能够通过志愿服务学到新的技能，丰富个人的生活经验。结果显示，尽管责任型动机一直是青年参与志愿服务的首要原因，然而，课题组2010年、2012年、2014年、2016年连续四次对志愿服务参与动机调查数据显示，虽然责任型动机一直是青年参与志愿服务的第一位原因，但是，选择发展型动机的比例呈逐年上升态势。这说明广州青年在热心助人的服务体验中，日益关注自身成长与价值实现。

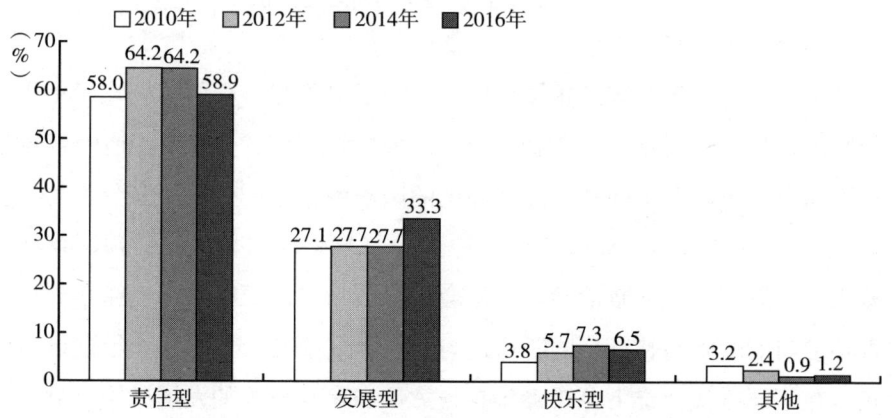

图6　广州青年志愿服务的参与动机统计结果比较

3. 大多数青年乐于参与志愿服务

2016年有84.2%的受访青年表示在有条件的情况下愿意参加志愿服务，这个比例显著高于2014年的调查数据，与2012年、2010年的调查结果持平。另外，调查结果显示，表示不愿意参加志愿服务的受访者只占调查样本的3%，这个比例均低于前面三次调查结果，说明绝大多数青年是愿意参加志愿服务的，而且志愿参与意愿越来越强烈。

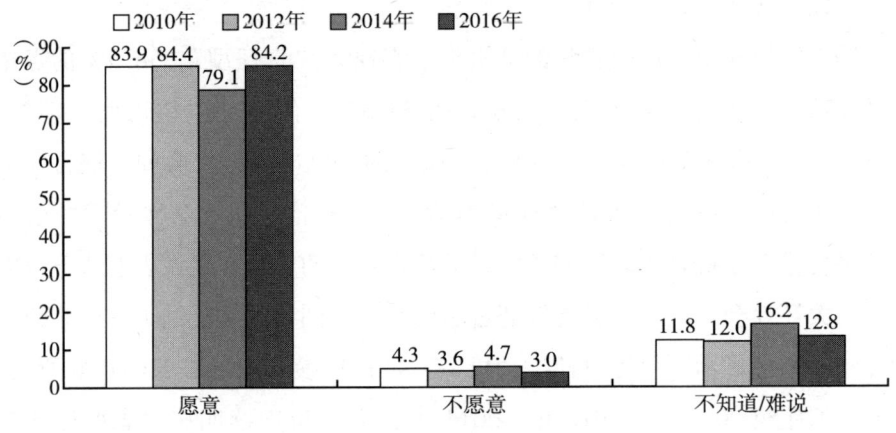

图7 未来参与志愿服务的意愿

二 存在的问题及原因分析

社会发展与青年发展是相辅相成的。为了自身和社会的发展，青年积极参与经济、政治、文化、社会已经成为一种显性现象，"世界各地的青年生活在不同发展阶段和不同社会经济环境的国家中，他们都渴望充分参与社会生活"。同时，青年参与行动也受到种种约束与掣肘，与他们的预期存在较大差距，本研究尝试从政治参与、社会组织参与、志愿服务角度探索分析广州青年参与的现状与特征，同时通过与2010年、2012年、2014年进行纵向比较，在不同时代背景下分析青年参与意识和参与行为的发展脉络，具体有以下显著变化。

（一）现实政治参与行动不足，网络参政意愿强

随着改革开放的深化和民主进程的加快，身处沿海开放城市的广州青年，与往年相比，其政治参与热情高涨，青年政治效能感在逐年提升，普通民众对国家政治决策有一定影响力，并且，与2014年相比，这种影响力正在日益增强。以往相关研究表明，青年参与社会公共事务尤其是政治事务的态度冷漠是普遍存在的现象。但是近三年课题组的调查研究得出相反的结论，当代青年的民主意识觉醒、政治参与意愿强烈，这已经成为该群体政治参与的主要特征。

另外，随着信息技术的飞速发展，互联网的应用已经势不可当，这为青年政治诉求表达多元化提供坚实的技术性支持。调查结果显示，青年对新技术的热衷已经改变政治参与的格局，既体现为制度内、组织化的参与，又体现为制度外、非正式的参与，青年既通过传统的参与途径，如写信、打电话、媒体报道等来表达政治诉求，又借助现代化手段，如互联网、政务微博等实现对政府决策的影响。而且，青年网络政治参与越来越规范化，"在政府相关部门网站、政务微博留言"的人数日渐增长，而"通过网络发表意见、主张或与人交流"比例有所回落，此消彼长的发展态势正是近年来各级政府高度重视网络参政、打造网络执政制度化平台的实践成果。当然，虽然我国公民政治参与渠道不断发展与完善，但与人民群众日益觉醒的政治参与意识、日益增长的政治参与意愿相比，还存在较大差距。所以，网络畅通的利益表达方式，部分弥补了政治表达途径的不足。需要引起注意的是，一方面要高度重视新兴的政治参与机制对传统的政治参与的冲击，充分运用网络参与途径，并使之变成一种合法化制度，成为青年合理有序有效的政治表达渠道；另一方面要深入探索青年选择网络参与的深层原因，大力创设网络之外的现实利益与诉求的表达途径。

（二）社会组织参与率不低，参与动机复杂化

结社是青年最喜欢的社会参与方式之一。这里结社的类型主要是指参加

社会、学校的社团活动。与往年相比，广州青年参加社会组织的比例有所下降，但是仍然有过半数的受访青年曾经参与社会组织，其中平均每个大学生至少参加过1个社团组织。在青年学生的结群性需求日益凸显的背景下，在社会组织百花齐放之际，如何有效引导青年参加社会组织以实现其自身价值成为亟待解决的难题。

从参与社团的动机来看，青年的兴趣广泛，参加社团的动机多元，并且青年人参加社会组织的发展性需求愈加明显。社交需求仍然是青年参与社会组织的首要动因，但青年也热衷于参与各种社会公益服务组织，并通过组织参与来实现社会责任与社会价值。可见，随着社会的加速转型，各类组织蓬勃兴起，尤其是体制外组织的发展动力十足，这必然对传统的体制内组织的生存与发展提出新的挑战。以共青团组织为例，如何更好地完善自身建设，充分代表并维护青年利益，转变青年服务理念，将是其吸引、凝聚青年的重要法宝。同时，如何发挥团组织的枢纽作用，与各类青年组织同伴共生，发挥社会组织优势与长处，与大家一起共振发展，成为学界亟须研究的课题。

（三）志愿服务参与意愿凸显，期望与现实存在差距

联合国大会曾经发出倡议：鼓励青年发挥志愿者精神，并使志愿服务成为青年参与的一个重要形式。本课题组连续四次的调查结果显示，青年志愿服务的参与率一直保持稳定水平，志愿服务已经成为青年人的生活形态。而且，从广州市志愿者指导中心的"志愿时"统计数据来看，志愿者注册人数不断攀升，从2014年的117.7万人，到2017年初已经远超130万人，队伍日益壮大，时至今日，"志愿之城"已深入人心，逐渐覆盖了社会公共生活的方方面面，成为青年参与公共事务的重要平台。

虽然青年志愿服务参与率不够五成，但是大多数人表示在条件许可之下愿意参加志愿服务。这说明志愿服务参与率不高的主要原因还是在于外部条件的制约。广州市穗港澳青少年研究所联合香港、澳门、台湾青年研究机构在2016年6~9月合作开展了"青年参与志愿服务动机及其影响因素"课题组调查。结果表明，在探讨影响参加志愿服务的因素时，93.4%的志愿者

认为其所参与的"服务类型与心理期望不相符",86.8%的志愿者认为"服务对象与期望不相符","现实与期望不符"极大地影响了青年志愿者的积极性。因此,志愿服务事业发展到现阶段,面临的主要矛盾是:一方面,社会公众对志愿服务有大量的需求,而青年参与志愿服务的愿望得到有效满足;另一方面,由于青年志愿者以提供短期服务为主,超过半数的服务时间在一年以下,志愿者流动较快,不利于志愿服务的专业性、持续性发展。

三 对策建议

青年是不同时代发展和社会技术变革的主要推动力量。近年来,一些发达国家或地区,发生民众街头集会表达不满甚至演变为流血事件,这些街头活动中,青年人往往是参与主体。他们精力充沛、情绪高昂、行动敏捷、反应机警,在街头政治中表现得特别抢眼,引起社会公众的注意。青年参与问题在新的历史背景下、新的公共话语体系中应该得到充分的关注与研究。

(一)健全完善青年政治参与机制

在全球化与信息化裹挟之下,转型期的社会政治参与格局呈现出风云骤变的特征。调查结果显示,青年政治参与有其独特之处,政治参与意识强烈,理想性参与大于现实性参与,青年人更愿意借助现代化技术与手段来参与政治。因此,对于信息社会青年政治参与的变化与发展,一方面,政府应积极应对青年政治参与新形态,掌握青年使用的新媒体技术,加以正确引导,使其与政治制度化相协调,并不断提供多样化的网络政治参与方式,进而促进社会稳定发展。近几年电子政务的大力发展则为当代青年网络参政议政开辟了新舞台,"在线参政议政"不仅大大节约政治运作成本,也进一步增进党和政府与青年群体的有效对话与良性沟通,本次调查结果也证明这种新式参政机制越来越受到广大青年的青睐。今后,政府应创设有效、多元、通畅的非强制性的参与平台,如网络投票、网络民意测验以及网上协商对话制度等,及时了解青年诉求,并加以反映,真正实现传统的政治参与模式和现代化参与模式融为一体。另一方面，除了健全完善青年政治参与制度设计外，政府还需要指引、帮助青年提升个人的政治素质。重视青年的理想引导，帮助其正确处理理想与现实的关系，引导青年客观、辩证地看待各类政治问题、各种利益关系，全面提高青年参政议政的能力，提供符合青年身心特点的参与途径。此外，除了满足青年网络参与的需求外，也要关注现实政治参与渠道的拓宽。青年在网络参政议政行为的增加，既是对现有参与机制不满的一种体现，也在倒逼政府改革制度内参与机制，并寻找创新之道。

（二）规范发展社会组织，扩大青年参与路径

"一个社会的青年自组织数量越多，表明青年参与社会的有效程度越高"。社会组织为青年的社会参与提供了广阔的空间和平台。广东先行先试，为社会组织的登记注册松绑，为社会组织的发展创造良好的社会氛围。但与此同时，数目庞大的社会组织鱼龙混杂，对涉世未深的青年人而言，有极大的迷惑性，因此，政府需要高度重视并正确引导青年参与社会组织。首先，加强发展规范，使青年社会组织"转起来"。研究表明平均每个大学生至少参加1.35个社团，这种全民抱团现象在学生群体中尤为普遍。因此，对各类社团组织要进行有效梳理与有序管理，对于组织理念不清、资金来源不明的社团组织要仔细审查，同时，借助新媒体方式建立开放、共享的社会组织数据库。做好青年社会组织登记管理工作，推动符合条件的青年自组织（含青年社团、志愿服务组织等），注册登记成为正式的社会组织。其次，加强引导扶持，使青年社会组织"活起来"。将价值引导贯穿于青年社会组织的组建、服务、运作、评估整个过程，不断加强对社会组织领袖、骨干、核心成员的社会主义价值观教育，让他们更多参与志愿服务活动，正确认知和体验主流社会价值，助力青年形成正确的社会认知，促进青年社会组织骨干的组织理念认同。此外，随着广东社会组织登记注册的松绑，近几年社会组织发展正在面临同质性强、专业性不足、存活率低的新瓶颈，为此，政府仍须优化组织生存环境，加大政策支持力度，推动出台提升青年社会组织能力、促进青年社会组织发展等文件及相关政策。

（三）积极探索志愿服务供给不足的解决路径

当前志愿服务面临的主要矛盾是社会公众日益增长的志愿服务需要与滞后的志愿服务供给之间的矛盾。一方面是有效的志愿者供给不足，造成社会对于获得志愿服务的渠道不畅通；另一方面是志愿服务组织和项目供给不足，无法满足人们参与志愿服务的愿望。为此，有学者提出，应借鉴经济领域开展的"供给侧改革"，志愿服务领域也要从"供给侧改革"入手。首先，要大力提升志愿服务组织的供给能力。既要遵循组织内在发展逻辑与机理，加强志愿者组织内部建设、组织架构的完善，又要加强志愿者组织的项目开发与管理、组织治理、资源拓展等更具针对性的培训，引导组织朝着专业化、规范化和社会化的道路发展，从而不断增强志愿服务组织的供给能力。其次，要建立信息畅通、项目对称的志愿服务供给体系。当前志愿者队伍虽然庞大，人数逐年增长，但是长期从事服务的志愿者比例不高。这主要是由于志愿者现实参与和心理预期存在着明显差距。如何使身处后喻文化时代和后物质主义社会的青年持续参与志愿服务呢？首先，要真正尊重青年志愿者的个性化特征，切实了解青年参与志愿服务的多元性需求，建立与志愿参与动机一一对应的志愿服务项目，使青年通过志愿服务实现价值性动机与发展性动机共赢。其次，要不断完善志愿服务激励机制。激励机制是鼓励青年持续参与志愿服务的最直接因素，也是与参与动机相对应的。例如广州不仅每年举办"志愿服务表彰大会"，还将志愿服务与积分入户、就业创业优惠等政策挂钩，以此激励志愿者参与志愿服务工作。"形式化""表演型"的表彰方式已无法满足"95后"志愿者的心理需求，因此我们需尽快改善现有工作方式方法，切实激发当下青年人志愿服务的参与热情，将激励机制与青年社会参与进一步紧密联系起来。

无论是哪一种类型的参与，应从社会参与的影响力与社会公共事务的参与效果出发，为青年有序、合法的参与提供渠道与途径，并引导其注重实际的政治参与效能，为青年社会公共事务提供表达的机会和空间、为青年健康成长创造良好的社会机制和氛围。

参考文献

1. 吴庆：《青年政治参与与共青团工作》，中国青年出版社，2015。
2. 《关注与互动：不同青年对政治参与的观念认知和行为选择》，中国青少年研究网，http：//www.cycs.org/Article.asp？Category＝1&ID＝290，2004年3月28日。
3. 《大学生政治参与意识的影响因素与提高对策分析》，百度文库，https：//wenku.baidu.com/view/8c02e99cf18583d0496459c7.html。
4. 《青年自组织发展研究报告：青年自组织理论概述》，中国青少年研究网，http：//www.cycs.org/Article.asp？ID＝17497，2012年4月2日。
5. 《世界青年行动纲领》。
6. 邱柏生：《西方街头政治为何青年人居多》，《人民论坛》2012年5月1日。
7. 王婷：《当代中国社会青年自组织研究》，吉林大学博士学位论文，2008。

B.8
广州青年婚恋发展状况研究

刘梦琴 陆峥*

摘　要： 广州青年（2016~2017）婚恋发展状况调查发现：广州青年男女两性首次恋爱和首次性行为平均年龄存在性别差异。被调查者普遍反对网恋、婚外恋、离婚、家庭暴力、未婚生子、丁克家庭等，均较为赞成婚前财产公证和婚后家务共担等婚恋行为。绝大部分广州青年希望一个家庭生育一儿一女。青年婚恋面临的主要问题是婚姻的稳定性不足。

关键词： 青年　婚恋观　性观念　生育观　广州

一　研究背景

青年婚恋发展研究主要关注青年在恋爱、婚姻、家庭等方面的行为和态度。青年婚恋家庭观念和婚恋行为受社会发展水平的影响，是反映时代变化的重要晴雨表之一，因此受到社会学、人口学、心理学、教育学、历史学、民俗学、经济学等领域学者的关注。在过去几年中，研究者持续关注了广州青年婚恋发展状况，获得一些有价值的研究成果。在择偶观方面，2012年的调查结果显示，广州青年非常重视"道德品质""性格"

---

* 刘梦琴，广东省社会科学院社会学与人口学研究所研究员，博士，研究方向为青少年研究、社会治理、群团组织；陆峥，广东省社会科学院社会学与人口学研究所助理研究员，博士，研究方向为社会心理学。

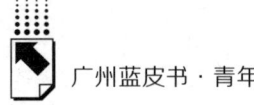

"情感"等因素；2014年的调查结果显示，青年择偶时重视"道德品质""性格"等精神层面的条件，但对"相貌""年龄"等外在条件的重视程度有所提升。在婚恋观方面，近年来广州青年呈现恋爱与婚姻分离的倾向，更注重恋爱和婚姻中的两性平等，婚姻责任感有所增强。在性观念上青年人相对理性，表现为更开放，对同性恋的认同程度提高，性责任意识较过去有所降低。随着生活成本和养育成本的增加，广州青年的生育行为趋于理性。

在过去研究的基础上，广州青年（2016～2017）婚恋发展状况调查采用了与2014年基本相同的调查问卷，并根据社会发展实际对部分问题和选项做了适当调整。以下将从青年婚恋、性行为、生育行为等方面，分析广州青年的行为与态度，以此了解目前广州青年婚恋发展现状与存在的问题，并对此提出相关的建议。

二 广州青年婚恋现状分析

1. 婚恋行为与态度

（1）恋爱次数：两段恋情为主，男性"经验丰富"

调查结果显示，广州青年的恋爱次数平均为2.26次。其中，18.3%的被调查者表示没有恋爱经历，30.2%的人表示有过1次，25.2%的人有过2次，15.7%的人有过3次，其余则表示有过3次以上的恋爱经历。广州青年在恋爱经历方面存在显著的性别差异。男性被调查者的平均恋爱次数为2.76次，而女性被调查者则为1.83次。从图1可以看出，相对于男性，有2次及以下恋爱经历的女性被调查者比例较高；而恋爱"经验丰富"（3次及以上）的男性比例则明显高于女性比例。

（2）初恋年龄：十七岁那年的雨季

当被问及第一次恋爱的年龄时，41.8%的被调查者表示在14～18岁，40.5%的人表示在19～24岁，也有人首次恋爱年龄在14岁以下（占13.4%）或在25岁以上（占4.3%）。总体来看，广州青年初恋的平均年龄

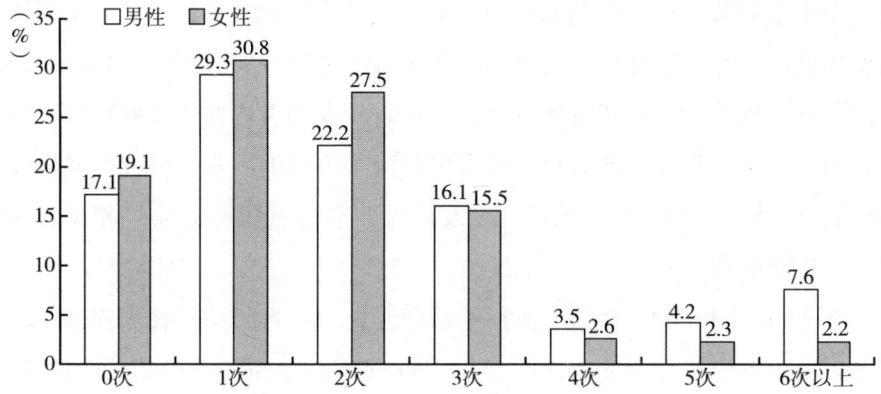

图1 分性别被调查者的恋爱次数

为17.27岁。

在此次调查中，男性被调查者的首次恋爱平均年龄为17岁，女性为17.54岁。从两性初恋年龄的差异来看，相对于男性，女性更多地选择在19~24岁开始恋爱。此外，从"早恋"（首次恋爱年龄在14岁以下）情况来看，男性中早恋的人数比例比女性高（见图2）。

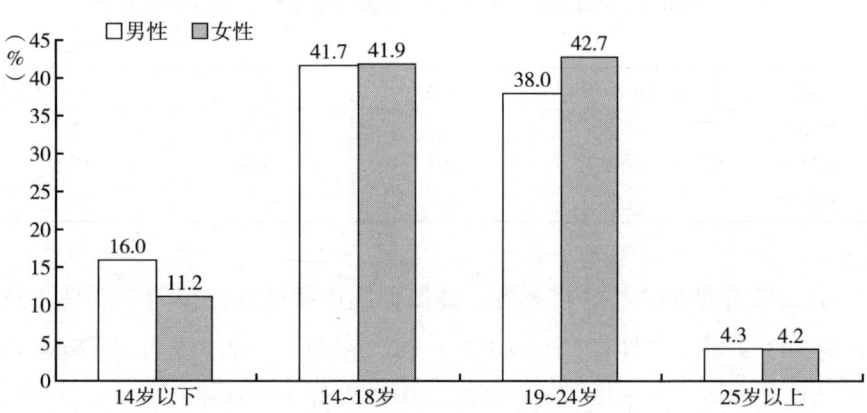

图2 分性别被调查者的首次恋爱年龄

（3）青年婚恋择偶观

择偶标准是男女选择结婚对象时的条件或要求。青年择偶是婚姻过程中的一个重要环节,一个时期的择偶标准反映了当时的社会政治、经济、文化的发展状况。在不同社会历史时期,我国青年择偶观有着不同的特点,经历了由传统到现代、从重背景到重个人、从看外在到看内在的发展历程。有学者认为,未婚青年在择偶时至少要考虑到两个方面的因素,即社会属性标准(能力、经济、社会地位、感情、亲友意见)和自然属性标准(相貌、性格脾气、道德品质)。

在2010年和2012年的广州青年婚恋调查中,当问及"在您择偶时,主要考虑对方的哪些方面的条件?"时,调查对象选择最多的五个择偶标准分别是:道德品质、性格、感情、能力、相貌。其中,在"第一重要"的择偶标准中,排名前三位的依次为:道德品质(2010年和2012年分别为32.5%、27.2%)、性格(2010年和2012年分别为17.8%、22.9%)、感情(2010年和2012年分别为17.6%、15.9%)。在2014年的调查中,排在最前面的两个择偶标准分别为道德品质(41.5%)和性格(36%),"相貌"(28.3%)超过"感情"(25.1%),一跃成为第三个重要择偶条件(见表1)。

表1 2010年、2012年、2014年广州青年重要择偶标准变化趋势

单位:%

择偶标准	道德品质	性格	感情	相貌
2010年	32.5	17.8	17.6	12.1
2012年	27.2	22.9	15.9	12.8
2014年	41.5	36	25.1	28.3

在2016年的调查中,广州青年择偶标准中排名前三位的依次是"道德品质"(43.9%)、"性格"(40.9%)和"相貌"(32.3%),与2014年的调查结果相一致。大学生、在职青年和中学生群体在重要择偶标准方面基本相似,但对于择偶对象的"相貌",中学生群体相对而言更为看重且高于总体水平,大学生次之,而在职青年对其重视程度最低(见图3)。可见,广州青年在择偶时,除重视"道德品质""性格"等精神层面的条件外,"相貌"等外在条件也成为其重要择偶标准。

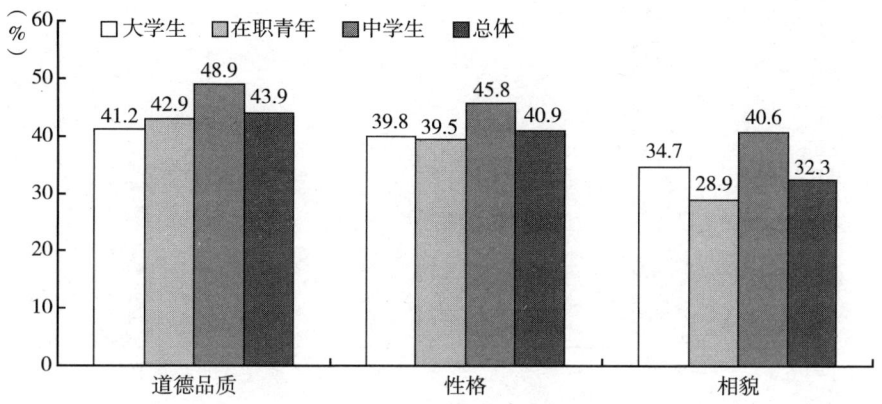

图3 不同青年群体择偶观差异

此外,性别也是影响择偶标准的敏感因素,男女在婚姻状况、受教育程度、外在形象等择偶标准上存在显著差异。众多研究表明:女性对择偶对象的受教育程度要求比男性高,女性更在意对方的身高,而男性更在意对方的容貌,表明"郎才女貌"的传统择偶标准仍未变。2010年和2014年广州青年婚恋调查的结果显示,"相貌""能力"这两项择偶标准存在极其显著的性别差异,女性被调查者更看重对方的能力,而男性则更看重对方的相貌(陆峥、刘梦琴,2016)。

2016年调查结果显示,男女两性对择偶标准"道德品质"和"性格"的重视程度无显著差异,但在"相貌"这一择偶标准上则有着极其显著的差异(见图4)。男性将"相貌"视为首要的择偶标准,其次才是道德品质和性格,再次才是感情、价值观、年龄、兴趣爱好、生活习惯、能力、学历等。女性则将相貌视作第6位重要的因素,前5位依次为道德品质、性格、能力、价值观、感情。可见,"郎才女貌"的传统择偶观仍受到青年追捧。

(4)对各种婚恋行为的态度

本次调查还请广州青年对当前婚恋行为和观念进行评价,评价内容包括网恋、婚外恋、离婚、家庭暴力、婚前财产公证、婚后家务共担等。总体来看,被调查者普遍反对网恋、婚外恋、离婚、家庭暴力;较为赞成婚前财产

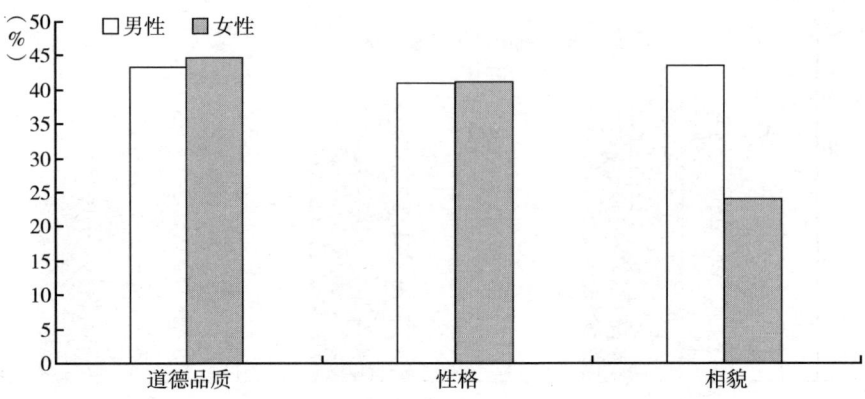

图4 广州青年择偶观的性别差异

公证和婚后家务共担等婚恋行为。相对于在职青年,大学生完全反对婚外恋的比例略为偏高(见图5)。

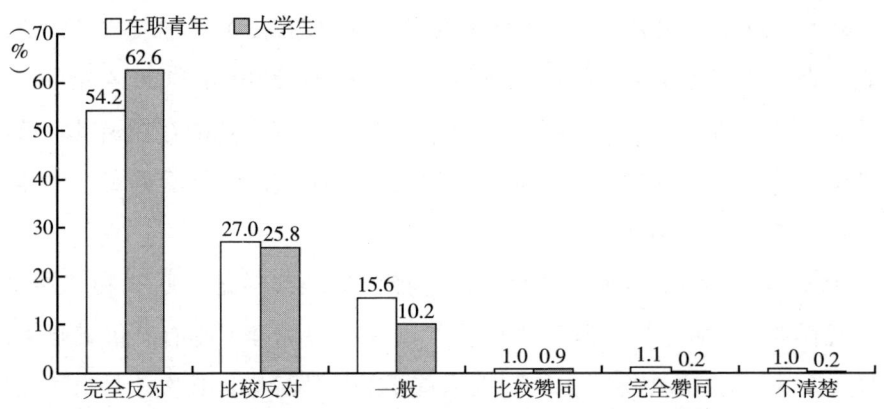

图5 在职青年与大学生对"婚外恋"行为的态度

2. 性态度与性行为

青年的性观念反映了人们对各种性行为和性有关问题所持有的态度,特别是涉及性道德和社会热点性问题的观点和立场,是社会文明程度和整体开放度的重要体现。了解青年的性观念和性行为规律,对于开展性健康教育、培养正确性道德观尤为重要。

(1) 首次性行为年龄：男性平均比女性早 1 年

此次调查增加了广州青年首次性行为发生年龄的内容。由于涉及隐私，仅有不到一半的被调查者（937 人）作了回答。从调查的结果来看，首次性行为发生时的平均年龄为 18.65 岁，中位数为 20 岁。其中，一半以上的人选择的年龄段为 19~24 岁（占 51%），其次为 25 岁以上（占 18.1%）和 14~18 岁（占 14.6%）。男性的首次性行为平均年龄为 18.17 岁，而女性则为 19.19 岁，推迟了整整一年。总体来看，首次性行为年龄偏低的男性比例大于女性，而 25 岁以后才开始出现性行为的女性比例明显大于男性（见图 6）。需要说明的是，首次性行为年龄在"14 岁以下"的结果中有一定误差，被调查者中有相当一部分人（11.7% 的男性，17.7% 的女性）回答明显不合理，如回答"0 岁、1 岁、2 岁"，应予以扣除。

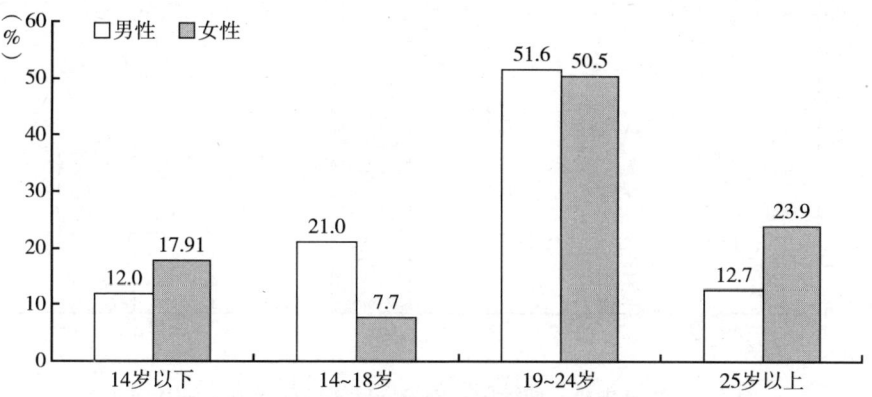

图 6　分性别被调查者的首次性行为年龄

(2) 性态度：大学生对"同性恋"更宽容

国内研究发现，目前国内大学生的性观念趋于开放，对婚前性行为、自慰等持认同态度，对婚外性行为、性交易、多性伴等现象持反对态度，对"同性恋"的看法更趋中立。男性比女性更赞成婚前性行为，而女性更赞同"同性恋"。对自慰行为、婚前性行为等问题，男女生接受程度差异均达显著水平。近期的一项穗、港、澳三地青年性观念调查结果显示，三地青年性观念的开放度较高。对于离婚、婚前性行为、堕胎等问题，青年普遍接受度较高，且香港和澳门青年的接受程度均超过了广州青年，三地表现出鲜明的差异。

对"同性恋"的态度是近年来青年性观念变化的一个重要方面。有研究表明，年轻人、无宗教信仰者和曾经与"同性恋"者交过朋友的人，更倾向于对"同性恋"持宽容的态度。2012年，广州青年对"同性恋"和"婚前性行为"的认同程度分别为10.9%和37.4%；2014年，对这两种性行为的认同态度为13.1%和36.6%。在此次调查中，广州青年对"同性恋"行为的认同程度仍较低，"比较赞同"和"完全赞同"者仅占总体的9.1%，表示"说不清"的占37.3%（见图7）。对于"婚前性行为"，"比较赞同"和"完全赞同"者仅占总体的17%，表示"不清楚"的占1.6%。

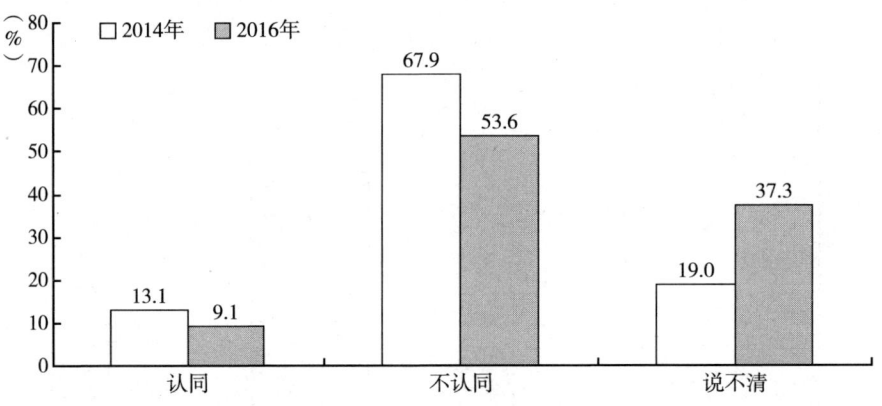

图7 广州青年对"同性恋"的态度变化（2014年、2016年）

对比在职青年和大学生群体对"同性恋"的态度，可以看出两者中持"完全反对"（前者为41%，后者为31%）和"完全赞同"（前者为3%，后者为6%）的极端态度的人数比例存在较大差异。在职青年更倾向于反对"同性恋"行为，有55%的人表示"完全反对"和"比较反对"，大学生群体该比例为50%；而大学生群体对"同性恋"行为持更积极的认同态度，表示"比较赞同"和"完全赞同"的人数占12%，在职青年该比例则仅为8%（见图8）。

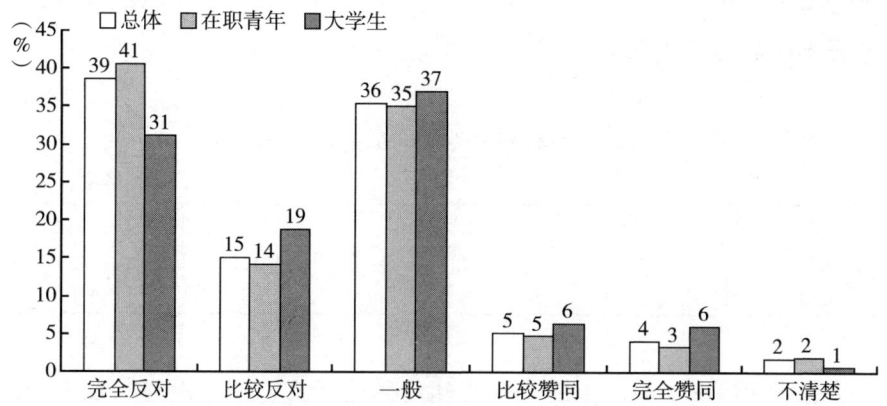

图8 在职青年与大学生对"同性恋"的态度比较

3. 生育观

作为婚恋观中的重要内容,生育观反映了人们对家庭组成方式、生育意愿、子女数量等方面的态度。在我国"全面放开二胎"政策正式落地后,青年的生育意愿是预测未来中国人口走向的重要依据,值得全社会广泛关注。

(1)理想子女数:一儿一女最"好"

从我国近年来的生育意愿趋势研究来看,尽管平均而言家庭愿意生育的孩子数量下降,但希望生育两个孩子的家庭比重显著上升,已超过六成,且生育一孩家庭的二孩生育意愿并不弱,反而能够强化育龄妇女的二孩生育意愿。一项对广东"80后"生育意愿的研究发现,理想生育子女数是1男1女,受教育程度与经济条件是影响生育意愿的主要因素(张建武、薛继亮,2013)。

此次被调查者的婚姻状况为:74.5%为未婚,24.6%为已婚,0.9%为离异/丧偶。其中,有73%的被调查者尚未生育。在已生育的广州青年中,58%的人已生育1名子女,39.5%的人已生育2名子女,子女数在3名及以上的占2.5%。

对于理想子女数,98.9%的被调查者表示希望生育2个子女,其中绝大部分人希望生育一儿一女(占该部分人的98.7%);也有少数人选择理想子女数为 1 个（占 3.5%），或 3 名及以上（占 2.4%）。对于理想子女数，性别差异不明显（见表 2）。

表 2　分性别被调查者的理想子女数

单位：%

理想子女数	0 个	1 个	2 个	3 个及以上
男性	4.0	7.3	83.2	5.5
女性	2.1	6.2	86.5	5.2

在被调查者中，31.1% 的广州青年为独生子女，68.9% 为非独生子女。自身是否为独生子女，对于青年的生育意愿是否有影响？调查发现，在两类青年中，八成以上的人表示希望未来生育 2 名子女，非独生子女该比例略高于独生子女（前者为 86.9%，后者为 81.1%）。然而，对于"少生"或"不生"的态度，独生子女与非独生子女被调查者之间存在较为显著的差异，理想子女数为 0 个或 1 个的独生子女被调查者占该群体的 13%，而非独生子女中的这一比例仅为 8.4%。这说明较之非独生子女，本身为独生子女的青年认为"只生一个好"（见图 9）。

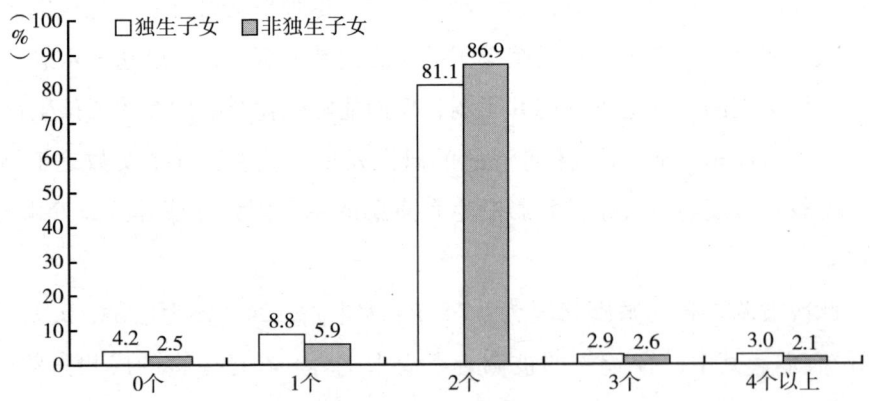

图 9　独生子女与非独生子女青年"理想子女数"的差异

被调查者中，有 41.7% 为广州城镇户籍，16.4% 为广州农村户籍，16.1% 为在广州的外地城镇户籍，25.8% 为外地农村户籍。比较不同户籍青年在"理想子女数"方面的差异，可以看到：在此次调查中，城镇户籍和农村户籍的青年对"理想子女数"的态度基本一致，普遍希望生育两孩，其次为一孩（见图10）。进一步比较四类不同户籍青年的理想子女数差异，从图11可见，外地城镇户籍青年生育两孩的意愿最为强烈，广州城镇和外地农村户籍青年更愿意只生1个或不生，而广州农村户籍青年更希望生育3个以上的孩子。

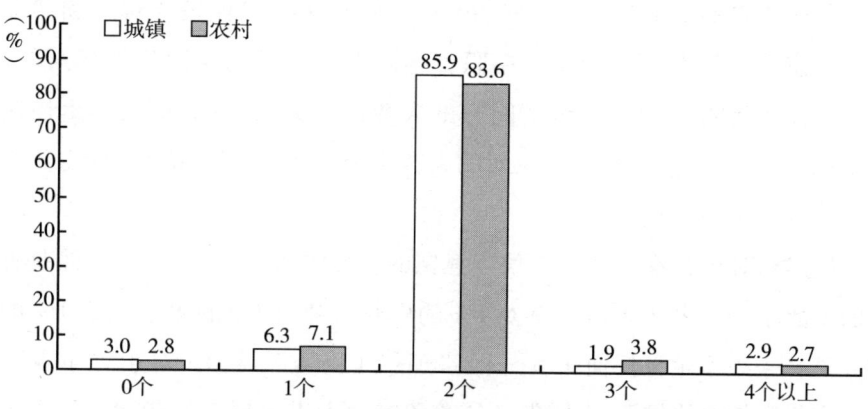

图10 城镇户籍与农村户籍青年"理想子女数"的差异

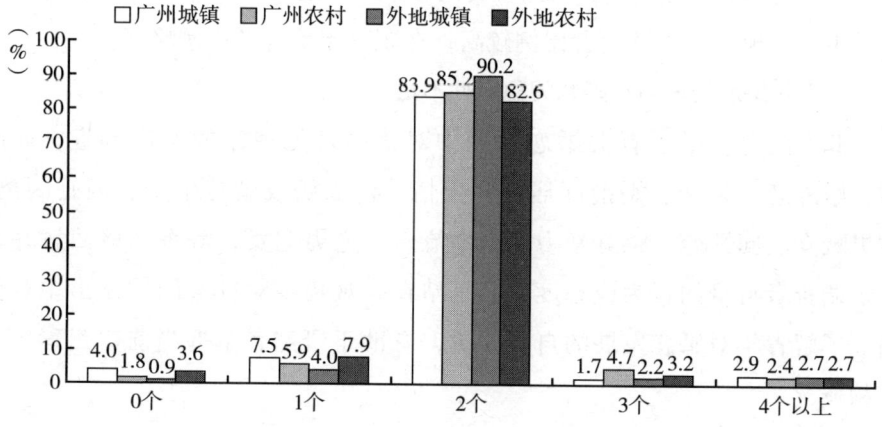

图11 不同户籍青年的"理想子女数"差异

此次调查是在我国"全面二孩"政策正式落地后完成的，这一结果充分体现当前国内社会对该政策的积极反应，以及对于"一个家庭两个孩"

的理想模式的期待，表明我国青年具有较高的生育意愿，符合人口政策的预期。需要注意的是：由于本次调查中的外地户籍青年在广州工作和生活，作为"新广州人"，他们的婚恋行为与生育意愿可能已经受到环境影响而发生了一定的改变，与生活在广州以外的城镇或农村青年可能有较大的差异。

（2）反对"未婚生子"或"丁克"

对于"未婚生子"行为，56.9%的广州青年持"比较反对"和"完全反对"态度。与大学生相比，在职青年对未婚生子的认同程度相对较高，表示"比较赞同"和"完全赞同"的人数比例为4.6%，而大学生该比例为2.6%。同样，大学生表示反对的人数比例（66.2%）超过在职青年十多个百分点（54.5%）。

虽然相对于有着生育"二孩"意愿的多数派而言，"丁克"一族是青年中的少数派。从表2来看，有6.1%的广州青年（4%的男性和2.1%的女性）选择未来不生育任何子女，即"理想子女数"为0。对于"丁克"现象，广州青年整体持反对态度，有47.8%的人表示反对，40.5%的人表示一般，只有8.3%的人表示"比较赞同"或"完全赞同"。比较在职青年与大学生，发现大学生赞同者比例较高，在职青年反对者比例略高。

4. 青年婚恋的困境：婚姻的稳定性不足

此次问卷新增了有关婚恋发展中对诸多常见现象的态度调查，如离婚、婚外恋、早恋、婚前同居、一夜情、包二奶或婚外生子、闪婚闪离、剩男剩女、同性恋、家庭暴力、未婚流产、宅男宅女，等等。该回答并不基于调查者自身的行为或态度，而是站在客观角度对社会问题做出主观判断。了解青年对婚恋发展的自我评价，有助于研究者掌握当前广州青年婚恋的概况。

当问及"您认为当前青年婚恋面临的主要问题是什么？"时，广州青年选择最多的前三项依次是"离婚"、"闪婚闪离"及"婚外恋"，表明被调查者普遍认为当前广州青年婚姻的稳定性不足。此外，"早恋"和"剩男剩女"等问题也被认为是当前广州青年面临的主要问题（见图12）。男女两性对这一问题的回答存在一定的差异：女性认为"离婚"、"闪婚闪离"和"婚外恋"是最主要的婚恋问题；男性未把"婚外恋"列入前三，而认为"早恋"才是主要问题之一（见图13）。"80后"与"90后"青年对这一问题的看法比较接近，没有显著差异。

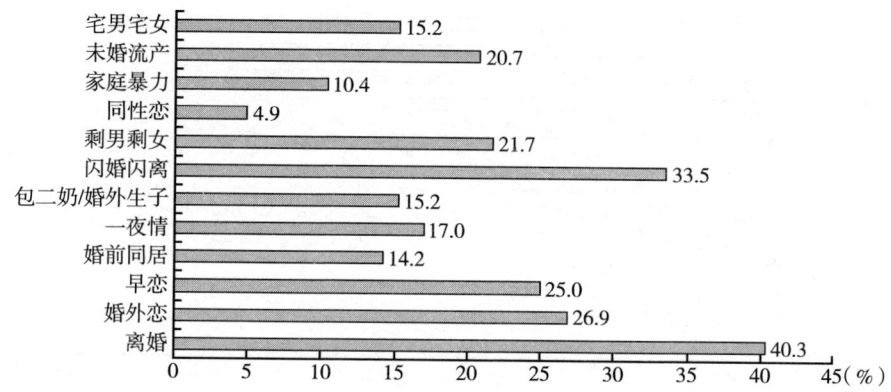

图 12　广州青年面临的主要婚恋问题

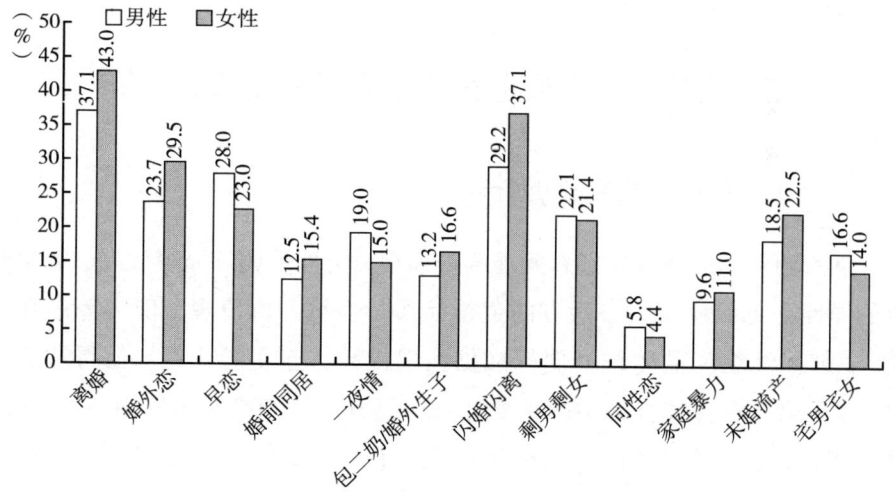

图 13　分性别青年对婚恋问题的评价

回顾 2014 年广州青年婚恋发展状况调查，对于同样的问题，回答排名前三位的依次为"离婚率高"（45.2%）、"婚外恋"（36.5%）和"闪婚闪离"（36.2%），与此次调查的结果较为一致（见图14）。这一结果表明，近年来广州青年婚姻的稳定性不足是一个值得社会广泛关注的问题。广州青年认为，离婚率高是当前青年婚恋中最严重的问题，而近两年婚外恋的严重程度有所下降。

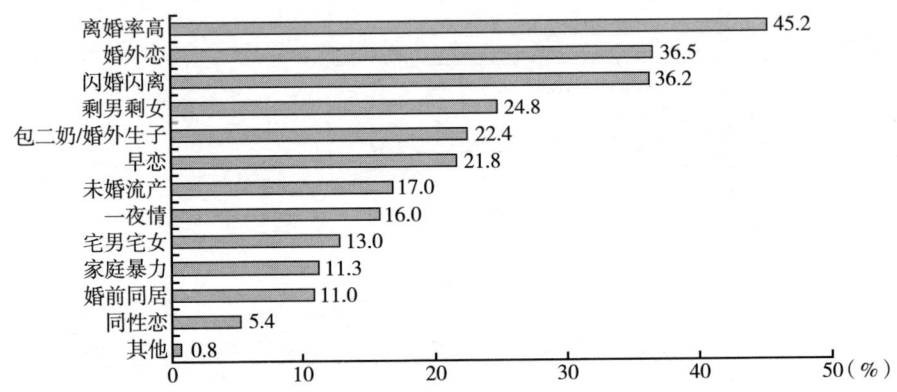

图14 2014年广州青年面临的主要婚恋问题

三 青年婚恋发展存在的主要问题及原因分析

（一）男性更看重女性的外表

从近两年的广州青年婚恋发展调查来看，男性更偏好面容姣好、温柔贤惠的异性，而女性较关心对方的道德品质、性格、价值观、能力等内在品质，"郎才女貌"的传统择偶标准仍在现代社会起主导作用。值得注意的是，"相貌"在择偶标准中的重要性有所提升。特别是在男性中，"颜值"已经跃升为首要的择偶标准。这可能反映了当今社会重"颜值"的时尚潮流对青年择偶观念的影响。

然而，在择偶过程中过度看重外在而轻视内涵，不利于建立健康稳定的婚恋关系。过分强调择偶过程中的"男高女低"特点，也会给择偶带来消极影响。因此，当前应加强社会公德教育，树立正确的婚恋观具有重要意义。建议家庭、学校、社区、政府、企业等多方形成联动机制，加强青年婚恋情感教育，开展相关讲座，教导恋人、夫妻关系处理技巧。此外，青年群体对流行文化和新媒体的接受度较高，可以充分运用新媒体展开婚恋价值观宣传，同时还应关注流行文化的价值导向，避免可能存在的消极影响。

（二）男性更易早恋和过早发生性行为

近年来，由于健康水平的提高和营养状况的改善，青少年性成熟时间普遍提前，初恋年龄逐渐降低，大部分发达国家青少年在15岁前性行为发生率出现增长趋势。在本次研究中，广州青年的首次恋爱年龄平均为17岁左右，首次恋爱年龄在14岁以下的男性人数比例比女性高。可见，男性相对于女性有更明显的早恋倾向。此外，广州青年首次性行为平均年龄为男性18岁左右、女性19岁左右，基本与过去研究相一致。进一步研究发现，男性青年首次性行为年龄偏低的比例大于女性，而25岁以后才开始出现性行为的女性比例明显大于男性。由此可见，当前广州青年的青春期恋爱与性行为年龄整体与过去没有显著差异，但两性间存在明显的性别差异，男性更容易出现早恋行为，以及过早发生性行为。

有研究表明，青少年的性行为受到个体、家庭、同伴、学校和媒体多系统的影响，其中个体、同伴和媒体的影响较大（张鹏，2011）。一项对我国大学生的问卷调查结果显示，首次性行为过早容易导致危险性行为的发生。在青春期发育早期，男性稍微落后于女性（宋逸等，2011）。随着性成熟度的提高，男性的性意识和性行为也逐渐发展。由于社会普遍对男性的性行为比较宽容，有的还加以鼓励，男性更容易产生早恋行为。在缺乏有效监管的情况下，男性有更多的机会过早发生性行为，甚至是危险性行为，导致不良后果的发生。因此，对青少年进行性教育，推迟青少年首次性行为发生的年龄，对预防危险性行为的发生作用重大。应充分了解和认识青春期性行为的性别差异，为两性差别化地制定适宜的生殖健康教育计划，并加强对男性的青春期性教育。

（三）同性恋亚文化对大学生群体影响大

开放的性观念是一个社会文明程度的体现之一，青年一代的性观念值得我们特别关注。在过去的调查研究中，广州青年的性观念逐渐开放，对于试婚、婚前性行为、婚前同居、网恋等行为的认同程度有所提高。同时，对于一夜情、同性恋、未婚生子等具有一定危险性且社会敏感度更高的问题，广州青年的认同程度也呈现逐步上升的趋势。2014年，广州青年婚恋发展调查结果表明，年龄越小的青年对同性恋的认同程度越高。在2016年的调查中，对比在职青年和大学生群体对同性恋的态度，可以看出两者中持"完全反对"和"完全赞同"极端态度的人数比例存在显著差异。在职青年更倾向于反对同性恋行为，而大学生群体则对同性恋行为持更积极的认同态度。这反映了社会整体开放度和容忍度的提高，但青少年如何正确看待同性恋不仅是个人态度问题，更是一个社会问题。

大学生曾被人们称为"天之骄子"，这一青年群体的价值观和行为模式会对社会文化产生不容忽视的影响。大学生容易受网络文学、动漫、影视剧等影响，对同性恋等亚文化接受程度较高。与此同时，大学生群体内互动频繁，更愿意接受来自同龄人的态度和观点，对同性恋的态度更容易与群体中的其他人趋同。也有人把同性恋行为视作"炫酷"、时尚、个性的象征，存在过度宣扬现象，或者出于好奇而故意尝试，由此导致高危性行为的出现。因此，及时掌握青年群体特别是大学生群体的性行为规律和性态度，对于保障青年健康发展有着重要意义。

（四）全面二孩时代导致新的"性别选择"

"儿女双全"是中国传统文化对婚姻家庭幸福的衡量标准之一。一儿一女，凑一个"好"字，不仅是中国汉字的玄妙和巧合，更是体现了传统生育观中人们对理想子女数和子女性别组合的向往。在2014年的广州青年婚恋发展状况调查中，在当时"放开单独二胎"的政策背景下，已有近九成的广州青年希望生育一个男孩和一个女孩。2016年，随着国家"全面放开二胎"政策的落地，广州迎来一波生育二胎的热潮。此次调查开始的时间正值政策出台后不久，调查结果充分反映了当前广州青年生育二胎的真实意愿。本研究发现，在广州青年的生育观中，"一儿一女"已经成为家庭的理想标配。98.9%的被调查者表示希望生育2名子女，且其中98.7%的人更希望生育一儿一女。

对于生育二胎的强烈意愿表明，当前的计划生育政策符合广州青年的生育需求，且得到了广大青年的热烈响应，这是一个积极的社会现象。然而，过度关注两个孩子的性别组合，则有可能产生一定的社会问题。坊间流传着这样一种说法：女儿是招商银行，儿子是建设银行。因此，一些希望"凑个好字"且育有一个男孩的家庭在生育二胎时就遭遇了尴尬：虽然很希望添个千金，但又害怕再生个"建设银行"不堪重负，于是很多人选择了放弃二胎。与之相反，另一些有"重男轻女"传统观念且生育一个女孩的家庭，则在二胎选择时积极"追仔"，令不少准妈妈倍感压力，有些就选择了放弃，更有甚者还由此导致不必要的家庭矛盾冲突。因此，如何在充分认识当前社会生育心态的基础上，做好适当的媒体宣传和文化引导，使人们以平常心对待二孩性别组合，是政府和社会各界需要考虑的一个问题。

（五）婚姻不稳固成为青年婚恋的主要问题

广州青年婚恋发展状况调查（2014~2015）发现，当前青年婚恋面临的主要问题排名前三的依次为："离婚率高"、"婚外恋"和"闪婚闪离"。在2016年的广州青年婚恋发展状况调查中，被调查者同样认为，"离婚"、"闪婚闪离"及"婚外恋"这三个问题最为严重。如此一致的结果表明，近年来广州青年婚姻的稳定性不足是一个值得广泛关注的社会问题。

婚姻是爱情的延续和升华，是为一定社会制度所承认的男女两性结合的方式，是家庭稳固和社会和谐的重要因素。婚姻不仅确立了夫妻关系，还由此产生了相应的权利和义务。可以说，婚姻中的责任感是婚姻观成熟的体现。然而，现代社会居高不下的离婚率，明显降低了人们对维持婚姻的信心。加之对择偶随性随意的"闪婚一族"缺乏对婚姻权利义务的深刻理解，婚姻的社会、文化、心理基础不稳固，更加导致"闪离"现象的多发。此外，导致当前社会离婚率高的另一个重要因素是人们婚内忠诚度的下降，"小三""婚外恋"成为社会热点问题。以上种种现象都会对处于婚姻早期的青年产生消极的影响，值得社会关注。

四 对策与建议

青年的婚恋家庭观是社会文化发展的晴雨表，反映了诸多社会现实问题，提示可能存在的潜在社会矛盾。因此，社会应重视对青年价值观发展趋势的分析和调查，预判可能出现的问题，避免可能产在的消极影响，并及早做出政策调整和文化引导。

此次调查对广州青年的恋爱观、性观念和生育观等与青年婚恋有关的态度观念进行分析，并探讨了青年初恋年龄、首次性行为年龄、择偶标准、生育意愿等婚恋行为规律。针对调研中发现的问题和现象，本研究就青年婚恋发展提出一个"四阶段"的对策建议。

（一）青春期阶段：有针对性地开展婚恋健康教育

青春期的孩子人格尚未成熟，对是非正误往往缺乏客观准确的判断。由于青年群体对新媒体接受程度高，在信息化、网络化的今天，更容易受到各种价值观的猛烈冲击。同时，自青春期开始，青年更需要得到同伴的认同，这也让他们极易受到一些来自同龄人的不良思想的影响。因此，在青春期阶段，应重视对青年亚文化的关注和研究，及时掌握一些青年亚文化中反映出来的态度和观点，有针对性地进行青春期价值观、心理健康、性健康、婚恋健康等教育。建议在初、高中学校，以及中职中专院校等青少年集中的单位开展形式多样的青春健康项目，提高青少年青春健康知识水平和自我保护意识。

（二）择偶期阶段：加强青年婚恋价值观教育

随着我国社会经济文化的快速发展，社会价值观呈现多元化的特点，这在青年的婚恋价值观上则表现为择偶标准随时代发展不断变迁。为此，与青少年教育相关的政府部门应加强对青年的道德文化教育，提倡积极向上的价值观，弘扬主旋律，树立正确的婚恋观。建议家庭、学校、社区、政府、企业等多方形成联动机制，拓展青年社交平台，加强青年婚恋情感教育，开展相关讲座，指导青年有关婚恋与夫妻关系处理的技巧。政府应建立婚恋服务行业规范，引导婚恋服务行业健康有序地发展；工青妇组织和其他社会团体应积极与婚恋网站形成线上线下联动，提供更有效运作的婚恋交友平台；同时，还应借助社会力量，为"宅男宅女"提供更多健康向上的青年交友联谊活动，为"剩男剩女"提供专业的婚恋咨询指导服务。

（三）婚姻建立阶段：开展婚姻知识培训，提高婚恋质量

婚姻是爱情的延续，高质量的婚姻需要用心经营。步入婚姻阶段后，青年还需要进一步学习两性相处的技巧，提高婚姻质量。政府应调动多方资源，通过各种媒体开展相关的青年婚恋培训活动，并开展各种线上线下的互动活动，开设讲座，教授青年夫妻关系处理的技巧，让他们提高夫妻亲密度。积极培育婚姻家庭服务专业机构，广泛建立并不断扩大以心理咨询师、社工等为主体的专业服务队伍，开展专业婚姻治疗服务，提供个别化专业化辅导。

（四）婚姻生活阶段：弘扬传统文化，加强婚姻道德教育

正确的婚姻观是维护婚姻健康的根本。当代青年更注重发展自我、张扬个性，在西方婚恋文化的影响下，他们对婚姻坚贞的要求有所降低，更看重婚姻中的个体幸福感，不愿意为柴米油盐而牺牲自我；更看重配偶在个性情趣等方面与自己的匹配程度，不愿意在婚姻中将就。种种因素都导致了离婚率的居高不下，婚外恋、"二奶"、"小三"成为社会热名词。中国传统文化

崇尚至死不渝的爱情和对婚姻的忠诚，建议政府应加强传统道德文化的宣传，开展青年婚姻的道德文化教育，提高他们对婚姻忠诚和责任的认知水平。此外，政府还应进一步加强对青年婚恋价值观的研究，跟踪掌握青年婚恋价值观的变化趋势。特别是生育观的变化，并以此作为相关人口政策、社会福利政策制定的依据。

参考文献

1. 管雷：《1978年以来我国青年择偶研究述评》，《中国青年研究》2004年第11期。
2. 李银河：《当代中国人的择偶标准》，《中国社会科学》1989年第4期。
3. 侯万锋：《当代青年婚恋价值观及其教育引导》，《青少年犯罪问题》2015年第5期。
4. 徐安琪：《择偶标准：五十年变迁及其原因分析》，《社会学研究》2000年第6期。
5. 贾志科、风笑天：《当代都市青年的择偶标准——基于南京万人相亲会的实证分析》，《河北大学学报》（哲学社会科学版）2013年第2期。
6. 董金权、姚成：《择偶标准：二十五年的嬗变（1986~2010）——对6612则征婚广告的内容分析》，《中国青年研究》2011年第2期。
7. 单光鼐：《中国青年婚恋观的变化趋势》，《青年研究》1986年第6期。
8. 徐安琪、李煜：《青年择偶过程：转型期的嬗变》，《青年研究》2004年第1期。
9. 冯莉：《青年网络择偶现状、成因与前景的调查研究》，《青年探索》2009年第1期。
10. 黄凯杰、赵倩、李丹：《从进化心理学的角度浅析男女择偶观》，《社会心理科学》2014年第9期。
11. 王雨晴、姚鹏飞、周国梅：《面孔吸引力、人格标签对于男女择偶偏好的影响》，《心理学报》2015年第47期。
12. 昝玉林：《网络婚恋的发展》，《中国青年研究》2010年第2期。
13. 孙彩平、王春梅：《国内中学生"网恋"专题调查报告》，《上海教育科研》2010年第10期。
14. 曾坚朋：《"网恋"：虚拟分离与现实回归》，《人文杂志》2002年第6期。
15. 吴银涛：《社会转型期青年网恋行为的缘起、发生及结果研究》，《青年研究》2009年第4期。
16. 潘丽萍、王秋芬：《网络环境下大学生性爱观及高校性教育模式探讨》，《中国学校卫生》2011年第32期。
17. 李玲、黄研萍、刘兵：《广东省大学生性知识、性观念、性行为现状及性别差异》，《重庆医学》2015年第6期。
18. 张涵、孙婷婷、王鹏：《大学生对同性恋的认知和态度调查》，《中国性科学》2008年第17期。
19. 陈卫、史梅：《中国妇女生育率影响因素再研究——斯特林模型的实证分析》，《中国人口科学》2002年第2期。
20. 郑真真：《中国育龄妇女的生育意愿研究》，《中国人口科学》2004年第5期。
21. 刘庚常：《关于当前生育影响因素的思考》，《人口学刊》2010年第1期。
22. 刘梦琴：《广东已婚妇女生育观的代际变化》，《广东社会科学》1995年第4期。
23. 李龙、翟振武：《生育一孩弱化二孩生育意愿吗？——基于北京市"单独"家庭的考察》，《南方人口》2014年第5期。
24. 张建武、薛继亮：《广东"80后"生育意愿及其影响因素研究》，《南方人口》2013年第2期。
25. 张鹏：《亚洲三地未婚青少年性相关行为模式及其影响因素研究》，上海市计划生育科学研究所博士学位论文，2011。
26. 宋逸等：《中国18省市大学生首次性行为年龄的人群分布特征及影响因素》，《中华流行病学杂志》2011年第2期。
27. 涂晓雯、楼超华、高尔生：《上海未婚男女青年的首次性行为分析》，《复旦学报》（医学版）2002年第2期。
28. 陆峥、刘梦琴：《青年择偶观研究》，《当代青年研究》2016年第5期。

B.9
广州青年消费状况研究

王 军 柯燕群*

摘 要: 本文主要基于"2016年广州市青年发展状况调查"数据,同时结合2010年、2012年和2014年的数据,对广州青年消费状况进行深入分析。研究发现:2010~2016年广州青年收入持续增长,但消费信贷意愿有所减弱;收入水平、年龄、性别、受教育程度以及户籍类型与其消费行为具有显著相关关系;广州青年的消费信贷倾向于购房和买车,用于教育、旅游等方面的消费比重较小;广州青年住房支出负担较重,住房问题较为突出;广州青年虽然受传统消费观念影响较大,但网络支付已成为其主要支付方式。

关键词: 青年 消费行为 消费观念 信贷消费 广州

我国"十二五"规划纲要明确提出,要构建扩大内需长效机制,促进经济增长向依靠消费、投资、出口协调拉动转变,自此消费拉动经济增长逐渐成为我国的重要经济战略。我国消费社会学领域著名学者王宁论述了消费主义在中国兴起的政治逻辑和文化逻辑,指出中国正在从节俭主义社会向消费主义社会转型,消费在社会生活中的影响日益凸显。青年群体是社会消费的主力军,具有巨大的消费潜力,了解当代青年群

---

* 王军,中山大学社会学系副教授、硕士生导师,研究方向:人口社会学、社会学量化研究方法;柯燕群,中山大学社会学专业2014级本科生。

体的消费状况对我们进一步扩大内需、促进经济发展具有深刻的经济意义和社会意义。

本研究主要基于"2016年广州市青年发展状况调查"数据展开,该数据主要涉及三个群体,分别为在职青年、大学生和中学生,本文主要关注前两个群体,同时结合2010年、2012年和2014年的数据进行比较研究。本文的第二部分主要研究广州青年的消费现状以及影响因素,包括收入水平与信贷情况、消费结构、消费观念和支付方式;第三部分主要探讨广州青年可能存在的消费问题并剖析其原因,最后一部分则针对存在的问题提出对策建议。

一 广州青年消费现状

关于消费的研究,当前学界主要围绕着消费行为、消费心理、消费结构、消费文化、消费信贷等方面展开,其中,青年消费研究集中于消费文化和消费观念研究,对青年消费现状进行系统分析的研究则相对较少,因此,本文将从消费信贷、消费结构、消费观念、消费行为等几个方面对广州青年消费现状进行较为全面的分析。在当前经济新形势下,广州青年作为经济市场中最具活力的消费主体,其消费状况呈现诸多新特点。

(一)收入水平与信贷消费

1. 收入持续增长,消费信贷意愿减弱

收入是消费的前提,收入水平是衡量消费水平的关键因素,因此了解分析广州青年的收入状况为下文探索分析广州青年消费状况提供重要基础。2016年的调查数据显示(见表1),在职青年平均年收入为5.940万元,与2014年的数据相比,收入水平有所提高。通过比较四次调查的数据,我们不难发现从2010年到2016年广州在职青年的年平均收入持续增长,2010年为3.95万元,2014年为5.20万元,增加了1.25万元,实现较大幅度的增长,增幅高达31.6%,此后继续维持增长态势,2016年广州在职青年平均年收入为5.940万元,但增长速度有所回落,降至14.08%,整体观之,在四次调查中,广州在职青年的收入持续增长,但增幅波动较大。

表1 2016年在职青年年收入状况

收入	有效样本量(人)	最小值	最大值	均值	标准差
年收入(万元)	1398	0	18	5.940	4.566

尽管2010~2016年,广州在职青年的收入得到较大提高,但当问及"您每月有盈余吗?"时,超过一半的在职青年和在校大学生出现没有盈余的情况,其中,有30.76%的受访者表示"入不敷出",28.35%的受访者仅能维持"收支平衡",39.54%的受访者表示"有,但不多",而表示"有很多"的仅占1.35%(见图1),与2014年的数据相比,"入不敷出"的比例上升了3.86个百分点,"收支平衡"实现微弱的回升,增幅为2.35%,"有,但不多"下降了4.66个百分点,下降幅度较大,"有很多"的青年比例也下降了1.45个百分点,说明当前广州在职青年和在校大学生的日常支

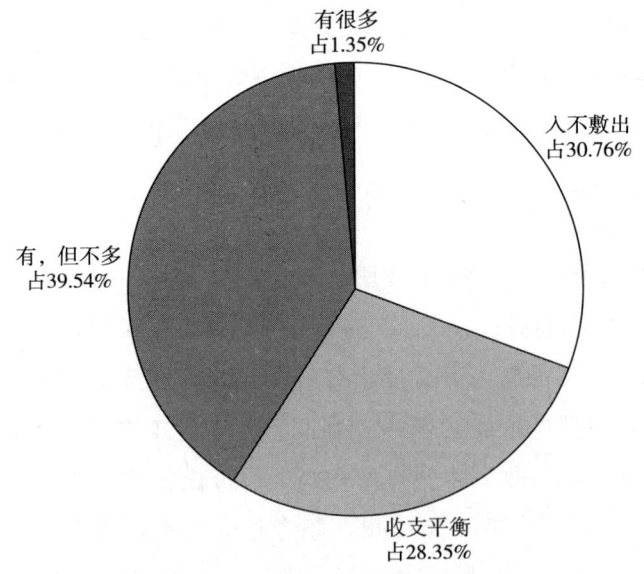

图1 广州青年每月盈余情况

出比较大，收入水平与青年群体消费需求的满足之间存在一个缺口，且缺口呈逐渐扩大趋势，由此可见，广州在职青年收入水平的持续提升并不能很好地满足其消费需求。

2015年11月11日，李克强总理主持召开国务院常务会议，会议确定加大财税、金融等政策支持，发展消费信贷，将消费金融公司试点推广至全国。消费信贷作为收入的一个补充，它为满足人们日益增长的消费需求提供了良好的物质条件。

然而，如表2所示，当问及"如果您要买一件东西，但是手头存款不够，您愿意借贷消费（向金融机构贷款购买消费品，然后分期付款偿还债务）吗？"35.59%广州青年表示愿意，64.41%广州青年表示不愿意，可见大部分青年信贷消费意愿水平仍然较低，与2014年的数据相比，比例下降了3.71个百分点，广州青年消费信贷意愿减弱。

表2 "如果您要买一件东西，但是手头存款不够，您愿意借贷消费吗？"选项统计情况

单位：人，%

借贷消费意愿	频数	占比
愿　意	721	35.59
不愿意	1305	64.41
总　计	2026	100.00

2. 广州青年贷款消费意愿的影响因素

根据前文所述，尽管我国消费信贷环境逐步改善，但大部分广州青年消费信贷意愿水平仍然较低，这是为什么呢？本文接下来将探讨影响广州青年贷款消费意愿的因素。

收入方面，本文将广州青年贷款消费意愿与年收入进行卡方分析发现，广州青年贷款消费意愿与年收入存在显著的相关关系（$\chi^2 = 40.676^{***}$），其中，在"愿意"这一选项上，年收入在9万~12万元的青年贷款消费意愿最高，占比为50.84%，其次是6万~9万元，占47.15%，第三是年收入为3万~6万元的青年，比例为40.79%，第四是3万元及以下，占30.22%，

可见，随着年收入的减少，广州青年贷款消费意愿下降，收入水平影响着青年的贷款消费意愿（见表3）。

表3　广州青年贷款消费意愿与年收入相关分析

单位：%

年收入	3万元及以下	3万~6万元	6万~9万元	9万~12万元	12万元及以上	总计	χ^2
愿　意	30.22	40.79	47.15	50.84	48.82	38.77	40.676***
不愿意	69.78	59.21	52.85	49.16	51.18	61.23	
总　计	100.00	100.00	100.00	100.00	100.00	100.00	

注：*** 表示 $p<0.001$。

年龄方面，对广州青年贷款消费意愿与年龄进行卡方分析发现，广州青年贷款消费意愿与年龄存在显著的相关关系（$\chi^2=52.260^{***}$），20岁及以下、21~25岁、26~30岁和31~35岁，广州青年愿意贷款消费的比重依次为22.49%、30.03%、39.15%、46.76%，比重逐渐上升，但36岁及以上的青年的比重有所回落，为43.48%，随着年龄的增长，青年的贷款消费意愿逐渐增强，但到了36岁以后，青年消费意愿趋向缓和，比重开始下降（见表4）。

表4　广州青年贷款消费意愿与年龄相关分析

单位：%

年龄	20岁及以下	21~25岁	26~30岁	31~35岁	36岁及以上	总计	χ^2
愿　意	22.49	30.03	39.15	46.76	43.48	35.59	52.260***
不愿意	77.51	69.97	60.85	53.24	56.52	64.41	
总　计	100.00	100.00	100.00	100.00	100.00	100.00	

注：*** 表示 $P<0.001$。

性别方面，对广州青年贷款消费意愿与性别进行卡方分析发现，广州青年贷款消费意愿与性别存在相关关系（$\chi^2=5.058^*$），男性的贷款消费意愿比女性更强，在"不愿意"这一选项上，男性为61.57%，女性为66.44%（见表5），由此可见，性别对广州青年贷款消费意愿有影响。

表5　广州青年贷款消费意愿与性别相关分析

单位：%

性别	男	女	总计	χ^2
愿　意	38.43	33.56	35.62	5.058*
不愿意	61.57	66.44	64.38	
总　计	100.00	100.00	100.00	

注：*表示$p<0.05$。

在受教育程度方面，我们把广州青年贷款消费意愿与受教育程度进行卡方检验，数据显示（见表6），广州青年贷款消费意愿与受教育程度存在比较明显的相关关系（$\chi^2=19.344^{**}$），其中，初中学历的青年贷款意愿最低，比重为29.41%，从初中、高中、大专、大学本科到硕士及以上，广州青年愿意贷款消费的比重依次为29.41%、30.46%、30.57%、39.58%和40.00%，比重逐渐上升，因此受教育程度越高的人群，其贷款消费意愿越强。值得指出的是，小学及以下学历的青年贷款消费意愿最高，达到43.75%，这可能与其收入过低，渴望通过信贷改善生活的意愿相关。

表6　广州青年贷款消费意愿与受教育程度相关分析

单位：%

学历	小学及以下	初中	高中	大专	大学本科	硕士及以上	总计	χ^2
愿　意	43.75	29.41	30.46	30.57	39.58	40.00	35.84	19.344**
不愿意	56.25	70.59	69.54	69.43	60.42	60.00	64.16	
总　计	100.00	100.00	100.00	100.00	100.00	100.00	100.00	

注：**表示$P<0.005$。

户籍方面，将广州青年贷款消费意愿与户籍进行卡方分析，结果显示，广州青年贷款消费意愿与户籍存在显著的相关关系（$\chi^2=27.858^{***}$），在愿意贷款消费的青年中，户籍是广州城镇的青年占42.36%，外地城镇占29.20%，广州农村青年占32.00%，外地农村青年占31.61%，从中我们可以看到，无论是城镇户口还是农村户口，外地青年的消费信贷意愿都比广州本地青年低，此外，在广州户籍中，拥有城镇户口的青年的贷款消费意愿比拥有农村户籍的青年强，而在外地户籍，拥有城镇户籍的青年的贷款消费意愿略低于比拥有农村户籍的青年。

表7 广州青年贷款消费意愿与户籍类型相关分析

单位：%

户籍	广州城镇	广州农村	外地城镇	外地农村	总计	χ^2
愿意	42.36	32.00	29.20	31.61	35.51	27.858***
不愿意	57.64	68.00	70.80	68.39	64.49	
总计	100.00	100.00	100.00	100.00	100.00	

注：*** 表示 $p<0.001$。

（二）消费结构

1. 食品支出比例

（1）广州青年食品支出状况

将广州青年每月的食品支出除以其月收入可以得到广州青年每月的食品支出比例，食品支出比例是反映广州青年的生活水平和生活质量的一个有效指标。数据显示，广州青年平均食品支出比例为30.56%，从图2可以看到，超过六成的广州青年食品支出比例在30%及以下，说明总体上广州青

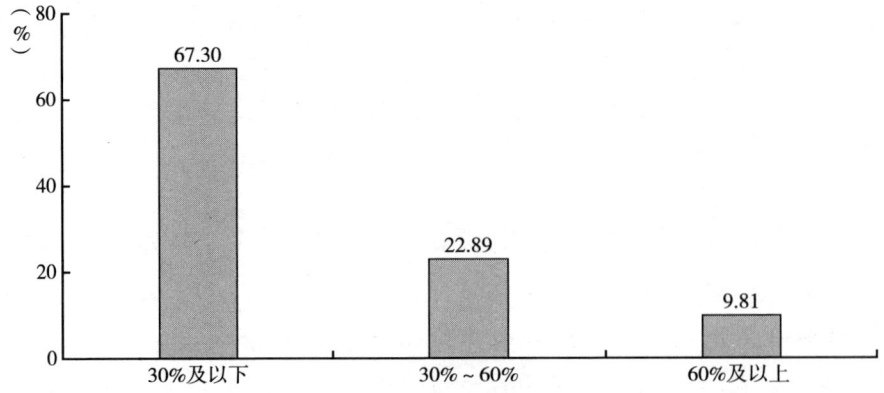

图2 广州青年食品支出比例

年的食品消费所占比重较低，由此可推断广州青年用于其他方面的支出占较大的比重，由此可见广州青年的生活水平比较高，同时需要注意的是，食品消费占比超过30%的广州青年占32.70%，比重较大，不容忽视。

（2）食品支出比例的影响因素

收入方面，本文将广州青年食品支出比例与年收入进行相关分析，结果显示，广州青年食品支出比例与年收入存在显著的负相关关系（相关系数为 -0.496***），青年的食品支出比例随着年收入的增加而降低，具体来说，年收入越高的青年，其食品支出比例越小，相反，年收入越低的青年，其食品支出比例越大（见表8）。

表8 广州青年食品支出比例与年收入相关分析

	年收入
食品支出比例	-0.496***

注：*** 表示 $p<0.001$。

受教育程度方面，通过分析发现，受教育程度不同，广州青年每月的食品支出比例也存在较大的差异。在"30%及以下"选项上，硕士及以上学历比重最大，占76.92%，在"30%~60%"选项上，高中学历的比重最大，占29.84%，在"60%及以上"选项上，小学及以下学历的比重最大，占28.57%，因此受教育程度也是影响青年食品支出的一个重要因素（见表9）。

表9 广州青年每月食品支出比例与受教育程度相关分析

单位：%

学历	小学及以下	初中	高中	大专	大学本科	硕士及以上	总计	χ^2
30%及以下	57.14	53.33	54.84	59.38	74.69	76.92	67.75	49.837***
30%~60%	14.29	28.89	29.84	28.44	19.18	10.77	22.64	
60%及以上	28.57	17.78	15.32	12.19	6.13	12.31	9.61	
总计	100.00	100.00	100.00	100.00	100.00	100.00	100.00	

注：*** 表示 $p<0.001$。

户籍类型方面，如表10所示，将广州青年每月食品支出比例与户籍类型进行相关分析，我们发现，这两者存在显著的相关关系（χ^2 = 25.964***），在"30%及以下"这一比例范围内，广州城镇户籍的比重为73.26%，广州农村的比重为64.76%，外地城镇户籍的比重为64.38%，外地农村户籍的比重为57.75%，从整体上看，就同一地区而言，城镇户籍青年的食品支出比例比农村户籍青年低，同一户籍性质的青年，广州本地青年的食品支出比例比外地户籍的青年低，因此，户籍类型对广州青年的食品支出比例有重要的影响。

表10 广州青年每月食品支出比例与户籍相关分析

单位：%

	广州城镇	广州农村	外地城镇	外地农村	总计	χ^2
30%及以下	73.26	64.76	64.38	57.75	67.36	25.964***
30%~60%	18.94	22.03	24.38	31.78	22.85	
60%及以上	7.81	13.22	11.25	10.47	9.78	
总计	100.00	100.00	100.00	100.00	100.00	

注：*** 表示 $p < 0.001$。

2. 住房支出比例

（1）广州青年住房支出状况

青年时期是人生的婚育时期，对住房的需求量大，因此了解广州青年的住房消费情况具有深刻的意义。2016年的调查数据显示，广州青年平均每月的住房支出占月收入的比例是22.56%，比重较大。我们通过进一步分析发现，大部分广州青年的住房支出占收入的比重低于20%，但同时也有超过1/3的青年住房支出比例超过20%（34.10%），总体来看，广州青年的住房负担比较重，住房压力大（见图3）。

（2）住房支出比例影响因素

收入方面，将广州青年住房支出比例与年收入进行相关分析，发现广州青年住房支出比例与年收入存在显著的相关关系（χ^2 = 32.890**），不同收入水平的青年住房消费比例存在较大的差异。

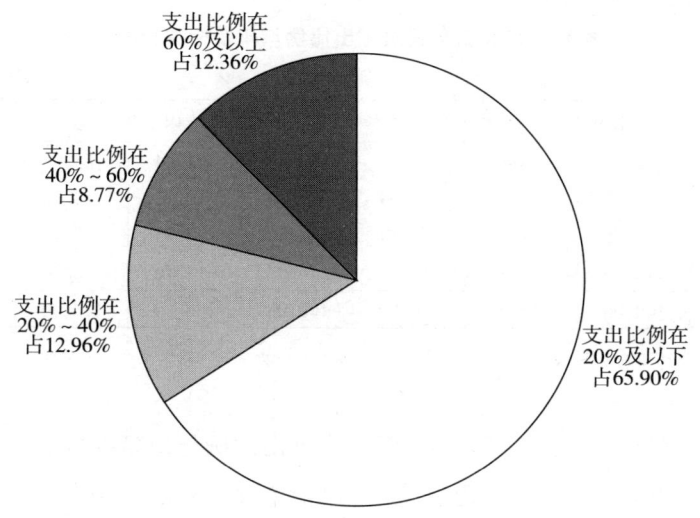

图 3　广州青年住房支出状况

表 11　广州青年住房支出比例与年收入相关分析

单位：%

收入	3万元及以下	3万~6万元	6万~9万元	9万~12万元	12万元以上	总计	χ^2
20%及以下	67.44	69.92	64.44	56.49	58.70	65.90	32.890**
20%~40%	9.97	13.11	12.22	40	22.83	12.96	
40%~60%	6.31	7.46	10.00	16.79	9.78	8.77	
60%及以上	16.28	9.51	13.33	13.74	8.70	12.36	
总计	100.00	100.00	100.00	127.02	100.00	100.00	

注：** 表示 $p<0.005$。

年龄方面，本文将广州青年住房支出比例与年龄进行卡方分析发现，广州青年住房支出比例与年龄存在显著的相关关系（$\chi^2=37.623^{***}$），在"20%及以下"这个选项上，年龄越大的青年所占比重越小，同时，在"20%~40%"和"40%~60%"这两个较大的住房支出比例范围内，年龄越大的青年住房支出所占比重越大，由此可以看到，年龄越大的青年，其住房支出比例越大（见表12）。

表12　广州青年住房支出比例与年龄相关分析

单位：%

年龄	20岁以下	20~25岁	25~30岁	30~35岁	35岁以上	总计	χ^2
20%及以下	71.43	76.47	66.10	53.13	52.94	65.90	37.623***
20%~40%	9.52	11.03	11.94	17.86	11.76	12.96	
40%~60%	4.76	4.41	9.17	12.50	23.53	8.77	
60%及以上	14.29	8.09	12.79	16.52	11.76	12.36	
总计	100.00	100.00	100.00	100.00	100.00	100.00	

注：*** 表示 $p<0.001$。

户籍类型方面，本文将广州青年住房支出比例与户籍进行卡方分析，结果显示，广州青年住房支出比例与户籍存在显著的相关关系（$\chi^2=40.410^{***}$），在"60%及以上"这个选项上，外地农村青年的比重最大，为14.76%，广州城镇青年次之，为14.75%，前者可能是由于收入水平低，后者则可能是由于房价过高（见表13）。

表13　广州青年住房支出与户籍类型相关分析

单位：%

	广州城镇	广州农村	外地城镇	外地农村	总计	χ^2
20%及以下	62.70	83.52	63.71	59.52	65.83	40.410***
20%~40%	12.09	6.82	16.94	18.10	13.03	
40%~60%	10.45	3.98	11.29	7.62	8.82	
60%及以上	14.75	5.68	8.06	14.76	12.32	
总计	100.00	100.00	100.00	100.00	100.00	

注：*** 表示 $p<0.001$。

婚姻状况方面，本文将广州青年住房支出比例与婚姻状况进行卡方分析发现，广州青年住房支出比例与婚姻状况存在显著的相关关系（$\chi^2=44.749^{***}$），在"20%及以下"这个选项上，未婚和离异或丧偶者所占比重都高于已婚青年，与此同时，在"20%~40%"和"60%及以上"两种比例上，未婚和离异或丧偶所占比重低于已婚青年，综上所述，说明当前已婚青年的住房压力最大（见表14）。

表14　广州青年住房支出比例与婚姻状况相关分析

单位：%

	未婚	已婚	离异/丧偶	总计	χ^2
20%及以下	73.39	54.43	72.73	65.75	44.749***
20%~40%	11.83	15.19	0.00	13.05	
40%~60%	6.26	11.90	18.18	8.66	
60%及以上	8.52	18.48	9.09	12.54	
总计	100.00	100.00	100.00	100.00	

注：*** 表示 $p<0.001$。

3. 网购支出比例

（1）广州青年网购支出情况

在"互联网+"时代，中国的电子商务迅猛发展，据报道，2016年天猫"双十一"的交易额高达1207亿元，其中无线交易额超912亿元，占比达81.87%。网购逐渐融进我们的日常生活，成为当下新的消费模式，广州青年也不例外，网购支出逐渐在青年收入中占据着重要比重，2016年调查数据显示，广州青年平均网购支出占月收入的15.55%，网购逐渐成为青年生活中不可或缺的一部分。从图4我们可以看到，绝大部分青年（86.38%）的网购支出比例在0%和30%之间，网购支出在30%~60%的青年占比为8.24%，甚至有5.38%的青年网购支出比例达60%以上，网络消费蓬勃发展。

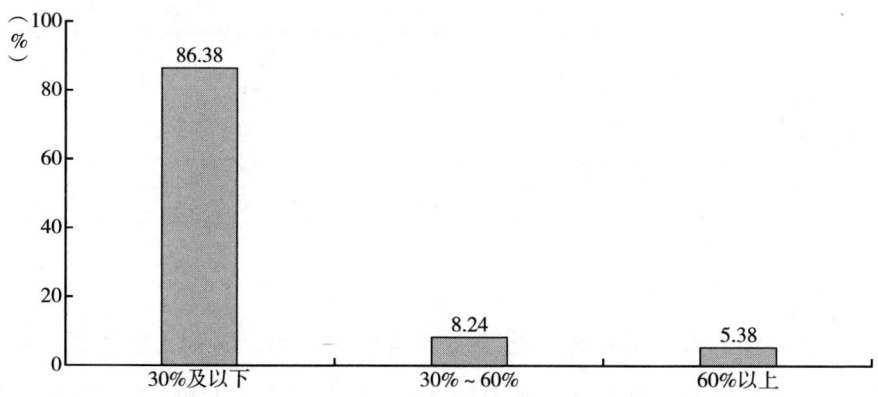

图4　广州青年网购支出比例情况

（2）广州青年网购支出比例影响因素

收入水平方面，本文将广州青年网购支出比例与年收入进行相关分析，结果显示，广州青年网购支出比例与年收入存在显著的负相关关系（相关系数为-0.365***），青年网购支出比例随着年收入的增加而降低，年收入越高的青年，其网购支出比例越小，相反，年收入越低的青年，其网购支出比例越大（见表15）。

表15 广州青年网购支出比例与年收入相关分析

	年收入
网购支出比例	-0.365***

注：*** 表示 $p<0.001$。

性别方面，本文将广州青年网购支出比例与性别进行卡方分析，结果显示，性别差异对广州青年网购支出比例有影响（$\chi^2=9.841^*$），从整体上看，男性的网购支出比重比女性小，在"30%~60%"这一选项上，男性仅为6.07%，女性为10.10%，女性相比较男性更喜欢网购，消费比重更高（见表16）。

表16 广州青年网购支出比例与性别相关分析

单位：%

	男	女	总计	χ^2
30%及以下	89.71	83.51	86.28	9.841*
30%~60%	6.07	10.10	8.30	
60%以上	4.23	6.39	5.42	
总计	100.00	100.00	100.00	

注：* 表示 $p<0.05$。

户籍类型方面，不同地区的经济发展水平不同，网购支出比例存在差异。本文将广州青年网购支出比例与户籍类型进行卡方分析，结果显示，网购支出比例与户籍类型存在显著差异（$\chi^2=19.585^{**}$）。在"30%~60%"

这一选项上，广州农村青年的比例为 12.05%，广州城镇青年的比例为 7.39%，在"60%以上"这个选项上，广州农村青年的比例为 8.93%，广州城镇青年的比例为 4.87%（见表 17），广州农村青年的网购支出比重高于广州城镇青年的比重，这可能归因于广州城镇青年的收入水平更高，这也说明了网购支出比例存在户籍差异。

表 17　广州青年网购支出比例与户籍类型相关分析

单位：%

	广州城镇	广州农村	外地城镇	外地农村	总计	χ^2
30%及以下	87.73	79.02	83.66	91.87	86.45	19.585**
30%~60%	7.39	12.05	11.11	4.88	8.21	
60%以上	4.87	8.93	5.23	3.25	5.34	
总计	100.00	100.00	100.00	100.00	100.00	

注：** 表示 $p<0.005$。

（三）消费观念

消费观念影响消费行为，了解青年的消费观念对分析青年的消费行为具有关键作用。对于"节俭是值得提倡的"这个观点，42.11% 青年表示完全同意，35.38% 表示比较同意，15.74% 的青年表示"一般"，表达否定意见的只有 6.39%（2.62% 与 3.77% 之和），从中可以看出当前青年受传统消费观念影响比较深，勤俭节约，理性消费；对"我觉得人应该享受，有钱就该花"这个观点，"完全同意"占 8.29%，"比较同意"24.45%，"一般"占 38.32%，"较不同意"占 21.40%，"完全不同意"占 7.01%，可以看到，处于"完全同意"和"完全不同意"两个观点的比例非常小，大部分人持中立态度；关于"购物时我喜欢刷信用卡"这个观点，持否定态度的占 35.77%（"完全不同意"占 14.52%，"较不同意"占 21.25%），高于持同意意见的青年比重（"比较同意"占 16.00%，"完全同意"占 10.27%）。综上所述，广州青年的消费观念比较传统，节俭消费，对消费主义观念持中立态度，信贷消费意愿水平较低。如表 18 所示。

表18 广州青年的消费观念情况

单位：人，%

	完全不同意	较不同意	一般	比较同意	完全同意	不清楚	总计
节俭是值得提倡的(N=2097)	2.62	3.77	15.74	35.38	42.11	0.38	100.00
我觉得人应该享受，有钱就该花(N=2098)	7.01	21.40	38.32	24.45	8.29	0.52	100.00
购物时我喜欢刷信用卡(N=2094)	14.52	21.25	35.34	16.00	10.27	2.63	100.00

（四）支付方式

1. 最常用的支付方式

（1）广州青年最常用的支付方式

伴随着电子商务的兴起，电子货币也逐渐走进大众视野，人们的支付方式发生了重大变革，悄然改变人们的消费方式。如图5所示，当问及"您最常用的支付方式"时，47.97%的青年最常用的支付方式是网络支付软件客户端，现金的比例仅为36.52%，成为青年的第二选择。

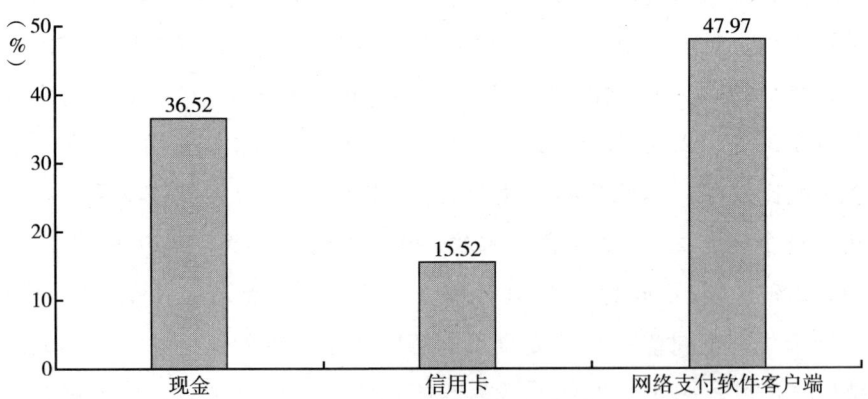

图5 广州青年最常用的支付方式

（2）最常用的支付方式影响因素

年龄方面，从图6可以看到，20岁以下的青年使用网络支付软件客户端的比例最大，占 67.11%，而 31～35 岁的青年使用现金的比重最大，占 43.03%，年龄越大的青年越倾向于使用现金，因此，最常用的支付方式受年龄因素的影响。

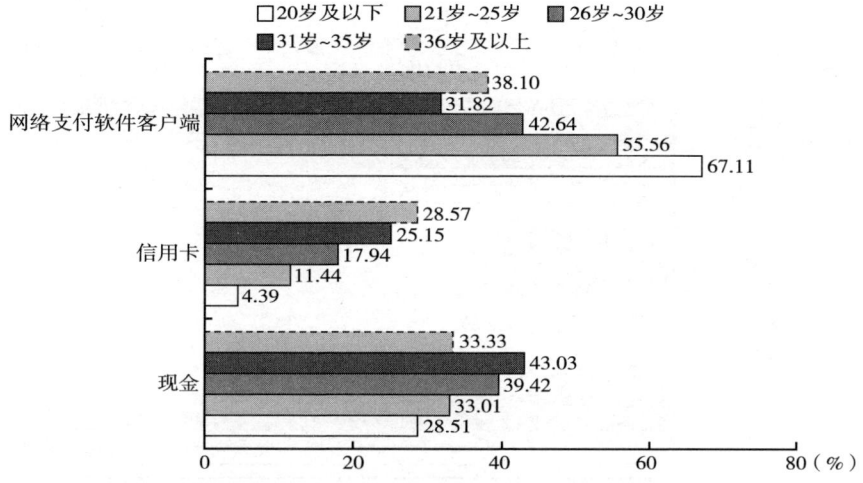

图 6　不同年龄青年最常用的支付方式比较

性别方面，如图 7 所示，在最常用的消费方式上，选择网络支付软件客户端的女性比例为 54.10%，高于男性（40.31%），在现金的使用上，男性占 45.31%，女性占 29.96%，说明女性比男性更常使用电子货币。

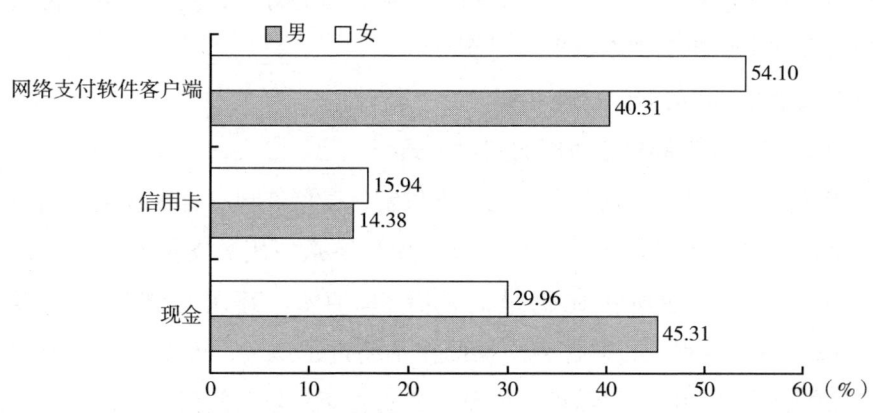

图 7　男女青年最常用的支付方式比较

受教育程度方面，不同受教育程度的青年，其最常用的支付方式也存在差异，从图8我们可以看到受教育程度越高，其使用网络支付软件客户端的比例越大，使用现金的比例越小，青年的最常用支付方式与受教育水平存在显著的正相关关系。

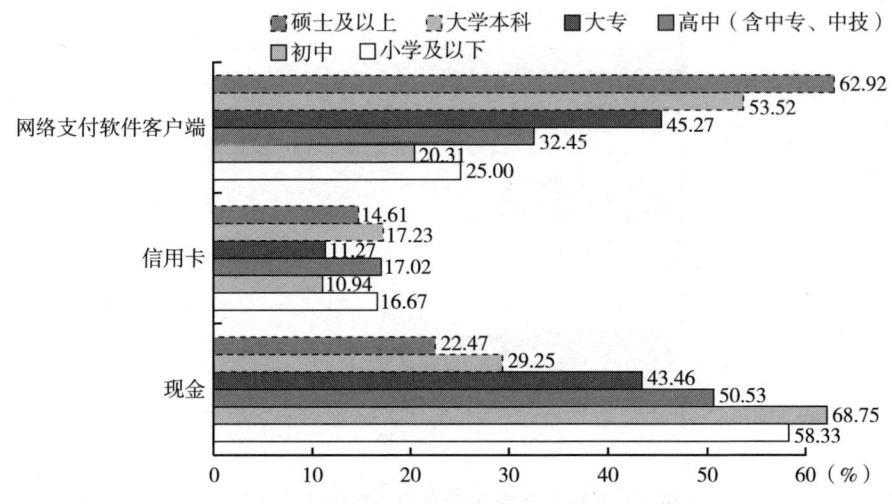

图8 不同教育程度青年最常用的支付方式比较

户籍类型方面，不同户籍类型，最常用的支付方式各异，来自广州城镇和外地城镇的青年最常用的支付方式是网络支付软件客户端，来自广州农村的青年的常用支付方式是现金，而来自外地农村的青年，使用网络支付软件客户端和现金的比例基本持平（见图9）。

2. 最愿意使用的支付方式

（1）广州青年最愿意使用的支付方式

当前网络支付方式日益多元化，支付宝、微信红包、百度钱包等成为人们日常消费的常用支付工具。当问及"您最愿意使用的支付方式"时，网络支付软件客户端所占比重最高，占58.04%，其次是现金，比例为25.54%，选择网络支付软件客户端的比重超过了现金，可以看到电子货币以其快捷性、便利性、灵活性等优点，成为青年最乐于使用的支付方式，这与青年最常用的支付方式的分布基本保持一致（见图10）。

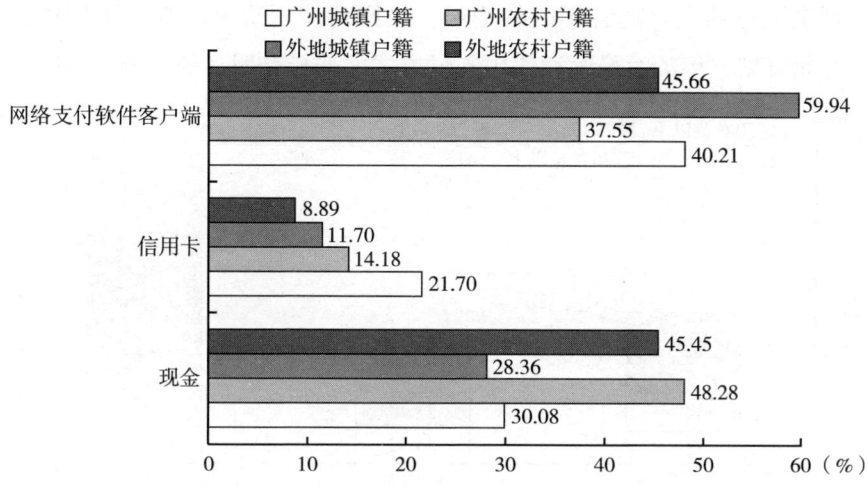

图 9　不同户籍类型青年最常用的支付方式比较

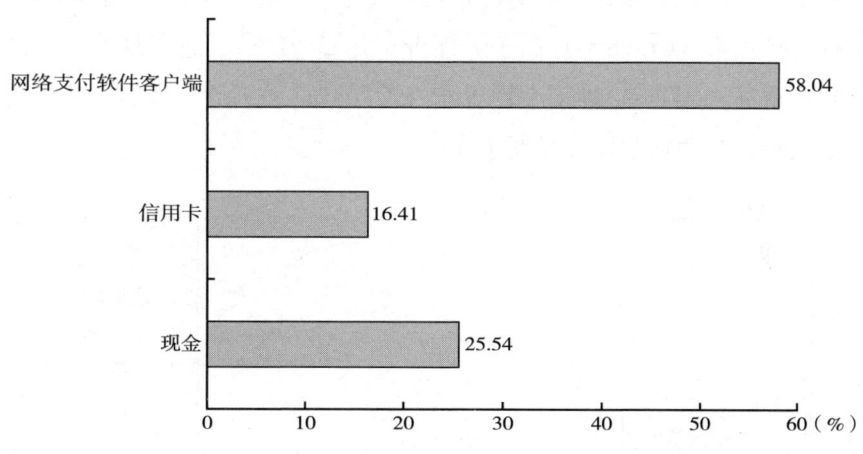

图 10　广州青年最愿意使用的支付方式

（2）最愿意使用支付方式影响因素

年龄方面，从整体上看，在各个年龄段中，最愿意使用网络支付软件客户端的青年比例都是最高的，其中，在"网络支付软件客户端"选项上，随着年龄的增长，最愿意使用网络支付软件客户端的青年比例逐渐降低，而

225

在"现金"选项上，随着年龄的增长，最愿意使用现金的青年比例逐渐升高，由此可见，年龄对最愿意使用支付方式的选择有明显的影响。

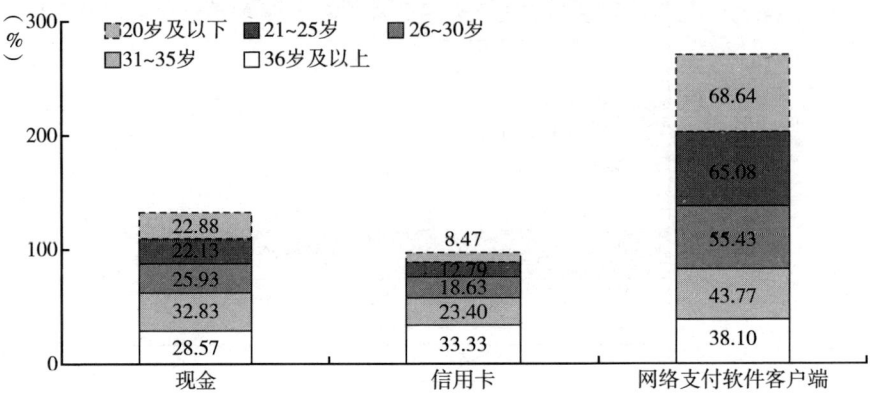

图11　不同年龄青年最愿意使用支付方式比较

性别方面，在最愿意使用支付方式的选择上，选择网络支付软件客户端的女性青年比重（61.78%）高于男性青年（53.97%），选择现金支付的男性青年比重（30.00%）高于女性青年（22.03%），因此，最愿意使用支付方式的选择存在性别差异（见图12）。

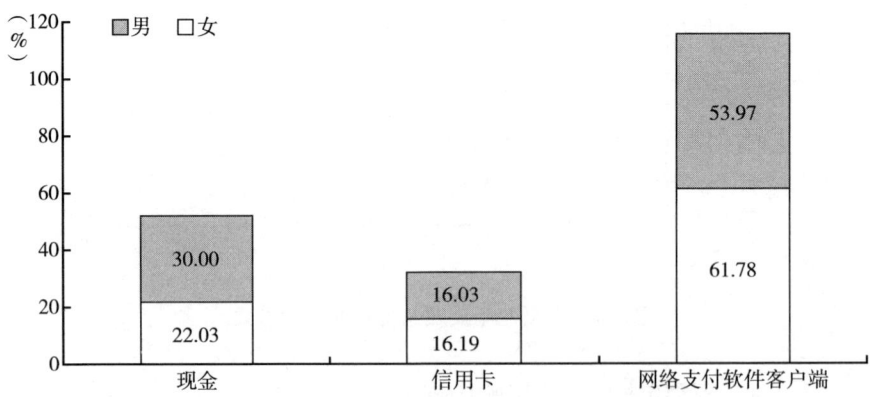

图12　男女青年最愿意使用支付方式比较

受教育程度方面，受教育程度从小学及以下到硕士及以上，选择网络支付软件客户端的青年比重逐渐上升（从16.67%到69.66%），同时，选择现金支付的青年比重逐渐下降（从50.0%到13.48%），因此受教育程度对最愿意使用支付方式的选择有显著的影响（见图13）。

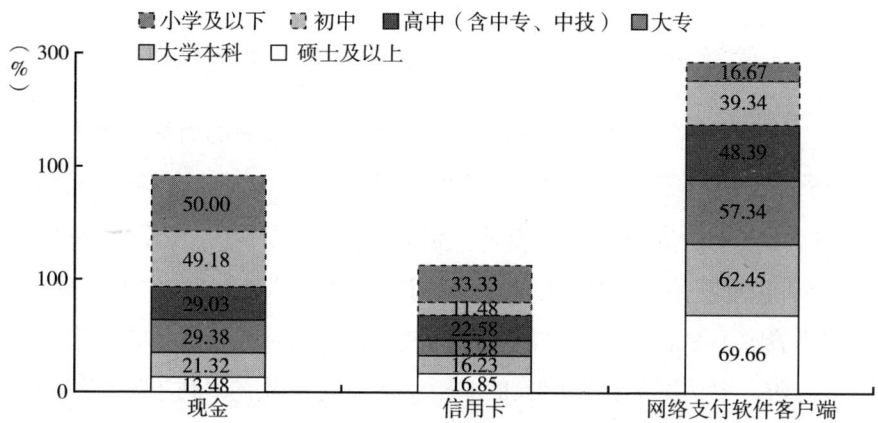

图13 不同受教育程度青年最愿意使用支付方式比较

户籍类型方面，在最愿意使用网络支付软件客户端支付方式的选项上，拥有外地城镇户籍的青年比例最高（66.57%），广州城镇青年次之（57.36%），第三是来自外地农村的青年（56.57%），可见，户籍类型也对最愿意使用支付方式的选择有影响（见图14）。

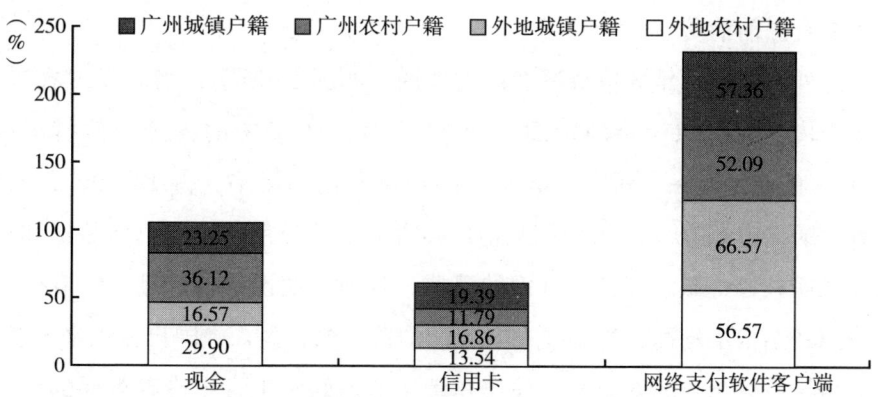

图14 不同户籍类型青年最愿意使用支付方式比较

二 广州青年消费问题及成因分析

(一)信贷消费意愿水平偏低,信贷消费结构不均衡

在当前经济新常态下,扩大内需成为拉动经济发展的引擎,大力发展我国的消费信贷有利于进一步促进人民增加消费,扩大内需,但我们在前文提到,当问及"如果您要买一件东西,但是手头存款不够,您愿意借贷消费(向金融机构贷款购买消费品,然后分期付款偿还债务)吗?"时,64.41%广州青年表示不愿意,受各方面因素的制约,广州青年消费信贷意愿水平偏低,这与西方发达国家存在巨大的差距,从长远来看,不利于发挥消费对经济的强大推动作用。造成广州青年消费信贷意愿水平偏低的原因主要有以下几点:首先,广州青年总体工资水平偏低,收入增长速度缓慢,导致其对未来预期收入缺乏信心,制约了青年的贷款消费意愿;其次,我国消费信贷制度尚不够完善,办理贷款手续复杂,审核周期长,这也影响了我国消费信贷的进一步发展;再次,我国的社会保障还处于低水平,目前为止养老仍然是以家庭和个人为主,青年有后顾之忧,消费信贷意愿水平降低;最后,很多青年受传统消费观念的影响,遵循量入为出、勤俭节约的消费原则,因而往往不愿意提前消费。

此外,广州青年的信贷消费结构失调。如图15所示,当问及"在未来的1年内,您最想信贷消费的是什么?"时,41.87%的人选择信贷买房,16.15%的人想买私人轿车,数码产品和旅游比例持平,占10.89%,而用于教育的仅占6.10%。这说明当前广州青年的信贷消费首选仍然是房和车,较少考虑教育、旅游等其他方面的消费,其他短期性消费产品也鲜有涉及,信贷消费结构不均衡,这主要与青年的消费观念有关,中国自古以来安土重迁,房子被赋予重大的意义,住房在青年的婚姻和生育中扮着重要的角色,因此超过四成的青年最想信贷消费的是住房。

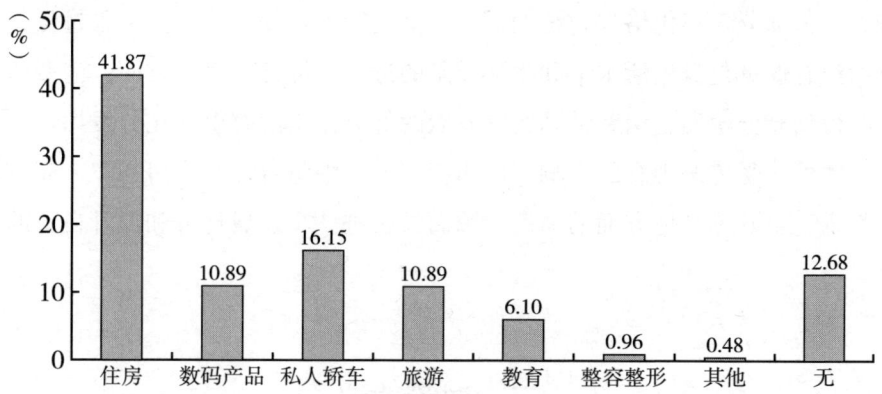

图15 "在未来的1年内,您最想信贷消费的是什么?"选项情况统计

(二)住房支出负担较重,住房问题较为突出

由前文的分析可知,广州青年平均每月住房支出占月收入的比重为22.56%,与2014年的数据相比,比重有所上升,广州青年的住房支出负担有所加重。同时,只有38.69%的青年拥有自有产权房,54.99%的青年住在出租房或者宿舍里面。以上数据都从侧面反映了广州青年住房压力较大,住房问题比较突出。

表19 广州青年当前居住状况

单位:人,%

	频数	占比	累计占比
租房	531	25.46	25.46
自有产权房	807	38.69	64.15
宿舍	616	29.53	93.68
其他	132	6.32	100
总计	2086	100.00	

(三)传统消费观念根深蒂固

广州青年尽管生活在现代化水平高的大都市,但受传统观念的影响仍然

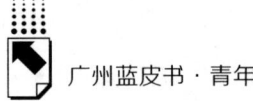

较大,大部分青年仍恪守传统的节俭主义观念,贷款消费意愿水平过低,一方面没有促进自身生活水平和生活质量的进一步提升;另一方面,消费活力没有得到充分激发,消费带动经济发展的优势作用没有得到充分发挥。

此外,受传统观念的影响,广州青年太看中是否拥有住房和车,而忽略了教育、旅游等其他方面的消费,因而失去进一步发展自身和提升自身的机会。

三 对策建议

(一)促进消费信贷水平合理增长,扩大内需

当前中国经济已进入一个新的发展阶段,主要依靠投资、出口的传统经济增长模式已不适应当前中国经济的发展需要,因此中国要加快转变经济发展模式,积极发挥消费对经济发展的推动作用。近年来,我国政府出台多项政策扩大内需,提高居民消费水平已经成为我国一个重要的经济战略,根据国家统计局的数据,2016年,最终消费支出对经济增长的贡献率为64.6%,高于2015年4.9个百分点,高于2014年15.8个百分点,扩大内需战略成效显著,这也为我国消费信贷的发展提供了良好的经济环境和社会环境。

青年群体是社会消费的主体,但可能由于年龄和工作经验等缘故,该群体的平均收入水平不高,成为扩大青年群体消费的一个重要阻碍,因此也难以充分激发青年的消费潜力,消费信贷作为一种基于预期收入的信贷制度,它可以让青年"花明天的钱圆今天的梦",有利于增强青年的消费能力,然而我们在研究中发现广州青年信贷消费的意愿水平很低,阻碍了其消费水平的提升,从长远来看,也不利于进一步提高广州青年的生活水平和生活质量。

现阶段提高广州青年消费信贷的意愿水平主要有以下几项措施。首先,大力发展国家经济,推进经济平稳发展,促进青年就业,增加广州青年的收入,缩小收入差距,为青年消费信贷提供良好的物质基础,同时建立起科学

有效的企业职工工资正常增长机制，促进青年工资稳步增长，提高青年的预期收入，增强他们的消费信心，进而提高他们的信贷消费意愿水平，改善生活质量。其次，完善消费信贷的相关制度。一方面建立起科学的个人信用评估制度和个人资信评价体系，降低银行对个人信用评估的难度和复杂度，降低时间成本和人力成本，促进消费信贷市场的健康发展；另一方面，优化申请消费信贷流程，减少评估和审核环节，简化申请手续，缩短申请周期，给广大青年提供快速便捷的消费信贷服务，增强其消费信心和信贷意愿。最后要完善社会保障制度，让人们老有所养，免除后顾之忧，增强消费信贷的意愿。养老问题是当今社会的一个突出问题，青年对未来支出的预期，比如养老支出、医疗支出、保健支出等，也会影响其贷款意愿，如果一个青年的预期支出高，那他就会削减当前消费，并减少负债；相反，如果一个青年的预期支出比较低，那他更倾向于增加当前消费，追求生活品质。因此，完善社会保障制度对于提高青年的贷款消费意愿具有重大意义，我们要积极推动社会保障制度进一步完善，减轻青年的养老压力，降低预期支出，增强青年的贷款消费意愿，释放消费活力，进一步提高消费对经济增长的贡献率。

（二）积极贯彻限购政策，增加住房有效供给

青年时期是人生重要的婚育期，在此期间，无论是婚姻与住房的捆绑作用，还是学区房与住房的关联作用，都使住房在广大青年的心中占据着重要的位置，形成群体性购房偏好，有没有房逐渐成为衡量社会经济地位的一项重要指标。

近年来，广州房价持续走高，拥有一套自有产权房对大部分收入较低的青年来说可望而不可即，许多青年选择和父母同住，或者住在集体宿舍，部分青年选择租房，"啃老族""蚁族""蜗居""房奴"等成为社会的热点话题，广州青年面临巨大的购房压力，住房支出占收入的比例过高，住房负担重，在购房方面的过度支出，挤压了其他方面的支出，在一定程度上导致广州青年的生活质量得不到提升。

面对房价过快上涨的势头，自2010年至2017年，广州政府颁布多项限

购政策，遏制房价过快增长，因此我们要积极贯彻限购政策，促进房价理性回归，进而减轻青年的购房压力，推进房地产市场健康发展，同时，增加住房的有效供给，大幅增加保障性住房、经济适用房、限价商品住房和公共租赁住房供应，加快保障性安居工程建设，加大棚户区改造力度，为青年提供多元性购房渠道，解决青年的住房问题，促进家庭和谐，维护社会稳定，社会经济平稳发展。此外，要加大对房地产市场的监管力度，依法打击囤积房源、哄抬房价等投机性炒房行为，提高房地产市场信息的透明度，建立起社会公众和大众媒体的监督机制，共同营造公平公正的房地产市场环境。

（三）加强思想教育，转变消费观念

消费观念影响消费行为，若要改变青年的消费行为和消费意愿，转变青年的消费观念为第一要义。当前大部分青年的传统消费观念根深蒂固，他们中的很多人恪守传统的节俭主义观念，节俭消费，量入为出，对提前消费大多持否定或者中立的态度。勤俭节约是中华民族的传统美德，对人们的思想观念影响深远，在当前的新经济形态下，消费成为经济增长的重要驱动力，传统的消费观念已无法适应当前经济发展的需要，因此，我们要加快转变人们的消费观念，提倡消费，这里的提倡消费不是指铺张浪费，而是指通过消费尽可能使人们各方面的生活需求得到满足，这不仅能提高人们的生活质量和生活水平，还可以拉动经济发展。

转变青年的消费观念，主要有以下两方面措施。①加大消费观念的宣传力度，引导青年消费行为。我们可以通过电视广告、新闻媒体、电台广播、网络论坛等多样化的宣传方式，向社会大众传递和普及新的消费观念，加强对青年群体消费观念的引导，加快建立起适应当前经济发展需要的新消费模式，促进理性消费与适度信贷并行发展，提高消费信贷水平。②加强青年的思想教育，促进消费模式转型升级。全国政协委员刘汉元同志提出将国民消费引导和消费教育放在与法制、安全、国防教育同等的位置，按照不同要求，纳入大、中、小学学生教育大纲和成人教育大纲，并进一步融入普通国民教育和成人教育体系。

此外，我们还要致力于改变青年"有房才是家"的传统观念，在消费信贷产品的选择上要更加多元化，推动从以买房和购车为主向多元性消费方向倾斜，提高其他方面消费在总支出中的比重，进而使青年不断提升自身能力素质，增加收入，改善生活品质。

（四）完善网络监督机制，促进网络支付方式繁荣发展

互联网时代，网络经济迅猛发展，促进了支付方式的变革，人们开始从传统的现金支付时代迈进网络支付的新纪元，网络支付方式具有便捷、快速、安全等优点，它不仅可以节省交易的时间成本，让人们可以随时随地进行消费和交易，同时它还免除了携带现金出门的烦琐，逐渐成为人们的常用支付方式，支付宝、微信钱包等成为日常生活消费中不可或缺的一部分，在前文的分析中，我们可以看到，广州青年最愿意使用的支付方式也是网络支付方式，网络支付方式的繁荣发展为青年消费提供了便利的渠道。

尽管我国的网络支付方式发展态势良好，但是我国的网络支付系统尚处于初步发展阶段，网络安全机制还不够完善，近年来，网络支付安全问题时有发生，某些不法分子利用网络之便窃取用户的账号和支付密码，使消费者蒙受巨大的经济损失，同时有些网络支付平台存在泄露个人信息的隐患。

从政府的角度出发，首先政府相关部门应加强对网络环境的监控和管理，完善网络支付平台的监督机制，加快制定网络支付服务相关法律法规，为网络支付方式的健康发展保驾护航，加大对破坏网络支付安全非法分子的惩处力度，维护消费者的资金安全和保护消费者的个人信息，努力营造良好的网络支付环境，促进网络支付市场进一步繁荣发展。其次，从第三方支付平台的角度看，要不断加快网络技术的改革创新步伐，增强网络平台的安全抵御能力，减少恶意代码和病毒的入侵，此外，积极响应《非银行支付机构网络支付业务管理办法》的要求，督促用户完成实名认证，切实保护消费者的资金安全和信息安全。最后，消费者自身要增强安全意识，提高识别网络诈骗行为的能力，不要轻信来源不明的网络链接和网络窗口，同时要增

强消费者权利意识,当自己的合法权益受到侵害时,要及时与网络支付平台联系,降低资金损失,必要时要拿起法律武器,维护自己的合法权益。

参考文献

1. 王宁:《从节俭主义到消费主义转型的文化逻辑》,《兰州大学学报》(社会科学版)2010年第3期。
2. 谭丽华、周理艺:《广州青年消费状况研究》,见《广州青年发展报告(2014~2015)》,社会科学文献出版社,2015。
3. 《2016年双十一淘宝销售额最终数据:天猫销售额1207亿》,南方财富网,2016年11月13日,http://www.southmoney.com/redianxinwen/201611/864006.html。
4. 孟庆欣:《2016年消费品市场保持平稳较快增长》,中国经济网,2017年1月22日。
5. 刘榕:《浅谈我国消费信贷的现状及发展建议》,《现代经济信息》2014年第16期。
6. 罗毅:《嵌入场域的城市青年住房挤压现象研究——以江苏省三城市为例》,南京大学硕士学位论文,2012。
7. 刘汉元:《引导消费观念 转变消费模式》,《中国产业》2011年第6期。
8. 曹姗姗:《电子商务中第三方网络支付的安全问题研究》,《中国商论》2015年第23期。

B.10
广州青年互联网运用状况研究

谢素军 冯英子*

摘　要： 互联网正在改变社会，也正在改变青年。基于广州市11个区各类青年的调研实践，发现广州青年首次上网年龄趋向低龄化，并有越来越多的青年在使用互联网，尤其是移动设备使用量激增，微信和微博使用更加频繁，上网时间日益增长，网络语言和行为盛行，互联网已经成为青年了解世界、获取信息的主要渠道，但广州青年上网主要为了交友交流和娱乐放松，且这些特征与青年学历、户籍等息息相关。基于互联网运用产生的问题，笔者认为有必要建立互联网支持体系，发布科学运用规范，建立线上线下互动平台，推出青少年专属应用，规范网络文化传播，提升青年对网络影响的认知能力。

关键词： 互联网　青年　媒体　广州

互联网络的发展、全媒体时代来临改变了当今社会的每一个人。对比2014年，我国网民的规模不断扩大，互联网的使用愈加频繁和多样化，网络指数成为衡量社会热点的重要指标。青年人是网络各大主体中最活跃的群体，也是受网络文化影响最深的群体。

---

* 谢素军，广州市穗港澳青少年研究所《青年探索》编辑部副主任、助理研究员，博士，主要研究方向：共青团与青年工作、政治哲学等；冯英子，广州市团校研究中心研究实习员，硕士，主要研究方向：青少年发展、社会工作等。

中国互联网络信息中心（CNNIC）于2017年1月最新发布的《第39次中国互联网络发展状况统计报告》显示：截至2016年12月，我国网民规模达到7.31亿，全年共计新增网民4299万人。2015年广东省网民规模为7286万人，2016年广东省的网民规模增长了738万人，规模达到8024万人，是全国网民人数最多的，互联网普及率由2015年的72.4%上升为2016年的74.0%。① 而在中国互联网络信息中心（CNNIC）于2016年8月发布的《2015年中国青少年上网行为研究报告》中，我们还能看到，截至2015年12月，中国青少年网民规模达到2.87亿，占总体网民规模的41.7%，新增青少年网民1028万，增长率为3.7%。受益于智能手机等移动上网设备的迅速普及，青少年互联网普及率自2013年起一直保持较高增速。②

互联网对青年群体生活的渗透是方方面面的，可以说，互联网不仅是他们同世界连接的主要渠道，也是他们发表个人观点、宣泄个人情感的重要场所。我们需要了解青年的互联网使用基本特征，研究互联网文化对青年的影响，探讨互联网使用过程中可能产生的社会问题及其原因，从而提出有实用价值的应对策略。作为广州青年研究者，我们不妨将视线投向广州青年群体，探讨一下他们的互联网运用状况。

一 广州青年互联网使用现状及特征分析

（一）广州青年互联网使用概况

1. 初次上网年龄

（1）平均初次上网年龄比2014年减小约0.3岁

本次调查显示，与2014年相比，2016年广州青年的第一次上网年龄显著减小。

---

① 中国互联网络信息中心：《第39次中国互联网络发展状况统计报告》，2017年1月。
② 中国互联网络信息中心：《2015年中国青少年上网行为研究报告》，2016年8月。

表1 年份与第一次上网年龄相关分析

年份	第一次上网年龄(岁)	t检验
2014年	13.26	2.773**
2016年	12.97	

注：*表示$p<0.05$，**表示$p<0.01$。

2016年数据显示，31.5%的受访青年表示自己首次接触网络是在10岁以下，42.2%的受访青年是在11~15岁开始接触，24.7%的受访青年在高中以后开始接触，超过21岁才接触网络的受访青年仅占总体样本的1.6%（见图1）。其中，男性青年有40.2%的比例在11~15岁首次接触网络，而女性青年这一比例为43.7%（见图2）。

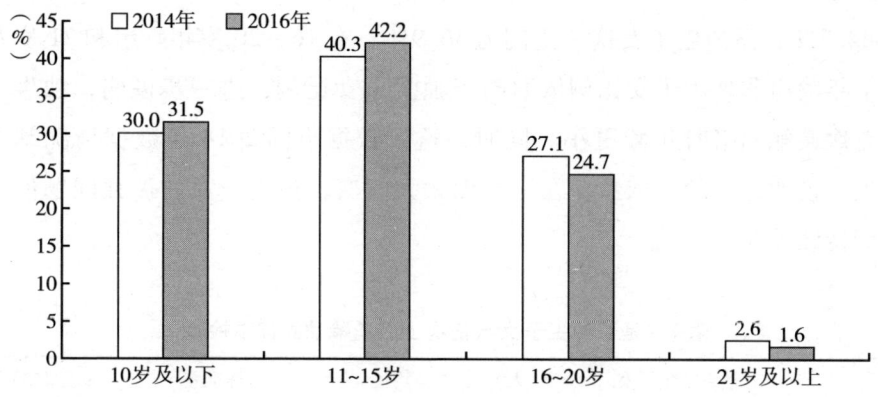

图1 初次上网年龄

（2）独生子女接触网络更早

通过将初次上网年龄与其他自变量进行相关分析，笔者发现，独生子女与非独生子女在初次上网年龄上呈现显著差异（sig. = 0.000），二者均值相差1.63岁，独生子女的初次上网时间普遍要比非独生子女早，更趋向低龄化，可能由于独生子女缺乏同辈陪伴，孤独感更强，从而在虚拟网络中寻找玩伴。而具体数据也印证了这一假设。2016年的数据显示，有45.2%的独生子女在10岁及以下这个年龄段就开始接触网络，而非独生

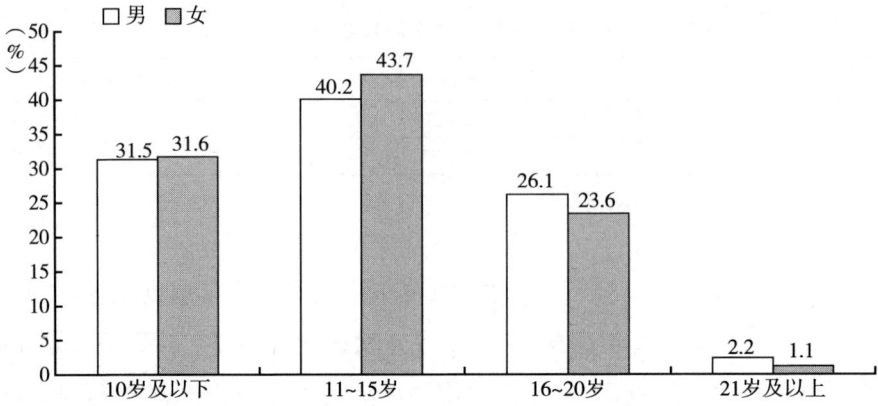

图2　男女青年初次上网年龄

子女这一比例为26.1%；11~15岁年龄段中非独生子女初次上网的比例为44.7%，而独生子女这一比例为36.9%；在16~20岁年龄组和21岁及以上年龄组非独生子女比例依旧高于独生子女比例，进一步说明，独生子女首次接触网络时年龄更小。同时，这一数据也同2014年数据情况基本一致，说明这一趋势依然存在，并无太大改变，独生子女的孤独问题值得我们持续关注。

表2　是否独生子女与初次上网年龄独立样本检验

	是否独生子女	N(人)	均值(岁)	标准差	sig.(双侧)
初次上网年龄	是	758	11.73	5.608	0.000
	否	1714	13.36	4.197	

表3　独生子女与非独生子女初次上网年龄比较

单位：%

年龄	年份	是否为独生子女	
		是	否
10岁及以下	2014年	45.1	24.8
	2016年	45.2	26.1
11~15岁	2014年	34.3	42.6
	2016年	36.9	44.7

续表

年龄	年份	是否为独生子女	
		是	否
16~20岁	2014年	19.4	29.5
	2016年	17.4	27.4
21岁及以上	2014年	1.2	3.1
	2016年	0.5	1.8

(3) 城镇青年首次触网时间更早

不同户籍的青年在初次上网年龄上亦有差异（$\chi^2 = 58.351^{***}$，$p < 0.001$）。数据显示上网年龄为10岁及以下年龄段的外地城镇户籍人群比例最高，为38.4%，其次是广州城镇户籍（36.4%），再次是广州农村户籍（25.8%），最后是外地农村户籍（23.1%）；在11~15岁的年龄段中外地农村户籍占比最高（46.4%），随后依次是广州农村户籍（43.2%）、外地城镇户籍（41.6%）和广州城镇户籍（39.3%）；在16~20岁年龄段，广州农村户籍和外地农村户籍人数比例差不多，分别为28.3%和28.4%，随后是广州城镇户籍青年（23.4%）和外地城镇户籍（18.2%）；21岁及以上的青年群体中，占比由高到低依次为广州农村户籍（2.7%）、外地农村户籍（2.1%）、外地城镇户籍（1.7%）和广州城镇户籍（0.9%）。这一趋势同2014年数据结果大致相当。

表4　不同户籍青年的初次上网年龄

单位：%

年龄	年份	户籍			
		广州城镇户籍	广州农村户籍	外地城镇户籍	外地农村户籍
10岁及以下	2014年	39.2	22.8	33.6	21.9
	2016年	36.4	25.8	38.4	23.1
11~15岁	2014年	33.3	38.9	41.8	49.1
	2016年	39.3	43.2	41.6	46.4

续表

年龄	年份	户籍			
		广州城镇户籍	广州农村户籍	外地城镇户籍	外地农村户籍
16~20岁	2014年	25.3	34.0	22.8	26.3
	2016年	23.4	28.3	18.2	28.4
21岁及以上	2014年	2.2	4.3	1.7	2.7
	2016年	0.9	2.7	1.7	2.1
卡方		58.351***			

注：* 表示 $P<0.05$，** 表示 $p<0.01$，*** 表示 $p<0.001$。

（4）初次上网年龄与青年学历有关

在对初次上网青年学历的相关分析中发现，两者之间也存在显著相关（$\chi^2 = 333.264^{***}$，$p<0.001$）。2016年最新数据显示，初次上网年龄组为10岁及以下的青年群体中，不同学历青年所占的比例由高到低依次为高中（含中专、中技）（55.4%）、大学本科（24.5%）、硕士及以上（23.4%）、初中（18.3%）、大专（18.1%）、小学及以下（13.3%）；初次上网年龄组为11~15岁的青年群体中，不同学历青年所占的比例由高到低依次为大专（50.1%）、大学本科（45.6%）、硕士及以上（44.7%）、小学及以下（33.3%）、高中（含中专、中技）（31.9%）、初中（28.2%）；初次上网年龄组为16~20岁的青年群体中，不同学历青年所占的比例由高到低依次为初中（47.9%）、小学及以下（40.0%）、硕士及以上（29.8%）、大专（29.7%）、大学本科（29.1%）、高中（含中专、中技）（11.4%）；初次上网年龄组为21岁及以上的青年群体中，不同学历青年所占的比例由高到低依次为小学及以下（13.3%）、初中（5.6%）、大专（2.2%）、硕士及以上（2.1%）、高中（含中专、中技）（1.3%）、大学本科（0.8%）。

表5 不同学历青年的初次上网年龄

单位：%

年龄	年份	小学及以下	初中	高中(含中专、中技)	大专	大学本科	硕士及以上
10岁及以下	2014年	21.4	11.0	50.8	21.5	23.4	23.5
	2016年	13.3	18.3	55.4	18.1	24.5	23.4
11～15岁	2014年	17.9	28.2	34.8	44.0	44.6	32.2
	2016年	33.3	28.2	31.9	50.1	45.6	44.7
16～20岁	2014年	50.0	50.3	13.0	32.5	29.2	42.3
	2016年	40.0	47.9	11.4	29.7	29.1	29.8
21岁及以上	2014年	10.7	10.4	1.5	2.1	2.7	2.0
	2016年	13.3	5.6	1.3	2.2	0.8	2.1
卡方		333.264***					

注：* 表示 $p<0.05$，** 表示 $p<0.01$，*** 表示 $p<0.001$。

2. 上网地点及设备

2016年最新调查数据显示，广州青年上网地点及设备仍主要集中在家里和移动设备上，其比例分别为47.5%和37.2%，其中，在家里使用网络的比例比2014年降低了4.6个百分点，而移动设备使用则增长了6.6个百分点。2016年广州青年在学校/工作场所使用网络的比例为10%、网吧为5.1%。

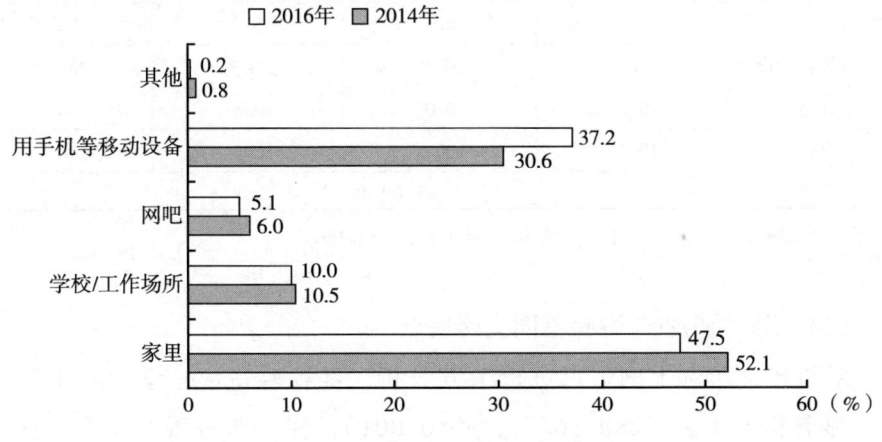

图3 上网地点及设备

(1) 不同户籍青年上网地点存在显著地区差异

比较分析户籍与上网地点或设备的关系,数据显示二者显著相关(χ^2 = 69.486***,$p < 0.001$),进一步分析具体数据可以看到,不同户籍青年在家中上网与在学校/工作场所、网吧及移动设备上网存在较为明显的差别:在家里上网的青年户籍比例由高到低是广州城镇(54.6%)、广州农村(46.3%)、外地城镇(42.7%)、外地农村(39.6%);而在学校/工作场所上网的青年户籍比例由高到低是外地城镇(15.4%)、外地农村(9.6%)、广州城镇(9.2%)、广州农村(8.1%);网吧上网的青年户籍比例由高到低是外地农村(7.2%)、外地城镇(6.7%)、广州农村(6.7%)、广州城镇(2.7%);用手机等移动设备上网的青年户籍比例由高到低是外地农村(43.4%)、广州农村(38.9%)、外地城镇(34.7%)、广州城镇(33.3%)。

表6 不同户籍青年的上网地点情况

单位:%

上网地点	户籍			
	广州城镇户籍	广州农村户籍	外地城镇户籍	外地农村户籍
家里	54.6	46.3	42.7	39.6
学校/工作场所	9.2	8.1	15.4	9.6
网吧	2.7	6.7	6.7	7.2
用手机等移动设备	33.3	38.9	34.7	43.4
其他	0.2	0.0	0.5	0.2
合计	100	100	100	100
卡方	69.486***			

注:* 表示 $p < 0.05$,** 表示 $p < 0.01$,*** 表示 $p < 0.001$。

(2) 不同学历青年青睐不同上网地点

对青年学历和上网地点进行卡方分析。经检验得出,学历和上网地之间显著相关(χ^2 = 280.861***,$p < 0.001$)。进一步查看交叉表数据可知,学历更高者更倾向在家里、学校/工作场所上网,而学历低者在网

吧上网的比例较高。比如高中（含中专、中技）学历青年在家里上网的比例为51.7%、大专学历青年为45.4%、大学本科学历青年为47.4%、硕士及以上学历青年为45.2%；而小学及以下学历、初中学历的青年在家里上网比例只有35.3%和20.8%，他们更倾向于在网吧使用电脑，小学及以下学历青年在网吧上网的比例为23.5%，初中学历青年为36.1%，对比之下，其他更高学历的青年在网吧使用电脑的比例均低于5%。

表7 不同学历青年上网地点情况

上网地点		小学及以下	初中	高中(含中专、中技)	大专	大学本科	硕士及以上	其他
家里	计数	6	15	383	242	435	38	0
	百分比(%)	35.3	20.8	51.7	45.4	47.4	45.2	0
学校/工作场所	计数	1	3	35	43	127	21	1
	百分比(%)	5.9	4.2	4.7	8.1	13.8	25.0	100.0
网吧	计数	4	26	32	19	35	3	0
	百分比(%)	23.5	36.1	4.3	3.6	3.8	3.6	0
用手机等移动设备	计数	5	27	289	229	319	22	0
	百分比(%)	29.4	37.5	39.0	43.0	34.8	26.2	0
其他	计数	1	1	2	0	1	0	0
	百分比(%)	5.9	1.4	0.3	0	0.1	0	0
卡方		280.861***						

注：* 表示 $p<0.05$，** 表示 $p<0.01$，*** 表示 $p<0.001$。

3. 上网时长

2016年数据显示，广州青年每天的上网时长主要集中在2小时及以下（46.2%）和3~5小时（35.4%）这两个时段，每天上网5~8小时的青年比例为9.3%，8~11小时比例为5.1%，11小时及以上比例为4.1%。与2014年相比，2016年广州青年每天上网时长显著增加。

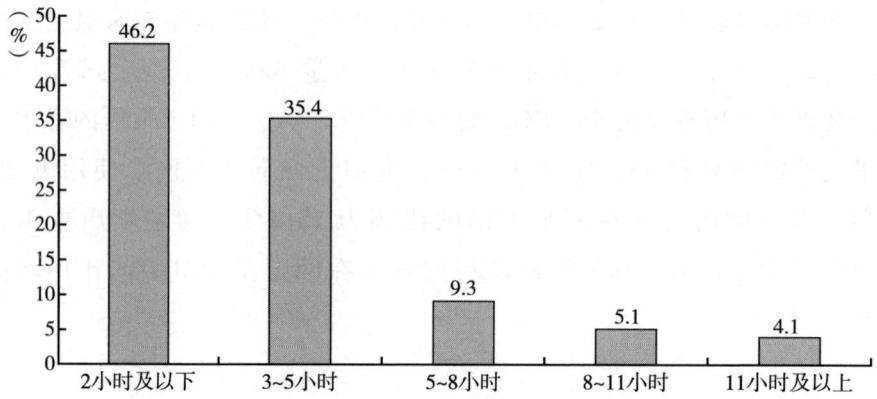

图4 每天上网时间（N=2431，均值=1.85，标准差=1.051）

表8 年份与每天上网时长相关分析

年份	每天上网时长（小时）	t检验
2014年	3.35	-4.404**
2016年	3.73	

注：**表示$p<0.01$。

本文对调查数据做进一步统计分析得出如下结论。

（1）大学生每天上网时间最长

调查显示，大学生的每天上网时间最长，平均为4.44小时/天，其次是在职青年，平均为4.01小时/天，中学生相对来说最低，为2.76小时/天。

表9 不同在学情况青年群体上网时长

	中学生	大学生	在职青年
每天上网时长（小时）	2.76	4.44	4.01

（2）户籍与青年上网时长相关

对户籍和上网时长做卡方分析后，结果显示，户籍和青年上网时长相关（$\chi^2=57.101^{***}$，$p<0.001$）。调查结果显示，广州城镇户籍和农村户籍青年上网时间2小时及以下的比例更高，分别为50.4%和49.7%，而外地城镇

户籍和农村户籍则为 37.0% 和 43.5%；上网时长为 3~5 小时的青年人群中，外地城镇户籍和农村户籍青年占比更高，分别为 41.9% 和 42.4%，而广州城镇户籍和农村户籍则为 28.8% 和 33.5%。

表10 不同户籍青年每天上网时长

每天上网时间		户籍			
		广州城镇户籍	广州农村户籍	外地城镇户籍	外地农村户籍
2小时及以下	计数	509	196	143	271
	百分比(%)	50.4	49.7	37.0	43.5
3~5小时	计数	291	132	162	264
	百分比(%)	28.8	33.5	41.9	42.4
5~8小时	计数	93	37	46	48
	百分比(%)	9.2	9.4	11.9	7.7
8~11小时	计数	67	16	21	20
	百分比(%)	6.6	4.1	5.4	3.2
11小时及以上	计数	50	13	15	20
	百分比(%)	5.0	3.3	3.9	3.2
合计	计数	1010	394	387	623
	百分比(%)	100.0	100.0	100.0	100.0
卡方		57.101***			

注：*** 表示 $p<0.001$。

（3）不同婚姻状态的青年上网时长不同

对婚姻状况和上网时长做单因素均值分析后得出结果：不同的婚姻状态的青年每天上网时长存在显著差异。未婚青年每天上网时长为 3.911 小时，已婚青年为 3.435 小时，离异/丧偶青年为 4.647 小时。已婚青年每天上网的时间最短，而离异/丧偶青年每天上网时间最长。

表11 上网时长与婚姻状况相关分析

婚姻状况	N	均值（小时）	标准差	单因素 ANOVA
未婚	1784	3.911	4.3736	
已婚	587	3.435	3.3074	3.290*
离异/丧偶	17	4.647	3.7239	

注：*$P<0.05$。

(4) 幸福感与上网时长有关

通过对生活幸福感和上网时长做相关分析得知，觉得不幸福的广州青年每天上网时长为3.794小时，幸福感一般的广州青年每天上网时间最长，为4.026小时，感觉幸福的广州青年每天上网时长为3.471小时。可见，生活幸福感的高低同广州青年每天的上网时长有关。

表12　幸福感与上网时长相关分析

生活幸福感	每天上网时长（小时）	单因素ANOVA
不幸福	3.794	6.852**
一般	4.026	
幸福	3.471	

注：** 表示 $p<0.01$。

（二）广州青年互联网应用特征

1. "交友交流"与"娱乐放松"为主要上网内容

2016年的数据显示，广州青年在选择上网内容同2014年一样，依然是交友交流（64.8%），并且比2014年提高14.5个百分点；其次是"娱乐放松"，有59.6%的广州青年选择了这一内容；位列第三的是"获取信息"（47.7%），第四是"消费休闲"（33.7%）。由此可见，同2014年一样，广州青年上网时最主要的内容仍为"交友交流"和"娱乐放松"。

根据基础数据结果，我们将前三位的上网内容同独生子女/非独生子女、户籍、学历、性别做比较得出如下结论。

(1) 非独生子女选择"交友交流"和"娱乐放松"比例大

对比独生子女和非独生子女上网内容可知，非独生子女群体选择"交友交流"的比例更高，为66.2%，独生子女为62.1%；非独生子女选择"娱乐放松"的比例也更高，为60.9%，独生子女为58.1%；非独生子女选择"获取信息"的比例同样更高，为48.4%，独生子女为46.2%。

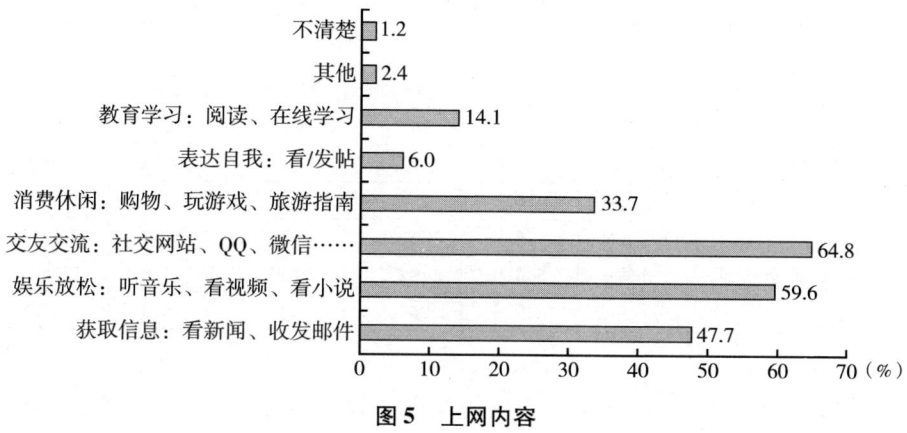

图5 上网内容

表13 独生子女/非独生子女上网内容比较

上网内容		是否为独生子女		合计
		是	否	
交友交流：社交网站、QQ、微信、微博	计数	494	1173	1667
	百分比(%)	62.1	66.2	65.0
娱乐放松：听音乐、看视频、看小说	计数	462	1079	1541
	百分比(%)	58.1	60.9	60.1
获取信息：看新闻、收发邮件	计数	367	856	1223
	百分比(%)	46.2	48.4	47.7

（2）农村青年上网多为"交友交流"，城镇青年多为"获取信息"

对比不同户籍广州青年的上网内容可知，选择"交友交流"和"娱乐放松"的农村户籍青年比例更高，其中，选择"交友交流"的广州农村户籍青年为67.1%，外地农村户籍青年为68.0%，而外地城镇青年为63.0%，广州城镇青年为62.3%。而选择"获取信息"更多的则是城镇户籍青年，广州城镇青年比例为49.5%，外地城镇青年比例为50.2%，而广州农村青年比例为44.3%，外地农村青年比例为45.8%。

表 14　不同户籍青年上网内容比较

上网时间		户籍				合计
		广州城镇	广州农村	外地城镇	外地农村	
交友交流:社交网站、QQ、微信、微博	计数	688	291	267	466	1667
	百分比(%)	62.3	67.1	63.0	68.0	65.0
娱乐放松:听音乐、看视频、看小说	计数	626	264	270	420	1580
	百分比(%)	56.7	60.8	63.7	61.3	59.7
获取信息:看新闻、收发邮件	计数	546	192	213	313	1264
	百分比(%)	49.5	44.3	50.2	45.8	47.8

(3)大专学历青年选择"交友交流""娱乐放松"比例高，高学历青年选择"获取信息"多

对比不同学历广州青年的上网内容发现选择"交友交流"最多的是大专学历的广州青年（73.6%），其次是大学本科学历（65.2%）；选择"娱乐放松"最多的也是大专学历的广州青年（63.9%），其次是高中（含中专、中技）青年，比例为61.4%；而选择"获取信息"最多的是硕士及以上学历的广州青年（69.5%），其次是大学本科学历青年（56.0%）。

表 15　不同学历广州青年上网内容比较

上网内容		学历					
		小学及以下	初中	高中(含中专、中技)	大专	大学本科	硕士及以上
交友交流:社交网站、QQ、微信、微博	计数	9	46	477	420	670	53
	百分比(%)	52.9	60.5	61.2	73.6	65.2	55.8
娱乐放松:听音乐、看视频、看小说	计数	5	41	479	365	608	42
	百分比(%)	29.4	53.9	61.4	63.9	59.1	44.2
获取信息:看新闻、收发邮件	计数	7	28	223	315	576	66
	百分比	41.2	36.8	28.6	55.4	56.0	69.5

(4)女青年上网多为"交友交流""娱乐放松"，男青年多为"获取信息"

对比男青年和女青年上网的内容可知，女青年上网内容选择"交友交

流"的比例更高,为69.6%,男青年为58.6%;女青年选择"娱乐放松"的比例也更高,为63.1%,男青年为54.8%;而更多的男青年选择"获取信息"为上网内容,占48.8%,略高于女青年(47.2%)。

表16 男、女青年上网内容比较

上网内容		性别		
		男	女	合计
交友交流:社交网站、QQ、微信、微博	计数	657	1059	1716
	百分比(%)	58.6	69.6	64.9
娱乐放松:听音乐、看视频、看小说	计数	615	960	1575
	百分比(%)	54.8	63.1	59.6
获取信息:看新闻、收发邮件	计数	547	717	1264
	百分比(%)	48.8	47.2	47.8

2. 广州青年微信、微博使用量增长

我们将2016年数据同2014年数据比较发现,2016年广州青年的微信使用频率明显增加,QQ使用频率减少,同时微博的使用频率也有所增长。在2014年,广州青年使用频率最高的三个社交平台为微信(81.5%)、QQ(71.1%)和微博(23.0%);到了2016年,微信的使用频率达到了90.5%,微博使用频率提高了2.8个百分点,QQ则降低为57.8%,降低了13.3个百分点。根据数据我们可以很明显地看到QQ的使用量被微信和微博分流。

表17 社交平台使用

单位:%

社会平台	2014年	2016年
微信	81.5	90.5
微博	23.0	25.8
QQ	71.1	57.8
飞信/陌陌	2.6	0.6
UC/Instagram	3.4	1.2
网易泡泡/探探	0.6	0.9

续表

社交平台	2014 年	2016 年
人人网	0.8	0.7
开心网/百度贴吧	0.6	4.2
其他	0.9	0.8

(1) 女青年使用微信、微博多于男青年，男青年使用QQ较多

比较男青年和女青年上网使用的社交平台发现，女青年使用微信的比例高于男青年，女青年为93.1%，男青年为87.4%；微博使用也是女青年较多，女青年为31.9%，男青年为17.4%；男青年使用QQ比例较高，为63.0%，女青年为54.0%。

表18 男/女青年上网使用的社交平台比较

社交平台		男	女	合计
微信	计数	934	1332	2266
	百分比(%)	87.4	93.1	90.7
微博	计数	186	456	642
	百分比(%)	17.4	31.9	25.7
QQ	计数	673	771	1444
	百分比(%)	63.0	54.0	57.9

(2) 学历高者多用微信，小学生使用QQ比例高

将不同学历的青年上网使用的社交平台进行比较发现，学历相对较高的广州青年，使用微信的比例高，由高到低依次为大专（95.0%）、大学本科（93.3%）、硕士及以上（91.4%）、高中（85.5%）、初中（81.9%）、小学及以下（73.3%）；使用微博比例最高的是硕士及以上学历青年（29.0%）；而小学生大多数使用QQ，占比为80.0%。

表19 不同学历广州青年上网使用的社交平台比较

社交平台		小学及以下	初中	高中(含中专、中技)	大专	大学本科	硕士及以上
微信	计数	11	59	633	510	904	85
	百分比(%)	73.3	81.9	85.5	95.0	93.3	91.4

续表

社交平台		小学及以下	初中	高中(含中专、中技)	大专	大学本科	硕士及以上
微博	计数	3	6	193	153	240	27
	百分比(%)	20.0	8.3	26.1	28.5	24.8	29.0
QQ	计数	12	45	433	309	561	48
	百分比(%)	80.0	62.5	58.5	57.6	58.0	51.6

(3) 微信好友数量显著提高

通过上述数据我们可得出结论：微信是当前广州青年上网使用的最重要的社交平台，在此基础上，课题组调查了广州青年的微信好友数量及亲密好友数量。数据显示，与2014年相比，广州青年在微信好友数量和微信亲密好友数量上均显著提高。2016年广州青年微信好友数量平均为225个，而2014年仅为96个；亲密好友数量在2016年为28个，而2014年仅为19个。

表20　2014年与2016年广州青年微信好友数量 t 检验

年份	微信好友数量	t 检验
2014年	95.74	89.457**
2016年	224.92	

注：** 表示 $p<0.01$。

表21　2014年与2016年广州青年微信亲密好友数量 t 检验

年份	微信亲密好友数量	t 检验
2014年	18.63	59.604**
2016年	27.65	

注：** 表示 $p<0.01$。

3. 网络功能中"微信公众号"最受关注

课题组通过设置"您觉得，给青少年建专门网站，哪些功能最重要"

的题目，调查广州青年对于网络功能的喜好倾向。数据显示，"微信公众号"是广州青年认为最主要的功能之一，被选比例达57.1%，超过一半的广州青年认为微信公众号是青少年网站功能的重要组成部分。排在第二位的是在线知识答疑，占比为36.6%，第三位是课程辅导，占比为32.6%，说明除微信公众号以外，广州青年还十分重视网站的学习功能。其他选项被选比例由高到低依次为微博（24.8%）、课件下载（22.2%）、交友论坛（18.5%）、在线客服（18.2%）、QQ交友（15.5%）、免费邮箱（7.4%）。

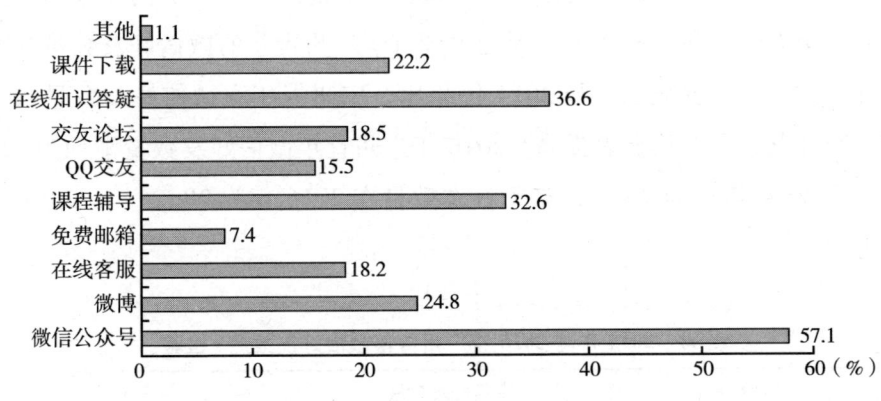

图6 青少年网站具有的功能统计

（1）不同学历青年选择网站功能对比

数据显示，选择微信公众号的广州青年中，大学本科学历的青年比例最大（59.7%），随后依次是大专学历青年（58%）、硕士及以上学历青年（55.9%）、高中（含中专、中技）学历青年（53.5%）、初中学历青年（52.6%），小学及以下学历青年（33.3%）。选择"在线知识答疑"的广州青年中，大专学历的青年比例最高，为42.3%，随后依次是高中（40.9%）、大学本科（33.2%）、硕士及以上（31.2%）、小学及以下（26.7%）、初中（26.3%）。选择课程辅导的广州青年中，大专学历的比例最高，为38.6%，随后依次是硕士及以上（34.4%）、高中

（33.4%）、大学本科（31.8%）、小学及以下（20%）、初中（13.2%）。

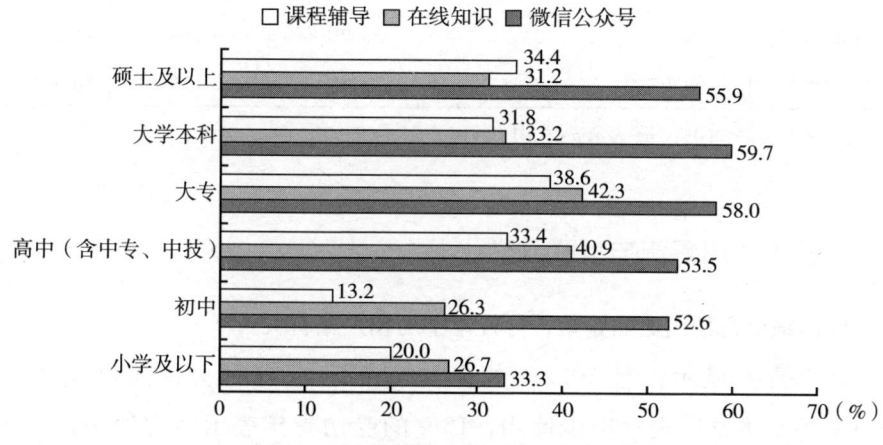

图7 不同学历青年选择网站功能统计

(2) 不同户籍青年选择网站功能比较

对不同户籍青年和所选择的网站功能做卡方分析，结果显示户籍与广州青年选择微信公众号、在线知识答疑和课程辅导这三大主要网站功能相关性显著。其中，广州农村户籍青年选择"微信公众号"这一网站功能比例最高，为62.8%，其次是广州城镇户籍青年（59.8%），第三是外地城镇户籍青年（54.1%），最后是外地农村户籍青年（50.7%）；选择"在线知识答疑"这一功能最多的是外地农村户籍青年（41.6%），随后由高到低依次是外地城镇户籍青年（38.7%）、广州城镇户籍青年（34.2%）和广州农村户籍青年（33.7%）；选择"课程辅导"这一功能最多的是外地农村户籍青年（37.2%），随后由高到低依次是外地城镇户籍青年（33.8%）、广州城镇户籍青年（31.0%）和广州农村户籍青年（29.1%）。从这些数据中不难看出，外地户籍青年比广州户籍青年更在乎网站的学习功能，而广州户籍青年在意微信社交、服务功能。

表22　不同户籍青年选择的网站功能

网站功能	广州城镇户籍	广州农村户籍	外地城镇户籍	外地农村户籍	卡方
微信公众号	59.8%	62.8%	54.1%	50.7%	23.599***
在线知识答疑	34.2%	33.7%	38.7%	41.6%	11.735**
课程辅导	31.0%	29.1%	33.8%	37.2%	10.431*

注：* 表示 $p<0.05$，** 表示 $p<0.01$，*** 表示 $p<0.001$。

（三）广州青年与互联网文化

1. 网络语言使用更为频繁，与青年学历和户籍有关

调查数据显示，有50.2%的受访青年表示有时会使用网络语言，26.3%的受访青年表示很少使用，15%的受访青年表示经常使用，4.1%的受访青年表示总是使用网络语言，3.3%的受访青年表示从不使用网络语言。

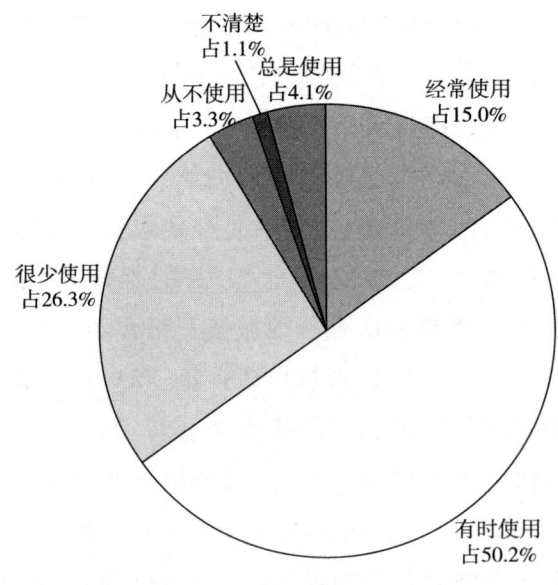

图8　网络语言使用情况统计

(1) 网络语言使用频率与学历有关

进一步将学历与网络语言使用情况做相关分析,结果显示二者相关性显著($\chi^2 = 60.994^{**}$, $p < 0.01$)。其中,小学及以下学历的受访对象选择"总是"使用网络语言和"经常"使用网络语言的比例最高,分别为11.8%和23.5%;硕士及以上学历的受访青年选择"有时"使用网络语言的比例最高,为58.5%;在表示很少使用网络的受访青年中,大专学历的青年选择的比例最高,为27.7%。

表23 学历与网络语言使用情况相关分析

单位:%

生活中使用网络语言情况	小学及以下	初中	高中(含中专、中技)	大专	大学本科	硕士及以上
总是(N=101)	11.8	1.4	5.7	2.8	3.5	2.1
经常(N=385)	23.5	20.5	16.9	12.0	15.0	13.8
有时(N=1291)	35.3	42.5	47.6	53.4	51.2	58.5
很少(N=662)	17.6	24.7	24.6	27.7	26.5	22.3
从不(N=87)	5.9	4.1	4.4	2.5	3.2	2.1
不清楚(N=29)	5.9	6.8	0.9	1.6	0.6	1.1
卡方	60.994**					

注:** 表示 $p < 0.01$。

(2) 不同户籍青年网络语言使用情况

2016年调查数据显示,广州户籍青年比外地户籍青年更多地选择"总是"使用网络语言;农村户籍青年比城镇户籍青年更多地选择"很少"使用网络语言。具体情况为:广州城镇户籍青年选择"总是"的比例为4.7%,广州农村户籍青年为4.4%,外地城镇户籍青年为4.0%,外地农村户籍青年为2.5%;选择"经常"使用网络语言的受访青年比例由高到低依次是外地农村户籍青年(15.8%)、广州城镇户籍青年(15.4%)、外地城镇户籍青年(15.3%)、广州农村户籍青年

(12.9%);选择"有时"使用网络语言的受访青年比例由高到低依次是外地城镇户籍青年(51.5%)、广州城镇户籍青年(50.2%)、外地农村户籍青年(50.1%)、广州农村户籍青年(49.1%);选择"很少"使用网络语言的受访青年比例由高到低依次是广州农村户籍青年(28.6%)、外地农村户籍青年(27.1%)、外地城镇户籍青年(25.4%)、广州城镇户籍青年(25.1%)。

表24 不同户籍青年网络语言使用情况

单位:%

网络语言使用情况	年份	广州城镇户籍	广州农村户籍	外地城镇户籍	外地农村户籍
总是	2014年	3.8	3.7	4.0	2.6
	2016年	4.7	4.4	4.0	2.5
经常	2014年	15.0	12.2	15.1	11.5
	2016年	15.4	12.9	15.3	15.8
有时	2014年	49.6	39.3	50.4	51.2
	2016年	50.2	49.1	51.5	50.1
很少	2014年	26.5	33.2	26.0	29.0
	2016年	25.1	28.6	25.4	27.1
从不	2014年	4.0	7.8	3.6	4.0
	2016年	3.8	2.8	2.4	3.5
不清楚	2014年	1.1	3.7	0.9	1.7
	2016年	0.7	2.3	1.4	0.9

(3)青年使用网络语言频率有所提升

将2014年与2016年青年使用网络语言的情况做对比分析,结果显示2014年青年网络语言使用情况与2016年差异显著。2016年的受访青年选择"总是""经常""有时"使用网络语言的比例均高于2014年,而"很少""从不"使用网络语言的受访青年比例降低。

表25　受访青年使用网络语言情况

			2014年	2016年	合计
网络语言使用情况	总是	计数	125	108	233
		百分比(%)	3.5	4.1	3.7
	经常	计数	488	400	888
		百分比(%)	13.7	15.0	14.2
	有时	计数	1734	1333	3067
		百分比(%)	48.5	50.2	49.2
	很少	计数	1003	699	1702
		百分比(%)	28.1	26.3	27.3
	从不	计数	165	88	253
		百分比(%)	4.6	3.3	4.1
	不清楚	计数	59	30	89
		百分比	1.7	1.1	1.4
卡方			15.266**		

注：** 表示 $p<0.01$。

2. 网络影响青年说话方式、购物、学习、游戏等行为

数据显示，50.1%的受访青年表示在现实生活中习惯使用网络语言/说话方式，26.7%的受访青年会学习网络美妆教程与服装搭配，23.4%的受访青年则说他们会跟随时尚买入网络潮品，还有一部分青年会使用互联网参与电子竞技（14.7%）、修读慕课课程学分（11.1%）和尝试直播（3.9%）。除此之外，还有10.1%的青年选择了"其他"这一选项。课题组通过访谈，得知受访青年还会通过网络追剧、看小说。如今电视剧通过网络平台播出，传统荧屏热度逐渐降低，许多观众，尤其是青年观众，他们更习惯于使用各大视频网站/App（如爱奇艺、腾讯视频等）来观看自己喜爱的节目。

（1）性别与网络行为

对比受访男青年与女青年的网络行为，结果显示两类人群在"学习网络美妆教程与服装搭配""尝试直播""参与电子竞技""跟随时尚买入网络潮品"这四种行为存在显著差异。具体数据情况为：36.2%的受访女青年会使用网络学习美妆、服装搭配，而男青年只有13.4%会这样做；

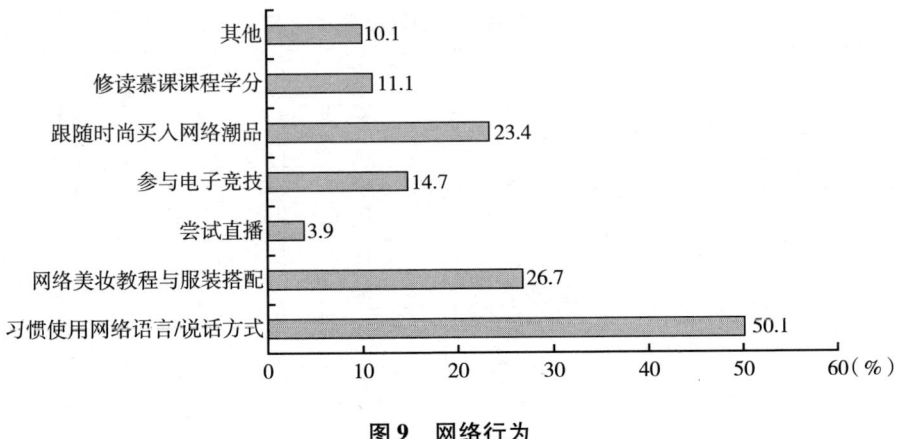

图9 网络行为

28.8%的受访女青年会跟随时尚买入网络潮品，16.2%的男青年会这样做；而在电子竞技方面，男青年比例（25.4%）显著高于女青年（6.9%）；5.2%的受访男青年会尝试网络直播，而女青年只有2.9%。

表26 不同性别与网络行为卡方分析

单位：%

网络行为		性别		卡方
		男	女	
习惯使用网络语言/说话方式	计数	562	725	2.059
	百分比(%)	51.5	49.2	
学习网络美妆教程与服装搭配	计数	146	534	168.675***
	百分比(%)	13.4	36.2	
尝试直播	计数	57	43	8.909**
	百分比(%)	5.2	2.9	
参与电子竞技	计数	277	101	171.462***
	百分比(%)	25.4	6.9	
跟随时尚买入网络潮品	计数	177	424	55.853***
	百分比(%)	16.2	28.8	
修读慕课教程学分	计数	135	150	3.087
	百分比(%)	12.4	10.2	

注：** 表示 $p<0.01$，*** 表示 $p<0.001$。

(2) 年龄与网络行为

将网络行为与年龄做卡方分析,结果显示不同年龄段的受访青年在"习惯使用网络语言/说话方式"和"参与电子竞技"两种网络行为上存在显著差异。"习惯使用网络语言/说话方式"的受访青年年龄呈现两端集中的特点,10岁及以下青少年的比例最高,为56.0%,其后依次是21岁及以上的青年(54.8%)、11~15岁青少年(49.3%)、16~20岁青少年(44.2%)。不同年龄段的受访青少年参与电子竞技的比例由高到低依次是10岁及以下(19.2%)、11~15岁(14.3%)、21岁及以上(14.3%)、16~20岁(10.8%)。

表27 年龄与网络行为卡方分析

网络行为		年龄				卡方
		10岁及以下	11~15岁	16~20岁	21岁及以上	
习惯使用网络语言/说话方式	计数	438	518	273	23	22.629**
	百分比(%)	56.0	49.3	44.2	54.8	
学习网络美妆教程与服装搭配	计数	193	299	161	10	5.111
	百分比(%)	24.7	28.5	26.1	23.8	
尝试直播	计数	39	40	16	2	5.416
	百分比(%)	5.0	3.8	2.6	4.8	
参与电子竞技	计数	150	150	67	6	19.576***
	百分比(%)	19.2	14.3	10.8	14.3	
跟随时尚买入网络潮品	计数	198	250	131	12	6.799
	百分比(%)	25.3	23.8	21.2	28.6	
修读慕课教程学分	计数	75	127	71	3	3.618
	百分比(%)	9.6	12.1	11.5	7.1	

注:** 表示 $p<0.01$,*** 表示 $p<0.001$。

3. 广州青年对网络影响的正面、积极认知占主流

课题组针对当前青年对于互联网给他们带来的影响做了认知调查。2016年调查数据显示,受访青年对网络的影响认知基本是正面的,主要集中在"拓宽视野,增强社交能力"(64.1%)、"关心、关注、了解时事,学习工作更加便利"(62.7%)和"网购、网络订票方便生活"(44.6%)。而对网络影响的负面认知中,被选比例最高的内容是"游戏/聊天/网络成瘾"

（23.7%），其次是"导致视力下降或其他身体疾病"（16.3%），排在第三位的是"上网花钱太多"（9.0%）。

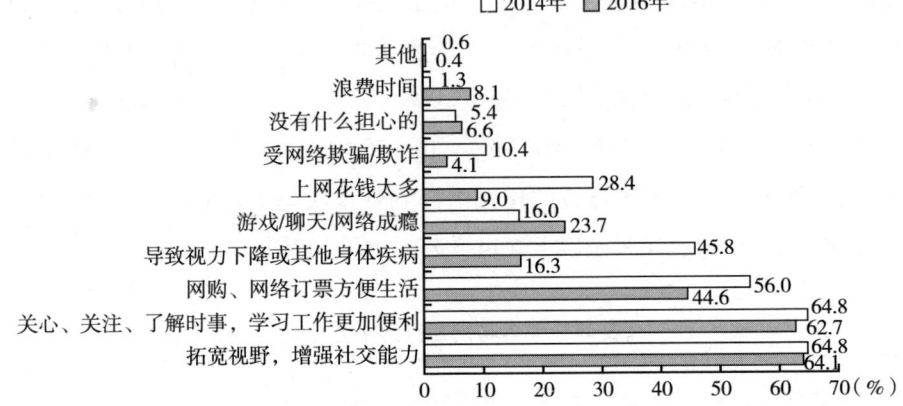

图10 "你觉得上网对你的影响有哪些？（限选三项）"问题统计

（1）性别与网络影响认知

本文将性别与网络影响做卡方分析，结果显示男女性别不同与"网购、网络订票方便生活""游戏/聊天/网络成瘾""上网花钱太多""受到网络欺骗/欺诈""没什么担心的"这几个认知有显著关联性。具体来说，有51.9%的女性受访青年认为"网购、网络订票方便了生活"，比男性受访青年高出了16.8个百分点；多数男性青年（21.3%）认为网络会带来"游戏/聊天/网络成瘾"问题，比女性受访青年高出8.7个百分点。

表28 不同性别对网络影响认知卡方分析

网络影响认知		性别		卡方
		男	女	
拓宽视野,增强社交能力	计数	702	987	1.577
	百分比(%)	62.9	65.3	
关心、关注、了解时事,学习工作更加便利	计数	676	976	5.611
	百分比(%)	60.5	64.5	
网购、网络订票方便生活	计数	392	784	73.246***
	百分比(%)	35.1	51.9	

续表

网络影响认知		性别		卡方
		男	女	
游戏/聊天/网络成瘾	计数	238	190	35.922***
	百分比(%)	21.3	12.6	
导致视力下降或其他身体疾病	计数	256	367	0.651
	百分比(%)	22.9	24.3	
上网花钱太多	计数	86	153	4.574*
	百分比(%)	7.7	10.1	
受到网络欺骗/欺诈	计数	60	46	8.964**
	百分比(%)	5.4	3.0	
没什么担心的	计数	90	85	6.133*
	百分比(%)	8.1	5.6	
浪费时间	计数	85	129	0.730
	百分比(%)	7.6	8.5	

注：* 表示 $p<0.05$，** 表示 $p<0.01$，*** 表示 $p<0.001$。

（2）户籍与网络影响认知

将户籍与网络影响认知做卡方分析，结果显示不同户籍的青年在"网购、网络订票方便生活"、"导致视力下降或其他身体疾病"、"没什么担心的"和"浪费时间"这四个认知上存在显著差异。外地户籍比广州户籍青年更认同互联网在网购、网络订票方面带来的便利性，其中，超过一半的外地城镇户籍的受访青年选择了这一选项，45.4%的外地农村户籍受访青年选择了这一选项，随后是广州城镇户籍（45.2%）和广州农村户籍（36.6%）。外地农村户籍受访青年认为网络会导致视力下降或其他疾病的比例最高（29.9%）。

表29　户籍与网络影响认知卡方分析

网络影响认知		户籍				卡方
		广州城镇户籍	广州农村户籍	外地城镇户籍	外地农村户籍	
拓宽视野，增强社交能力	计数	714	281	272	419	2.570
	百分比(%)	65.2	65.0	64.2	61.6	

续表

网络影响认知		户籍				卡方
		广州城镇户籍	广州农村户籍	外地城镇户籍	外地农村户籍	
关心、关注、了解时事，学习工作更加便利	计数	705	259	262	424	5.962
	百分比(%)	64.4	59.8	61.6	62.4	
网购、网络订票方便生活	计数	494	158	213	309	16.828***
	百分比(%)	45.2	36.6	50.1	45.4	
游戏/聊天/网络成瘾	计数	167	84	65	114	4.399
	百分比(%)	15.3	19.4	15.3	16.8	
导致视力下降或其他身体疾病	计数	242	91	91	203	18.588***
	百分比(%)	22.1	21.1	21.4	29.9	
上网花钱太多	计数	98	40	32	63	1.168
	百分比(%)	9.0	9.3	7.5	9.3	
受到网络欺骗/欺诈	计数	42	26	10	30	7.660
	百分比(%)	3.8	6.0	2.4	4.4	
没什么担心的	计数	83	20	38	33	11.554**
	百分比(%)	7.6	4.6	8.9	4.9	
浪费时间	计数	79	22	50	65	15.784***
	百分比(%)	7.2	5.1	11.8	9.6	

注：** 表示 $p<0.01$，*** 表示 $p<0.001$。

(3) 学历与网络影响认知

将学历与网络影响认知做卡方分析，结果显示，除了"上网花钱太多"和"没什么担心的"这两个认知与受访对象学历无关外，其他均显著相关。对"拓宽视野，增强社交能力"这一认知大专学历青年选择比例最高（68.8%），随后从高到低依次是高中（63.9%）、大学本科（63.8%）、硕士及以上（57.9%）、初中（50.7%）和小学及以下（23.5%）。

学历越高，选择"关心、关注、了解时事，学习工作更加便利"的比例越高：硕士及以上青年选择比例高达68.4%，大学本科学历青年选择比例为66.3%，随后依次是大专（64.0%）、高中（58.4%）、小学及以下（47.1%）、初中（45.3%）。

学历越高，选择"网购、网络订票方便生活"的比例也越高：硕士及以上学历青年选择比例为64.2%,大学本科学历青年选择比例为50.2%,随后依次是大专(47.5%)、高中(34.5%)、初中(32%)、小学(29.4%)。

表30 学历与网络影响认知卡方分析

网络影响认知		学历						卡方
		小学及以下	初中	高中(含中专、中技)	大专	大学本科	硕士及以上	
拓宽视野,增强社交能力	计数	4	38	493	391	653	55	25.788***
	百分比(%)	23.5	50.7	63.9	68.8	63.8	57.9	
关心、关注、了解时事,学习工作更加便利	计数	8	34	451	364	680	65	30.297**
	百分比(%)	47.1	45.3	58.4	64.0	66.3	68.4	
网购、网络订票方便生活	计数	5	24	266	270	514	61	69.077***
	百分比(%)	29.4	32.0	34.5	47.5	50.2	64.2	
游戏/聊天/网络成瘾	计数	5	19	177	76	138	7	46.376***
	百分比(%)	29.4	25.3	23.0	13.4	13.5	7.4	
导致视力下降或其他身体疾病	计数	1	17	241	116	219	20	33.804***
	百分比(%)	5.9	22.7	31.2	20.4	21.4	21.1	
上网花钱太多	计数	4	7	74	58	79	5	9.528
	百分比(%)	23.5	9.3	9.6	10.2	7.7	5.3	
受到网络欺骗/欺诈	计数	1	1	53	17	27	2	25.648***
	百分比(%)	5.9	1.3	6.9	3.0	2.6	2.1	
没什么担心的	计数	0	4	64	33	63	5	6.225
	百分比(%)	0	5.3	8.3	5.8	6.2	5.3	
浪费时间	计数	0	3	81	28	90	12	19.329**
	百分比(%)	0	4.0	10.5	4.9	8.8	12.6	

注:** 表示 $p<0.01$,*** 表示 $p<0.001$。

(四)主要结论

1. 互联网的进一步发展让广州青年互联网的运用情况发生改变

从2014年和2016年的调查情况对比来看,两年间互联网的持续发展,进一步改变了广州青年互联网的运用情况和特征。

在上网年龄方面,同2014年相比,2016年的受访青年中有更多的人在

15岁之前就接触了互联网,在互联网越来越普及的趋势下,青少年首次上网的年龄也受到影响,硬件的提升和互联网知识的增加,吸引着更多的青少年接触互联网、使用互联网。

在使用互联网方面,2016年广州青年选择的上网地点及设备也跟2014年有所不同,移动设备的使用量增长。这一结果也从侧面反映了当前互联网发展中移动客户端的推广普及,在地铁上、公交上、火车上及各类公共场所人们均能看到许许多多的人手握智能手机,一部手机,即可连通互联网、连通世界。

而在社交平台软件中,广州青年使用微信、微博比2014年更加频繁了,QQ的使用量则大幅下降。其中,我们特别调查了广州青年微信好友平均数量,数据显示人数从2014年的96个激增到2016年的225个。微信的诞生,让互联网更深地渗入青年人的日常生活当中,节日慰问、工作联络、婚恋交友等均可通过微信完成。

在上网时长方面,广州青年使用网络时间较2014年更长了。互联网文化方兴未艾,青年人了解世界、获取信息、学习阅读、健身锻炼、休闲娱乐均更习惯使用手机、电脑,微博、豆瓣、知乎链接了世界上最新、最多的消息、知识;视频App成为青年人追剧、看综艺节目或新闻的最佳途径;健身App,如薄荷、动动,陪伴着每一个晨跑、练瑜伽、练马甲线的青年人……

另外,将2014年与2016年青年使用网络语言的情况做对比分析,结果显示2014年青年网络语言使用情况与2016年差异显著,会使用网络语言的青年比例更高了。

2. 独生子女首次触网早,幸福感与上网时长有关,学历、户籍等因素影响互联网使用特征

根据本次调查结果,独生子女首次触网时间普遍比非独生子女更早,可能由于独生子女缺乏同辈陪伴,需要在网络上找到趣味相投、能聊得来的朋友,他们孤独感更强,更趋向于到网络上寻找慰藉,对于独生子女精神上的孤独问题,我们需要进一步关注、探讨。

我们还关注到不同婚姻状况的广州青年上网时长不同,而越感到幸福的青年人,上网时间越短。已婚青年每天上网的时间最短,离异/丧偶青年则最长。这两点发现，从侧面说明现代生活节奏加快，工作生活压力过大，让青年人在现实中获取快乐的时间和渠道越来越少，而互联网联络便捷、范围广、时间碎片化的使用特征，让他们更倾向于选择互联网来消磨时间和休闲娱乐。

根据其他数据，总体来看，不同学历和户籍对于广州青年互联网运用影响较大，不同学历、户籍的广州青年初次上网年龄、上网地点和时长均显著相关。这一结果说明了地域、生活习惯和知识水平会影响青年人对互联网的运用，城镇青年可以更早地接触到互联网，有更好的上网条件和设备；更高学历者习惯家中上网，低学历者习惯网吧上网，大学生每天的上网时间最长。

3. 广州青年上网内容主要为"交友交流"与"娱乐放松"，微信、微博使用量增长

"交友交流""娱乐放松"依旧是广州青年上网的主要内容，尤其是非独生子女选择这两项的比例更高，农村青年上网多为"交友交流"，扩大他们的交际圈，而城镇青年多为"获取信息"，他们会更多地使用互联网去获取信息，增长知识储备；而大专学历青年选择"交友交流""娱乐放松"的比例高，高学历青年则选择"获取信息"的多，学历越高的青年，获取新知识的需求越旺盛，互联网上海量知识正是他们所需要的；不同性别的青年在这一问题上选择也不同，女性更喜爱用互联网交友交流、休闲娱乐，男性则更多的是获取信息。

近两年微信、微博的发展态势迅猛，微博是所有世界消息、政治动态、社会新闻、娱乐八卦信息的集中地，也是互联网文化最全面突出展现的场域，各类信息、矛盾、观点在这里碰撞出美丽的火花；微信则已逐步渗透进我们日常生活的每一个角落，交友、购物、看电影、理财等我们日常所需均可通过微信客户端完成。这样一个大背景下，也就不难解释我们的调查结果显示，微信、微博的使用频率在这两年内又增长的原因了，到了2016年，微信的使用频率达到了90.5%，微博使用频率提高了2.8个百分点。同时，微信公众号也以最高比例获选最重要网站功能。

4.互联网文化方兴未艾，广州青年的网络语言使用更加频繁，对互联网影响的认知是正面、积极的

根据调查结果，有一半以上的受访青年表示会使用网络语言，其中，有50.2%的受访青年表示有时会使用网络语言，5%的受访青年表示经常使用，4.1%的受访青年总是使用网络语言。具体来看，小学及以下学历的受访对象选择总是使用网络语言和经常使用网络语言的比例最高；广州户籍青年比外地户籍青年更多地选择"总是"使用网络语言。受访男青年与女青年的网络行为存在差异，更多的受访女青年会使用网络"学习网络美妆教程与服装搭配""跟随时尚买入网络潮品"；而更多的男性会"尝试直播""参与电子竞技"。

广州青年对网络文化的影响认知基本是正面的，主要集中在"拓宽视野，增强社交能力"（64.1%）、"关心关注时事、学习工作更加便利"（62.7%）和"网购，网络订票方便生活"（44.6%）。不同性别、户籍和学历与青年人对网络的认知显著相关。有51.9%的女性受访青年认为网购、网络订票方便了生活，比男性受访青年高出了16.8个百分点；多数男性青年认为网络会带来游戏/聊天/网络成瘾问题（21.3%），比女性受访青年高出8.7个百分点。外地户籍青年比广州户籍青年更认同互联网带来网购、网络订票的便利性，其中，超过一半的外地城镇户籍的受访青年选择了这一选项。学历越高，选择"关心关注了解时事，学习工作更加顺利"的比例越高，硕士及以上学历青年选择比例高达68.9%，大学本科学历青年选择比例为66.3%；学历越高，选择"网购，网络订票方便生活"的比例也越高，硕士及以上学历青年选择比例为64.2%，大学本科学历青年选择比例为50.2%。

二 存在的问题及原因分析

2016年中国互联网络信息中心（CNNIC）发布的《第36次中国互联网络发展状况统计报告》显示，中国网民规模继续呈上升趋势，尤其是网民中即时通信用户的规模达到6.06亿,增加了1850万人,占网民总体的90.8%。但中国网民的人均每周上网时间为25.6小时,相比2014年底减少0.5个小时,未来几年内,网络使用率提升的空间或有限,不过在使用深度和用户体验上会有较大突破,网络化应用呈现向"营销模式"和"服务模式"方向发展的特征,尤其是伴随大数据建设的成熟化,未来互联网对个体的影响将更加专业化和定向化,从工作、学习、生活、娱乐等更细致的切入点影响网民行为。广州作为沿海开放城市,其互联网建设与应用一直具有"前瞻性"功能,而广州青年在互联网应用方面所凸显的一些问题也同样具有代表性。

(一)少年儿童沦为"网络原住民",触网存在健康隐患

"网络原住民"是中国传媒大学教授、网络法与知识产权研究中心主任王四新对互联网环境下儿童的称呼,原因在于"今天是一个互联网时代,儿童就生活在这样的环境中,互联网就是他们的生活方式"。而此次调查结果显示,逾30%青年在10岁以下已经开始上网,这个比例与2014年比较呈上升趋势。而调研中也发现一个更为严峻的现实是除了自主上网,许多5岁以下儿童很早便通过父母、亲友的手机等网络设备接触网络。花都区新华街的一个受访对象曾就这一问题做了深刻阐述,认为父母有时候在教育孩子的时候会习惯性地使用手机播放相关视频吸引孩子注意,久而久之则会形成不好的习惯,正如青少年研究专家陆仕桢叙述,互联网正越来越深刻地影响少年儿童,而父母在许多时候充当中介。

过早接触网络除了带来身体上的伤害外,还使青少年容易受到各类暴力、色情等图文和视频信息影响并模仿。同时,互联网丰富多彩的各类应用也容易让青少年沉湎其中不能自拔。调查结果显示,10岁以下接触网络超过52%的青年学历低于大学本科。很显然,过早地接触网络影响青少年学业发展。同时,值得注意的一个现象是,城镇青年触网比农村青年要早,独生子女触网比非独生子女要早,且这个特征自2014年调研以来具有继承性,充分说明家庭环境对青少年触网的影响也很大,家长必须重视孩童接触互联网所带来的问题。

（二）上网时间过长影响青年幸福感，上网地点折射外来青年困境

总体而言，广州青年上网时间总体比较理性，接近一半的青年每天上网时间在2小时以下，但不同群体青年上网时间则有较大差别，且他们的上网时间与个体幸福感息息相关。调查结果显示，每天上网时长为3.794小时的青年会产生不幸福感，上网时间为4.026小时的青年幸福感一般，上网时长为3.471小时的青年觉得幸福。以此分析，中学生由于上网时间不长相对较幸福，而大学生和在职青年每天上网时间逾4小时，幸福感不强，未婚青年上网时间比已婚青年长，更接近不幸福值。同时，调研发现，少数的青年由于加班或专业原因每天长时间使用网络，也普遍觉得"没什么幸福感"。所以，总体的数据显示在互联网普及应用的今天约一半的广州青年觉得幸福感不强，且这种不幸福指数呈上升的趋势。

另一个凸显的问题则是上网的地点，调查发现，偏向于在家里上网的青年群体比例由高到低分别是广州城镇青年、广州农村青年、外地城镇青年和外地农村青年，这种现象固然受青年居住、工作、生活环境影响，但从访谈中也发现，各方面条件较差的青年选择去网吧上网更多倾向于通过玩游戏、赌博娱乐等刺激的方式来打发时间，且容易习惯成瘾。"这类层次相对较低的青年选择去网吧，一方面是方便，另一方面其实他们也没有别的更多选择，而且现在网吧的条件有的非常豪华，吃喝玩乐配合上网是一条龙服务，青年很容易沉迷其中。"白云区某外来工聚集地青年团干介绍。而调查数据显示，学历更高者更倾向在家里、学校/工作场所上网，而学历低者在网吧上网的比例较高。上网地点从一个侧面折射了该类青年的生活困境。

（三）虚拟网络应用侵蚀现实社交，青年容易受互联网应用左右

互联网具备许多以往不可想象的数据功能，但就广州青年的网络功能运用分析，"交友交流"和"娱乐放松"是最为主要的两大板块。青年群体之所以热衷于通过网络交友娱乐，一方面是因为网络的便捷性，尤其是手机等

移动互联网设备的开发,使青年可以随时随地与好友交流,可以利用大多数休闲时间娱乐放松而不影响正常工作。另一方面则是互联网强大的推荐功能,它会根据个体爱好以及网络使用痕迹来有针对性地推荐青年感兴趣的话题和应用,以提高相关软件和应用的下载率和使用率。这种虚拟网络应用虽然可以给青年带来交际的便捷和更舒适的娱乐空间,但相对于现实面对面交流,始终让人缺乏安全感和真实性。当虚拟好友走到现实中时,当事人往往产生受欺骗和失落的感觉甚至出现悲剧。尤其是长久使用网络交际的青年,在现实的社交中会出现功能缺失的症状,无法持续正常交流,从而最终影响工作生活。而值得注意的是,调查结果显示在互联网应用方面,大专学历青年选择"交友交流""娱乐放松"比例高,高学历青年多选择"获取信息",女青年上网多为"交友交流""娱乐放松",男青年多为"获取信息"。

而近年来媒体的报道也恰恰证明了这一点,在学历层面,往往是相对低学历者容易因为网友而产生一些纠纷乃至事故,而发生事故的青年又多为女性青年。调查还进一步发现,许多青年长期使用某种或多种应用软件,很容易上瘾并最终影响正常工作生活,其中赌球、购彩、裸聊等一些非法软件应用尤甚,"裸条"事件则是典型的网络犯罪案例,许多大学生深受其害。赌球、裸聊以及网络诈骗等案例也不在少数,反映了青年容易受网络左右,而不是把互联网当作一种工具。

(四)网站功能未满足青年需求,微信成为青少年问题爆发地

调查结果显示,就网站功能而言,"微信公众号"是广州青年认为最主要的功能之一,排在第二位的是在线知识答疑,第三位的是课程辅导,但由于政府、学校以及相关培育训教机构的市场滞后性,在网站建设方面往往难以满足青年的需求,甚至有许多青年类官方网站未建立公众号、在线答疑、学习辅导等功能,长此以往则失去了身边的青年信任,更无法提升青年凝聚力。值得关注的是,外地户籍的青年比广州户籍青年更在乎网站的学习功能,而广州户籍青年在意微信社交、服务功能。《中国青年报》的一份关于共青团系统微信公众号的运用调查结果也佐证了这一点,全国有超过85%

的官方公众号暴露简单化、枯燥化、没有吸引力的弊端，而官方网站则更多陷入"无人问津"的运营困境，其中突出的原因就是功能缺失、未能适应青年发展的需求，尤其是网站、微信和微博板块。

事实上，到2016年，广州青年微信的使用频率达到了90.5%，微博使用频率提高了2.8个百分点，QQ使用率则降低为57.8%。与2014年相比，广州青年微信好友数量和微信亲密好友数量均显著提高。2016年广州青年微信好友数量平均为225个，而2014年仅为96个；亲密好友数量在2016年为28个，而2014年仅为19个。相关的调查数据充分显示微信已经成为广州青年的网络主阵地，这种集中性特征固然方便主管部门进行监管，也会使青年问题在这里凸显，如微信借贷、微信诈骗等时有发生，近两年频频发生的大学女生裸贷事件多是源自微信，随着微信的进一步普及和应用，相关问题也会越来越复杂。

（五）网络语言在青年群体泛滥，对网络负面影响认知不够

随着互联网的发展，大量网络语言开始在日常生活中流行起来，诸如"尼玛""逗比"等网络语言频繁出现，令人感到忧虑。而针对广州青年互联网应用的调研结果显示，50.1%的受访青年表示在现实生活中习惯使用网络语言/说话方式，且广州户籍青年比外地户籍青年更多地选择"总是""有时"使用网络语言；农村户籍青年比城镇户籍青年更多地选择"很少"使用网络语言，小学及以下学历的受访对象选择总是使用网络语言和经常使用网络语言的比例最高。总体而言，2016年的受访青年选择"总是""经常""有时"使用网络语言的比例均高于2014年，而"很少""从不"使用网络语言的受访青年比例降低。很显然，网络语言正在广州青年群体中呈泛滥趋势，且将在很大程度上影响语言规范和正常的交流，在2017年的全国"两会"上，沈瑾委员递交提案，呼吁减少网络语言污染，加强对汉语的保护，成为社会问题的一个"新热点"。

网络语言本质上只是网络影响的冰山一角，事实上其负面作用存在于方方面面。调研发现，对网络影响的负面认知中，被选比例最高的内容是

"游戏/聊天/网络成瘾"（23.7%），其次是"导致视力下降或其他身体疾病"（16.3%），排在第三位的是"上网花钱太多"（9%）。而从更深次原因分析，网络正在从"神经元"的深度影响青年网民，且潜移默化的影响比网瘾、疾病等显性问题更为严重，如课题组通过访谈，得知相当一部分青年每天花费大量时间在网络追剧、看小说、玩贴吧等，许多带有意识形态乃至政治偏见的东西恰恰隐藏在这些影视剧、小说以及看似不经意的某些跟帖中，对青年群体的影响极为深远。

三 对策建议

（一）构建未成年人互联网支持体系，提升青少年网络鉴别力

《2016年世界互联网发展乌镇报告》提出一个关键的问题——儿童在线保护。报告指出，国际社会持续致力于儿童在线保护，国际社会高度重视有害信息对未成年人的影响，制定行动计划，打击网上儿童色情，治理网络欺凌等。针对触网低龄化趋势，广州应该率先构建儿童—家庭—学校—政府—网络科技五位一体的支持体系，推动互联网相关软件公司研发未成年人保护软件，清除不健康因素，推送适合青少年健康成长的网络应用；鼓励家长、教师充分了解互联网，并和孩子成为数字好友，在具体管理措施上设立网络安全行为准则，并在孩子面前树立数字媒介行为的好榜样；政府需在法律层面和具体管理中预防和干预未成年人网络成瘾、网络欺凌。同时加强对青少年的网络培训和教育，提升青少年在互联网应用中的鉴别力。

（二）发布互联网应用科学规范，推动建设公益网络空间

互联网已经成为人们生活不可分割的一部分，甚至可以说生活是互联网的一部分，对于青年上网时间过长、幸福感缺失的问题，相关管理部门应该针对不同类型青年发布科学的网络应用指引，有效调节上网时间和频率，引导青年平衡互联网的方方面面，在不影响工作、生活的情况下将互联网作为

一种工具去挖掘人生的价值和快乐。同时在互联网本身设置相关提醒功能，对上网时间过长的青年提出合理建议，规避互联网带来的身体和心理危害。此外，针对外来务工青年、农村青年长期泡网吧、染网瘾等问题，政府及相关机构应该有针对性地建立公益网络空间，为外来青年群体提供一个干净、整洁、有序并有益的互联网空间。

（三）建立线上线下互动平台，降低青年网络依赖度

人民网对"网络依赖症"做出评述，网络这个虚拟的空间，以其无与伦比的便捷、灵活多变的形态、神通广大的威力，在人们的日常生活中迅速占有一席之地，网络正在以其强大的功能产生令人无法抗拒的诱惑，越来越多的人深深地沉迷在其中，无法自拔。网络全面占领了一些人的生活，而广州青年在互联网中交友和娱乐行为尤为突出，由此衍生的社会问题也层出不穷，相关部门应该有针对性地构建线上线下互动平台，线上打造青年之声，线下建设青年家园，把线上的活动引导至线下，将线下的活动宣传到网络，推动交友、娱乐等网上行为走向真实世界，避免无限度的虚拟化交际。同时，丰富配套的线下活动可以有效降低青年对网络的依赖度，使网络不再成为青年唯一的沟通渠道，而仅仅是一种可供选择的工具。

（四）顺应市场需求推出青少年专属应用，加强网络监管

针对互联网应用的发展和趋势，相关部门应该紧跟市场走向，研究青年喜闻乐见的应用软件，吸引青年利用互联网学习提升技能，打造专属网站平台，推进"网上共青团"项目，开辟知识解答、培训课程、热门影视剧等青年需求的板块，迅速抢占青年互联网应用市场，拒绝不良的应用侵害、误导青年。特别关注微信及微信公众号的开发运用，主动推送有利于青年成长发展的信息，在微信上开发专属青年的应用平台，推动各职能部门将重要民生问题移植到微信，方便青年解决工作生活中的难题。同时，应当有前瞻性地建立微信等热门网络应用的规范，防止青年问题集中爆发，建立网络舆情监控队伍，随时消灭不良舆情，控制事态。

（五）规范网络文化传播，提升青年对网络影响的认知能力

中国社会科学院社会学研究所的沈杰认为网络文化"是人们在互联网这个特殊的世界中进行工作、交往、学习、沟通、休闲、娱乐等所形成的活动方式及其所反映的价值观念和社会心态等方面的总称"。作为一种新兴文化，网络文化综汇了当前大众文化、流行文化的主要特征，受到越来越多人的垂青和喜爱。但网络文化绝不完全代表就是正能量，它充斥着各种价值、理念和生活方式，亟须建立一套有效的规范，引导其通过正确的渠道朝着正确的方向传播。网络语言是网络文化的一部分，对网络语言不能一棒子打死，有的网络语言用起来很生动，比如"蛮拼的""给力"，且其所表达的语意也是符合汉语的意思，所以有的网络语言可以看作语言发展的产物。但是还有大量的网络语言充斥着错别字或随意篡改词意，有些甚至是粗俗或猥琐的下流语言。语言文字是思想和文化的载体，净化语言环境是一项复杂工程，建议语言文字管理部门要随时列出低俗语言清单，便于媒体和网站把握，也便于社会监督。当然，传播媒介要担负起传播优秀传统文化的重任，向公众推介优秀的文化成果，有意识地抵制低劣、腐朽的文化，不能让公众疏离传统文化。同时，对于网络的负面影响，应该加强对青年认知的引导和培训，提高负面现象的曝光度，尤其是关系国家发展、社稷民生的领域更要加强监督，坚决打击网络的负面现象。

B.11
广州青年发展环境状况研究

邓智平　赵道静*

摘　要： 本报告依托广州青年发展状况问卷调查数据，分析了当前广州市青年发展环境的现状及存在的问题。研究发现：与过去相比，广州青年发展环境正处于不断优化的状态，青年权益保障状况总体向好；但广州青年对发展环境总体满意度评价一般，其中家庭环境和成长环境安全问题较为突出，青少年社会政策和服务体系也有待完善。此外，本报告还对广州青年发展环境未来发展趋势进行了预测，并就优化青年发展环境提出若干对策建议。

关键词： 青年　发展环境　权益保障　广州

一　研究背景

青年发展是指青年在社会发展进程中不断改进和完善自身思维、素质和能力以及思维、素质和能力与社会发展需求、要求不断融洽结合的成长成才过程[①]。青年发展环境是指影响青年发展的一切外部因素的总和。根据不同的分类方法，青年发展的环境可以分为自然环境和社会环境；宏观环境、中观环境和微观环境；良性环境和恶性环境；物质环境、制度环境和精神环

---

* 邓智平，广东省社会科学院现代化战略研究所所长、研究员，博士；赵道静，广东省社会科学院社会学与人口学研究所助理研究员。
① 方章东、刘庆丰：《论科学发展观之于青年发展的方法论启示》，《中共合肥市委党校学报》2009年第2期。

境；经济环境、政治环境和文化环境等①。从人的社会化理论视角来看，青年发展实质是青年社会化的过程，是青年融入家庭、学校、工作单位、同龄群体、大众传播媒介和社区等的过程。从社会工作理论的视角来看，青年发展是个体与环境的交互作用，环境所涵盖的也是家庭、学校、社区、文化等。古语有云，橘生淮南则为橘，生于淮北则为枳。青年发展离不开发展环境，发展环境的优劣直接影响青年发展结果。

我国历来重视青年发展，特别是随着青年在经济发展和社会转型中的作用愈加明显，党和国家领导人更加关注青年群体的发展优势，在国家战略层面提出青年优先发展的目标要求，指出各级政府和相关机构应该通过完善和修订现有法律法规来保障青年群体发展，鼓励青年扎实进步，促进青年全面发展，释放社会创新能量。"青年优先发展理论"更提倡要求国家和社会管理机构正确面对当代青年发展的机遇和挑战，准确把握青年发展的本位需求，在城市公共政策制定过程中保证青年共同参与，并优先考虑青年群体的失业、贫困、疾病、社会服务资源短缺等问题，在城市建设中充分发挥青年的积极作用，营造青年生存与发展良性空间，从而实现青年与城市和谐互动。可见，在我国"五位一体"总体布局和"四个全面"战略布局的宏观视野下，在实现两个"百年"目标的伟大征程中，青年发展环境研究具有更为重要的现实意义。

近年来，青年发展研究，尤其是对改革开放后出生的"80后""90后"青年发展的研究已经成为当前青年研究的时代主题和核心课题，青年发展的研究内容和研究视角不断丰富，有学者总结青年发展研究的三个维度，分别是青年发展的内涵认知、青年发展的相关关系和青年发展的过程机制。青年发展环境研究从内容上可以归入青年发展相关关系研究维度，因为青年发展环境实质就是研究青年发展如何受各种相关方面因素的影响，包括经济、社会、文化、家庭、社区、学校等。梳理青年发展环境研究的文献资料，我们发现青年发展环境研究有两种模式：一是对青年发展环境进行全面分析，涵盖各类影响因素。比如张开芬、黄杉对"90后"青年成长环境进行分析研

---

① 张建桥、王宏伟：《青年发展的未来分析》，《当代青年研究》2005年第1期。

究，指出"90后"青年成长于我国社会政治最稳定的时期，国家经济迅速发展，文化的融合与冲突明显，家庭结构变化、教育体制的改革、大众传媒的兴起及现代科技的发展等是他们成长的特殊环境。又如中国青少年研究中心等对1995~2004年中国青年受教育、就业、社会参与、卫生保健、权益保护、休闲娱乐等各方面情况进行实证研究，并详细分析了转型社会、全球化、信息技术等对青年发展带来的影响。另外，张建桥等从青年发展未来物质环境、未来精神环境和未来制度环境三个层面研究青年发展的未来环境，指出青年在未来将获得更好的物质条件，对其发展有促进作用，但同时也可能因为物质的丰富"90后"青年成为骄奢淫逸、无所事事的一代；未来社会的精神环境有利于青年发展，但也不可忽视一些负面现象的存在；青年未来社会制度环境将更加完善等。青年发展环境研究的另一种模式是就某一类环境因素对青年发展的关系进行研究，比如高中建研究了青年发展与社会建设的关系，郑大俊等研究社会思潮与青年发展的关系，赵文研究全面深化改革与当代青年发展的关系，张良驯从青年政策的角度研究青年发展问题，方云生则研究了家庭环境与青少年发展的关系，等等。从研究方法上看，青年发展环境的研究既有定性研究，从理论上阐述与分析青年发展的环境影响因素，也有定量研究，通过问卷调查对青年发展状况进行数据分析，比如路得对沪、京、深三地青年成长环境进行调查研究，发现增加收入是青年最迫切的需求，住房制度改革和社会保障制度改革是青年最关心的社会配套改革等。但从定量研究文献中，我们也发现，青年发展环境的专项调查研究并不多，往往被纳入青年发展状况调查研究进行阐述。

本研究依托广州市团校于2016年底至2017年初面向广州11个区15~34岁常住青年群体开展的"广州青年发展状况"问卷调查数据，采用定量研究的方法，对广州青年发展环境进行统计分析研究。在"广州青年发展状况"调查中，青年发展环境包括青年发展的活动设施等硬件环境、青少年政策与服务等软件环境，同时也包括青年发展的家庭环境、成长安全环境、权益保障环境等，主要通过青年自身对发展环境的评价来分析和判断广州青年发展环境的现状与存在的问题。

二 广州青年发展环境的现状分析

本次"广州青年发展状况"问卷调查,共回收2692份有效问卷,其中调查在职青年1686人,大学生430人,中学生(中专、中技)576人。根据问卷中青年发展环境的调查数据结果,广州青年发展环境总体满意度评价一般,但较过去有明显改善。具体表现如下。

(一)青年对活动场所和设施等发展环境硬件条件满意度较高,三成以上青年对硬件环境表示满意

当问及对本街道青少年活动场所如体育设施、博物馆等数量是否满意时,青年中选择"很满意"的有11.2%,"比较满意"的有21.2%,"一般"的选择比重最大,为49.0%,而选择"比较不满意"的占15.3%,"很不满意"的占3.3%,满意度平均得分为6.44分。与2014年广州市团校开展的问卷调查结果相比,青年选择"很满意"和"比较满意"的比重提高了6.4个百分点,满意度得分提高了0.44分。可见,广州青年发展硬件环境有明显改善。

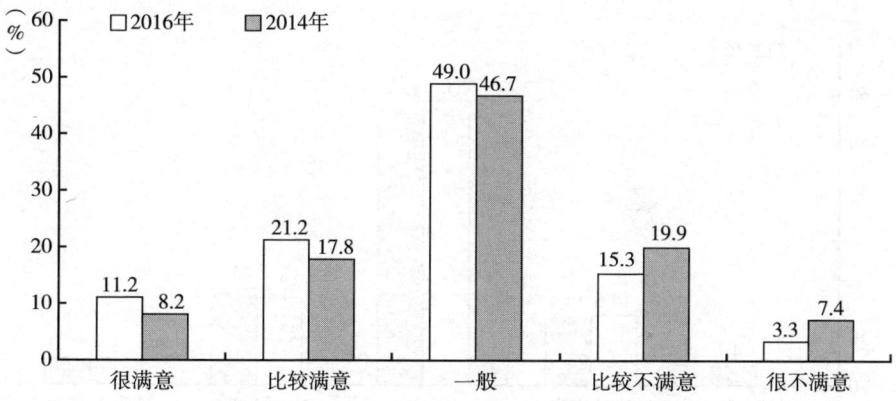

图1 广州青年对本乡镇街道青少年活动场所的满意度评价

比较在职青年、大学生和中学生对活动场所满意度情况，中学生对活动场所数量的满意度分值最高，为6.63分；其次是大学生，为6.56分；满意程度相对较低的是在职青年，分值为6.34分。究其原因，主要是不同年龄段青年对活动场所的需求和使用率有所差异，中学生和大学生处于身体发育和健康发展的重要阶段，对活动场所和设施的关注程度和使用频次必然要超过在职青年，因此满意度评价也稍好些。另外，通过对不同户籍类型和居住社区类型青年对活动场所满意度比较发现，外地农村户籍青年对活动场所满意度明显高于本地城镇户籍青年，满意度得分分别为6.67分和6.30分；而居住在高级住宅区的青年对活动场所满意度得分也明显高于居住在保障性住房社区的青年，满意度得分分别为6.8分和6.05分。

（二）近六成青年对青少年政策满意度评价一般，满意与不满意的占比接近

当问及对青少年政策是否满意时，青年中选择"很满意"的有5.4%，选择"比较满意"的有14.6%，选择"一般"的比重最大，为58.5%，选择"比较不满意"的占18.1%，"很不满意"的占3.3%，满意和不满意的占比接近，满意度平均分为6.01分。与2014年调查相比，选择"很满意"和"比较满意"的占比上升了2个百分点，满意度得分提高了0.19分。

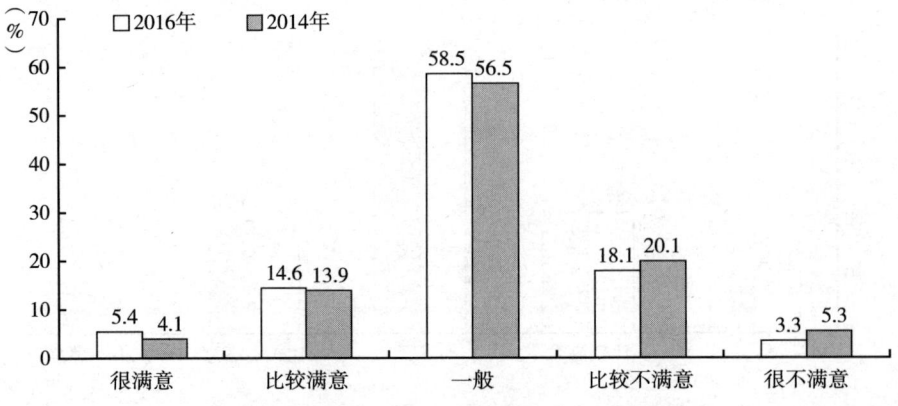

图2　广州青年对青少年政策满意度的评价

比较在职青年、大学生和中学生的满意度情况，大学生对青少年政策的满意度得分最高，为6.21分；其次是在职青年，为5.98分；中学生的得分稍低，为5.96分。这与近几年广州市制定和实施一系列关于大学生的政策有密切的关系。进一步分析不同特征青年对政策满意度评价发现，居住在不同社区和房屋类型的青年对政策满意度评价存在显著差异，其中居住类型是宿舍的满意度得分最高，为6.20分，而居住在自有产权房的青年满意度相对较低，为5.89分，这在一定程度上也印证了大学生对青少年政策相对满意度较高的判断。另外，居住在高级住宅区的青年对政策满意度平均分最高，为6.37分，居住在保障性住房的青年政策满意度得分相对较低，为5.66分。可见，居住质量在一定程度上会影响青年对发展环境的评价。

（三）青年对青少年服务满意度评价并不理想，评价满意的占比不到两成

当问及青年对青少年服务是否满意时，59%的青年选择"一般"，19.3%的选择"比较不满意"，3.8%的选择"很不满意"，选择"很满意"的仅有4.8%，"比较满意"的占13.0%，"很满意"和"比较满意"的共占17.8%，不到20%；青年对青少年服务满意度平均得分为5.91分。与2014年调查相比，"很满意"和"比较满意"的占比仅提高了0.1个百分点，"比较不满意"和"不满意"的占比降低了2.4个百分点，满意度得分增加0.1分。

比较在职青年、大学生和中学生的满意度评价，评价较高的是大学生，满意度分值稍高，有6.10分，其次是中学生5.91分，在职青年评价分值相对较低，为5.87分。进一步分析发现，不同户籍类型、住房类型、居住社区的青年对青少年服务的满意度评价有明显差异，其中外地农村户籍青年对青少年服务满意度评价相对较好，满意度得分为6.04分，广州城镇户籍青年满意度评价稍差，得分为5.82分；居住在宿舍的青年比租房和居住自有住房的青年对青少年服务的满意度评价更好，得分依次为6.07分、6.03分和5.81分；居住在高级住宅区的青年对青少年服务的满意度评价明显高于其他居住社区类型的青年。

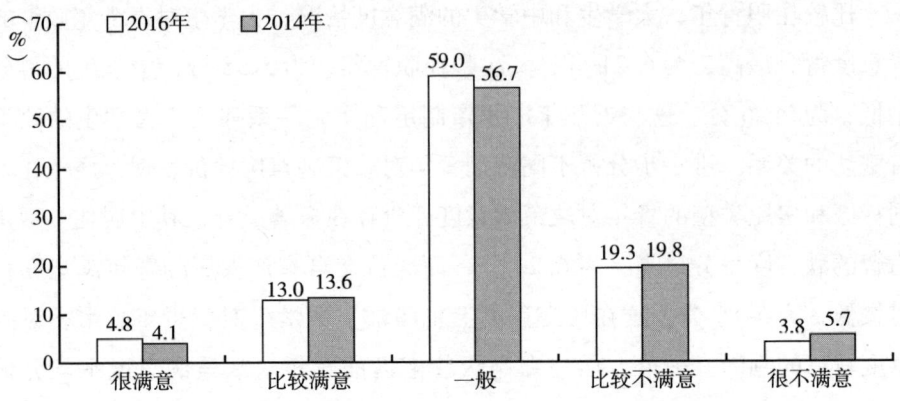

图3 广州青年对青少年服务的满意度评价

（四）青年对家庭环境的满意度评价较差，半数以上青年对家庭环境不满意

当问及青年对家庭环境的评价时，青年中选择"很满意"的仅占2.8%，"比较满意"的占6.6%，选择"一般"的有38.6%，选择"比较不满意"的为38%，"很不满意"的达到14%，"比较不满意"和"很不满意"的比重高达52%。从满意度平均得分上看，青年对家庭环境的满意度得分仅为4.92分，其中在职青年分值稍高，为5.09分；其次是大学生，为4.91分；中学生对家庭环境的满意度评价最差，平均分值仅为4.44分，63.6%的中学生对家庭环境表达了比较不满意或很不满意的评价。可见，青年，尤其是青少年的家庭环境是青年发展环境亟须改善的重要方面。不过，值得肯定的是，与2014年调查相比，青年对家庭环境的满意度评价有所优化，满意评价占比增加了1.1个百分点，不满意的占比降低了2.2个百分点，满意度得分提高了0.11分。

进一步分析不同特征青年对家庭环境的满意度评价情况发现，不同性别、住房状况、居住社区及家庭同居模式的青年对家庭环境的满意度评价有明显差异。其中，男青年比女青年对家庭环境的满意评价稍好，二者满意度得分分别为5.02分和4.84分；租房居住的青年对家庭环境的满意度得分（5.18分）要稍高于住在宿舍（5.02分）和自有住房（4.71分）的青年；

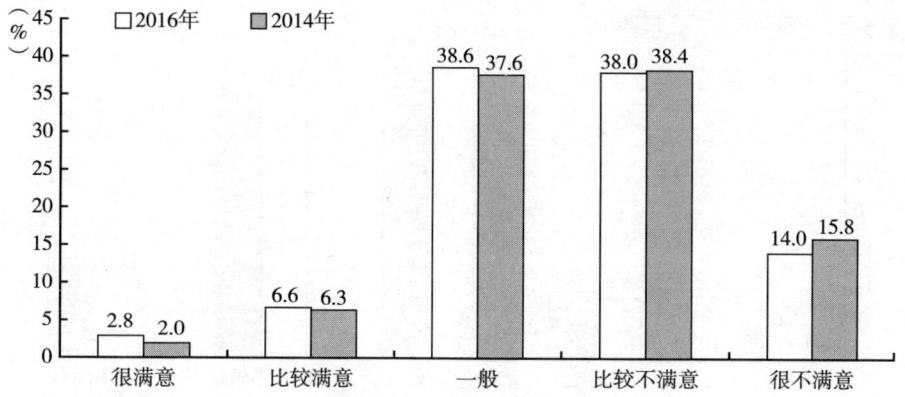

图4 广州青年对家庭环境的满意度评价

居住在村改居的社区青年对家庭环境的满意度得分最高（5.27分），普通住宅小区居住的青年对家庭环境满意度得分最低（4.68分）；未婚同居（5.28分）、与其他人合住（5.20分）、单身独居（5.07分）的青年对家庭环境满意度评价普遍高于与父母（4.77分）或三代同堂一起居住（4.98分）的青年。综合来看，居住相对自由，受父母家庭约束少的青年对家庭环境的满意程度均稍高，可见，当前青年更加追求自由的生活居住方式。

（五）青年对成长环境安全的满意度评价不容乐观，近五成青年对成长环境安全不满意

当问及对成长环境安全是否满意时，青年中仅3.6%的选择了"很满意"，8.4%的选择了"比较满意"，选择"一般"的有41.7%，"比较不满意"的有35.3%，"很不满意"的占11%，比较不满意和很不满意的比重高达46.3%。满意度平均得分为5.16分，其中中学生的平均得分最低，为4.84分，大学生次之，为5.09分，在职青年对成长环境的评价稍好，平均得分为5.29分。与2014年调查结果相比，青年选择满意和比较满意的比重下降了0.7个百分点，不满意和比较不满意的比重下降了0.4个百分点，满意度得分仅增加了0.04分。可见，与其他方面的发展环境相比，广州青年成长环境安全问题解决得不理想。

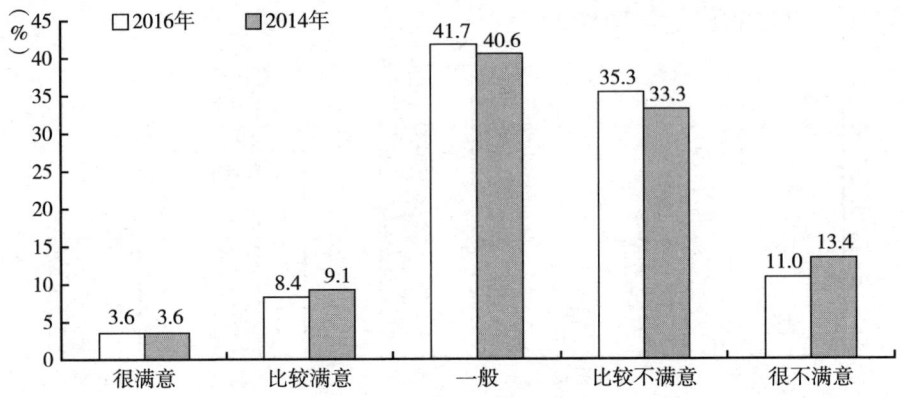

图5 广州青年对成长环境安全的满意度评价

进一步分析不同特征青年对成长环境安全的评价情况发现，不同住房状况、居住社区类型的青年的满意度评价有显著差异。其中，租房居住的青年满意度得分稍好些（5.37分），自有产权房居住的青年满意度得分相对稍低（5.03分）；居住在村改居社区的青年满意度得分最高（5.49分），居住在单一或混合的单位社区（5.00分）和普通商品房小区（5.02分）的青年满意度得分相对稍低。

（六）三成左右青年有国际交流经历，多以出国（境）旅游为主

当问及青年有无国际交流经历时，67.4%的青年表示从未出过国（境），27.2%的青年有出国（境）旅游经历，6.3%的青年有出国（境）访学或交流经历，2.6%的人有出国（境）留学经历，1.8%的人有出国（境）公差的经历。与2014年调查结果相比，青年中从未出国（境）的比重下降了4.6个百分点，出国（境）留学的比重下降了0.1个百分点，出国（境）访学或交流的比重增加了0.4个百分点，出国（境）旅游的比重增长幅度达4.5个百分点，出国（境）公差的人员比重没有变化。可见，与过去相比，更多的广州青年参与国际交流。

比较在职青年、大学生和中学生情况，在职青年有出国（境）旅游经历和出国（境）公差的比重最高，分别为31.4%和2.4%；大学生从未出国（境）的比重最高，达到79.2%；中学生出国（境）访学或交流的比重

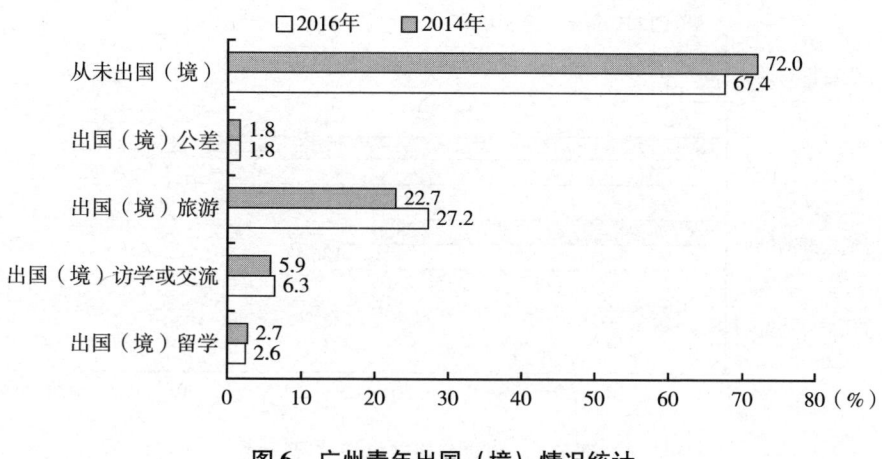

图6 广州青年出国（境）情况统计

（7.6%）均高于在职青年（6.0%）和大学生（5.4%）。进一步分析不同特征青年的出国（境）情况发现，广州青年中女性（35.8%）出国（境）比重高于男性（28.7%）；独生子女（46.8%）青年出国（境）比重高于非独生子女（26.9%）；广州城镇户籍青年出国（境）比重最高（47.3%），外地农村户籍青年出国（境）比重最低（15.5%）；住房是自有住房的青年出国（境）比重最高（42.6%），居住宿舍的青年出国（境）比重相对较低（19.3%）；居住在高级住宅区的青年出国（境）比重最高（51.4%），农村青年出国（境）比重最低（17.1%）。可见，青年出国（境）在很大程度上受到家庭经济条件影响。

（七）青少年权益维护总体较好，但仍有五成青年认为权益维护一般

当问及青少年权益是否得到维护时，9.5%的青年选择权益"得到很好的维护"，36.1%的青年选择"得到较好的维护"，50.3%的青年认为权益维护一般，仅4.1%的青年选择"没有得到维护"。与2014年调查结果相比，广州青少年权益维护状况有显著的改善，其中权益得到很好保障的比重上升了0.8个百分点，较好维护的比重上升了7.9个百分点，评价一般的下降了6.2个百分点，没有得到维护的比重下降了2.6个百分点。

比较在职青年、大学生和中学生的情况，中学生权益维护状况最好，选择

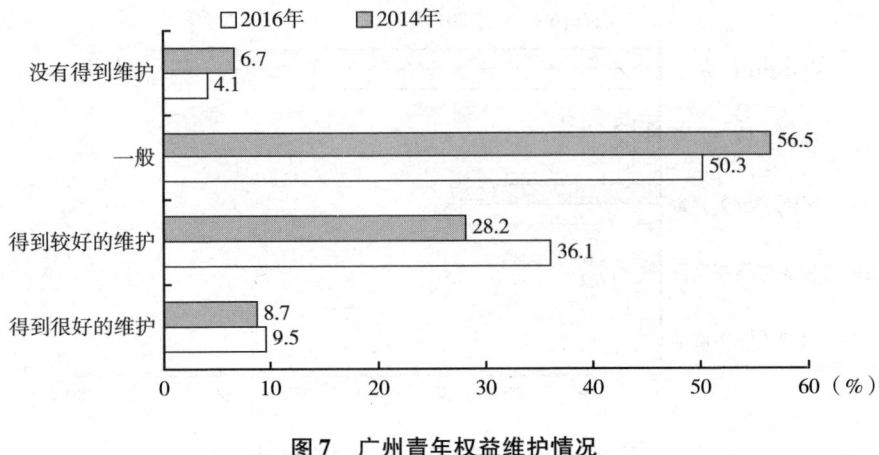

图7 广州青年权益维护情况

维护很好和较好的比重达到62.3%，其次是大学生为42.3%，在职青年为40.7%；在职青年中选择"没有得到维护"的比重最高，为5.2%，其次是中学生（3.0%）和大学生（1.7%）。进一步分析不同特征青年权益得到很好或较好维护的比重情况发现，青年中男性（47.2%）权益保障状况优于女性（44.3%）；独生子女（51.3%）权益保障优于非独生子女（42.9%）；广州农村户籍（48.8%）和城镇户籍（48.6%）青年权益保障状况要优于外地城镇（42.8%）和农村户籍青年（40.7%）；住自有住房（51.0%）的青年权益保障状况优于租房青年（39.0%）和宿舍青年（43.1%）；保障型住房居住青年权益保障状况要优于其他社区居住青年。

（八）买房贵、租房难，人才发展环境不完善，权益保障是青年最希望解决的三大发展环境问题

当问及青年目前最希望解决的问题时，44.9%的青年选择了"买房贵、租房难"，41.4%的人选择了"青年人才发展环境不完善"，32.1%的人选择了"青少年权益保障问题"，30.9%的人选择了"社会保障不足"，26.3%的选择了"家庭生活困难"，21.3%的选择了"法制宣传教育不足"，另外选择"利益表达渠道不畅"的有17.3%，"缺少关爱"的有16.8%。可见，住房、人才发展环境、权益保障是广州青年最希望解决的三大问题。与2014年调查结果相比，青年最希望解决的发展环境问题没有发生改变。同时，值得注意的是，除上述三大问题外，广州青年在诸如社会保障、家庭困难、利益表达渠道等问题上均有15%以上的选择率，这表明广州青年在发展环境问题上存在多重困难，个人成才发展、社会政策改善、生活条件改善等都是他们面临的发展难题。

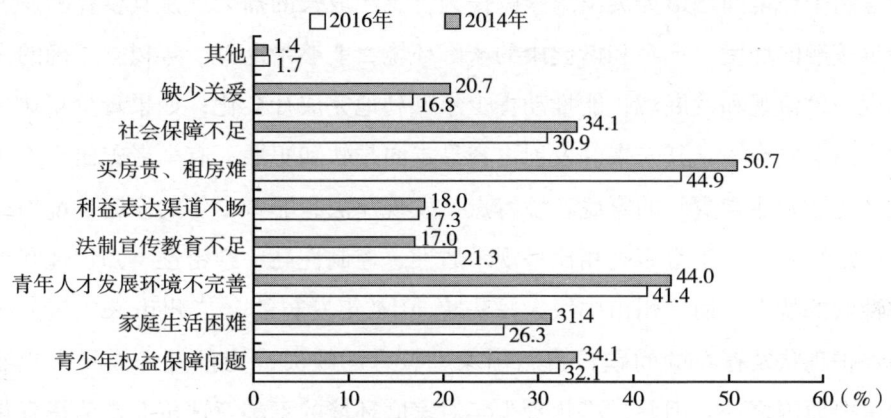

图8 广州青年最希望解决的发展环境问题统计

比较在职青年、大学生和中学生的情况，在职青年选择最多的前三位依次是买房贵、租房难（53.4%），人才发展环境不完善（39.2%）和社会保障不足（31.2%）；大学生选择最多的前三位依次是人才发展环境不完善（48.3%）、青少年权益保障（34.8%）和社会保障不足（33.4%）；而中学生选择最多的前三位依次是人才发展环境不完善（42.8%），青少年权益保障（41.8%）和买房贵、租房难（31.2%）。可见，虽然青年在不同的成长发展阶段因为发展需求不同所关注的问题有所差异，但青年关注的主要问题都是大体一致的。

三 广州青年发展环境存在的问题及原因分析

通过对广州青年发展环境现状的调查分析，我们发现广州青年发展环境存在以下三个主要问题。

（一）青少年家庭环境和成长环境安全堪忧

从现状分析来看，我们发现广州青年的家庭环境和成长环境安全是几大发展环境因素中满意度评价最差的两大环境，尤其是处于学生阶段的中学生的这两个环境问题最为突出。家庭作为青少年成长的摇篮，是其生存和发展最早接触的环境，一个和谐健康的家庭环境，能够帮助青少年树立正确的人生观、价值观和发展观，能推动青少年顺利地完成社会化；如果青少年缺乏健康的家庭环境，其未来的发展更容易走向越轨和犯罪。有学者曾研究广州地区违法犯罪青少年的家庭环境特点，发现违法犯罪青少年的家庭环境均存在一定缺陷，与正常家庭相比呈现矛盾性、控制性高，亲密性、知识性和组织性低的特点。而广州市中级人民法院2014年发布的《广州市未成年人权益保护现状及存在的问题》也指出家庭教育的缺失成为推升未成年人犯罪的重要原因之一。因此，广州青少年对家庭环境的不满意评价非常值得青年研究者和青年工作者重视和关注。

青年的成长环境安全满意度评价虽然比家庭环境的评价要稍好一点，但也需要引起高度关注。青年成长环境安全实质是对青年发展环境优劣的一个总体评价，成长环境安全与否决定发展环境的优劣，但广州青年近五成的不满意度评价意味着广州青年发展环境存在很大的安全隐患，而这种安全隐患可能发生在任何一个影响青少年发展的环境中。比如近年来被社会高度关注的校园欺凌和网络欺凌问题等，而广州青年文化宫开展的穗港澳青少年网络欺凌调查结果显示，超七成的穗港澳青少年曾受到网络欺凌。又比如校园安全事故频发问题，2015年广州市中级人民法院与广州市教育局联合发布的《未成年校园伤害案件处理与预防机制之构建》，指出各类校园伤害事故的发生率呈明显上升趋势，从事发原因看，学生之间嬉戏打闹占65%，学校设施缺陷占18%。另外，近年来多发的大学生失联或被害事件，既反映了大学生安全防范意识不强，也反映了当代青年所处的学校环境和学校周边社会环境存在很大的安全隐患。

广州青年发展环境状况研究

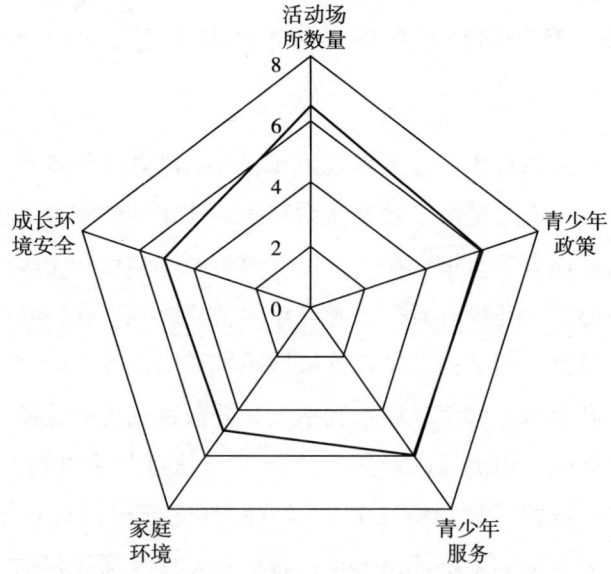

图 9 广州青年五大发展环境满意度得分雷达图

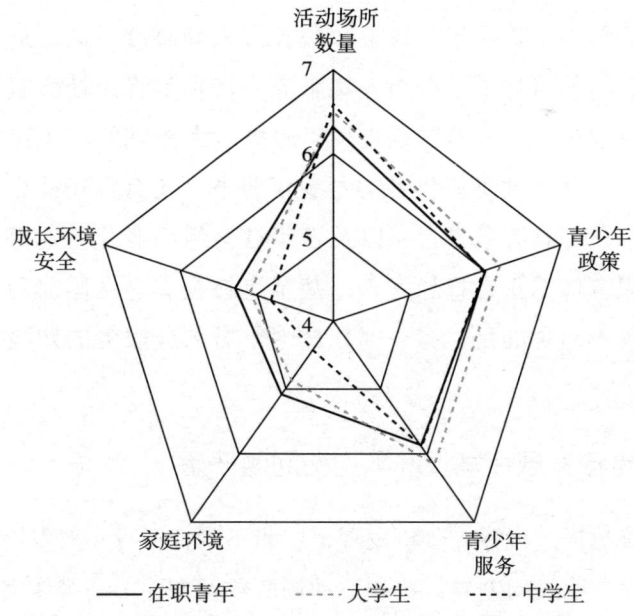

图 10 广州三类青年五大发展环境满意度得分雷达图

（二）青少年政策体系和服务体系尚待完善，政策与服务宣传力度不够

调查中发现广州青年对青少年政策和服务的满意度评价都不理想，这种不满意的产生，一方面是由于政策体系和服务体系不够完善。有学者研究青年政策，指出我国青年政策存在独立性、内容的完整性和文本的专项性等三个问题，即当前我国还没有专门针对青年的独立政策，在公共政策领域还没有单列青年政策这一门类；青年政策被简单地局限在社会政策中，甚至被窄化为单一的福利政策；青年政策在文本上是分散在相关的法律法规或政策文件中，成为分散化、内隐式的政策。广州市虽然近年来在青少年的学习教育、就业创业、权益保障和特殊关爱等方面都逐渐构建起青年发展政策体系，但青年发展政策的系统性仍不足，青少年发展专项规划和统计指标体系始终没能出台，各职能部门在制定青年相关事务的规划或决策时仍存在交叉重合、资源浪费等问题。

另一方面是由于青少年对政策和服务体系知晓度不高。近年来在广州市团委及各部门的努力下，广州青年服务，特别是青年社会服务生态系统已经基本搭建起来，广州有围绕青少年服务六大领域的"志愿服务广州交流会"品牌，在线上线下提供各类青少年服务，还有青年社会服务项目交易所这个常态化综合服务平台，以及青年社会组织孵化基地等，可以说广州市青少年服务体系正在日趋完善，甚至走在全省、全国前列。但与服务体系日益完善不对称的是，有一部分青少年对部分服务的知晓和使用情况不容乐观。

（三）青年发展环境状况不均衡问题严重

在对调查数据进行深入分析发现，广州不同特征青年对发展环境的评价在某些方面存在明显的差异，比如活动场所数量方面，高级住宅区的青年满意程度明显要高于保障型住房社区的青年；大学生对青少年政策的满意度要明显高于在职青年；外地户籍青年出国（境）状况普遍稍差于广州本地户籍青年；本地户籍青年权益维护要优于外地户籍青年等。

青年发展环境的不均衡，一方面是青年个体所处的家庭环境不同导致其发展环境有差异，比如经济条件的限制会使青年出国（境）状况有所差异，这只能随着青少年个体经济条件的改善而改善；另一方面则是青年社会政策和资源分配的不合理或不均衡带来发展环境的不均衡。比如在青少年政策方面，大学生的满意度评价要高于在职青年，主要是由于青少年政策体系中针对大学生的政策制定得相对较多；而在职青年由校园走向社会，对应于在职青年的社会政策往往被纳入整个公共政策体系中，专项政策相对较少，这与在职青年日益增多的社会需求不相适应，从而导致在职青年对政策和服务体系的不满意。又如包括青少年活动场所在内的公共资源配置不均衡问题。根据《广州经济发展报告（2015年）》，在教育方面，广州中心城区集中了全市大量的优质教育资源，2014年中心城区示范性高中、省市一级高中和省市一级幼儿园达到151所，超过郊区和远郊数量的总和；在医疗卫生资源方面，广州中心城区集中全市80%的二级以上大中型医疗机构，其中越秀区数量最多，集中了50%的部级、省级和市级医疗机构，而荔湾区南部、白云区北部、南沙、增城和从化还缺乏大型综合医院，专科医院和基层卫生服务设施也主要集中在中心城区，中心城区和外围城区医疗资源分布差距十分明显。青少年发展环境中的社会政策和资源配置不均衡问题都需要政府通过优化制度安排来解决。

四 结论、预测与对策

（一）主要的结论

通过对现状和问题的分析，我们得出的主要结论如下。

（1）广州青年发展环境正不断优化改善。与2014年相比，广州青年所处的发展环境，无论是活动场所、社会政策和服务体系，还是家庭环境、权益保障等都趋于优化。

(2)家庭环境和成长环境安全是广州青年发展环境最薄弱的两大领域，尤其是中学生的家庭环境和成长环境安全状况仍令人担忧，校园安全环境隐患巨大。

(3)广州青年政策体系的独立性、专项性和系统完整性需要不断加强，尤其要强化和改善青年人才发展环境、青年生存居住条件、青年社会保障和权益保障等方面制度和措施。

(4)广州青年发展环境存在不均衡发展的特点，青少年发展所需的公共资源在广州各区域间存在配置不均衡的问题。

（二）未来一个时期的趋势预测

1. 广州青年未来将面临更为复杂的发展环境

首先，家庭环境对青少年的成长和发展起着重要的作用，随着家庭规模日趋小型化，家庭经济条件普遍得到改善，家长对子女学习生活工作的投入越来越多，家庭物质环境日益优化。但家庭环境问题不容忽视，比如单亲离异家庭可能有增多趋势，青少年被动"留守"难题短期内得不到解决，独生子女家庭对子女过分溺爱，"全面二孩"政策实施给原本的独生子女带来某种"被分享"的心理落差等都对青少年的成长发展有所影响。其次，社会环境愈加复杂。随着我国经济社会的持续、健康、快速发展，人民生活水平日益改善，青少年面临的物质诱惑更多了，社会环境中充斥着的不良生活方式和价值观念很容易影响青少年的健康成长与发展。比如，受国内外环境影响，广州目前出现传统毒品仍未消失、新型毒品又纷至沓来的情况，全市新发现的吸毒人员呈现年轻化趋势，17岁以下人群的涉毒数量近4年年均增长8%，未成年人毒品滥用及引起的违法犯罪已成为当前较为突出的社会问题。网络和新媒体信息技术的普及和发达，信息流通的快速和内容的庞大繁杂，也使青少年很容易受到不良信息的错误引导，甚至变成网络暴民，互联网已成为对青少年进行思想政治教育工作的重要阵地。另外，全球化给中国带来西方先进思想的同时也带来不利于青年与国家发展的消极思想，青年学生很容易不加批判地接受西方文化的消极影响，从而导致其人生观、价值观和道德评价标准产生偏差。

2. 广州青年未来将拥有更为完善的社会政策环境

全面深化改革是当前青年发展的时代背景，影响和决定着青年的未来发展，当代青年特别是改革开放后出生的"80后""90后""00后"青年群体，正逐渐成为全面深化改革的见证者、参与者和受益者。在全面深化改革过程中涉及很多与青年切身利益相关的领域，诸如教育、就业创业、社会保障、法律维权等，这些领域随着改革的深入开展，从政策制定到制度安排都将日趋完善。比如在青少年活动场所建设方面，广州2016年已经制定的《全民健身实施计划（2016~2020）》，明确要推进基本公共体育服务均等化、科学规划建设全民健身设施等一系列制度安排，尤其指出要大力普及青少年体育活动，实施青少年体育活动促进计划，提高青少年身体素质。2017年2月，广州出台了《人口发展和基本公共服务体系建设第十三个五年规划（2016~2020）》，明确了"十三五"期间在基本公共教育、劳动就业创业、社会保险、医疗和公共卫生、社会服务、住房保障和公共文化体育服务等与青少年发展密切相关领域的重点任务和保障措施。可见，随着"十三五"时期相关规划的贯彻实施，广州青年将获得更好的、系统的社会政策环境支持。

（三）对策与建议

1. 进一步优化青年发展的政策环境，制定符合青年成长发展需求的政策和制度

尽快出台广州市青少年发展规划，对广州青少年发展进行系统性规划和顶层设计；明确青年在社会生活中的权利和义务，明确各职能部门、共青团组织、青年社会组织和其他社会力量在青年学习教育、就业创业、成才、社会保障等领域的职责和任务；协调涉及青少年相关事务的部门、机构和组织，对青少年发展事务统一谋划、统一部署、统一调配资源，实现青年发展所需资源的均衡化发展。

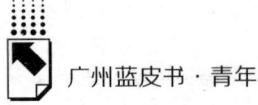

2. 建立健全家长教育制度

长期以来,中国教育都存在家庭教育缺失的问题,家长作为孩子的启蒙老师,实际上很多家长并不知道如何开展家庭教育、如何为青少年创建健康和谐的家庭环境。因此,要改善青少年家庭环境,重点在于加强家长教育,填补家庭教育空白。广州市在全国属于开展家长教育较早的地区,1983年广州市荔湾区乐贤坊小学以"急家长教育子女所急"为宗旨,以"帮助家长成为教育子女的合格家长"为目标,成立了全国第一所家长学校。随后,市教育局推广乐贤坊小学的经验,各中小学陆续建立起家长学校。目前,广州市中小学、中职学校、幼儿园都成立了家长学校和家长委员会,家长学校达到"七有"的规范化建设目标。可以说,广州青少年发展具备较好的家庭教育基础。建议今后党委、政府及宣传、教育、民政、司法等部门和工会、共青团、妇联组织进一步加大支持家庭教育力度,逐步建立家长学校健全的领导机制和工作机制,充分利用社会力量建立家庭教育咨询机构,开展各种家庭教育培训班和讲座、展览、咨询等活动,编写有关家庭教育的读物,摄制有关宣教片,开办家庭教育广播、电视节目,帮助家长特别是年轻家长提高自身素质和家教水平,教育和引导家长走出溺爱、纵容子女或"棍棒教育"等误区,以自己的良好品行当好子女的第一任"教师"。要建立健全家长教育管理制度,保障家长学校的常态化运转。培育一支相对稳定、家庭教育专业知识技能较高的师资队伍,提高家长学校教育教学质量,鼓励科研院所、教育机构多开展家庭教育课题研究,充分利用网络技术提升家庭教育效能。

3. 优化校园及周边环境安全,强化青少年安全教育

不断推进平安校园建设,针对校园及周边治安秩序、食品安全、环境污染等问题进行综合整治。建议公安民警在大学、职校、高中、初中和小学驻点,与学校共同维护校园周边治安环境,对歌厅、舞厅、迪厅、网吧、茶吧、电子娱乐室等场所进行集中清查,对校园周边存在的"黄、赌、毒"等社会丑恶现象坚决铲除,对学校周边房屋进行经常性整治,确保师生学习、生活环境安全。加大对校园周边环境的巡查力度,在学生上、下课期间

的重点时间段、路段有针对性地加强执勤巡逻,并在夜间巡逻时有重点地不定时到校园周边进行巡逻检查,防止不法分子潜入学校侵害学生利益。同时,教育部门、公安系统要加强对青少年安全教育的重视,特别是要加强对大学生的安全教育,要将安全教育纳入中小学及大专院校的基础课程中,组建安全教育领导责任小组,构建起全方位的青少年安全教育管理体系,提高青少年的安全意识和安全防范能力。建议公安部门定期到各中小学校开展法律知识讲座,通过采取上安全课、发放宣传单、开座谈会等多种形式,全方位、多层次地进行法制宣传,运用典型案例以案说法,切实增强学生法制观念,树立学法、守法、用法意识,最大限度地减少学生违法犯罪现象的发生。

4. 净化青少年成长发展的社会人文环境

建议政府加强协调,组织对文化、工商、公安、通管、网信等部门,加强对电子信息产品和计算机网络的监管,及时消除含有暴力、色情和其他不利于青少年健康成长内容的电子信息;进一步清理整顿音像制品行业和印刷、出版业,加强对音像制品、电子出版物市场和图书报刊市场的管理,加大"扫黄打非"力度,严肃查处走私、贩卖、制作渲染暴力、色情、愚昧迷信的图书报刊和音像制品的活动;严格约束管理游戏机经营商、网吧、录像厅、歌舞厅等场所,坚决取缔黑网吧、黑游戏厅,切实防止未成年人受到不良思想文化、暴力色情等社会丑恶现象的侵蚀,为青少年心理健康成长营造良好的人文环境。同时,宣传、公安等部门加强对电视、广播、报业、网络等新闻媒体及社交软件的信息过滤,建立舆情快速反应机制,依法及时封堵不利于青少年心理健康成长的信息。

5. 以青年成才发展为导向,形成以青年为本的服务体系

一是构建有利于青年就业创业的服务体系,打造青年创业创新服务链,系统开展青年创业意识、创业知识、创业能力素质和创业实务操作等创业培训教育,开展大范围、宽领域、高质量的青年创业就业见习,深化青年创业小额贷款工作,建设一批青年创新创业孵化基地、示范基地,跟踪服务一批创新创业项目和团队,引领青年创新创业。二是优化青年人才发展环境,形成青年人才聚集效应。完善广州市青年人才引进和培育政策，在各区成立青年人才联谊会，设立青年人才服务站，完善青年人才发展配套服务。加大力度培养高技能青年人才、青年科技工作者、青年企业家、青年职业农民和青少年事务社会工作者队伍。完善共青团对青年人才的表彰激励机制，推进青年人才国际化，拓宽对外交流交往空间，在国际交流合作中提升广州青年的国际化素质。三是完善青年社会保障政策体系，实施青年民生幸福促进行动。制定有利于青年发展的住房保障制度，减轻青年生存生活压力。高度关注青少年身心健康，加强青少年的人文关怀和心理疏导，发展服务青少年的社会公益组织和机构，为青少年提供个性化定制服务。四是强化青年社会组织培育。强化青年社会组织孵化基地建设，加强青年社团领袖和骨干培训，开展社会组织公益创投大赛，大力培育公益慈善、社会福利、社会服务类青年社会组织。整合社会资源，为青年自组织提供政策、资金、项目、场地等多方支持。五是在学校和社区、电视媒体、网络平台加大对青年服务机构和服务平台的宣传力度，引导青少年广泛知晓并有效利用已有的各类服务平台和设施。

参考文献

1. 方章东、刘庆丰：《论科学发展观之于青年发展的方法论启示》，《中共合肥市委党校学报》2009年第2期。
2. 张建桥、王宏伟：《青年发展的未来分析》，《当代青年研究》2005年第1期。
3. 胡荣华、张震宇：《对"青年优先发展理论"的思考》，《当代青年研究》2016年第1期。
4. 张艳斌、张雯雯：《当代青年发展的三重指向及机制构建》，《北京青年研究》2016年第2期。
5. 高中建：《关于青年发展与社会建设关系的思考》，《青年探索》2014年第2期。
6. 张开芬、黄杉：《"90后"青年成长环境分析》，《武汉工程大学学报》2009年第11期。
7. 中国青少年研究中心、团中央国际联络部课题组：《联合国〈到2000年及其后世界青年行动纲领〉实施十周年（1995~2004）特别调查：中国青年发展报告》，

《中国青年研究》2005 年第 11 期。
8. 郑大俊、高立伟：《当代社会思潮与青年发展问题的思考》，《思想理论教育导刊》2009 年第 12 期。
9. 赵文：《略论全面深化改革与当代青年发展》，《广西青年干部学院学报》2015 年第 2 期。
10. 张良驯：《论我国青年政策的独立性、完整性和专项性》，《中国青年研究》2015 年第 2 期。
11. 方云生：《家庭环境与孩子成长》，《家庭教育》1996 年第 2 期。
12. 路得：《数据与结论：沪、京、深青年人才状况及成长环境比较》，《中国青年研究》2000 年第 5 期。
13. 林勇等：《违法犯罪青少年的家庭环境特点》，《神经疾病与精神卫生》2012 年第 2 期。

B.12
广州青年闲暇娱乐生活状况研究

谭丽华 周理艺*

摘 要: 本次调查发现2016年广州青年闲暇时间平均为4.2小时/天,青年闲暇生活的内容和场所具有多样性,上网成为青年休闲的重要方式。合理的青年闲暇生活有利于促进青年身心健康发展,国家应重点发展青年闲暇服务业。

关键词: 青年 闲暇生活 广州

闲暇生活日益受到青年重视,了解青年闲暇生活基本情况是了解青年生存发展状况的重要方面。本文通过分析青年闲暇生活状况,发现青年闲暇生活存在的问题,提出优化青年闲暇生活、提升青年身心健康水平、优化青年发展环境的建议。本文使用2016年开展的"广州市青年发展状况调查"数据分析,该数据收集情况参见本书前言的研究设计,文中还比较了2014年和2016年"广州市青年发展状况调查"数据,以发现广州青年闲暇生活的变化。

一 广州青年闲暇生活现状

下文从闲暇时间、场所和内容等方面描述广州青年闲暇生活现状,将

---

* 谭丽华,广州市穗港澳青少年研究所助理研究员,博士;周理艺,广州市穗港澳青少年研究所研究助理。

2016年与2014年数据做比较,并按性别、婚姻状况、户籍、学历等特征分析不同青年群体之间的闲暇生活差异。

(一)青年的闲暇时间

1. 青年每天的闲暇时间平均为4.2小时

数据显示,在回答"近一个星期,您平均每天有_____小时闲暇的时间"时,接近七成的青年回答每天的闲暇时间在4小时及以下,而有20.9%的青年的闲暇时间是4~8小时。由此可知,绝大部分青年的每天闲暇时间在8小时以内。青年平均每天的闲暇时间为4.2小时。其中"闲暇时间"由青年根据自己的时间感受自行界定(见表1)。

表1 2016年青年的闲暇时间

单位:人,%

	频数	百分比
≤4小时	1640	69.7
4~8小时(含8小时)	491	20.9
8~12小时(含12小时)	135	5.7
12~16小时(含16小时)	36	1.5
16小时以上	52	2.2
合计	2354	100.0
均值±标准差	4.2±4.00	

2. 与2014年比较,2016年青年平均每天休闲时间缩短半小时

2016年广州青年平均每天休闲时间为4.2小时(标准差为4.00),与2014年广州青年平均每天休闲时间4.7小时(标准差为4.25)相比有所缩短,缩短幅度为每天半小时。

2016年广州青年的日常闲暇时间分布,4小时及以下的所占比例由63.4%上升至69.7%,4小时以上的闲暇时间段所占比例均有所下降。因此,2016年广州青年的日常闲暇时间有所缩短(见表2)。

表 2　2014 年与 2016 年青年每天闲暇时间比较

单位：人，%

	闲暇时间	
	2014 年（N=3468）	2016 年（N=2354）
≤4 小时	63.4	69.7
4～8 小时（含 8 小时）	24.8	20.9
8～12 小时（含 12 小时）	6.9	5.7
12～16 小时（含 16 小时）	2.3	1.5
16 小时以上	2.6	2.2
合计	100.0	100.0
均值±标准差（小时）	4.7±4.25	4.2±4.00

3. 不同青年群体的闲暇时间有所差异

（1）男性青年平均每天休闲时间长于女性青年

问卷调查数据显示，广州男性青年平均每天休闲时间为 4.40 小时，女性青年平均每天休闲时间为 4.03 小时。经 t 检验，男性青年平均每天休闲时间显著长于女性青年（$t=2.186^*$，$p<0.05$）。

（2）青年年龄越小，闲暇时间越多

24 岁以上的青年平均每天休闲时间为 3.84 小时，24 岁及以下青年平均每天休闲时间为 4.44 小时。经 t 检验，24 岁及以下青年平均每天休闲时间显著长于 24 岁以上的青年（$t=-3.598^{***}$，$p<0.001$）。由此可见，年龄小的青年每天休闲时间长于年龄大的青年。

（3）相比在婚青年，单身青年拥有更长的平均每天休闲时间

单身青年平均每天休闲时间为 4.35 小时，在婚青年的平均每天休闲时间为 3.55 小时。经 t 检验，单身青年平均每天休闲时间显著长于在婚青年的平均每天休闲时间（$t=4.444^{***}$，$p<0.001$）。一方面，在婚青年多数为已就业青年，需要将更多的时间投入工作；另一方面，在婚青年比单身青年需要更多时间处理家庭事务。

（4）相比独生子女，非独生子女青年平均每天休闲时间长于独生子女

独生子女青年平均每天休闲时间为 3.78 小时，非独生子女青年平均每天休闲时间为 4.32 小时。经 t 检验，非独生子女青年平均每天休闲时间显著长于独

生子女青年平均每天休闲时间（$t = -3.144^{**}$，$p<0.01$）。

（5）外地户籍青年与本地户籍青年的每天休闲时间有显著差异

数据显示，外地青年平均每天的休闲时间为 4.52 小时，而本地青年平均每天休闲时间为 3.92 小时，外地青年的平均每天休闲时间长于本地青年平均每天的休闲时间，经过 t 检验，两者之间存在显著的差异（$t = -3.577^{***}$，$p<0.001$）。这可能因青年居住条件差异所致。本地户籍青年与父母同住或自己供房导致通勤时间较长。

（6）不同学历和不同就业状况的青年每天休闲时间没有显著差异

数据显示，大专以下学历青年的平均每天休闲时间为 4.29 小时，大专及以上学历青年平均每天休闲时间为 4.13 小时。经过 t 检验，两者平均每天休闲时间并无显著差异（$t=0.864$，$p>0.05$）。

同样，未就业青年平均每天休闲时间为 4.31 小时，就业青年平均每天休闲时间为 4.10 小时，经过 t 检验，两者平均每天休闲时间也没有显著差异（$t=1.162$，$p>0.05$）。

表3 不同青年群体的每天闲暇时间比较

	性别		年龄		婚姻		独生状况		学历		就业		户籍	
	男	女	>24岁	≤24岁	单身	在婚	是	否	<大专	≥大专	未就业	已就业	本地	外地
	973	1363	1016	1338	1733	568	707	1566	758	1525	886	1468	1366	970
每天闲暇时间（小时）	4.40±4.105	4.03±3.901	3.84±3.821	4.44±4.117	4.35±4.043	3.55±3.633	3.78±3.591	4.32±4.095	4.29±4.402	4.13±3.740	4.31±4.343	4.10±3.781	3.92±3.898	4.52±4.12
t	2.186*		-3.598***		4.444***		-3.144**		0.864		1.162		-3.577***	

注：* 表示 $p<0.05$，** 表示 $p<0.01$，*** 表示 $p<0.001$。

（二）青年休闲娱乐的场所

1. 青年选择最多的休闲活动场所是"电影院、音乐厅、博物馆"

2016 年广州青年选择比例最高的休闲活动场所是"电影院、音乐厅、博物馆",比例为47.0%,接近五成。其次是"自己家里",比例为45.9%。而选择"茶馆、咖啡店、美食街""图书馆、书店、展览馆"的比例也较高,超过三成。

选择比例较低的休闲活动场所是"健身俱乐部及其他体育设施场所""网吧、KTV、酒吧、棋牌游艺室""自己居住的小区或住地附近的空地",比例不超过两成。

表4 2016年青年休闲活动场所分布(多选)

单位:%

	百分比
图书馆、书店、展览馆	33.8
电影院、音乐厅、博物馆	47.0
网吧、KTV、酒吧、棋牌游艺室	15.7
茶馆、咖啡店、美食街	36.2
旅游景点和公园	38.3
健身俱乐部及其他体育设施场所	16.4
自己家里	45.9
自己居住的小区或住地附近的空地	12.1
其他	1.1

2. 青年选择"网吧、KTV、酒吧、棋牌游艺室"的比例下降

2016年与2014年青年休闲活动场所比较,数据显示,2016年青年选择"电影院、音乐厅、博物馆"的比例为47.0%,高于2014年的45.7%;2016年青年选择"茶馆、咖啡店、美食街"的比例为36.2%,高于2014年的34.7%;2016年青年选择"旅游景点和公园"的比例为38.3%,高于2014年的33.1%。

2014年青年选择"网吧、KTV、酒吧、棋牌游艺室"的比例为22.0%,而2016年该项比例下降为15.7%,下降幅度较大。

由此可见,2016年广州青年选择"旅游景点和公园"的比例有较大的增长,而选择"电影院、音乐厅、博物馆""茶馆、咖啡店、美食街"的增长幅度较小,选择"网吧、KTV、酒吧、棋牌游艺室"的比例有较大幅度的下降。另外,其他选项的比例没有太大的变化。

表5 2014年与2016年青年休闲活动场所分布对比

单位:%

	活动场所	
	2014年	2016年
图书馆、书店、展览馆	33.5	33.8
电影院、音乐厅、博物馆	45.7	47.0
网吧、KTV、酒吧、棋牌游艺室	22.0	15.7
茶馆、咖啡店、美食街	34.7	36.2
旅游景点和公园	33.1	38.3
健身俱乐部及其他体育设施场所	16.7	16.4
自己家里	45.0	45.9
自己居住的小区或住地附近的空地	12.5	12.1
其他	1.0	1.1

3. 不同青年群体的休闲场所有所差异

(1)男性青年偏好玩乐与体育类休闲场所,女性青年偏好文艺与购物类休闲场所

在休闲场所方面,男性青年和女性青年之间有差异。男性青年选择"网吧、KTV、酒吧、棋牌游艺室""健身俱乐部及其他体育设施场所"的比例高于女性青年(22.9%>10.2%、23.3%>11.2%)。女性青年选择"图书馆、书店、展览馆""电影院、音乐厅、博物馆""茶馆、咖啡店、美食街""自己家里"的比例均高于男性青年(36.7%>29.8%、49.6%>43.1%、42.1%>28.5%、49.9%>40.8%)。相比之下,男性青年更偏好网络、游戏、体育类的休闲场所,女性青年更偏好文化、餐饮、购物类的休闲场所。

(2)年龄较低青年偏好较为静态的休闲场所

数据显示,24岁及以下的青年的休闲场所选择"图书馆、书店、展览馆""茶馆、咖啡店、美食街""自己家里"的比例高于24岁以上的青年(40.6%

>24.9%、40.6% >30.6%、48.6% >42.3%)。24岁以上的青年选择"旅游景点和公园""健身俱乐部及其他体育设施场所"的比例高于24岁及以下的青年（45.3% >32.9%，20.3% >13.5%)。与24岁及以下青年相比，24岁以上青年更喜欢旅游景点和公园。

（3）在婚青年偏好在住地附近空地休闲

单身广州青年休闲场所选择"图书馆、书店、展览馆"的比例为38.2%，高于在婚青年的21.3%；选择"茶馆、咖啡店、美食街"的比例为38.4%，高于在婚青年的28.4%。在婚青年选择"旅游景点和公园"的比例高于单身青年（52.7% >34.0%)，而且在婚青年选择"在自己居住的小区或住地附近的空地"的比例高于单身青年（19.6% >9.9%)。

（4）非独生子女在家及就近休闲的比例较高

数据显示，独生子女青年的休闲场所选择"电影院、音乐厅、博物馆"的比例高于非独生子女（54.0% >43.6%)。非独生子女青年选择"旅游景点和公园""自己家里""自己居住的小区或住地附近的空地"均高于独生子女青年。由此可见，除了"旅游景点和公园"外，非独生子女青年比独生子女青年更倾向选择在家及在家附近休闲。

（5）大专及以上学历青年更愿出外休闲，大专以下学历青年更喜欢在家休闲

大专及以上学历青年分别以51.3%、40.1%、18.2%的比例选择了"电影院、音乐厅、博物馆""旅游景点和公园""健身俱乐部及其他体育设施场所"，均高于大专以下青年的比例（38.1%、34.6%、12.7%)。而52.0%的大专以下学历的青年选择"自己家里"高于大专及以上学历青年的比例（43.8%)。相比之下，大专及以上学历青年比大专以下学历的青年更喜欢选择外出活动场所，大专以下学历青年喜欢在家休闲。

（6）学生青年比在职青年更偏向选择"图书馆、书店、展览馆"

未就业的青年是指在校的大学生和中学生。数据显示，未就业青年选择"图书馆、书店、展览馆"的比例为47.9%，远远高于已就业青年选择此项的比例（25.4%)。另外，未就业青年选择"茶馆、咖啡店、美食街""自

己家里"的比例也高于已就业青年。而已就业青年选择"电影院、音乐厅、博物馆""旅游景点和公园""健身俱乐部及其他体育设施场所"等休闲场所的比例高于未就业青年。

（7）本地户籍青年选择"电影院、音乐厅、博物馆"的比例高于外地户籍青年，外地户籍青年选择"图书馆、书店、展览馆"的比例高于本地户籍青年。

除在"电影院、音乐厅、博物馆""图书馆、书店、展览馆"两项上，本地户籍青年与外地户籍青年选择比例有明显差异外，其他选项均没有较大差异。本地户籍青年选择"电影院、音乐厅、博物馆"的比例高于外地户籍青年（51.1%＞40.7%），而外地户籍青年选择"图书馆、书店、展览馆"的比例高于本地户籍青年（38.8%＞30.4%）。

表6 不同群体的休闲活动场所比较

单位：%

	性别		年龄		婚姻		独生状况		学历		就业		户籍	
	男	女	＞24岁	≤24岁	单身	在婚	是	否	＜大专	≥大专	未就业	已就业	本地	外地
图书馆、书店、展览馆	29.8	36.7	24.9	40.6	38.2	21.3	35.5	33.7	35.7	33.2	47.9	25.4	30.4	38.8
电影院、音乐厅、博物馆	43.1	49.6	47.9	46.3	48.6	43.7	54.0	43.6	38.1	51.3	43.0	49.3	51.1	40.7
网吧、KTV、酒吧、棋牌游艺室	22.9	10.2	15.4	16.0	16.4	13.2	18.4	14.1	16.0	15.3	13.6	17.0	15.8	15.7
茶馆、咖啡店、美食街	28.5	42.1	30.6	40.6	38.4	28.4	37.4	35.8	38.6	34.7	41.0	33.4	37.6	34.0
旅游景点和公园	37.0	39.4	45.3	32.9	34.0	52.7	33.2	40.4	34.6	40.1	31.2	42.4	37.1	39.8
健身俱乐部及其他体育设施场所	23.3	11.2	20.3	13.5	16.1	17.9	19.1	15.0	12.7	18.2	11.3	19.5	17.5	14.8
自己家里	40.8	49.9	42.3	48.6	46.8	44.2	43.3	48.0	52.0	43.8	50.6	43.1	46.4	45.3
自己居住的小区或住地附近的空地	12.0	12.2	14.4	10.3	9.9	19.6	8.1	14.1	13.4	11.7	10.3	13.2	11.0	13.6
其他	0.6	1.5	0.8	1.4	1.3	0.8	0.9	1.3	1.9	0.8	1.5	0.9	1.0	1.4

（三）青年休闲内容

1. 五成青年偏好的休闲内容是"上网"

2016年青年选择比例最高的休闲内容是"上网",为51.9%,超过五成,远高于其他选项。其次是"睡觉""听音乐",比例分别为35.0%、32.9%。"体育锻炼""看书刊"的比例为26.4%和20.8%,与"看电视""看电影"的比例接近。选择比例最低的休闲内容是"旅行"和"做家务"。

表7　2016年青年休闲内容（多选）

单位：%

选项	百分比	选项	百分比
体育锻炼	26.4	做家务	8.0
看书刊	20.8	亲友聚会	13.3
上网	51.9	外出餐饮	13.0
看电视	22.3	逛街购物	15.0
看电影	22.6	旅行	7.7
听音乐	32.9	其他	1.9
睡觉	35.0		

2. "上网""看电视""睡觉"的比例有所增长

2016年广州青年"上网""看电视""睡觉"的比例分别为51.9%、22.3%、35.0%,较2014年的48.7%、20.5%、31.3%均有所增加。

另外,2016年广州青年"看书刊""看电影""听音乐""亲友聚会"的比例为20.8%、22.6%、32.9%、13.3%,与2014年的23.3%、25.8%、35.3%、17.3%相比,这些项的比例均有所下降。

3. 不同青年群体的休闲内容有所差异

（1）男性青年喜欢"体育锻炼",女性青年更喜欢"逛街购物"

数据显示,男性青年选择"体育锻炼"休闲内容的比例为38.2%,远高于女性青年选择该项的比例（17.8%）。而女性青年选择"逛街购物"的

表8 2014年与2016年主要休闲内容对比（多选）

单位：%

选项	2014年	2016年
体育锻炼	27.7	26.4
看书刊	23.3	20.8
上网	48.7	51.9
看电视	20.5	22.3
看电影	25.8	22.6
听音乐	35.3	32.9
睡觉	31.3	35.0
做家务	7.1	8.0
亲友聚会	17.3	13.3
外出餐饮	13.1	13.0
逛街购物	14.2	15.0
旅行	8.0	7.7
其他	0.9	1.9

比例为21.8%，远高于男性青年选择该项的比例（5.8%）。其他选项上，女性青年选择"看电视""睡觉"的比例高于男性青年，男性青年选择"上网"的比例高于女性青年（见表9）。

表9 不同青年群体的休闲内容比较

单位：%

选项	性别		年龄		婚姻		独生状况		学历		就业		户籍	
	男	女	>24岁	≤24岁	单身	在婚	是	否	<大专	≥大专	未就业	已就业	本地	外地
体育锻炼	38.2	17.8	27.3	25.8	27.2	24.0	31.6	24.3	27.4	25.6	26.9	26.1	28.0	24.2
看书刊	19.1	22.3	19.9	21.6	21.8	17.7	21.5	21.0	18.5	22.0	22.8	19.7	18.5	24.0
上网	55.6	49.1	46.4	56.0	54.6	44.7	57.2	50.2	53.1	51.4	57.5	48.5	52.1	51.5
看电视	18.1	25.2	27.0	18.7	19.7	30.0	17.5	24.1	23.0	21.6	17.6	25.1	21.9	22.6
看电影	24.5	21.4	23.1	22.3	22.6	23.9	22.9	22.3	18.7	24.8	21.1	23.6	23.1	21.9
听音乐	32.6	33.1	18.6	43.8	38.4	16.6	32.3	33.1	45.4	27.4	49.5	22.8	29.3	37.8
睡觉	31.7	37.7	31.1	38.0	37.5	28.1	31.5	36.7	36.7	34.2	37.8	33.4	34.0	37.0
做家务	5.7	9.8	12.3	4.7	5.3	16.7	6.0	9.0	5.8	9.3	2.7	11.2	8.3	7.6

续表

选项	性别		年龄		婚姻		独生状况		学历		就业		户籍	
	男	女	>24岁	≤24岁	单身	在婚	是	否	<大专	≥大专	未就业	已就业	本地	外地
亲友聚会	12.8	13.7	16.9	10.6	11.8	18.6	11.1	14.4	8.9	15.6	7.0	17.1	14.4	12.0
外出餐饮	11.4	14.3	15.0	11.5	11.7	17.2	13.4	13.0	11.0	14.2	10.4	14.5	13.6	12.0
逛街购物	5.8	21.8	14.7	15.2	14.3	17.1	13.4	15.8	15.2	15.0	14.6	15.1	15.0	15.0
旅 行	6.0	9.0	10.2	5.9	7.3	9.0	7.6	7.6	5.3	9.1	4.0	10.0	8.5	6.6
其 他	2.0	1.7	2.0	1.8	2.0	1.7	3.2	1.3	2.9	1.3	2.2	1.6	2.3	1.4

（2）24岁及以下青年更喜欢"听音乐"

24岁及以下青年中有43.8%的选择"听音乐"，远远高于24岁以上青年的比例18.6%，其次"上网""睡觉"的选择比例也高于24岁以上青年。24岁以上的青年选择"看电视""做家务""亲友聚会"三项休闲内容的比例高于24岁及以下的青年。

（3）在婚青年更喜欢"看电视""做家务""亲友聚会""外出餐饮"

单身青年"上网"和"听音乐"的比例高于在婚青年，分别为54.6%和38.4%。而在婚青年的休闲内容在"看电视""做家务""亲友餐会""外出餐饮"这几项上的选择比例高于单身青年。所以在婚青年更喜欢家居式和宴会式的休闲内容，而单身青年更喜欢独处式的时尚休闲内容。

（4）独生子女青年更喜欢"体育锻炼"和"上网"

独生子女青年选择"体育锻炼"的比例为31.6%，而非独生子女青年选择"体育锻炼"的比例为24.3%；独生子女青年选择"上网"的比例为57.2%，而非独生子女青年选择"上网"的比例为50.2%。这两项休闲内容，独生子女青年选择的比例均高于非独生子女。而非独生子女青年选择"看电视"和"睡觉"的比例均高于独生子女青年。

（5）大专以下学历青年喜欢听音乐，大专及以上青年更喜欢看电影和亲友聚会

相比之下，大专以下学历的青年选择"听音乐"这种休闲内容的比例为45.4%，高于大专及以上学历青年（27.4%）。大专及以上青年选择"看

电影"和"亲友聚会"的比例分别为24.8%和15.6%,高于大专以下学历青年的比例(18.7%和8.9%)。

(6)未就业青年更倾向"上网"和"听音乐"的休闲内容

未就业青年与已就业青年在"上网"和"听音乐"两种休闲方式的选择上有较大的差异。未就业青年选择"上网"的比例为57.5%,高于已就业青年的48.5%。另外,未就业青年选择"听音乐"的比例为49.5%,高于已就业青年的22.8%。已就业青年选择"看电视""做家务""亲友聚会"的比例高于未就业青年。

(7)外地户籍青年比本地户籍青年更喜欢"看书刊"和"听音乐"

外地户籍青年"看书刊"的比例为24.0%,高于本地户籍青年的比例(18.5%)。另外,外地户籍青年"听音乐"的比例为37.8%,高于本地户籍青年的比例(29.3%)。而在其他的选项比例中,外地户籍青年和本地户籍青年均无较大的差异。由此可见,外地户籍青年比本地户籍青年更喜欢"看书刊"和"听音乐"的休闲方式。

本文从闲暇的时间、场所和内容描述了广州青年闲暇生活状况。广州青年闲暇时间平均4.2小时/天,有多样的闲暇场地和方式,青年闲暇生活得到较好的保障,其中超五成青年最偏好的闲暇活动内容是上网,这显示了近年来互联网应用爆发式增长,特别是智能手机的普及给青年闲暇娱乐带来了新的选择。

(四)闲暇生活与青年身心健康

分析发现,青年闲暇对青年身体与心理健康均有一定的积极影响。在闲暇与生理健康方面,一是青年闲暇时间对青年生理健康的影响曲线呈U形,闲暇时间为4~8小时的青年生理健康状况最好;二是在闲暇内容上,以"睡觉"为休闲内容的青年反而弱化了生理健康状况,以"体育锻炼"为休闲内容的青年的生理健康最好。在闲暇与心理健康方面,一是保持闲暇时间对青年心理健康的作用增强,保持适当的闲暇时间对青年的心理健康有一定的积极影响;二是在闲暇内容上,"上网""睡觉"对青年心理健康有负面影响。

1. 青年的闲暇时间对青年的生理健康状况有一定的影响

2016年数据显示广州青年的生理健康与其闲暇时间的长短存在一定的关系。闲暇时间在4小时以内的青年,其生理健康指数平均为22.26;闲暇时间4~8小时的青年,其生理健康指数平均为21.18;闲暇时间8~12小时的青年,其生理健康指数平均为21.77。总体来看,广州青年的生理健康指数与闲暇时间长短的关系图呈"U"形。闲暇时间为4~8小时的青年,其生理健康状况表现最好(见表10)。

表10 闲暇时间与生理健康

	2014年生理健康(均值±标准差)	2016年生理健康(均值±标准差)
≤4小时	24.07±7.519	22.26±6.697
4~8小时(含8小时)	23.25±7.197	21.18±5.893
8~12小时(含12小时)	24.12±7.617	21.77±7.096
12~16小时(含16小时)	22.47±7.102	21.88±7.532
16小时以上	24.54±8.103	22.51±7.262

注:表中数据为生理健康指数,由生理健康量表得出,分值越低代表越健康。

而2014年的生理健康状况与闲暇时间没有呈现出一定的相关性。由此可见,青年的生理健康与其闲暇时间的关系越来越明显,闲暇时间对青年的生理健康有一定的影响。保持适当的闲暇时间对青年的生理健康有一定的促进作用。

2. 以"睡觉"为休闲内容的青年,其生理健康状况会下降

2016年数据显示,"体育锻炼""看书刊""听音乐""睡觉"四种休闲内容对青年的健康状况有显著的影响。选择"体育锻炼"的青年的生理健康指数平均为21.05,而不选择"体育锻炼"的生理健康指数平均为22.68。因此,"体育锻炼"方式对青年的生理健康具有一定的促进作用。同样,"看书刊""听音乐"两种休闲内容对青年的生理健康具有一定的促进作用。2014年数据显示,"体育锻炼""看书刊""听音乐"对青年的生理健康具有促进作用。而"看电影"在2014年对青年健康有促进作用,但是在2016年不明显(见表11)。

表 11 休闲内容与身体健康

	2014 年		2016 年	
体育锻炼	24.33	5.708***	22.68	5.273***
	22.71		21.05	
看书刊	24.02	2.025*	22.47	3.231**
	23.40		21.39	
上网	23.79	-0.685	22.19	-0.466
	23.96		22.31	
看电视	23.82	-0.872	22.20	-0.541
	24.10		22.38	
看电影	24.06	2.566**	22.27	0.309
	23.34		22.17	
听音乐	24.51	7.153***	22.75	5.612***
	22.71		21.21	
睡觉	23.43	-5.114***	21.90	-3.489***
	24.84		22.89	
做家务	23.80	-1.833	22.17	-1.835
	24.82		23.10	
亲友聚会	23.89	0.135	22.31	1.185
	23.84		21.83	
外出餐饮	23.89	0.257	22.18	-1.210
	23.80		22.64	
逛街购物	23.98	2.164	22.31	1.224
	23.26		21.89	
旅行	24.00	3.466	22.30	1.430
	22.37		21.58	

注：①表中数据为生理健康指数，由生理健康量表得出，分值越低代表越健康；
② ** 表示 $p<0.01$，*** 表示 $p<0.001$。

而有趣的是，选择"睡觉"作为休闲内容的青年，其生理健康状况却下降。2016年数据显示，选择"睡觉"的青年其健康指数为22.89，不选择"睡觉"的青年健康指数为21.90，两者存在显著的差异；而2014年，选择"睡觉"的青年其健康指数为24.84，不选择"睡觉"的青年健康指数为23.43，两者存在显著的差异（见表11）。

因此，青年休闲内容对其健康具有影响作用，青年需要选择适当的休闲内容，促进自身生理健康。

3. 保持适当的闲暇时间对青年的心理健康有一定的积极影响

2014年，每天闲暇时间在4小时以内的青年心理健康指数为32.70，而每天闲暇时间为4~8小时的青年心理健康指数为32.62，随着闲暇时间的增加，心理健康指数的变化不大。但是2016年，每天闲暇时间在4小时以内的青年心理健康指数为31.91，而每天闲暇时间为4~8小时的青年心理健康指数为30.93，心理健康指数变化的幅度增大。因此，闲暇时间对青年心理健康的作用增强，保持适当的闲暇时间对青年的心理健康有一定的积极影响（见表12）。

表12 闲暇时间与心理健康

	2014年心理健康	2016年心理健康
≤4小时	32.70±6.430	31.91±7.114
4~8小时（含8小时）	32.62±6.628	30.93±6.847
8~12小时（含12小时）	32.71±6.687	31.66±6.259
12~16小时（含16小时）	31.67±7.251	30.89±8.024
16小时以上	32.39±6.873	31.26±7.505

注：表中数据为生理健康指数，由心理健康量表得出，分值越低代表越健康。

4. "上网""睡觉"对青年心理健康有一定的副作用

2016年数据显示，广州青年选择"体育锻炼"休闲内容的青年心理健康指数为30.94，比不选择"体育锻炼"的青年有明显的差别。选择"体育锻炼"休闲内容的青年其心理更为健康，同样选择"看书刊""听音乐""旅行"三种休闲内容对青年的心理健康也有积极的作用。而2014年的数据也反映"体育锻炼""看书刊""听音乐""旅行"这几种休闲内容对青年心理健康有积极的影响。

2016年，选择"上网"与不选择"上网"的青年，其心理健康状况有显著差异。不选择"上网"的青年其心理健康指数优于选择"上网"的青年。在2014年"上网"对心理健康的影响不明显，但是在2016年，"上网"对心理健康的影响变得非常明显。然而，2014年选择"看电视"对心理健康有显著负面影响，但是在2016年没有明显的影响。上网对青年生理健康没有显著的影响，但是对青年的心理健康有显著的影响（见表13）。

表13 休闲内容与心理健康

	2014年		2016年	
体育锻炼	33.09	6.106***	32.28	4.205***
	31.58		30.94	
看书刊	32.84	2.802**	32.19	3.575***
	32.10		30.91	
上网	32.51	-1.421	31.36	-3.918***
	32.83		32.44	
看电视	32.50	-3.053**	31.93	0.022
	33.34		31.92	
看电影	32.78	1.593	31.99	0.955
	32.37		31.68	
听音乐	33.07	4.873***	32.20	2.759**
	31.93		31.37	
睡觉	32.23	-5.806***	31.53	-3.875***
	33.61		32.65	
做家务	32.64	-1.095	31.91	-0.280
	33.11		32.05	
亲友聚会	32.74	1.533	32.03	1.920
	32.29		31.25	
外出餐饮	32.63	-1.040	31.86	-1.112
	32.97		32.32	
逛街购物	32.65	-0.489	31.99	1.089
	32.80		31.57	
旅行	32.80	3.753***	32.02	2.414*
	31.15		30.76	

注：①表中数据为生理健康指数，由心理健康量表得出，分值越低代表越健康；
② * 表示 $p<0.05$，** 表示 $p<0.01$，*** 表示 $p<0.001$。

另外，2016年和2014年的数据均显示，"睡觉"对青年的心理健康均有一定的负面影响。选择"睡觉"的青年，其心理健康状况要稍差于不选择"睡觉"的青年。

因此，青年选择适当的休闲内容，对其心理健康是有一定的积极作用的。

二 青年闲暇生活存在的问题

分析发现青年闲暇生活存在的问题，一是青年在家中休闲的比例较高，广州青年的休闲活动场所选择"自己家里"的比例为45.9%，不利于促进青年锻炼身体和社会交往；二是2016年青年闲暇时间较2014年缩短，可能说明青年压力有所增加；三是互联网影响广州青年的闲暇生活，在充分享受科技便利的同时，青年应增加其他闲暇活动比例，适当离开网络；四是外地户籍青年闲暇生活内容多元化略微不足；五是在读中学生和大学生的闲暇活动内容比较单一，更多地选择"睡觉""上网"等，闲暇动态性有提升空间。

（一）青年闲暇"宅"的比例较高

2016年，广州青年的休闲活动场所选择"自己家里"的比例为45.9%，接近一半的受访青年，在众多休闲活动场所选择中排名第二位。2016年选择"自己家里"的比例稍高于2014年的比例。而选择"自己家里"比例较高的群体一个是女性青年群体，另一个是中学生群体。女性青年选择待在"自己家里"的比例较高，主要是由男女之间的性别差异造成的，女性更喜欢安静的环境，因此比男性青年更容易也更愿意待在家里。而中学生群体选择"自己家里"的比例较高，主要是因为中学生有学业任务，学习占了大部分时间，闲暇时中学生更愿意待在"自己家里"休息充电或者完成学业功课。但总体来说，一方面适合广州青年的休闲娱乐场所无论质量还是数量还有待提高，另一方面，青年的压力也在增大，更愿意待在家里休闲减压。最终，慢慢形成了"宅男""宅女"的文化。

（二）青年闲暇时间缩短对青年的身心健康有负面影响

广州青年的日常闲暇时间在缩短，由2014年的平均每天4.7小时减至

2016年的4.2小时,尤其是男性青年、在职青年、在婚青年等青年群体的日常闲暇时间更短。研究初步推测,工作和生活等方面会越来越占据当代青年人的闲暇时间。而研究发现,适当的闲暇时间有利于青年的身心健康,过短或过长的闲暇时间对青年身心健康有负面影响。因此,保证青年人一定的闲暇时间,促进其合理利用闲暇时间是非常必要的。

(三)"上网"对青年身心健康有一定负面影响

研究发现,广州青年选择"上网"作为闲暇生活内容的比例较高。在"互联网+"时代背景下,互联网技术的快速发展、互联网产品的层出不穷,渐渐影响着青年人的生活,改变着青年人的闲暇生活内容。同时研究发现,"上网"作为闲暇内容,对青年身心健康的发展存在负面的影响。因此,倡导青年合理使用互联网,合理安排闲暇内容,适当对网络"断舍离"对青年人的身心健康发展具有重要意义。

(四)外地户籍青年闲暇生活多元化不足

2016年,广州户籍青年的休闲场所选择"电影院、音乐厅、博物馆""茶馆、咖啡店、美食街"的比例高于外地户籍青年,尤其在"电影院、音乐厅、博物馆"的选择比例上两者相差更大。与2014年相比,2016年广州户籍青年与外地户籍青年选择"电影院、音乐厅、博物馆"的比例差距有所扩大。另外,外地户籍青年选择"图书馆、书店、展览馆"的比例高于本地户籍青年,2016年的比例与2014年相比,有所扩大。究其原因,一是本地户籍青年与外地户籍青年在经济物质上存在一定的差距;二是地缘关系,本地户籍青年和外地户籍青年交往关系的差异;三是文化差异。对此,城市应建设更多开放的闲暇场所,让在穗外地户籍青年闲暇生活更丰富。

(五)中学生与大学生闲暇生活管理有待提升

在职青年、大学生和中学生三个青年群体中,大学生的日常闲暇时间最长,平均每天为4.72小时,高于在职青年和中学生(中专、中技)的4.10

小时和4.00小时。在职青年的日常时间更多用于工作，而中学生（中专、中技）的时间更多用于学习。而大学生群体相比前两个群体，时间上更为自由和宽裕。

但是，通过对三个群体的休闲内容比较发现，大学生和中学生选择"上网"休闲内容的比例高于在职青年的比例。大学生和中学生选择"睡觉"的比例也稍高于在职青年。而本研究发现，选择"上网"和"睡觉"休闲内容对青年的身心健康有一定的负面影响。因此，中学生和大学生应当提升自己闲暇生活的管理水平，让闲暇生活更加多元化。

三 思考与建议

作为国家中心城市，广州的建设发展需要凝聚青年人才在穗安居乐业。广州如能引领闲暇生活相关产业升级发展，创造优良的青年发展环境，为青年人提供更舒适的闲暇生活空间，将能切实促进广州青年与城市共谋发展，为此本文提出以下思考与建议。

（一）保障青年闲暇时间，优化青年闲暇空间与闲暇内容

本次调查中青年的闲暇时间较上次调查平均每天减少半小时，但平均每日闲暇时间仍保持在4小时以上。因此应重视保障青年闲暇时间，避免青年闲暇时间持续减少。在休闲空间上，青年"宅"在家里休闲的情况较为普遍，同时分析发现青年过度静态休息反而对身心健康产生负面影响。因此优化青年闲暇娱乐结构，促进青年增加动态休闲活动，督促青年积极提升身心健康水平的任务较为迫切。一方面，社会媒体和互联网媒介应积极倡导青年积极参与动态休闲和社交活动；另一方面，尽管近年来广州开放性休闲场所在不断增加，但随着青年闲暇需求的增加，有关方面仍应在广州青年体育锻炼、文体活动和社交活动场所的拓展和管理上探索进一步改善和丰富的路径和办法，建议有关政府部门适当加大对青年文体设施的财政性投入，积极增加及完善青年体育锻炼与社交场所，促进青年身

心健康发展。同时还应为在读青少年提供时间管理指导，引导在读青少年有效管理闲暇时间。

（二）以创新创业推动青年休闲产业健康发展

近年来广州青年闲暇产业向好发展，市场中的青年闲暇产业机构能敏锐捕捉青年的需求，使青年休闲需求在市场领域能得到较好的对接。在创新创业浪潮中，诸如共享自行车行业在短时间内蓬勃发展，受到青年人的认可，体现了青年需求与产业发展的紧密结合能碰撞出有需求、有产出的经受得住市场检验的实体产业。有关部门还应进一步鼓励推动青年休闲产业创新创业健康发展，从政府推动和社会自主发展两个方面推动广州青年休闲产业升级发展，将创新创业与青年生活紧密联系起来，为青年闲暇生活提供产业性的系统支持。

专题报告
Special Report

B.13
广州预防青少年吸毒研究报告

广州市青少年犯罪研究会、广州市团校

摘 要： 通过分析，我们发现广州吸毒青少年群体呈现如下特征：吸食人数逐年上升且年轻化趋势明显；初次吸食年龄偏低；七成以上吸食者为外地户口，六成以上吸食者为城镇户口；文化水平普遍不高；吸毒者多为无业或无固定职业者；吸食毒品品种呈现多样化与新型化特征；复吸率高，"心瘾难除"为复吸的最主要原因。基于这些发现，本报告提出了相应的对策建议。

关键词： 青少年 吸毒 广州

青少年吸毒是当前备受关注的一种社会现象，有效地预防和控制青少年吸毒是促进青少年健康成长的重要内容之一。本文希望通过实证的调查研究，了解广州市吸毒青少年的现状，为探究青少年吸毒预防、戒断、防止复吸以及社会再融入提供可参考的经验。

一 研究背景及方法

（一）研究背景

随着国际毒潮和各种新型毒品的泛滥，国内毒品市场亦发展蔓延。2016年2月18日，国家禁毒办发布了《2015中国毒品形势报告》，报告显示，当前我国登记在册吸毒人员中，35岁以下青少年有146.5万人，比2014年占比提高了5.4个百分点。而在2015年全国抓获的19.4万名毒品犯罪嫌疑人中，未成年人有3588人，18~35岁人员有11.5万人。由以上数据可知，我国吸毒人员出现低龄化趋势，青少年吸毒占据一定的比例。青少年吸毒不仅严重影响吸毒者个人及其家庭的生活，更每时每刻都在威胁整个社会的安全与稳定。因此有必要摸查吸毒青少年现状，了解其吸毒原因，并提出预防对策。

（二）研究方法

本研究采取问卷调查与个案访谈相结合的研究方法对广州市吸毒青少年状况展开调查。

1. 问卷调查法

调查组对420名35岁以下吸毒青少年展开问卷调查，通过定量分析的方法从面上对广州市吸毒青少年的生存现状、群体特点等进行详细的描述与分析。

2. 个案访谈法

根据性别、年龄、毒龄等属性抽取18名吸毒青少年进行个案访谈，通过定性分析的方法深度挖掘青少年吸毒原因，了解他们对自我行为和自我状态的看法和理解以及他们对外界有怎样的看法和认识、期待和憧憬。

（三）调研过程及样本说明

本课题研究启动于2016年4月。课题组邀请了广州市禁毒办相关工作人员、广州市惠爱医院相关专家召开座谈会，充分听取大家对本课题研究设计、调查问卷及访谈提纲的意见与建议。经过有效论证，课题组综合与会人员的建议对调查问卷与访谈提纲进行了修改完善，并最终确定。5月，课题组进入实证调查阶段，开始为期两个月的问卷调查与个案访谈。在调查过程中，课题组发现，由于研究对象的隐蔽性与敏感性，很难完全按照随机抽样的方法抽取样本，因此课题组及时调整了抽样方式，主要从广州市各大强制戒毒所与戒毒医院获取样本。最终，课题组共走访了广州市未成年人强制隔离戒毒所、广州市女子强制隔离戒毒所、岑村强制隔离戒毒所、广州白云心理医院、广州市惠爱医院、广州市晨朗社会工作服务中心六家机构，发放问卷420份，回收有效问卷400份，访谈并整理了18个吸毒个案。

值得说明的是，受限于样本来源，本课题无法全面呈现广州吸毒青少年的概貌，但在一定程度上可以反映这一群体的生存现状与特征，为相关决策制定提供参考依据。此外，本次调查的400名吸毒青少年中，18岁以下的未成年人只有3人，占比0.8%，这也与我们的样本来源于特定渠道有关。我国《禁毒法》第三十九条规定，不满十六周岁的未成年人吸毒成瘾的，可以不适用强制隔离戒毒，依照本法规定进行社区戒毒。考虑到未成年人样本过少，本课题在进行数据分析与报告撰写时不对此群体单独进行分析。

二 广州吸毒青少年特征与存在的问题

（一）吸食人数逐年上升且年轻化趋势明显，未成年人所占比例有下降趋势

根据广州市禁毒办提供的客观数据，2013年查获全市吸毒青少年人数

为3959人，占全市查获吸毒人数的66.13%；2014年查获35岁以下吸毒青少年人数为5559人，占全市查获吸毒人数的71.45%，比2013年增加了5个百分点；2015年查获35岁以下吸毒青少年占比持续上升，达到73.25%；截至2016年9月底，2016年查获青少年吸毒人数已达到4859名，占全市查获吸毒人数的72.72%，全年占比将超过2015年所占比例。从以上数据可以看出，广州市吸毒青少年不仅人数呈逐年上升趋势，占全市吸毒总人数的比例也逐年上升，占比达到七成以上。可以说广州市吸毒人员的年轻化态势逐年加强。

从历年被查获的吸毒人次来看，未成年吸毒者人次呈上升趋势，但其占总吸毒人次的比例呈逐年下降趋势。2013年有260人次未成年吸毒者被查获，占总查获人次的2.2%；2014年、2015年被查获的未成年吸毒者分别为339人次、355人次，分别占查获总人次的2.1%与1.8%；2016年，截至9月底，被查获的未成年吸毒者为215人次，占查获总人次的1.3%。

（二）初次吸食年龄偏低，平均初吸年龄不到20岁

调查问卷分析发现，广州吸毒青少年初次吸食的年龄较小，平均初次吸毒年龄只有19.88岁，其中最小初吸年龄为11岁，最大为33岁。从图1可以看出，初次吸食年龄主要集中在16~20岁，在该年龄阶段初次吸食的占比46.1%；其次是21~25岁年龄段，占比28%；16岁之前开始吸食的青少年占比亦达到12.4%。进一步分析发现，虽然从整体上看，大部分吸毒青少年初次吸毒时已满18周岁，但是初次吸食未成年者所占比例也不容小觑，达到27.5%。

我们将不同性别第一次滥用药物的年龄进行比较分析后发现，女性初次滥用药物的年龄显著低于男性，平均为19.6岁，男性则为20.8岁，比女性平均大1.2岁。

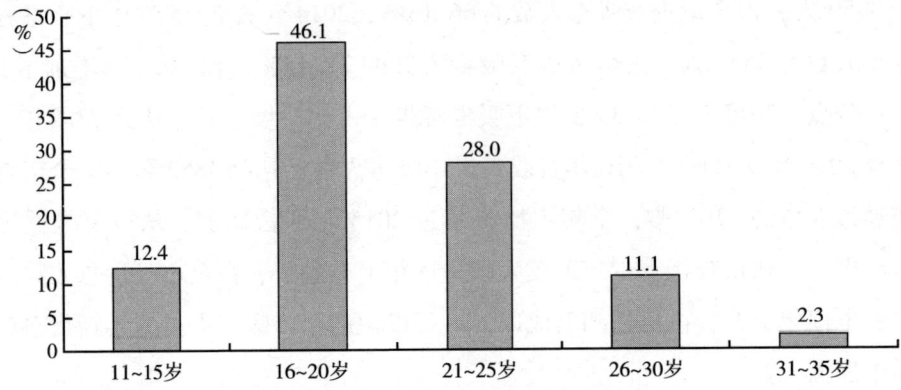

图1　第一次滥用药物的年龄

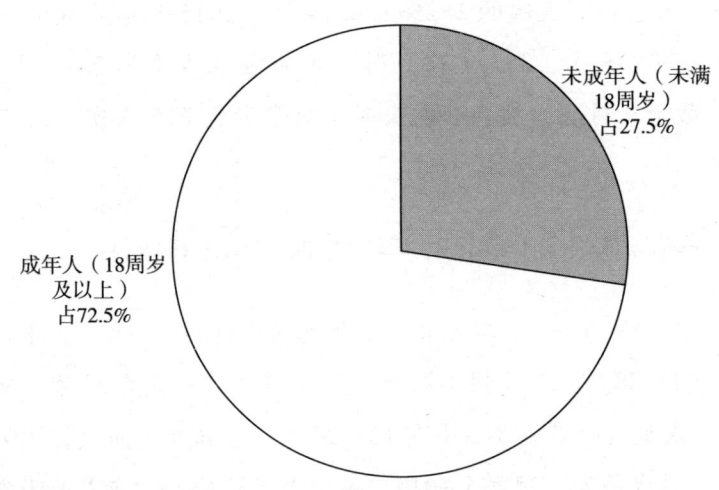

图2　第一次滥用药物是否成年情况分布（N=386）

表1　第一次滥用药物年龄的性别比较

性别	年龄±标准差	T检验
男	20.8±4.679	2.757**
女	19.6±3.682	

注：** 表示 $p<0.01$。

（三）七成以上吸食者为外地户籍，六成以上吸食者为城镇户口

通过问卷数据分析，我们发现广州吸毒青少年以外地户籍为主，所占比例达到72.4%，其中外地城镇户口占35.2%，外地农村户口占37.2%；从城镇户口与农村户口来看，城镇户籍吸毒青少年多于农村户籍，占比62.8%，其中广州本地户口青年占27.6%；从不同户籍分类来看，外地农村户口的吸毒者占比最高，外地城镇户口次之，广州本地户口最少。

（四）吸毒青少年文化水平普遍不高，初中及以下学历者达3/4以上

广州市禁毒办统计数据显示，吸毒青少年的受教育程度以初中及以下文化水平为主。具体来看，2013年，初中文化水平吸毒青少年为2998名，占比76.08%；小学文化程度者为708名，占比17.96%；高中及以上文化程度者有235名，占比5.96%。2014年，初中文化水平吸毒青少年为4198名，占比75.8%；小学文化程度者为998名，占比18.02%；高中及以上文化程度者有342名，占比6.18%。2015年，初中文化水平吸毒青少年为5033名，占比75.65%；小学文化程度者为1233名，占比18.53%；高中及以上文化程度者有387名，占比5.82%。截至2016年9月底，初中文化水平吸毒青少年为3680名，占比75.99%；小学文化程度者为844名，占比17.43%；高中及以上文化程度者只有319名，占比6.58%。由历年数据均可以看出广州吸毒青少年受教育程度较低。

问卷调查的数据也佐证了这一观点。在对吸毒者文化水平的考察中，本次调研发现，一半以上的吸毒者为初中（技校）文化水平；小学及以下文化程度的吸毒者占比20.7%；大专及以上文化程度者只占6.3%。

将吸毒者的文化程度与其户籍状况进行交叉分析后发现，外地农村户口吸毒者的文化程度显著低于外地城镇户口与广州本地户口的吸毒者。具体来看，虽然不同户籍的吸毒青少年均以初中文化程度为主，但外地农村户籍吸

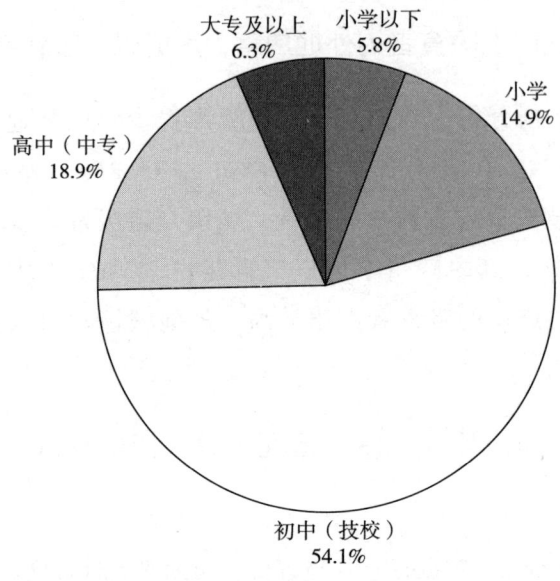

图3 吸毒青少年受教育程度（N=397）

毒者初中及以下文化程度的比例高于外地城镇户籍和广州本地户籍青少年；外地城镇户籍和广州本地户籍青少年吸毒者高中和大专及以上文化程度的比例则显著高于外地农村户籍青年。

表2 不同户籍吸毒青少年的文化程度

单位：%

	广州本地户籍	外地城镇户籍	外地农村户籍
小学以下	8.4	2.9	5.5
小学	10.3	15.2	17.2
初中（技校）	53.3	44.2	65.5
高中（中专）	21.5	26.1	11.0
大专及以上	6.5	11.6	0.7
合计	100.0	100.0	100.0
卡方检验	33.856**		

注：** 表示 $p<0.01$。

（五）吸毒者多为无业或无固定职业者，毒资多来源于本人积蓄或向家人索要

问卷调查发现，吸毒青少年中，无职业、经常换工作者占比达到了71.6%，有固定职业的占比为27.9%，在校学生群体仅占0.5%。从毒资来源方面，71.4%的吸毒青少年购买毒品的资金来自个人积蓄与收入；向家人索要毒资的占23.7%；向家人、亲戚朋友骗取的比例为9.9%；此外，借贷、以贩养吸、提供性服务也是毒资的来源渠道，但是所占比例均较低。

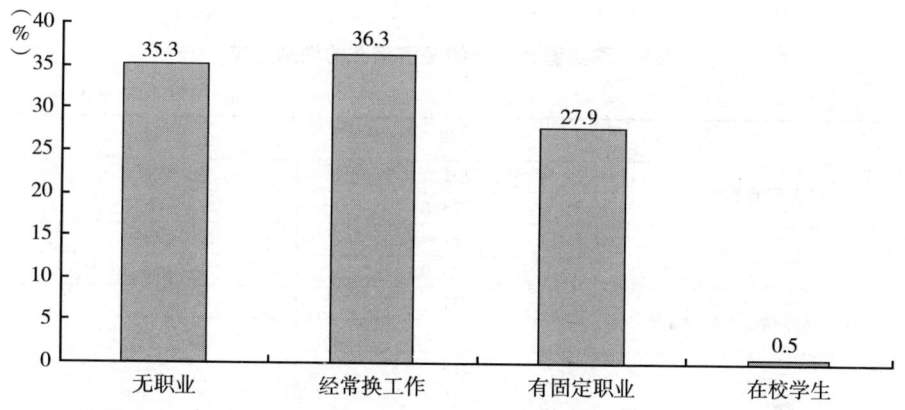

图4　吸毒青少年职业状况

对不同性别、不同职业类型青少年购买管制药物的经济来源进行交互分析发现，男性以"本人积蓄和收入""向家人索要""向家人和亲戚朋友骗取""借贷"方式获取毒资的比例高于女性；女性通过以贩养吸、提供性服务等方式获得毒资的比例则高于男性。在职业类型方面，有固定职业的青少年使用本人积蓄和收入的比例高于经常换工作（无固定职业）青少年和无职业青少年，经常换工作（无固定职业）青少年和无职业青少年通过向家人索要、向家人和亲戚朋友骗取、以贩养吸、提供性服务等方式获取经济来源的比例均高于有固定工作青少年。

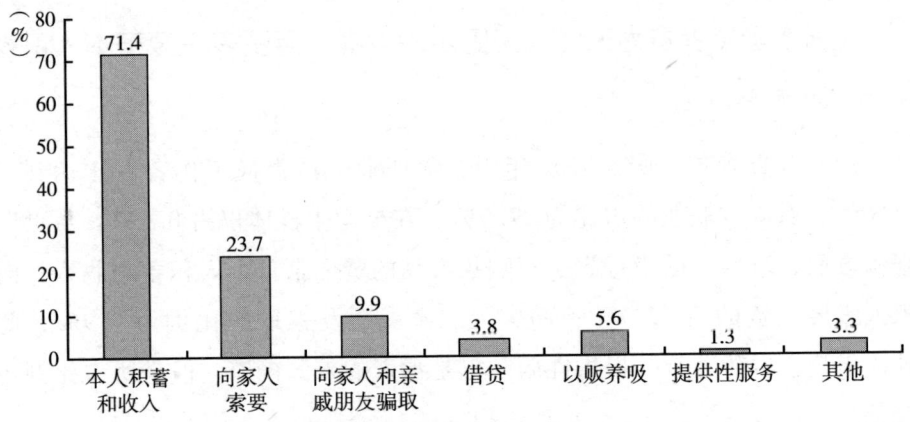

图5 平常购买管制药物的经济来源

表3 购买管制药物的经济来源的性别比较

单位：人，%

	男	女
本人积蓄和收入	201 73.6	79 66.4
向家人索要	71 26.0	22 18.5
向家人和亲戚朋友骗取	31 11.4	8 6.7
借贷	14 5.1	1 0.8
以贩养吸	12 4.4	10 8.4
提供性服务	2 0.7	3 2.5
其他	6 2.2	7 5.9

表4 不同职业状况青少年购买管制药物的经济来源

单位：人，%

	无职业	经常换工作（无固定职业）	有固定职业
本人积蓄和收入	80 59.7	100 71.4	92 84.4
向家人索要	42 31.3	29 20.7	22 20.2

续表

	无职业	经常换工作（无固定职业）	有固定职业
向家人和亲戚朋友骗取	16 11.9	17 12.1	5 4.6
借贷	3 2.2	8 5.7	4 3.7
以贩养吸	7 5.2	12 8.6	3 2.8
提供性服务	3 2.2	2 1.4	0 0
其他	8 6.0	2 1.4	3 2.8

（六）青少年吸食毒品品种呈现出多样化与新型化特征

在本次问卷调查所列举的海洛因，摇头丸，冰毒，大麻，氯胺酮（K粉），鸦片，摇头丸、"奶茶"、"浴盐"等混合型毒品，麻古，止咳水，右美沙芬，曲马朵11种毒品中，受访者基本都有所涉及，初次吸食和最近一次吸食种类都集中在冰毒、氯胺酮（K粉）上。初次吸食时，冰毒所占比例为35.6%，K粉所占比例为22%，二者共计57.6%；最近一次吸食中，冰毒吸食者所占比例大幅上升，占比达到50.5%，K粉吸食者所占比例有所下降，为16.1%。在传统毒品方面，海洛因吸食比例依然较高，鸦片、大麻等吸食的比例不超过1%。

表5 吸毒青少年滥用的药物种类

单位：人，%

	初次吸食（N=396）	最近一次吸食（N=392）
海洛因	20.2	21.2
摇头丸	12.4	4.6
冰毒	35.6	50.5
大麻	0.8	1.0
氯胺酮（K粉）	22.0	16.1

	初次吸食（N=396）	最近一次吸食（N=392）
鸦片	0.3	0.5
摇头水、"奶茶"、"浴盐"等混合型毒品	1.5	1.8
麻古	1.8	0.8
止咳水	5.1	2.3
右美沙芬	0.5	1.0
曲马朵	0.0	0.3
合计	100.0	100.0

（七）青少年吸毒行为群体性特征明显

青少年处于人生成长的关键时期，这个阶段他们的交往范围逐渐扩大，自我交往水平也不断提高，与此同时，同伴群体对其产生的影响也越来越大，其行为往往呈现出明显的群体性。通过对广州吸毒青少年的走访调查发现，接近四成的青少年是受到朋友影响沾染上毒品的，吸食毒品时与朋友一

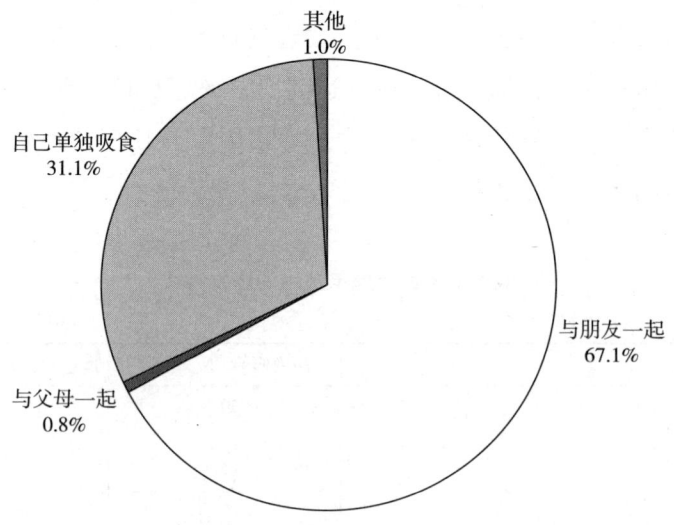

图6 滥用药物时更多与谁一起（N=395）

起的比例达到了67.1%。此外,青少年聚会的主要地点——娱乐场所和朋友家中是广州青少年第一次药物滥用的主要场所,分别占比45.8%和33.6%。

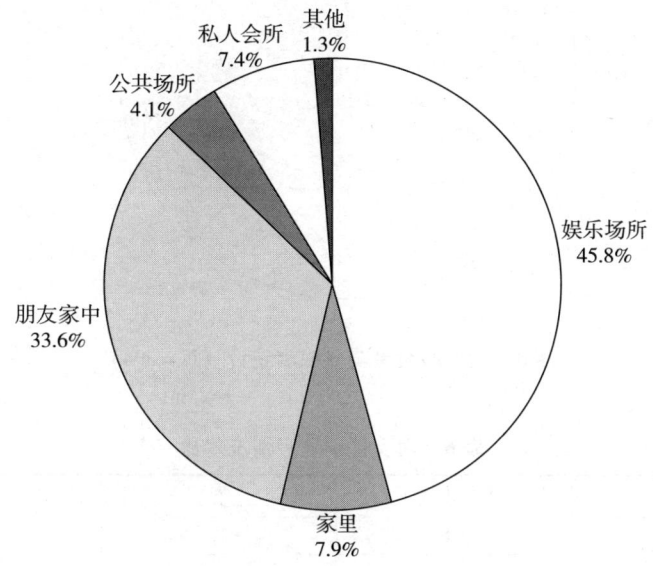

图7 第一次滥用药物的场合（N=393）

（八）吸毒青少年复吸率高,"心瘾难除"为复吸最主要原因

本次调研中吸毒者为初次吸食者的比例是38.3%,复吸者占比为61.7%,由此可见吸毒青少年的复吸率是非常高的。对不同性别吸食者的情况进行分析后发现,男性复吸者比例显著高于女性复吸者,复吸比例达到65.9%,高出女性复吸者14.2个百分点。

此外,在对戒断药物后复吸原因的调查中,"心瘾难除,很难控制内心对毒品的渴求"占比最高,为46.3%;其次是"受到损友或以前情景的诱惑",占34.9%;"与家人的关系不好,没有亲情的温暖"占27%,排名第三。这说明吸毒者复吸有内外两方面的原因,在内主要为青少年受自身心瘾的折磨,在外则主要由于毒友的影响和和谐家庭氛围的缺失。

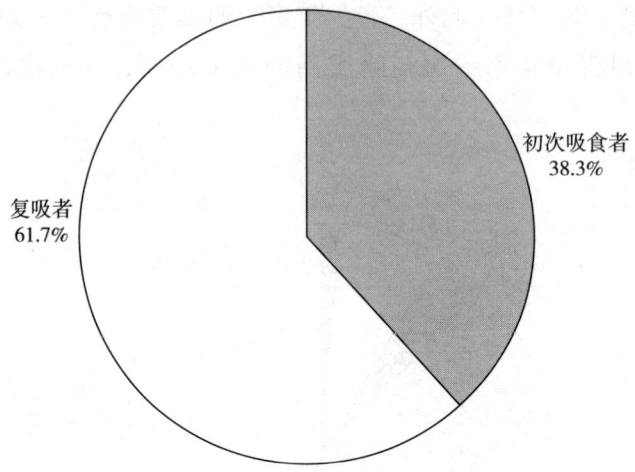

图8 初次吸食者与复吸者统计（N=394）

表6 男女性别复吸情况对比

	男	女	T检验
初次吸食者	94	57	7.098**
	34.1%	48.3%	
复吸者	182	61	
	65.9%	51.7%	

注：**表示$p<0.01$。

表7 戒断药物后复吸原因（多选）

单位：%

	百分比
出现肌肉酸痛、失眠等身体状况,身体承受不了	23.1
经济压力大	14.7
心瘾难除,很难控制内心对毒品的渴求	46.3
找不到工作,无所事事,精神没有寄托	18.6
受到损友或以前情景的诱惑	34.9
与家人的关系不好,没有亲情的温暖	27.0
生活中突发事件(变故/挫折/打击等)的刺激	20.8
受到社会歧视,感到社会不接受自己	10.4
其他原因	2.9

（九）七成以上的吸毒青少年因吸毒而体质变差，一半以上的人因吸毒导致家庭关系不断恶化

通过问卷调查分析，我们可以看到，"身体抵抗力减弱、体质变差"是吸食毒品最直接、最主要的影响；其次是导致家庭关系恶化；41.4%的吸毒青少年因吸毒而减弱乃至丧失自信心；此外，吸食毒品还会导致朋友间的关系逐渐疏远以及经济水平的下降。

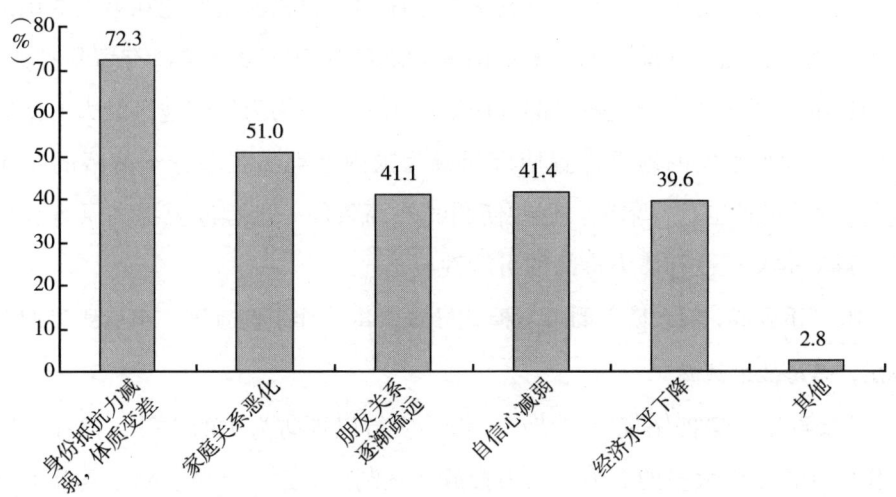

图9 "吸食毒品给您带来了哪些影响（多选）"问题统计

三 青少年吸毒原因分析

青少年吸毒作为一种社会现象呈现的是一种事件结果，我们需要追本溯源找到导致结果的原因并进行一系列的分析和验证，才有可能在了解青少年吸毒全貌的基础上提出相应的措施。通过本次调研的归纳和总结，笔者将导致青少年吸毒的原因分为社会原因、家庭原因和个体原因三个方面。

（一）社会原因

按照生态系统理论的观点，社会系统是青少年成长系统中最外围的系统，也是环境最为错综复杂的系统。对于吸毒青少年吸毒原因的追溯中，社会原因往往不可忽视。

1. 广州市独特的地理位置为青少年吸毒提供了先天条件

广州濒临南海，邻近港澳，是中国通往世界的南大门。作为中国第三大港口的广州港，是珠江三角洲以及华南地区的主要物资集散地和最大的国际贸易中枢港，现已与世界170多个国家和地区的500多个港口有贸易往来。黄埔新港和新沙港位于广州东部、珠江的出海口，均为华南地区最大的集装箱码头。这些独特的地理位置使广州成为国内外毒品犯罪分子觊觎的"宝地"，毒品走私也日益猖獗。这些便利的外部条件一定程度上提高了青少年获得毒品的便利性和沾染毒品的可能性。

2. "重强戒，轻预防"的禁毒模式导致禁毒工作事前预警、事后跟进服务不足，禁毒效果甚微

《禁毒法》第四条规定，禁毒工作要实行以预防为主的方针，但在实际工作中往往是将大量的人力、物力投放在强制戒毒这一环节，对于毒品尤其是新型毒品及其危害的宣传与强制戒毒后的跟进服务工作则相对薄弱。这样很可能导致"吸毒—戒毒—吸毒"恶性循环模式的出现。

此外，在调研过程中我们还了解到由于禁毒宣传教育方法的不足，某些禁毒宣传不仅没有达到预期的效果，有时甚至起到反作用。广州市惠爱医院王达平教授介绍说，虽然随着禁毒宣传力度的加大、社会关注程度的提高以及网络时代的到来，从未听过毒品的青少年越来越少，但是通常采用的都是恐吓式的毒品危害教育方式，这种教育方式一方面存在与事实相违背的地方，另一方面这种做法还有可能会引起青少年的好奇心，并有可能同青少年的自身体验或是从朋友那里了解到的"事实"相违背，从而降低官方教育内容的可信度，强化了青少年的猎奇心理和逆反心态。

3. 同辈群体的不良影响

同辈群体在青少年成长过程中起着非常重要的影响和带动作用。青少年时期的大部分时间是在学校度过的，同辈群体之间的交流不仅时间长而且伴随着相同的兴趣爱好，往往彼此关系亲近，朋友之间相互影响也会较大。具有良好品行的朋友会对自身有积极的影响；所交的朋友有不良的行为嗜好，自己也可能"近墨者黑"。本次调研中，有67.9%的吸毒青少年的毒品是来自朋友，90%以上的吸毒青少年至少认识两个以上的吸毒朋友，有33.6%的青少年第一次吸毒是在朋友家中。

在我们的访谈中，多位吸食者也谈到是在朋友的影响下开始吸食的：

我那时候出来打工是做服务员的，身边有朋友吸海洛因。后来就是他们带货给我，我就开始吸了。（A1）

初次吸食时对毒品完全没有概念，没有意识到对身心影响的严重程度，就是轻信社会上认识的朋友，认为可以减轻烦恼。（A2）

由此可见，交友不慎对青少年吸毒影响很大。

4. 新型毒品"价低易得"给青少年吸毒提供了便利

通过本次调研，我们了解到当代青少年吸食的毒品越来越多样化和新型化，因此我们对新型毒品分布的场域和价格分布进行了深挖，发现新型毒品在"学校内/附近小卖部、药店、私人场所、医院、歌舞厅/酒吧/迪厅、网吧、网络"附近区域都有不同程度的分布，几乎涵盖了青少年活动的所有范围，青少年群体非常容易就能接触到毒品；此外，通过与禁毒专员、禁毒医生以及吸毒的青少年交流，我们了解到大部分的新型毒品价格相对低廉，一般在100~300元不等。

自己身边吸毒贩毒的人很多，买毒品非常方便。那边有很多嗨场，很多人在里面嗑药，自己所处的环境毒品很容易获得，又不贵，年轻人追求新潮刺激感的都会去这些场所。这也是自己一直戒不掉的重要原因。（A4）

我们得到这东西很容易,在区里、镇上,还有一些人的家里就能拿到"东西"。(A9)

可以说,新型毒品"价低易得"给青少年吸毒提供了一定程度的便利。

(二)家庭原因

家庭是人生活的基本单位,共同生活的家庭成员之间是相互影响的,青少年作为家庭中正在成长的个体深受来自父母言行举止及教育方式的影响。

1. 家庭成员关系紧张

在调研访谈的过程中,吸毒青少年反映最多的就是,自己完全没有办法跟父母沟通或者父母无休止的争吵让自己不知所措,吸毒既是一种逃避也是一种报复心态。对吸毒青少年家庭关系的问卷调查数据显示,大部分吸毒青少年的家庭关系是一般或不融洽;明确表示其家庭关系融洽的占41.5%。

自己上学时学习好,但因父母关系恶化,闹离婚,导致13岁辍学,父母离异后被迫跟随父亲,父亲好赌博。自己没有工作,到处游荡。游荡时遇到一些朋友,说吸食毒品可以忘记烦恼,慢慢地就上瘾了。(A2)

在白云心理医院对几名女性吸毒者进行访谈时,对方也表示家庭关系紧张是自己走上吸毒之路的重要原因。

我在家跟父母没办法沟通,打电话什么的也比较少,平时在家就是不怎么讲话,家庭氛围比较紧张。(A3)

我们家挺有钱,父母是开KTV的。从小就比较叛逆,跟社会上的人接触较多。小学时,父亲出轨,父母闹离婚,半夜都会被父母吵架的声音吓醒,这件事对自己影响很大,是自己走上吸毒之路的主要导火线。(A4)

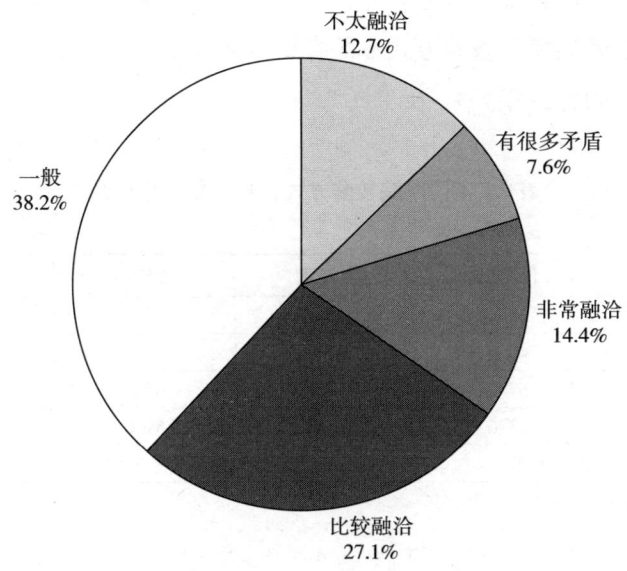

图10 吸毒青少年家庭关系情况统计

进一步分析发现,家庭关系对吸毒青少年复吸的影响显著。家庭关系一般、不太融洽、有很多矛盾的青少年的复吸率明显高于家庭关系非常融洽和比较融洽的青少年。尤其是家庭有很多矛盾的青少年复吸率高达80%。

表8 不同家庭关系对青少年复吸的影响

单位:人,%

	非常融洽	比较融洽	一般	不太融洽	有很多矛盾
初食者	25	52	的50	18	6
	45.5	49.5	33.1	36.7	20.0
复吸者	30	53	101	31	24
	54.5	50.5	66.9	63.3	80.0
单因素ANOVA检验	12.730*				

注:*表示$p<0.05$。

2.家庭教养方式不当

问卷调查中我们把父母的教养方式划分成民主型、专制型、放任型以及溺爱型四种，然后将不同家庭教养方式下青少年复吸率做了单因素检验，发现放任型、溺爱型家庭教养方式下的青少年复吸率高于民主型、专制型家庭教养方式下的的青少年。

表9 不同家庭教养方式青年的复吸率比较

单位：人，%

	民主型	专治型	放任型	溺爱型
初食者	58	32	32	25
	46.4	41.6	33.0	31.6
复吸者	67	45	65	54
	53.6	58.4	67.0	68.4
单因素ANOVA检验	6.363*			

注：*表示 $p<0.05$。

自己是家中唯一的男孩，妈妈对我几乎到了溺爱的程度，有求必应。父母的溺爱让自己无所畏惧，想做什么就做什么，比较叛逆，这也是自己吸毒、打架的一个重要原因。（A12）

访谈资料进一步佐证了这一观点。

3. 父母行为偏差

父母是孩子最好的老师，他们是孩子学习的榜样，他们日常生活中的行为是在不经意间被孩子模仿。在调研访谈的过程中我们发现，有一部分吸毒青少年是因为其父母吸毒而染上毒瘾的。数据分析显示，有2.8%的吸毒青少年是因为受到父母影响而走上吸毒之路的，更有0.8%的吸毒青少年与父母一起吸食毒品。

（三）个人原因

1. 好奇心理驱使

青少年处在人生成长和对外探索期，对外界的事物有强烈的好奇心和探索欲。在问卷调查中，52.0%的吸毒青少年认为自己是出于好奇心才去接触并吸食毒品的，此选项占比远高于其他选项。访谈中，也有部分吸毒者表示自己是因为对毒品充满好奇而吸食的。一名男性吸毒青少年 A5 说："自己之所以持续吸食，是因为好奇，且在吸食后感到莫名的兴奋。"A8 在提及自己初次吸食经历时亦表示当时喝醉酒比较难受，好奇心又比较重，就吸食了。由此可见，"好奇心的驱使"是导致青少年吸食毒品的一个重要的内在原因。

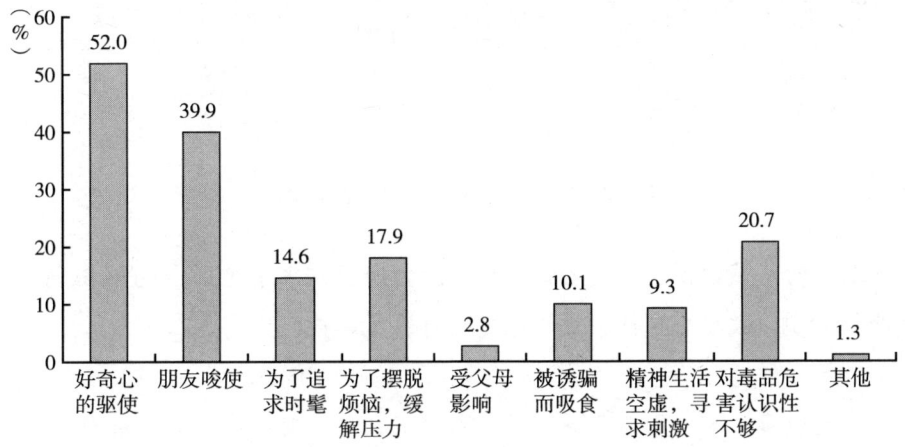

图 11　第一次滥用药物的原因（多选）

2. 对毒品认知不足

青少年的心智还未发展成熟，对周围事物本质的认识能力和判断能力都是有限的，加之目前对于毒品的宣传和教育力度有限，很多青少年对毒品及其危害的基本认知是缺乏的。20.7%的受访者表示自己初次吸食的原因是对毒品危害的认识不够。在我们对"第一次滥用药物时的心里想法"的问卷调查中，高达 67.9% 的吸毒青少年认为"吸一两次不会上瘾"，且抱有即使上瘾，也可以戒掉（9.9%）的侥幸心理，最终在诱惑之下开始尝试吸食第一口毒品，并最终成瘾。

访谈对象 A6、A13 在与我们的交谈中多次提到学校很少甚至没讲过毒品相关知识，社区也没发现有宣传，这就导致青少年对毒品及其危害的认知极其有限，很容易在不明白的情况下走上吸食毒品之路。A7 在谈到毒品的

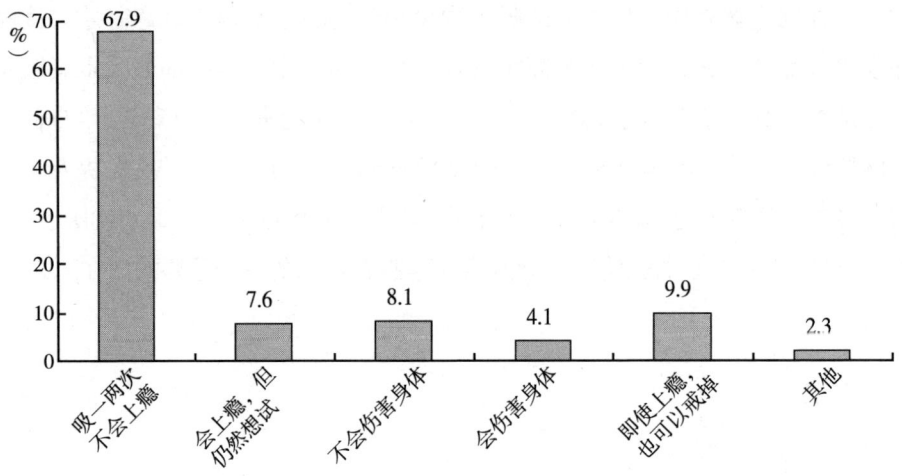

图 12　第一次滥用药物时的心里想法

危害时一脸茫然地说："完全不知道冰毒会伤身,来了之后(进戒毒所后)才听他们说对大脑有损伤,更不清楚有什么危害性。"

自己吸毒主要是因为生活中的一些变故,加上对毒品危害了解不够,觉得吸一两次不会上瘾,结果心情一不好或郁闷的时候就想吸,后来就上瘾了。(A10)

还有一部分吸食者是因为低估了毒品的危害性。A9 的男朋友吸毒,且一直戒不掉,她不相信,就想"以身试毒",然后再戒掉,以此激励男朋友戒掉,但她没想到一沾染上就很难戒掉了。

四　对策建议

调研的目的是了解青少年吸毒的现状以及导致青少年走上吸毒之路的原因,进而在青少年吸毒预防、戒断、防止复吸以及回归社会方面做出更加贴合实际需求的举措。结合以上调研所收集到的资料,笔者从以下几个层面提出对策建议。

（一）加强重点宣传，创新禁毒宣传模式

1. 加强重点宣传，从源头上遏制毒品吸食与犯罪

一是要突出重点毒品，主抓新型毒品种类及其危害的宣传力度。近年来，冰毒、K粉等新型毒品不断涌现，很多青少年在吸食这类毒品后并未出现上瘾症状，也没感觉到身体受到伤害，因此他们并不认为吸食新型毒品是在吸毒，只是一帮朋友在"嗨"。因此，政府相关部门应加大对新型毒品种类及其危害的宣传力度，使青少年群体对其有明确的认识。二是要突出重点人群，力抓对外来务工人员与城乡无固定职业人员的宣传教育。外来人员、无职业或无固定职业者是吸毒高危人群，他们占吸毒青少年的大多数。相关部门需要制定科学合理的预防教育措施与方法，用该类人群容易接受的方式方法，例如小品、戏剧、群众自创文艺节目等，将毒品的危害及预防方法等知识深入普及，渗透到这些容易"被遗忘的角落"。① 在外来务工人员聚居与城乡无职业者聚集的社区，通过一些恰当的组织活动来丰富这类群体的精神文化生活，帮助他们建构健康交友圈。三是要突出重点时段，有效结合公安、司法部门的资源优势和共青团的阵地优势，利用特殊节日开展禁毒宣传。建议以司法工作志愿者和志愿驿站为载体，在"五四"青年节、"6.26"国际禁毒日等特殊节日，组织广大司法工作者、公众行业青年发挥自身优势，积极开展法律服务和法律咨询活动，向广大市民群众和外来务工人员等开展禁毒宣传活动。同时可结合"两新"组织建设工作，发动联合社会团体、社会公益组织共同参与建设法治文化事业，积极引导各类组织、团体自发性、创造性地参与各类禁毒宣传活动，力争在全社会形成反毒、禁毒的良好氛围。

2. 创新禁毒宣传模式，提升禁毒宣传教育有效性

第一，加强学校禁毒教育，提高青少年毒品防范意识。学校应当在基本的教育课程中纳入禁毒知识课程，并在禁毒知识传送的过程中转变单一说教

---

① 郑志进：《合成毒品预防教育措施研究》，广州市禁毒办内部资料。

模式，积极创新、丰富传播途径，可以通过文字、图片、影像资料等媒介，向青少年学生展示吸毒可能带来的危害，加深其印象并且提高防范意识，从心理上拒绝毒品，例如市禁毒办可联合教育部门制作毒品知识普及的公益视频短片，放在中小学思想品德教育课上播放。学校还可以定期举行各类毒品知识活动，邀请缉毒警察和戒毒专家到学校进行交流，讲述吸毒给人带来的影响，让青年学生自觉抵御毒品的侵害。

第二，转变传统说教式的禁毒宣传模式，探寻符合青少年群体特征的宣教模式。建议共青团每年安排专项资金，邀请网络红人，采取时下青少年最喜欢的"网络直播"方式向青少年群体传递与毒品有关的知识；制作禁毒公益宣传片和宣传海报，将毒品种类、毒品危害、毒品预防、毒瘾戒除等知识融入其中，定时定点进行播放；协调政府领导、社会知名人士、戒毒成功青少年等参与号召，营造全社会的禁毒氛围。

（二）借鉴"青年地带"模式，打造青少年戒毒专项事务工作中心

在调研过程中，我们发现，目前传统的"劳教戒毒模式"依然是各戒毒机构主要的戒毒手段，这种戒毒方式，更多的是侧重于生理毒瘾的戒除，青少年的心理毒瘾并没有戒除，戒毒效果非常有限，这也是青少年戒毒之后复吸率很高的一个原因。因此，建议通过政府购买服务的方式，建立专门的青少年戒毒事务工作中心，联动社工、心理治疗师、教育工作者等专业资源，利用其专业优势，为吸毒青少年提供毒瘾戒除、社区康复、社会再融入等服务。

（1）借助社区平台优势，做好预防教育工作。借助青年地带在社区的场地优势，从平台中心辐射社区、学校，进行预防青少年吸毒的宣传教育，普及毒品相关知识，让青少年了解毒品对身心的危害，从源头上杜绝毒品入侵。

（2）着力做好吸毒青少年的需求服务。发挥机构社工的专业技能，重点做好对吸毒青少年的个案辅导，提供有针对性的吸毒预防和毒瘾戒除帮扶

服务。介入主动求助的个案，寻找问题的症结所在，提供针对性较强的辅导服务，防微杜渐，避免吸毒行为再次发生。

（3）做好日常监管教育工作。继续坚持"教育、感化、挽救"的方针，安排熟悉青少年特点的工作人员参加毒瘾戒除工作，并邀请青少年的相关老师或相关朋友作为康复小组成员，采用易为青少年接受的方式，开展思想、法制、道德教育和心理辅导，使吸毒青少年能够自觉接受改造教育。

（4）提升专职工作者的综合素质。大力加强对专职人员进行犯罪学、心理学、社会学等专业理论知识和教育矫正、专业方法应用的培训，开展专业方法应用研讨，强化实务锻炼，不断提升专业知识水平和实际工作能力。

（5）借助社会力量开展吸毒青少年社区戒毒工作。一是联动相关心理医院、心理治疗机构等，由专业的心理咨询师对有需要的社区戒毒人员进行免费的心理测评和心理辅导，化解其心理危机，消除心瘾，增强其社会适应力。二是引入志愿者参与社区康复工作。建立志愿者队伍，通过"专职人员＋志愿者"的方式吸纳志愿者参与到吸毒青少年社区戒毒工作中，与社区专职工作人员结成对子，开展"手拉手"帮教活动。

（三）加强家庭教育，营造良好、和谐的家庭氛围

1. 倡导正确的教养方式，加强亲子沟通

青少年正处在青春期，一方面对外界的未知事物好奇心旺盛，另一方面又非常叛逆。我们建议，父母要多关心子女的生活，多关注子女的思想动态，加强与子女之间的互动，让子女切实感受到家庭的温暖。防止青少年因家庭关爱的缺失而流入社会，从不良朋辈群体获得归属感，从而受到不良思想和行为的影响。

2. 家长以身作则，提倡健康的生活方式

父母是孩子最好的老师，父母的言行举止都是孩子效仿的对象，因此要求青少年远离毒品，父母自己首先应该坚决拒绝毒品，而且远离不良的娱乐场所，拥有健康的生活方式。同时，父母要积极参与到禁毒宣传中，将有关

毒品及吸食毒品的危害融入日常生活当中，让孩子能够对毒品的基本常识有一定的认识并且能够对吸毒行为有正确的价值判断。

（四）完善现有法律法规，强化法律的监督和约束作用

1. 将吸食、注射毒品等行为纳入毒品犯罪

《刑法》第347～355条规定，毒品犯罪具体包括走私、贩卖、运输、制造毒品等，但其中不包括吸食、注射毒品和购买毒品罪。[①] 也就是说，在我国吸食、注射毒品以及购买毒品的行为并不是犯罪行为，青少年吸食、注射毒品仅仅会受到治安处罚条例规定的惩处。综观国外的刑事立法，如德国、日本、韩国、新加坡等国家都已经把吸毒行为规定为犯罪并处以刑罚。[②] 例如德国的刑法就规定，凡是吸食毒品者，酌情判处两年以上徒刑；对吸毒成瘾人员则判处监狱服刑或者强制到治疗中心接受治疗；新加坡法律规定，对于初次吸食大麻和可卡因者，可不直接审判入狱而以强制戒毒取代，但对于第二次被捕的吸毒者判处5～13年的监禁及3～12下的鞭刑。[③] 借鉴国外的立法经验，笔者认为增设吸食、注射毒品罪是非常必要的。作为一个强调依法治国的国家来说，法律的威慑作用是非常大的。此外，在调研的过程中，我们还了解到青少年吸毒除了对自身的成长发展和家庭幸福造成严重的危害外，还引发了一系列社会治安事件，甚至连带出相关犯罪、盗窃、抢劫、卖淫、绑架等行为，对整个社会的和谐稳定造成不良影响；由青少年吸毒催生的毒品消费市场，同时刺激走私、贩卖、制造、运输毒品等现象的滋生，加剧毒品的蔓延和危害程度。因此，将吸食、注射毒品的行为纳入犯罪行列，一方面会对吸毒的青少年形成一种震慑作用，另一方面也有助于控制毒品消费市场的扩大。

[①] 杨丽芳：《海南省青少年毒品犯罪的现状与防控对策》，华东政法大学硕士学位论文，2011。

[②] 衣家奇：《关于吸食毒品犯罪的立法设想》，载于《甘肃政法学院学报》1999年第4期，第61～62页。

[③] 《世界各国如何对待吸毒行为》。

2.《刑法》规定的青少年毒品犯罪的刑事年龄下调和加大对新型毒品的打击力度

我国《刑法》第十六条规定，已满 14 周岁，不满 16 周岁的人，犯故意杀人、故意伤害致人重伤或者死亡、抢劫、强奸、贩卖毒品、放火、爆炸、投毒的，应当负有刑事责任。[①] 此条法律的颁布是出于对未成年人的保护，但是有时候我们会发现这是一个"善意的负担"，很多青少年认为自己有法律的"保护"，在进行一些越轨行为时毫无顾忌。调研中我们发现最小的吸毒者仅仅 11 岁，因此适当下调《刑法》规定的青少年毒品犯罪的刑事年龄，可有效震慑青少年吸毒行为。此外，"目前我国的刑法没有对贩卖摇头丸、K 粉等新型毒品规定详细衡量标准，在司法实践中，贩卖摇头丸等新型毒品所受的处罚较贩卖海洛因等传统毒品要轻"，[②] 但事实上，对于青少年吸毒者来说，吸食的毒品是以冰毒和 K 粉为代表的新型毒品为主。法律和现实之间的脱节，使许多毒品犯罪分子抓住这一法律漏洞，大量销售新型毒品。因此面对新型毒品泛滥的现状，我们有必要尽快修补法律在这方面的不足。

参考文献

1. 杨丽芳：《海南省青少年毒品犯罪的现状与防控对策》，华东政法大学硕士学位论文，2011。
2. 衣家奇：《关于吸食毒品犯罪的立法设想》，《甘肃政法学院学报》1999 年第 4 期。
3. 蔡春艳：《贵州省青少年毒品违法犯罪现状与治理对策》，《青少年犯罪问题》2007 年第 8 期。
4. 缪金祥：《刍议未成年人吸毒问题的预防对策——以江苏为例》，《云南警官学院学报》2015 年第 3 期。

[①] 《中华人民共和国刑法》。
[②] 蔡春艳：《贵州省青少年毒品违法犯罪现状与治理对策》，载《青少年犯罪问题》2007 年第 8 期，第 38 页。

5. 缪清鑫：《关于吸毒青少年戒毒问题的思考》，《天府论坛》2004年第2期。
6. 董明伟：《矫治社会工作：预防和控制青少年犯罪的重要途径》，《矫正制度研究》2003年第5期。
7. 郭磊：《青少年吸毒的家庭因素分析与家庭治疗研究》，苏州大学硕士学位论文，2014。
8. 胡婷：《青少年吸毒及其家庭治疗》，中南民族大学硕士学位论文，2011。
9. 张红：《浅谈青少年吸毒的危害原因及防治措施》，《贵州民族学院学报》2001年第2期。
10. 张雷：《新时期青少年吸毒的特点、原因与对策》，《铁道警官高等专科学校学报》2009年第2期。
11. 朱军、梁燕：《关注吸毒低龄化吸毒青少年行为失范三部曲》，《检察风云》2006年第12期。
12. 韩丹：《未成年人吸毒成因与对策研究》，《唯实》2011年第2期。
13. 王宁：《消费社会学》，社会科学文献出版社，2001。
14. 郭翔：《中国毒品问题及对策研究》，《政法学刊》1997年第4期。
15. 陈庹、石起才：《吸毒人员心理与行为矫治》，苏州大学出版社，2008。
16. 吴铁钧、王振华：《吸毒预防的理论与实践》，苏州大学出版社，2008。
17. 徐汉明、盛晓春：《家庭治疗——理论与实践》，人民卫生出版社，2010。
18. 陆士桢、王玥：《青少年社会工作》，社会科学文献出版社，2005。
19. 徐汉明、盛晓春：《家庭治疗——理论与实践》，人民卫生出版社，2010。
20. 韩丹：《城市毒瘾——吸毒行为的社会学研究》，东南大学出版社，2008。

B.14 后记

本书是由共青团广州市委员会、广州市团校、广州市穗港澳青少年研究所组织完成的。课题组成员从2016年9月开始进行广州青年发展研究方案的设计，于2016年10月至2017年1月进行调查数据的收集工作，自2017年1月起进行各篇报告的写作。课题组全体成员共同努力，利用最新的调查数据及相关的文献资料，与2010年、2012年、2014年"广州青年发展状况"调查数据进行纵向比较研究，认真、细致地探索广州青年的最新发展动态，并取得了最终研究成果。

《广州青年发展报告（2017）》是关于广州青年研究的第五本蓝皮书，是对广州青年发展动态的持续跟踪性研究。与以往出版的蓝皮书相比，本书章节上有其创新之处：一是本书"广州青年人口发展状况研究"采用广州市2015年全国1%人口抽样调查数据；二是增加"广州青年消费状况研究"，使全书分析得更为详尽，结构更加完善；三是增加一个专题报告"广州预防青少年吸毒研究报告"。

本书由一个总报告、十二个分报告组成，各部分执笔人和名单如下：

总报告

B1：涂敏霞（广州市穗港澳青少年研究所副所长、教授）

谢素军（广州市穗港澳青少年研究所《青年探索》编辑部副主任、助理研究员，博士）

分报告

B2：阎志强（中山大学社会学与人类学学院、中山大学人口研究所副教授）

王香蓓（中山大学社会学与人类学学院硕士研究生）

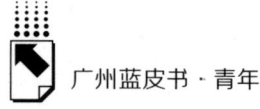

彭　橙（中山大学社会学与人类学学院硕士研究生）

B3：蒋亚辉（广州市教育研究院德育与心理教育研究室主任、编审）

B4：李超海（广东省社会科学院副研究员，博士）

B5：杨秋苑（广州市康复中心心理治疗师、副研究员）

B6：巫长林（广州市团校助理研究员）

B7：吴冬华（广州市团校研究中心主任、助理研究员）

B8：刘梦琴（广东省社会科学院社会学与人口学研究所研究员，博士）

陆　峥（广东省社会科学院社会学与人口学研究所助理研究员，博士）

B9：王　军（中山大学社会学系副教授、硕士生导师）

柯燕群（中山大学社会学专业2014级本科生）

B10：谢素军（广州市穗港澳青少年研究所《青年探索》编辑部副主任、助理研究员，博士）

冯英子（广州市团校研究中心研究实习员）

B11：邓智平（广东省社会科学院现代化战略研究所所长、研究员，博士）

赵道静（广东省社会科学院社会学与人口学研究所助理研究员）

B12：谭丽华（广州市穗港澳青少年研究所助理研究员，博士）

周理艺（广州市穗港澳青少年研究所研究助理）

专题报告

B13：广州市青少年犯罪研究会、广州市团校

全书书稿由邱服兵、涂敏霞统稿。本课题问卷由涂敏霞统稿；问卷发放由涂敏霞、吴冬华、丘异龄、谭丽华、刘思贤、巫长林、冯英子、周理艺负责；问卷数据录入由周理艺统筹负责；数据分析由李超海、周理艺及各报告的执笔人负责；英文翻译由罗飞宁统筹负责。

本课题在实施过程中，得到了社会各界以及学界专家的大力支持。首先，本课题在开展的过程中获得学界专家的建议和指导，课题研究严谨和科学。其次，本次调查的样本量较大，覆盖面较广，在发放问卷的过程中，研

后　记

究人员得到了街道、企业、高校和社会组织的帮助，尤其得到了广州市越秀区团委、荔湾区团委、海珠区团委、天河区团委、白云区团委、番禺区团委、黄埔区团委、花都区团委、南沙区团委、从化区团委、增城区团委11个区团委的大力支持和帮助，对给予我们帮助的组织和个人，我们在此一并表示衷心的感谢！

由于时间仓促及研究人员的水平有限，本研究报告错误之处在所难免。欢迎广大读者对本研究报告提出意见和建议，以便我们更好地改进研究工作。

共青团广州市委员会

广州市团校

广州市穗港澳青少年研究所

广州青年发展状况研究课题组

2017年5月

Abstract

Annual Report on Youth Development of Guangzhou (2017) is composed of one general report, twelve special reports. Aiming at population development, education and learning, values, physical and psychological health, employment, participation, love and marriage, consumption, Internet application, development environment, entertainment life and education preventing the youths to take drugs, this book makes a systematic and empirical study. Also, this book also make an in-depth study and analysis on value appeal, ideology, way of thinking and life style of the youths in the contemporary era on the basis of demography, sociology, social work, psychology, pedagogy, criminology, politics and other disciplines. Author truly reflects current survival and development of Guangzhou youths in the contemporary era through elaborate description of their basic features.

Study reveals that total population of Guangzhou youth declines in recent five years, but the whole fertility level is higher than that of total population and presents a rising tendency. Effects of the "two-child policy" are obvious. In terms of education and learning, the Guangzhou youths pay much attention to educational background and improvement of personal ability. With regard to value, the Guangzhou youths feel happier. Health, marriage, occupation and economic foundation have become four basic standards to judge their happiness. About physical and psychological health, sub-health condition and extreme passive act are reduced. Healthy hidden dangers are decreased slowly. Work for "government system" is regarded as the first choice to improve current situation. "Relatively inferior salary" is a problem to be urgently solved. The youths hold positive attitude towards political expression and have strong desire for politics. And, developmental needs are more obvious. In terms of marriage and love, morality, character and appearance are the top spouse-selections of Guangzhou youths. Men and women who have first love and first sexual behavior are different in average age. A majority of families are willing to have a son and a daughter. Although consumption constantly increases from 2010 to 2016, the willingness of consumption loan comparatively declines. Internet payment has gradually become major payment methods. Due to longer time to surf the internet and popularization of network language and behavior, the age to surf on the internet for the first time tends to be younger-age. Ways and places to have recreational activities are diversified, but the internet remains important technical support accordingly. The youth taking drugs for the first time tends to be younger. Most of drug abusers are unemployed or have no permanent job. Varity of drugs are diversified and changed quickly.

  Although development prospect of Guangzhou youths, on the whole, tends to be positive, the path to guide appropriate development of the youths is required to plan correctly, so as to establish their correct values, improve political accomplishment, expand approaches to social participation, optimize employment and startup environment, construct favorable platform of vocational development and policy environment and develop the youths-oriented service system.

Contents

I General Report

B. 1 Guangzhou Youths' Development in the Context of China's Economic Supply-side Reform　　*Tu Minxia, Xie Sujun* / 001

Abstract: Against the background of economic, social and political great development, the youths of Guangzhou are also heavily affected. Confronted with social transformation and development, they face up to changes and have multiple features: in terms of value, the youths are obviously affected by traditional, modern and post-modern factors; the number of educated youths further increases as average education degree is improved gradually; they have stronger awareness of participating in political affairs and political sense. But, a majority of the youths neglect physical exercise; sub-health problem remains universal; when selecting job, the youths give preference to income, personal interest and ambition are secondary; meanwhile, they also have different changes in relationships, consumption and leisure time. On the whole, development prospect of the youths tends to be positive. Development environment where the youths have, including public place, social policy, service system, family environment, right protection and other aspects are gradually optimized. Nevertheless, we still strive for development path planning, values cultivation, wider approaches to social participation, better environment for employment and startup business, construction of vocational development platform, favorable policy environment construction and the youth-oriented service system.

Keywords: Youths Development; Youth Education; Youth Health; Youth Employment; Youth Growth; Youth Love and Marriage; Guangzhou

II Topical Reports

B. 2 The Study on the Development of Youth Population in

Guangzhou   *Yan Zhiqiang, Wang Xiangbei and Peng Cheng* / 017

Abstract: The report based on the national 1% population sample survey for 2015 reflects the features of the youth population in Guangzhou, including its growth, distribution, gender and age structures, fertility and mortality, mobility trends and changes in them. It is found that in the past five years, the total population of youth in Guangzhou has decreased with the proportion of the total population declining to the lowest level since 1990. The distribution of youth population in 11 municipal districts is uneven, but the difference is narrowing. The sex ratio of youth population drops significantly to a lower than that of Guangzhou, and the age structure of youth population tends to age. The overall fertility level of the youth population is higher than the general population and shows an upward trend from 2010 to 2015. The effect of the "2-child" fertility policy is obvious; the death rate of the young population is stable at a very low level. The scale of mobile population decreases, but to a deeper degree of the mobility in the youth population; Job and employment is the main reason for the flow of youth, followed by marriage and housing. The report points out some principal problems of youth population and gives advice on them.

Keywords: Youth Population; Sex Ratio; Fertility; Mortality; Mobile Population; Guangzhou

B. 3 The Study of Youth Education and Learning

Development in Guangzhou   *Jiang Yahui* / 045

Abstract: The statistics in this topic indicate that the economic and social

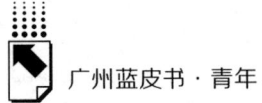

development of Guangzhou guarantees better education and learning opportunities for the youth. Youth in Guangzhou live in families with better material conditions. They have higher expectations of academic qualifications and have more emphasis on personal skills and abilities. They often participate in extracurricular courses to cultivate interests and hobbies. The number of youth who obtained the National Vocational Qualification certificates decreased, but the overall satisfaction with education has increased. However, youth education and learning still have problems such as unbalanced development, unsatisfactory academic qualifications, insufficient youth personality development, and inadequate improvement in community education. In order to solve these problems, Guangzhou optimizes and allocates educational resources to promote and balance youth education and learning development, improves education service ability to enhance the level of youth education, advances the curricular reform to strengthen the youth personality development, enhances the lifelong education system to improve the youth occupational qualities, develops and promote international exchange and cooperation to gain the international competitiveness of the youth.

Keywords: Youth Education; All-round Development; Guangzhou

B.4 The Study on the Development of Guangzhou Young
People's Life Value   *Li Chaohai* / 074

Abstract: The survey data of the Guangzhou youth development 2016 analyzed and revealed that the view of life values of youths has following basic features: Guangzhou youths, on the whole, feel happiest, which is higher than "general level" and "intermediate level"; health, marriage, occupation and economic foundation have become four basic standards to judge their happiness. In other words, physical condition, career development, family life and affluence are important factors to determine their happiness; and, individual efforts, talents and interpersonal relationship have a big role to play in achieving success; the importance of educational background has gradually been replaced by individual capability; although Guangzhou youths hold relatively positive attitude towards environment, society, integrity, occupation, vulnerable groups, life style and others, their attitude towards wealth and personal interests and others vary from person to person. In the future, more efforts shall be paid to cultivate correct view of life values of youths, which is a major topic concerning generational change of population and reform of information society. What is more, establishing and guiding socialist core values of the youths shall be emphasized to enhance education and influence of traditional culture and actively respond to their appeal for benefits and values accordingly.

Keywords: Youths; the View of Values; Guangzhou

B. 5   Study on the Development of Physical and Mental Health of Young People in Guangzhou   *Yang Qiuyuan* / 107

Abstract: Findings on 2016 revealed: as time spending in exercise increases, sub-health condition and extreme passive act are reduced. Healthy hidden dangers are decreased slowly. But, their pressure is not changed obviously. Work, study and inadequate income remain major source of pressure. Mental health status of the youths is not good enough, but overall situation is not changed. From 2010 to now, social support for the youths fluctuates with inconspicuous trend. When suffering from difficulties or predicaments, they often turn to friends, parents and spouse for help or face them alone. Few of them will find other approaches. 23.1% of them suffered from mental health problems, but only 42.8% is properly intervened. In other words, patients who are given mental intervention are up to 57.2%. When accepting psychological counseling and psychotherapy, patients prefer face-to-face personal counseling. We must attach high importance to these changes.

Keywords: Youth; Physical Health; Psychological Health; Social Support; Guangzhou

B. 6 The Study on the Employment Development of

Young People in Guangzhou *Wu Changlin* / 141

Abstract: In accordance with survey data of the Guangzhou youth development 2016 and historical data of 2012 and 2014, this article vertically compares and analyzes current employment and self-employment of the Guangzhou youths and problems concerned. On the basis of changes of employment behaviors and ideas, the study revealed that economic income is primary standard of job selection. Their attitude towards job selection tends to be more rational; work for "government body" is regarded as the first choice to improve current situation; "comparatively low salary" demands prompt solution; even though the system to guaranty rights and interests is gradually optimized, job satisfaction remains backward; a majority of youths are eager to start up business which is one of the most ways to be employed. On the basis of these results, countermeasures and suggestions are proposed from the perspective of employers, youths and others accordingly.

Keywords: Youths; Career Development; Employment; Entrepreneurial Sense; Guangzhou

B. 7 Research on Youth Participation and Development in Guangzhou

Wu Donghua / 166

Abstract: In modern society, the youths participating in various social affairs have been popular, which matches social development. Comparing changes in sense of participation and participative behavior at different eras, the youths are provided with obvious characteristics of the times, such as positive attitude of political expression and strong desire for politics. As political sense of the youth is improved day by day, their willingness and motivation to participate in social organizations are strong and multiple. Nevertheless, development of new technology has changed current pattern of the youths participating in political affairs. Social organizations of all kinds flourish rapidly, but gap between expectation and reality of voluntary service still exists. Therefore, against the background of new age, we must strive to explore social participation mechanism of the youths and further expand positive influences of their participation in society.

Keywords: Youth; Political Participation; Voluntary Service; Social Organization; Guangzhou

B.8　The Study on the Development of Guangzhou Young People's Love and Marriage　　　　　　　　*Liu Mengqin, Lu Zheng* / 187

Abstract: This chapter analyzes behaviors and attitudes of the Guangzhou youths (2016 - 2017) when they are faced with problems concerning love and marriage, sexual behaviors and reproduction, etc. The research indicates that men and women who have first love and first sexual behavior are different in average age. Respondents generally oppose cyber love, extramarital love affair, divorce, family violence, illegitimate child, DINK and others, but support pre-marital property notarization, housework sharing after marriage, etc. Youths who have worked are apt to oppose homosexual act, but college students relatively approve homosexuality. A majority of families are willing to have a son and a daughter. Now, unstable marriage is the most serious problem ahead of the youths.

Keywords: Youths; Value on Love and Marriage; Value on Sex; Idea of Reproduction; Guangzhou

B.9　The Study of Youth Consumption in Guangzhou
　　　　　　　　　　　　　　　　　　　　Wang Jun, Ke Yanqun / 208

Abstract: Depending on data of the Guangzhou youth development 2016

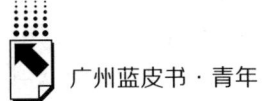

and other data in the years of 2010, 2012 and 2014, this chapter makes a deep analysis on consumption of the youths. Results indicate that their incomes continually increased from 2010 to 2016, but the willingness for consumption loan slightly weakened; income level, age, gender, educational background and type of household registration are significantly related to their consumer behaviors; consumption loan of the youths are mostly used for purchasing house and vehicles, which is far higher than education and tourism; the youths have to burden heavy loan of house and housing problem is comparatively serious; although they youths are affected by traditional consumption idea, internet payment has gradually become major payment methods.

Keywords: Youth; Consumer Behavior; Consume Idea; Credit Consumption Guangzhou

B. 10 Study on Internet Usage of Young People in Guangzhou

Xie Sujun, Feng Yingzi / 235

Abstract: As society is changed by the Internet, the youths are changing. Based on investigation and survey for the youths within eleven districts in Guangzhou, it was found that the age to use the internet for the first time tended to be younger. And, more and more youths are using the internet especially when mobile devices are sharply increased and Wechat and Weibo are popular widely. Longer time to surf the internet and popular network language and behavior has made internet become major access to the world and new information. But, surfing on the internet is to make new friends or have a rest, which is closely related to educational background, household registration and others. In consideration of problems caused by Internet applications, it is necessary to establish corresponding support system to publicize scientific regulations, construct online and offline interactive platform, issue special applications for the youths, regulate network cultural diffusion and strengthen their abilities to understand internet effects.

Keywords: Internet; Youth; Media; Guangzhou

B. 11   Environments for Youth Development in Guangzhou

Deng Zhiping, Zhao Daojing / 274

Abstract: Based on the survey data of the youth development in Guangzhou, the report analyzes the current situation and existing problems of the youth development environment in Guangzhou. It is found that compared with the past, the environments of the youth development in Guangzhou is constantly optimizing, the youth rights protection situation is getting better and better. But the report also found that the youth don't have a high opinion of the overall situation, especially in family environment and growth environment, and the social policy and service system for young people should to be improved. In addition, the report predicts the future development trend, and gives some advices to optimize the development environments.

Keywords: Youth; Environment; Rights Protection; Guangzhou

B. 12   Study on Leisure Lives of Young People in Guangzhou

Tan Lihua, Zhou Liyi / 296

Abstract: The study revealed that in Guangzhou young people averagely had leisure time of 4.2 hours per day. Young people's leisure lives were connected with multiple activities and locations. The internet had important influence on young people's leisure-time activities. It was revealed that the leisure lives of young people helped improve young people's physical and psychological health. Leisure industries for young people were important parts of social-economic development.

Keywords: Youth; Leisure Lives; Guangzhou

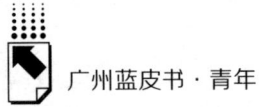

Ⅲ Special Report

B.13 Youth Drug Abuse Prevention Report

Guangzhou Juvenile Crime Research Association,

Guangzhou Communist Youth League School / 316

Abstract: Through the analysis, we found that the youth drug user in Guangzhou presents the following characteristics: the number of youth drug user increased year by year and the trend of getting younger is obvious; the age for first time of drug using is low; more than seventy percent of the drug users has nonlocal registered permanent residence, more than sixty percent of the drug user has urban registered permanent residence; their education level is low and often unemployed or without fixed work; the drug varieties they smoking is diversify and new; the relapse rate is high and "heartbreak" is the main reason. Based on these findings, this report puts forward corresponding countermeasures and suggestions.

Keywords: Youth; Drug Using; Guangzhou

B.14 Postscript / 343

社会科学文献出版社　　　**皮书系列**

❖ 皮书起源 ❖

"皮书"起源于十七、十八世纪的英国，主要指官方或社会组织正式发表的重要文件或报告，多以"白皮书"命名。在中国，"皮书"这一概念被社会广泛接受，并被成功运作、发展成为一种全新的出版形态，则源于中国社会科学院社会科学文献出版社。

❖ 皮书定义 ❖

皮书是对中国与世界发展状况和热点问题进行年度监测，以专业的角度、专家的视野和实证研究方法，针对某一领域或区域现状与发展态势展开分析和预测，具备原创性、实证性、专业性、连续性、前沿性、时效性等特点的公开出版物，由一系列权威研究报告组成。

❖ 皮书作者 ❖

皮书系列的作者以中国社会科学院、著名高校、地方社会科学院的研究人员为主，多为国内一流研究机构的权威专家学者，他们的看法和观点代表了学界对中国与世界的现实和未来最高水平的解读与分析。

❖ 皮书荣誉 ❖

皮书系列已成为社会科学文献出版社的著名图书品牌和中国社会科学院的知名学术品牌。2016年，皮书系列正式列入"十三五"国家重点出版规划项目；2012~2016年，重点皮书列入中国社会科学院承担的国家哲学社会科学创新工程项目；2017年，55种院外皮书使用"中国社会科学院创新工程学术出版项目"标识。

权威报告·热点资讯·特色资源

皮书数据库
ANNUAL REPORT(YEARBOOK) DATABASE

当代中国与世界发展高端智库平台

所获荣誉

- 2016年，入选"国家'十三五'电子出版物出版规划骨干工程"
- 2015年，荣获"搜索中国正能量 点赞2015""创新中国科技创新奖"
- 2013年，荣获"中国出版政府奖·网络出版物奖"提名奖
- 连续多年荣获中国数字出版博览会"数字出版·优秀品牌"奖

成为会员

通过网址www.pishu.com.cn或使用手机扫描二维码进入皮书数据库网站，进行手机号码验证或邮箱验证即可成为皮书数据库会员（建议通过手机号码快速验证注册）。

会员福利

- 使用手机号码首次注册会员可直接获得100元体验金，不需充值即可购买和查看数据库内容（仅限使用手机号码快速注册）。
- 已注册用户购书后可免费获赠100元皮书数据库充值卡。刮开充值卡涂层获取充值密码，登录并进入"会员中心"—"在线充值"—"充值卡充值"，充值成功后即可购买和查看数据库内容。

社会科学文献出版社 皮书系列
SOCIAL SCIENCES ACADEMIC PRESS (CHINA)
卡号：193686969642
密码：

数据库服务热线：400-008-6695
数据库服务QQ：2475522410
数据库服务邮箱：database@ssap.cn
图书销售热线：010-59367070/7028
图书服务QQ：1265056568
图书服务邮箱：duzhe@ssap.cn

子库介绍
Sub-Database Introduction

中国经济发展数据库

涵盖宏观经济、农业经济、工业经济、产业经济、财政金融、交通旅游、商业贸易、劳动经济、企业经济、房地产经济、城市经济、区域经济等领域，为用户实时了解经济运行态势、把握经济发展规律、洞察经济形势、做出经济决策提供参考和依据。

中国社会发展数据库

全面整合国内外有关中国社会发展的统计数据、深度分析报告、专家解读和热点资讯构建而成的专业学术数据库。涉及宗教、社会、人口、政治、外交、法律、文化、教育、体育、文学艺术、医药卫生、资源环境等多个领域。

中国行业发展数据库

以中国国民经济行业分类为依据，跟踪分析国民经济各行业市场运行状况和政策导向，提供行业发展最前沿的资讯，为用户投资、从业及各种经济决策提供理论基础和实践指导。内容涵盖农业，能源与矿产业，交通运输业，制造业，金融业，房地产业，租赁和商务服务业，科学研究，环境和公共设施管理，居民服务业，教育，卫生和社会保障，文化、体育和娱乐业等100余个行业。

中国区域发展数据库

对特定区域内的经济、社会、文化、法治、资源环境等领域的现状与发展情况进行分析和预测。涵盖中部、西部、东北、西北等地区，长三角、珠三角、黄三角、京津冀、环渤海、合肥经济圈、长株潭城市群、关中—天水经济区、海峡经济区等区域经济体和城市圈，北京、上海、浙江、河南、陕西等34个省份及中国台湾地区。

中国文化传媒数据库

包括文化事业、文化产业、宗教、群众文化、图书馆事业、博物馆事业、档案事业、语言文字、文学、历史地理、新闻传播、广播电视、出版事业、艺术、电影、娱乐等多个子库。

世界经济与国际关系数据库

以皮书系列中涉及世界经济与国际关系的研究成果为基础，全面整合国内外有关世界经济与国际关系的统计数据、深度分析报告、专家解读和热点资讯构建而成的专业学术数据库。包括世界经济、国际政治、世界文化与科技、全球性问题、国际组织与国际法、区域研究等多个子库。

法律声明

"皮书系列"（含蓝皮书、绿皮书、黄皮书）之品牌由社会科学文献出版社最早使用并持续至今，现已被中国图书市场所熟知。"皮书系列"的LOGO（ ）与"经济蓝皮书""社会蓝皮书"均已在中华人民共和国国家工商行政管理总局商标局登记注册。"皮书系列"图书的注册商标专用权及封面设计、版式设计的著作权均为社会科学文献出版社所有。未经社会科学文献出版社书面授权许可，任何使用与"皮书系列"图书注册商标、封面设计、版式设计相同或者近似的文字、图形或其组合的行为均系侵权行为。

经作者授权，本书的专有出版权及信息网络传播权为社会科学文献出版社享有。未经社会科学文献出版社书面授权许可，任何就本书内容的复制、发行或以数字形式进行网络传播的行为均系侵权行为。

社会科学文献出版社将通过法律途径追究上述侵权行为的法律责任，维护自身合法权益。

欢迎社会各界人士对侵犯社会科学文献出版社上述权利的侵权行为进行举报。电话：010-59367121，电子邮箱：fawubu@ssap.cn。

社会科学文献出版社